1000 XIANG QICHE DIANGONG
BIHUI JINENG WANQUAN ZHANGWO

1000项汽车电工必会技能完全掌握

周晓飞 主编

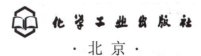

化学工业出版社
·北京·

图书在版编目（CIP）数据

1000项汽车电工必会技能完全掌握／周晓飞主编. —北京：化学工业出版社，2019.8
ISBN 978-7-122-34535-6

Ⅰ.①1… Ⅱ.①周… Ⅲ.①汽车-电工技术 Ⅳ.①U463.6

中国版本图书馆CIP数据核字（2019）第095838号

责任编辑：黄　滢　　　　　　　　　　　文字编辑：冯国庆
责任校对：宋　玮　　　　　　　　　　　装帧设计：王晓宇

出版发行：化学工业出版社（北京市东城区青年湖南街13号　邮政编码100011）
印　　刷：三河市延风印装有限公司
装　　订：三河市宇新装订厂
787mm×1092mm　1/16　印张23¼　字数585千字　2019年10月北京第1版第1次印刷

购书咨询：010-64518888　　　　　　　　售后服务：010-64518899
网　　址：http://www.cip.com.cn

凡购买本书，如有缺损质量问题，本社销售中心负责调换。

定　价：99.00元　　　　　　　　　　　　　　　　　　版权所有　违者必究

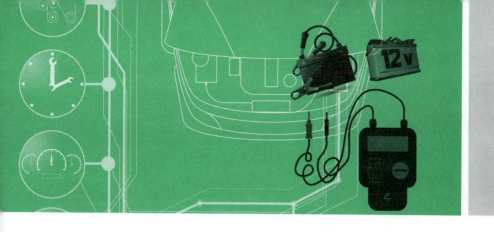

前言

伴随着我国汽车产业的迅猛发展,私家车的普及率和持有量也逐年增加。随之而来的,国内对汽车专业技术人才的需求量也愈来愈大,特别是随着电子控制技术在汽车上的不断发展和应用,汽车电工的缺口也呈明显扩大趋势。当前,汽车电工维修已经不仅仅是单纯的机械维修作业方式,而是机电一体化,侧重电子控制诊断检测和电子电工基础维修相融合的较高层面的维修作业项目。因此,汽车电气维修行业日益成为国内发展空间巨大的"朝阳行业",越来越多的人想成为一名汽车电工。

为帮助广大汽车电工快速掌握操作本领、提高汽车电气维修实践技能,我们特编写了此书。本书结合笔者多年来指导汽车电工的实践经验,以问答的形式,介绍了汽车电工维修作业过程中经常遇到的一些重点、难点和容易疏忽的问题。全书内容通俗易懂、注重实践,有助于汽车电工快速解决车间一线的实际维修问题,既能学到维修知识,又能学会维修技能。

本书在编写过程中着重从以下两个角度出发。

(1)汽车电工知识有问必答

全书从一线汽车电工角度出发编写谋划,精选了1000余项与汽车电工日常工作相关的实际问题,给出详细解决方案,内容系统、易学易用。尤其是汽车维修故障实例诊断排除方面的问题与解答,均出自于维修一线技师之手。

(2)汽车电工技能完全掌握

本书强调实际操作能力和相应故障的诊断与排除,即学即用,具有很强的实用性,是一本对汽车电工非常有用的培训与指导用书。

本书内容共分十四章,依次为汽车结构简述、汽车启动和充电系统、发动机电子控制系统、空调系统、照明和信号系统、防盗和中控门锁系统、电动车窗和天窗、刮水/洗涤系统、自动变速器电控系统、电子转向和电控悬架系统、制动和稳定电子控制系统、汽车电子和电路、乘员保护系统、其他电气装置。

本书由周晓飞主编,参加编写的人员还有万建才、王立飞、边先锋、赵朋等。编写过程中参考了大量的维修技术资料,同时也汇集了很多业内汽修高手的维修经验,在此一并表示衷心的感谢!

本书适合维修一线的汽车电工阅读,也可作为专业院校师生以及汽车维修培训机构的参考教材。

由于笔者水平有限,书中难免有不妥之处,敬请广大读者朋友批评指正。

编者

目 录

第一章　汽车结构简述

1. 汽车电子控制系统包括哪些部分？……1
2. 发动机电气系统的构成是怎样的？……1
3. 发动机电控喷射系统的基本原理是什么？……1
4. 自动变速器电子控制系统是怎样的？……2
5. 电控悬架系统有哪些部件？如何布局的？各有什么作用？……2
6. 电子助力转向系统有哪些部件？有什么作用？……3
7. 电动汽车包括哪几种？……3
8. 混合动力汽车有什么特点？……3
9. 混合动力汽车有哪些类型？……3
10. 什么是串联式混合动力？有何特点？……3
11. 什么是并联式混合动力？有何特点？……4
12. 什么是混联式混合动力？有何特点？……4
13. 什么是插电式混合动力？有何特点？……5
14. 什么是纯电动汽车？……6
15. 纯电动汽车主要结构组成是怎样的？……6
16. 什么是燃料电池汽车？……7
17. 什么是太阳能汽车？……7

第二章　汽车启动和充电系统

一、蓄电池……9
1. 汽车用蓄电池规格是怎样表示的？……9
2. 怎样判断蓄电池性能？……10
3. 什么是蓄电池的额定容量？检测时需注意什么？……10
4. 什么是蓄电池的储备容量？……10
5. 蓄电池启动容量是怎样规定的？……10
6. 蓄电池低温启动能力是怎样规定的？……10
7. 免维护干荷蓄电池是怎样规定的？……11
8. 普通蓄电池是怎样规定的？……11
9. 怎样目视识别蓄电池极柱的极性？……11
10. 怎样用直流电压表检测识别蓄电池极柱的极性？……11
11. 怎样用玻璃管测量蓄电池电解液面高度？……11
12. 怎样用目视检测蓄电池电解液面高度？……11
13. 怎样测试蓄电池负载容量？……11
14. 如何确定蓄电池的充电状态？蓄电池怎样充电？……12
15. 怎样进行蓄电池充电系统测试？……12
16. 怎样诊断和解决蓄电池故障？……13
17. 电解液会冻结吗？……13
18. 车辆存放期间的蓄电池怎么保护？……13
19. 蓄电池维护和使用应注意什么？……13
20. 双蓄电池系统是怎样的？……14
21. 双蓄电池系统起动机蓄电池线路有什

么作用？ ………………………… 14
22. 什么是双蓄电池系统主蓄电池
    线路？ ………………………… 14
23. 什么是双蓄电池系统中央电气设备
    切断？ ………………………… 14
24. 什么是双蓄电池系统静止电流
    切断？ ………………………… 14
25. 什么是双蓄电池系统紧急运行
    模式？ ………………………… 14
26. 什么是双蓄电池系统紧急P功能
    模式？ ………………………… 15
27. 什么是双蓄电池系统组合仪表
    显示？ ………………………… 15
28. 双蓄电池系统启动模式是怎样工
    作的？ ………………………… 15
29. 双蓄电池系统发动机运行模式是怎样工
    作的？ ………………………… 15
30. 双蓄电池系统用电设备切断模式是怎样
    工作的？ ……………………… 15
31. 双蓄电池系统发动机运行时用电设备切
    断模式是怎样工作的？ ……… 15
32. 双蓄电池系统发动机熄火时用电设备电
    路切断模式是怎样工作的？ … 15
33. 为什么使用能量管理系统？ … 16
34. 能量管理中蓄电池导线有什么
    特点？ ………………………… 16
35. 为什么要使用安全型蓄电池接线柱
    （SBK）？ …………………… 16
36. 电源管理系统是怎么控制的？ … 16
37. 电源管理系统中蓄电池管理器的任务是
    什么？ ………………………… 17
38. 电源管理控制单元包括哪些功能模块？
    作用是什么？ ………………… 17
39. 静态电流管理器的任务是什么？有什么
    功能？ ………………………… 17
40. 电源管理系统关闭等级控制原理是
    什么？ ………………………… 18
41. 静态电流管理器逐级降低静态电流作用
    是什么？ ……………………… 18
42. 智能型蓄电池传感器功能有哪些？ … 19
43. 智能型蓄电池传感器的结构和电路是怎
    样的？怎样测量？ …………… 20

二、发电机 …………………………… 22
44. 发电机有什么作用？组成部件有
    哪些？ ………………………… 22
45. 为什么汽车交流发电机是直流
    输出？ ………………………… 22
46. 发电机是怎样发电的？ ……… 22
47. 什么是普通硅整流发电机？ … 23
48. 什么是整体式硅整流发电机？ … 23
49. 什么是无刷硅整流发电机？ … 23
50. 带有励磁机的无刷硅整流发电机有什
    么特点？ ……………………… 23
51. 6管发电机的结构是怎样的？ … 23
52. 8管发电机的结构是怎样的？ … 24
53. 9管发电机的结构是怎样的？ … 24
54. 11管发电机的结构是怎样的？ … 24
55. 发电机调节器有什么作用？ … 24
56. 晶体管调节器是怎么工作的？ … 24
57. 集成电路电压调节器有什么特点？它是
    怎么工作的？ ………………… 24
58. 电压调节器的电路组成是怎
    样的？ ………………………… 24
59. 测量各接线柱之间的电阻有什么
    作用？ ………………………… 25
60. 发电机空载试验的目的是什么？ … 25
61. 发电机负载试验的目的是什么？ … 25
62. 怎样检测与维修转子组件？ … 25
63. 怎样检测整流器？ …………… 25
64. 怎样诊断和排除发电机充电故障？ … 25
65. 发电机不发电的原因有哪些？ … 26
66. 发电机发电量不足有什么表现？原因
    有哪些？ ……………………… 26
67. 发电机发电量过高的原因有
    哪些？ ………………………… 26
68. 充电电流不稳定的原因有哪些？怎样
    排除？ ………………………… 27
69. 怎样识别发电机接线柱？ …… 27
70. 怎样检测交流发电机定子？ … 27
71. 怎样检测集成电路电压调节器？ … 27
72. 怎么判断充电系统异常？ …… 28
73. 怎么检查充电系统？ ………… 28
74. 为什么使用智能化发电机调节
    IGR？ ………………………… 29

75. 智能化发电机调节 IGR 有什么特点? ……29
76. 智能化发电机调节 IGR 有哪几个运行状态? ……29
77. 智能化发电机调节系统较低功能运行状态是怎样的? ……29
78. 智能化发电机调节系统中等功能运行状态是怎样的? ……29
79. 智能化发电机调节系统较高功能运行状态是怎样的? ……30
80. 智能化发电机有哪些功能? ……30
81. 智能化发电机电路结构及特性是怎样的? ……30
82. 智能化发电机有哪些故障? 显示的波形是怎样的? ……31
83. 什么情况下需要检修充电系统? ……32
84. 怎么检查蓄电池自行放电? ……32
85. 怎样检查蓄电池电压低? ……33
86. 怎样检测发电机转子? ……33
87. 怎样检测发电机定子? ……34
88. 发电机调节器正极管和负极管怎么区分? ……34
89. 怎样检测发电机调节器正极管? ……34
90. 怎样检测发电机调节器负极管? ……34
91. 怎样检查发电机电刷? ……35
92. 怎样检测发电机电压降? ……35
93. 怎样拆解发电机? ……35
94. 怎么检修充电不稳定故障? ……36
95. 怎么检修发电机发电不足故障? ……36
96. 什么故障导致充电指示灯点亮? 怎样排除? ……37
97. 怎么诊断蓄电池电量不足导致的车辆不能启动? ……37
98. 怎么诊断电刷磨损导致发电机输出电压低? ……38
99. 怎么排除蓄电池保养不当导致蓄电池损坏? ……38
100. 怎么检修发电机输出电压低? ……38

三、启动系统 ……39
101. 起动机的任务是什么? ……39
102. 起动机内部电路是怎样的? ……39
103. 起动机由哪些部件组成? ……40
104. 起动机直流电机的作用是什么? ……40
105. 起动机操纵机构的作用是什么? ……41
106. 起动机传动机构的作用是什么? ……41
107. 怎样识别起动机上的接线柱? ……41
108. 车辆启动工作过程是怎样的? ……41
109. 点火开关直接控制的启动电路是怎样的? ……42
110. 启动继电器控制的启动电路是怎样的? ……42
111. 具有防盗功能的启动电路是怎样的? ……43
112. 什么情况下需要检查起动机故障? ……43
113. 起动机不转的原因有哪些? ……43
114. 怎样判断起动机不转? ……43
115. 起动机运转无力是什么原因? ……44
116. 起动机单向离合器的作用是什么? ……44
117. 起动机空转是什么原因? ……44
118. 怎么检查起动机空转? ……44
119. 怎么检测起动机电枢? ……45
120. 怎么检查起动机电刷? ……46
121. 怎么检测起动机电磁开关? ……46
122. 怎么判断电磁开关保持线圈故障? ……46
123. 怎么判断电磁开关吸引线圈故障? ……47
124. 怎么检修起动机控制故障? ……47
125. 怎样检修发动机不能正常启动? ……47
126. 起动机中的哪些部件可以维修或单独更换再使用? ……48

第三章 发动机电控系统

一、发动机电控系统的电源和控制单元功能 ……49
1. 什么是发动机控制单元? 其主要功能是什么? ……49

2. 发动机控制单元是怎样工作的? …… 49
3. 发动机控制单元内部有哪些重要元件? …… 49
4. 什么是发动机控制单元常供电? …… 50
5. 什么是发动机控制单元的点火开关电源? …… 50
6. 燃油泵继电器在控制电源系统中是怎样工作的? …… 51
7. 燃油喷射喷油量控制是怎么回事? …… 51
8. 断油控制是怎么回事? …… 51
9. 燃油泵控制是怎么回事? …… 51
10. 理想空燃比和闭环控制是怎么回事? …… 51
11. 什么是点火提前角控制? …… 51
12. 点火提前角控制是怎样实现的? …… 52
13. 爆震控制是怎么回事? …… 52
14. 怠速控制是怎么回事? …… 52
15. 排放控制是怎么回事? …… 52
16. 车载自诊断和CAN总线接口是怎么回事? …… 52

二、发动机电控系统技术 …… 52
17. 双凸轮轴可变气门正时系统的作用和特点是什么? …… 52
18. 全可变进气门系统的作用和特点是什么? …… 53
19. 可变气门的作用和特点是什么? …… 54
20. VVT-i的作用和特点是什么? …… 55
21. 双VVT-i系统的作用和特点是什么? …… 55
22. i-VTEC的作用和特点是什么? …… 56
23. 可变进气系统的作用和特点是什么? …… 56
24. 可变进气系统的原理是什么? …… 56
25. 什么是可变排量? …… 57
26. 怎么实现可变排量? …… 57
27. 缸内直喷技术有什么特点? …… 58
28. TFSI发动机和TSI发动机有什么区别? …… 58
29. SIDI发动机有什么特点? …… 58
30. 涡轮增压器是什么原理? 有什么特点? …… 59
31. 机械增压器是什么原理? 有什么特点? …… 59
32. 双涡轮增压器是什么原理? 有什么特点? …… 60
33. 全变量进气系统的作用是什么? 怎么工作? …… 61
34. 增压空气冷却系统的作用是什么? 有哪些优点? …… 61
35. 高精度直喷系统(HPI)的作用是什么? 怎么工作? …… 62
36. 双气流式进气管的作用是什么? 怎么工作? …… 62

三、电控系统原理和应用 …… 63
37. 凸轮轴传感器的作用原理是什么? …… 63
38. 曲轴位置传感器的作用原理是什么? …… 63
39. 空气质量计的作用原理是什么? 失效影响有哪些? …… 64
40. 进气温度传感器的作用原理是什么? …… 65
41. 冷却液温度传感器的作用原理是什么? 失效影响有哪些? …… 65
42. 偏心轴传感器的作用原理是什么? 失效影响有哪些? …… 66
43. 水箱出口上的温度传感器的作用原理是什么? …… 67
44. 加速踏板模块的作用原理是什么? 失效影响有哪些? …… 67
45. 进气压力传感器的作用原理是什么? 失效影响有哪些? …… 67
46. 爆震传感器的作用原理是什么? 失效影响有哪些? …… 68
47. 氧传感器的作用原理是什么? …… 68
48. 宽带氧传感器的作用原理是什么? …… 69
49. 后氧传感器的作用是什么? 怎么调校? …… 69
50. 废气催化转换器的作用是什么? 怎么监控? …… 70
51. 温度油位传感器的作用原理是

什么？ …………………………………… 70
52. 油压开关的作用是什么？ ………… 70
53. 制动信号灯开关的作用原理是
   什么？ …………………………………… 70
54. 电子气门控制伺服电机的控制原理是
   什么？怎样调校？ …………………… 71
55. 电子节气门调节器的作用原理是什么？
   怎样调校？ …………………………… 72
56. VANOS 电磁阀的作用是什么？是怎么
   调节和控制的？ ……………………… 73
57. 增压压力调节装置的作用是什么？怎么
   工作？ ………………………………… 73
58. 循环空气减压控制的作用是
   什么？ ………………………………… 74
59. 增压空气冷却系统是怎么工
   作的？ ………………………………… 74
60. 二次空气系统的工作过程和原理是
   怎样的？ ……………………………… 75
61. 二次空气系统的作用什么？ ………… 75
62. 二次空气泵是怎么工作的？ ………… 76
63. 二次空气阀是怎么工作的？ ………… 76
64. 二次空气系统的监控是怎样的？ …… 76
65. 什么是空燃比？有什么作用？ ……… 77
66. 计算机空燃比控制策略是怎
   样的？ ………………………………… 77
67. 怎样理解喷油脉宽？ ………………… 77
68. 电动冷却液泵怎么实现冷却？ ……… 78
69. 发动机启动困难有哪些重要
   原因？ ………………………………… 78
70. 发动机冷启动困难有哪些重要
   原因？ ………………………………… 78
71. 怎么检修燃油压力导致的发动机启动
   困难？ ………………………………… 78
72. 怎么检修 ISC 故障导致的发动机启动
   困难？ ………………………………… 79
73. 怎么检修冷却液温度传感器故障导致的
   发动机启动困难？ …………………… 79
74. 怎么检修转速信号传感器故障导致的发
   动机启动困难？ ……………………… 79
75. 发动机不能启动故障有哪些
   原因？ ………………………………… 79

76. 发动机无着火征兆什么原因？ ……… 79
77. 怎么检修点火系统故障导致的发动机无
   着火征兆？ …………………………… 80
78. 怎么检修燃油控制系统故障导致的发动
   机无着火征兆？ ……………………… 80
79. 发动机有着火征兆但不能启动什么
   原因？ ………………………………… 80
80. 发动机不着车的故障原因有
   哪些？ ………………………………… 80
81. 有油有火时启动不着车的故障原因有
   哪些？ ………………………………… 81
82. 有火无油时点不着车的故障原因有
   哪些？ ………………………………… 81
83. 发动机热车不易启动的故障原因有
   哪些？ ………………………………… 81
84. 热车易启动、冷车不易启动的故障原因
   有哪些？ ……………………………… 81
85. 发动机启动后怠速忽高忽低故障原因有
   哪些？ ………………………………… 81
86. 启动后怠速高的故障原因有
   哪些？ ………………………………… 81
87. 发动机控制单元故障有哪些？ ……… 82
88. 发动机控制单元替换原则是
   什么？ ………………………………… 82
89. 为什么一辆汽车会配有两个发动机控制
   单元？ ………………………………… 82
90. 如何检测空气流量计？ ……………… 83
91. 如何检测第 6 代热膜式空气流
   量计？ ………………………………… 83
92. 怎么检修凸轮轴位置传感器
   故障？ ………………………………… 85
93. 怎么检修凯美瑞轿车怠速抖动
   故障？ ………………………………… 85
94. 怎么检修启动故障？ ………………… 86
95. 怎么检修挂挡熄火故障？ …………… 86
96. 怎么判断炭罐电磁阀损坏导致的
   故障？ ………………………………… 87
97. 怎么排除排气管放炮故障？ ………… 87
98. 怎么排除加速踏板导致的故障？ …… 88
99. 怎么检修节气门损坏导致的
   故障？ ………………………………… 88

100. 怎么检查机油灯报警? ……89
101. 怎么检修和排除机油灯报警? ……89
102. 怎么检修和排除喷油器泄漏导致缺缸? ……90
103. 怎么检修和排除喷油器积碳导致发动机加速不力? ……90
104. 怎么检修和排除汽油滤清器堵塞导致加速无力? ……91
105. 怎么检修和排除压力调节器堵塞导致尾气冒黑烟? ……91
106. 进气系统有问题会导致哪些故障?如何处理? ……92
107. 节气门有问题会导致哪些故障?怎样排除? ……92
108. 怎么检查和排除离合器踏板开关导致的故障? ……92
109. 机油尺未插到位会导致什么特殊故障? ……92
110. 怎么判断氧传感器故障? ……93
111. 排放控制主要的监控对象是什么?监控项目有哪些? ……93
112. OBD 有哪几种形式? ……93
113. 过量空气系数调节系统的组成是怎样的? ……93
114. 怎么检查和排除燃油消耗大? ……94
115. 怎么检查和排除发动机怠速不稳? ……94
116. 怎么检查和排除涡轮增压器漏气导致提速很慢? ……95
117. 怎么检查和排除 EGR 阀故障导致发动机加速慢? ……95
118. 点火提前角对发动机性能有什么影响? ……96
119. 哪些因素影响点火提前角? ……96
120. 点火单缸波形测试主要作用是什么? ……96
121. 怎么分析点火波形? ……96
122. 怎么分析单缸急加速波形? ……97
123. 怎么分析高压线断路故障波形? ……97
124. 怎么分析高压线短路故障波形? ……97
125. 怎么分析火花塞积炭故障波形? ……97
126. 怎么分析喷油嘴堵塞的故障波形? ……97
127. 怎么分析点火过早导致的击穿电压过低波形? ……98
128. 怎么分析点火过迟导致的击穿电压过高波形? ……98
129. 怎样判断火花塞已损坏? ……98
130. 怎样判断火花塞已烧蚀? ……98
131. 转速传感器会发生哪些故障? ……98
132. 爆震传感器发生故障对发动机有什么影响? ……99
133. 怎么检查和排除点火线圈故障? ……99
134. 怎么检查和排除火花塞导致的游车故障? ……100
135. 火花塞热值不正确对发动机有什么影响?如何检修? ……100
136. 辛烷值对点火提前角有什么影响? ……100
137. 如何分析点火提前角? ……100
138. 什么是发动机失火? ……101
139. 失火监测的基本原理是什么? ……101
140. 失火监控的判断方法有哪些? ……101
141. 失火监测功能是如何实现的? ……102
142. 如何判断失火类型? ……103
143. 失火信息是如何采集的? ……104
144. 发动机运行平稳性和失火怎样识别?二者之间有什么关系? ……104
145. 曲轴轴向间隙大会导致发动机熄火吗? ……105
146. 怎么检查和排除启动困难故障? ……106
147. 怎么检查和排除低速熄火故障? ……106
148. 怎么检查和排除发动机无法启动? ……106
149. 怎么检查和排除前氧传感器导致的故障? ……106
150. 怎么检查和排除废气管漏气导致的故障? ……107
151. 怎么样检查怠速电磁阀? ……107
152. 怎么检查和排除挂挡起步熄火故障? ……107

153. 智能蓄电池传感器的作用是什么? …… 108
154. 怎么检查和排除怠速"游车"故障? …… 108
155. 怎么检测冷却液温度传感器? …… 108
156. 怎么检测曲轴位置传感器? …… 108
157. 凸轮轴位置传感器与点火是什么关系? …… 109
158. 怎么检测爆震传感器? …… 109
159. 怎么进行氧传感器反馈电压测试? …… 110
160. 怎么用电压判断氧传感器故障? …… 110
161. 怎么进行氧传感器加热器电阻检测? …… 111
162. 电动燃油泵是怎么运行的? …… 111
163. 电动燃油泵继电器动作电路和工作电路是怎样的? …… 111
164. 怎么检查燃油泵电机故障? …… 112
165. 怎么用传统的方法测试喷油器? …… 112
166. 怎么测试喷油器单体? …… 112
167. 怎么用断油(缸)方法测试喷油器? …… 112
168. 怎么测量喷油器电磁线圈阻值? …… 112
169. 喷油器控制电路是怎样的? …… 113
170. OBD-Ⅱ维修有哪些关键要点? …… 113
171. 传感器自诊断原理是什么? …… 114
172. 水温传感器故障是怎样设置的? …… 115
173. 汽车常用控制单元地址是哪些? …… 116
174. 怎么对控制单元进行编码? …… 116
175. 故障诊断仪无法进入发动机系统是什么原因? …… 116
176. 发动机控制单元自诊断功能有哪些? …… 117
177. 发动机控制单元如何识别传感器故障? …… 117
178. 发动机控制单元怎么判断执行器故障? …… 117
179. 怎样判断发动机控制单元本身的故障? …… 118
180. 发动机控制单元损坏的原因主要有哪些? …… 118
181. 怎么判断发动机控制单元是否损坏? …… 118
182. 怎么检修加速不良且仪表板显示异常? …… 118
183. 发动机热量管理系统是怎样的? …… 119
184. 怎么检修发动机温度过高故障? …… 119
185. 机油状态传感器主要测量哪些参数?结构功能是怎样的? …… 120

第四章　空调系统

1. 汽车空调有哪些功能?汽车空调系统由哪几部分组成? …… 122
2. 汽车空调制冷系统由哪些部件组成? …… 122
3. 汽车空调制冷系统的功能是什么? …… 122
4. 汽车空调制冷循环是怎么工作的? …… 123
5. 空调制冷系统制冷过程中压力和温度是怎样变化的? …… 123
6. 汽车空调制冷的基本原理是什么? …… 123
7. 空调制冷系统的工作原理是什么? …… 124
8. 冷冻油有哪些作用? …… 124
9. 空调系统对冷冻油有什么要求?如何正确选择冷冻油? …… 124
10. 加注冷冻油要注意哪些事项? …… 124
11. 制冷剂 R134a 的特点是什么?与 R12 有何不同? …… 125
12. 进行制冷剂循环回路方面的工作要注意哪些事项? …… 125

13. 外部调节式空调压缩机有什么特点和功用? ……125
14. 储液罐和干燥器有什么作用? 是怎么工作的? ……126
15. 蒸发器的结构是怎样的? ……126
16. 蒸发器的任务是什么? ……127
17. 蒸发器的功能是什么? ……127
18. 蒸发器温度传感器(温度调节器)是怎么工作的? ……127
19. 从蒸发器中流出的冷空气如何以水为基础进行温度调节? ……128
20. 从蒸发器中流出的冷空气如何以空气为基础进行温度调节? ……128
21. 膨胀阀有哪几种结构形式? ……129
22. 膨胀阀的作用是什么? 如何实现? ……129
23. 膨胀阀有哪些性能指标? ……129
24. 内平衡膨胀阀的结构和工作原理是怎样的? ……130
25. 外平衡膨胀阀的结构是怎样的? ……131
26. 外平衡膨胀阀是怎样工作的? ……132
27. H形膨胀阀的结构是怎样的? ……132
28. H形膨胀阀是怎样工作的? ……132
29. 暖风是怎样产生的? ……133
30. 空调通风方式有哪几种? ……133
31. 什么是动压通风? ……133
32. 什么是强制通风? ……134
33. 什么是综合通风? ……134
34. 空气净化装置有哪几种? 有什么作用? ……134
35. 水暖式供暖系统热水循环是怎样的? ……134
36. 水暖式供暖系统中暖风是怎样形成的? ……135
37. 汽车空调配气系统是怎样工作的? ……136
38. 自动空调主要组成部件有哪些? ……136
39. 自动空调系统有哪两种类型? 两者有何差别? ……136
40. 自动空调系统是怎样工作的? ……137
41. 什么是有效出气温度? 其温度控制系统有哪些组成部件? ……137
42. 出风气流是怎么控制的? ……137
43. 内循环模式(进气模式)控制系统由哪些组成部件? ……137
44. 鼓风机电机控制模块是怎样工作的? ……137
45. 空气质量传感器是怎样工作的? ……137
46. 自动空调系统的结构组成和控制特点是怎样的? ……138
47. 自动空调系统暖风和冷气的调节及控制是怎样的? ……139
48. 什么是定排量空调系统? ……140
49. 什么是变排量空调系统? ……141
50. 汽车空调系统为什么采用变排量压缩机? ……141
51. 变排量压缩机主要优点有哪些? ……141
52. 压力调节式变排量压缩机的工作原理是怎样的? ……141
53. 压力调节式变排量压缩机的工作过程是怎样的? ……142
54. 什么是斜盘式压缩机? ……142
55. 斜盘式压缩机的工作原理是什么? ……142
56. 摇板式压缩机的工作原理是什么? ……142
57. 什么是旋叶式压缩机? ……143
58. 旋叶式压缩机的工作原理是什么? ……143
59. 涡旋式压缩机是怎样工作的? ……143
60. 汽车空调系统中常用的压力开关有哪些类型? ……144
61. 高压压力开关是怎样工作的? ……144
62. 触点常开型压力开关是怎么工作的? ……144
63. 触点常闭型压力开关是怎么工作的? ……144
64. 低压开关是怎么工作的? ……144
65. 三位压力开关的作用是什么? ……145
66. 车内外温度传感器的作用是什么? ……145
67. 蒸发器温度传感器的作用是什么? ……145
68. 冷却液温度传感器的作用是

什么？ ……………………………… 145
69. 日照传感器的作用是什么？…… 145
70. 日照传感器和雾气传感器是怎么工作的？ ……………………………… 145
71. 制冷剂压力传感器是怎么工作的？ ……………………………… 146
72. 车内空气循环控制系统传感器（AUC传感器）是怎么工作的？ ……… 146
73. 暖风热交换器传感器的任务是什么？ ………………………………… 146
74. 通风温度传感器是怎么工作的？ ……………………………… 146
75. 后座区脚部空间温度传感器是怎么工作的？ ……………………………… 146
76. 顶部出风口温度传感器是怎么工作的？ ……………………………… 146
77. 双水阀是怎么工作的？ ………… 147
78. 前部和后部制冷剂单向阀是怎么工作的？ ……………………………… 147
79. 自动空调系统有哪些主要执行元件？ ……………………………… 147
80. 自动空调电控单元（ECU）的作用是怎样的？ ……………………………… 147
81. 自动空调控制单元（ECU）怎么控制空调系统？ ……………………………… 147
82. 自动空调中为什么要设置鼓风机转速控制？ ……………………………… 147
83. 空调电气控制系统起什么作用？怎么执行工作？ ……………………………… 148
84. 空调压力传感器的作用是什么？怎么执行工作？ ……………………………… 148
85. 车外温度传感器的作用是什么？怎么执行工作？ ……………………………… 148
86. 车内温度传感器的作用是什么？怎么执行工作？ ……………………………… 148
87. 蒸发器温度传感器的作用是什么？怎么执行工作？ ……………………………… 148
88. 日照传感器的作用是什么？怎么执行工作？ ……………………………… 149
89. 什么是空调温度保护？ ………… 149
90. 什么是空调压缩机过热保护？ … 149

91. 怎样检测膨胀阀？ ……………… 149
92. 怎样检修冷凝器？ ……………… 150
93. 汽车空调压缩机常见故障有哪些？ ……………………………… 150
94. 怎样使用歧管压力表？ ………… 150
95. 怎样从高压端充注制冷剂？ …… 151
96. 怎样从低压端充注制冷剂？ …… 151
97. 怎样使用歧管压力表排放制冷剂？ ……………………………… 151
98. 怎么抽空调制冷系统真空？ …… 151
99. 怎么检查和排除日照传感器故障？ ……………………………… 152
100. 怎么检查和排除空气温度传感器故障？ ……………………………… 153
101. 怎么检测压缩机不工作？ ……… 155
102. 怎么检测压缩机产生噪声？ …… 155
103. 怎么检测冷冻油不够？ ………… 155
104. 怎么检测压缩机内部泄漏？ …… 155
105. 怎么检测压缩机外部泄漏？ …… 155
106. 怎么检测蒸发器？ ……………… 155
107. 怎么更换蒸发器？ ……………… 155
108. 怎么使用电子检漏仪对空调系统进行检漏？ ……………………………… 156
109. 怎么利用压力对空调系统进行检漏？ ……………………………… 156
110. 怎么检修压缩机反复吸合故障？ ……………………………… 156
111. 怎么检修空调制冷效果差？ …… 156
112. 怎么检修空调系统不制冷？ …… 157
113. 空调系统高、低压均低是什么问题？ ……………………………… 157
114. 空调系统低压表指示接近零、高压低是什么问题？ ……………………………… 157
115. 空调系统高、低压均高是什么问题？ ……………………………… 157
116. 空调系统高、低压两侧的压力均过高是什么问题？ ……………………………… 157
117. 空调系统低压过高、高压稍高是什么问题？ ……………………………… 158
118. 空调系统低压负压、高压异常是什么问题？ ……………………………… 158

119. 空调系统低压过高、高压过低是什么问题? ……158
120. 怎么检修制冷剂或冷冻油导致的空调效果差? ……158
121. 怎么检修制冷剂与冷冻油内有杂质导致的制冷效果差? ……158
122. 怎么检查冷凝器散热问题导致的空调效果差? ……158
123. 怎么检修压缩机皮带过松导致空调系统冷却效果下降? ……158
124. 怎么检查和排除压缩机故障导致的空调不工作? ……159
125. 为什么压缩机驱动盘因过载而导致内部故障? ……159
126. 怎么检修温度传感器故障导致的空调制冷效果差? ……159
127. 怎么检修和排除空调压缩机反复吸合故障(一)? ……160
128. 怎么检修和排除空调压缩机反复吸合故障(二)? ……160
129. 怎么检修空调冷风出风口温度高故障? ……160
130. 怎么检修冷却液温度传感器导致的空调故障? ……160
131. 怎么检修和排除空调出风口吹热风故障? ……161
132. 怎么检修和排除低压管导致的空调不制冷故障? ……161
133. 水蒸气进入空调系统会导致什么故障? ……162
134. 空气进入空调系统会导致什么故障? ……162
135. 制冷系统的高温高压有什么影响? ……162
136. 空调变频器的系统电路是怎样的? ……162
137. 新鲜空气温度传感器有什么作用? ……163
138. 阳光传感器有什么作用? ……163
139. 空气质量传感器有什么作用? ……164
140. 足部通风口温度传感器有什么作用? ……164
141. 定位电机有什么作用? ……164
142. 怎么检修空调电子风扇不转故障? ……164
143. 怎么检修空调不制冷、有时候吹热风故障? ……165

第五章 照明和信号系统

1. 远光灯是怎么控制的? ……166
2. 怎样检修远光灯控制电路故障? ……166
3. 驻车灯是怎么控制的? ……166
4. 怎样检修驻车灯控制电路故障? ……166
5. 乘客舱变光电路是怎么控制的? ……167
6. 怎样检修乘客舱变光控制电路故障? ……167
7. 前雾灯电路怎么控制的? ……167
8. 怎样检修前雾灯控制电路故障? ……167
9. 制动灯电路是怎么控制的? ……167
10. 怎样检修制动灯控制电路故障? ……167
11. 牌照灯电路是怎么控制的? ……168
12. 怎样检修牌照灯控制电路故障? ……168
13. 中央高位制动灯电路是怎么控制的? ……168
14. 怎样检修中央高位制动灯控制电路故障? ……168
15. 前转向信号电路是怎么控制的? ……169
16. 怎样检修前转向信号控制电路故障? ……169
17. 怎样检修转向信号电路对蓄电池短路? ……169
18. 怎样控制和调节氙气灯? ……170
19. 氙气灯自适应大灯作用范围是什么? ……170
20. 氙气灯自适应调节装置内部结构是怎样的? ……170
21. 怎样设定奥迪氙气大灯系统? ……171
22. 怎么检修大众途锐照明距离调节装置警

告灯点亮？ ………………………… 172
23. 怎么操控转向信号灯和远光灯
　　　开关？ …………………………… 172
24. 无眩目的远光灯辅助系统有什么
　　　作用？ …………………………… 173
25. 动态大灯光线水平调整装置是怎么控
　　　制的？ …………………………… 173
26. 自适应转向大灯是怎么控制的？ … 173
27. 可变光是怎样分布的？ …………… 173
28. 大灯模块是怎么工作的？ ………… 174

第六章　防盗和中控门锁系统

1. 什么是防盗系统？ ………………… 175
2. 基本的电子防盗系统有什么功能？ … 175
3. 防盗系统有哪些基本组成部件？ … 175
4. 防盗系统基本原理是什么？ ……… 176
5. 防盗系统控制有什么特性？ ……… 177
6. 大众第三代防盗系统是怎样的？ … 177
7. 丢失钥匙怎么处理？ ……………… 178
8. 更换组合仪表后怎么处理？ ……… 178
9. 大众第四代防盗系统是怎样的？ … 178
10. 大众第四代防盗系统防盗单元是
　　 怎样的？ ………………………… 179
11. 转向柱锁执行元件 N360 是怎么工
　　 作的？ …………………………… 179
12. 后备厢盖控制单元 J605 的结构和功能
　　 是怎样的？ ……………………… 179
13. 大众第五代防盗系统是怎样的？ … 180
14. 朗逸 Kessy 无钥匙系统的特点是
　　 什么？ …………………………… 181
15. 怎样诊断无钥匙系统？ ………… 181
16. 奥迪 A5 高级钥匙无钥匙工作流程是怎
　　 样的？ …………………………… 181
17. 什么情况下防盗系统进入警戒
　　 状态？ …………………………… 182
18. 防盗系统的触发报警条件是
　　 什么？ …………………………… 182
19. 怎么解除防盗系统报警？ ……… 182
20. 遥控钥匙失灵是什么原因？ …… 182
21. 怎么检修防盗系统导致的发动机不能
　　 启动？ …………………………… 183
22. 怎么检修发动机无法启动，防盗指示灯
　　 闪烁故障？ ……………………… 183
23. 什么情况下需要设定遥控器？ … 183
24. 怎么设定大众途观遥控器？ …… 183
25. 怎么设定甲壳虫遥控器？ ……… 184
26. 怎么设定大众途安遥控器？ …… 184
27. 怎么设定帕萨特遥控器？ ……… 184
28. 怎么设定奥迪 Q5 遥控器？ …… 184
29. 怎么设定奥迪 Q7 遥控器？ …… 184
30. 怎么设定奥迪 A6 和 A8 遥
　　 控器？ …………………………… 184
31. 怎么检修防盗系统导致的发动机启动
　　 异常？ …………………………… 185

第七章　电动车窗和天窗

1. 车窗系统是怎样控制的？ ………… 186
2. 电动车窗是怎么控制的？ ………… 187
3. 电动玻璃升降器电机是怎么控
　　 制的？ …………………………… 187
4. 电动车窗防夹功能是怎样控
　　 制的？ …………………………… 187
5. 本田雅阁电动车窗是怎么控
　　 制的？ …………………………… 187
6. 怎么检修和排除本田电动车窗
故障？ ……………………………… 187
7. 怎么检修和排除电动车窗不能升降
故障？ ……………………………… 189
8. 怎么检修和排除右前车门玻璃升降器不
能升降故障？ ……………………… 189
9. 怎么检修和排除天窗故障？ ……… 189
10. 怎么检修和排除玻璃升降器不能正常工
作故障？ ………………………… 190
11. 活动天窗是怎样工作的？ ……… 190

12. 玻璃升降器开关有哪些? ……191
13. 驾驶员侧车门组合开关是怎样工作的? ……191
14. 未装备遮阳卷帘的玻璃升降器开关是怎样工作的? ……191
15. 装有遮阳卷帘的玻璃升降器开关是怎样工作的? ……192
16. 未装备遮阳卷帘的玻璃升降器开关电路结构是怎样的? ……192
17. 有遮阳卷帘的玻璃升降器开关电路结构是怎样的? ……193
18. 玻璃升降器开关失灵时系统怎么控制? ……193
19. 遮阳卷帘按钮失灵时系统怎么控制? ……194

第八章　刮水 / 洗涤系统

1. 刮水器有几种运行方式? ……195
2. 刮水器是怎么工作的? ……195
3. 刮水器模块失效有什么故障? ……197
4. 凯越轿车无雨量传感器的刮水系统是怎样控制的? ……197
5. 凯越轿车自动空调除雾模式的控制电路路径是怎样的? ……197
6. 怎么检修刮水器系统不工作? ……199
7. 怎么检修刮水器系统无高速挡? ……200
8. 怎么检修刮水器系统无低速挡? ……200
9. 怎么检修刮水器系统无间歇挡? ……200
10. 怎么排除凯越轿车的雨刷器故障? ……200

第九章　自动变速器电控系统

1. 什么是 AMT? ……201
2. 什么是 DCT? ……201
3. 什么是 CVT? ……202
4. 什么是 AT? ……202
5. 自动变速器驻车制动装置的结构和作用是怎样的? 如何操作? ……203
6. 阀体的作用是什么? 包括哪些组件? ……203
7. 滑阀的作用和故障影响是什么? ……203
8. 电磁阀供油限压阀 (AFL 阀) 容易出现哪些问题? ……203
9. 大众 01M/01N 阀体中的电磁调节阀有什么作用? ……204
10. 主调压阀 (阀体内部) 有什么作用? ……204
11. 增压阀的作用是什么? ……204
12. 扭矩信号阀的作用和故障影响是什么? ……204
13. 换挡控制策略包括哪些方面? ……205
14. 市区行驶换挡策略是什么? ……205
15. 上坡路行驶换挡策略是什么? ……205
16. 下坡路行驶换挡策略是什么? ……205
17. 弯路行驶换挡策略是什么? ……205
18. 冰雪路面行驶换挡策略是什么? ……205
19. 高原地区行驶换挡策略是什么? ……206
20. 换挡点力矩平衡 (重叠控制) 控制策略是什么? ……206
21. 减扭矩控制策略是什么? ……206
22. 后坐力控制 (N-D 缓冲控制) 策略是什么? ……206
23. 停车回空挡控制策略是什么? ……206
24. 自动变速器过热保护控制策略是什么? ……206
25. 直接换挡控制策略是什么? ……206
26. 双离合器扭矩传递路线是怎样的? ……206
27. 双离合器 (干式离合器) 是怎样工作的? ……207
28. 双离合器 (湿式离合器) 是怎样工作的? ……207

29. 常规 8 速自动变速器有什么特点? ……207
30. 混合动力版 8 速自动变速器是怎样的? ……208
31. 9 速自动变速器是怎样的? ……208
32. 变速器多功能挡位（TR）开关 F125 的作用和功能是什么? ……209
33. 变速器多功能挡位（TR）开关 F125 出现故障怎么办? ……209
34. 变速器输入转速传感器 G182 的功能原理是怎样的? 有什么作用? 有什么故障影响? ……209
35. 变速器输出转速传感器 G195 的功能原理是怎样的? 有什么作用? 有什么故障影响? ……210
36. 变速器油温传感器 G93 有什么作用? 有什么故障影响? ……210
37. 节气门位置传感器和加速踏板位置传感器对变速器有什么作用? ……211
38. 09G 型六挡自动变速器控制单元的安全功能是怎样的? ……211
39. 09G 型六挡自动变速器控制单元有效的机械应急状态是怎样的? ……211
40. 09G 型六挡自动变速器控制单元无效的机械应急状态是怎样的? ……212
41. 宝马 6HP-26 自动变速器电子控制装置主要包括哪些元件? ……212
42. 宝马 6HP-26 自动变速器驻车锁止装置是怎样的? ……212
43. 4F27E 型自动变速器电子控制系统的组成是什么? ……213
44. 涡轮轴转速传感器（TSS）的作用是什么? 有什么故障影响? ……213
45. 输出轴转速传感器（OSS）的作用是什么? 有什么故障影响? ……213
46. 变速器油温传感器（TFT）的作用是什么? ……213
47. 挡位开关（TR）的作用是什么? ……213
48. 手动模式开关、增/减挡开关的作用是什么? ……213
49. 制动开关的作用是什么? ……213
50. 换挡电磁阀的作用是什么? ……213
51. 压力控制电磁阀（EPC）的作用是什么? ……214
52. 0BK/0BL 变速器包括哪些元件? ……214
53. 0BK/0BL 变速器 1 挡是怎样传递动力的? ……214
54. 0BK/0BL 变速器 2 挡是怎样传递动力的? ……215
55. 0BK/0BL 变速器 3 挡是怎样传递动力的? ……215
56. 0BK/0BL 变速器 4 挡是怎样传递动力的? ……216
57. 0BK/0BL 变速器 5 挡是怎样传递动力的? ……216
58. 0BK/0BL 变速器 6 挡是怎样传递动力的? ……217
59. 0BK/0BL 变速器 7 挡是怎样传递动力的? ……217
60. 0BK/0BL 变速器 8 挡是怎样传递动力的? ……218
61. 0BK/0BL 变速器 R 挡是怎样传递动力的? ……218
62. 怎样检查变速器油油位? ……219
63. 怎样检查变速器油油质? ……219
64. 怎样检查和调整挡位开关? ……220
65. 自动变速器油压过高或过低有什么影响? 测试油压目的是什么? ……220
66. 前进挡位油压测试有什么条件? 有什么故障影响? ……221
67. 时间滞后测试目的是什么? 怎样进行测试? ……221
68. 连续升挡试验的目的是什么? ……221
69. 怎么进行升挡车速试验? ……221
70. 怎么进行锁止离合器工作状况的试验? ……222
71. 怎么进行发动机制动性能试验? ……222
72. 怎么进行强制降挡试验? ……222
73. 怎样检测电磁阀供油限压阀阀孔? ……223
74. 通用 4T65-E 变速器中增压阀的常见故障有哪些? ……223
75. 大众 01M/01N 变速器增压阀的常见故障有哪些? ……223

76. 大众 09G 型六挡自动变速器控制单元的故障识别是怎样的? ……224
77. 变速器机油（DSG 油）的作用是什么? 怎么维护 DSG 油变速器? ……224
78. 拆卸 DSG 变速器离合器有哪些重要步骤和要领? ……225
79. 安装 DSG 变速器离合器有哪些重要步骤和要领? ……225
80. 测量和调整离合器有哪些重要步骤和要领? ……225
81. 拆卸 DSG 变速器控制单元 J743 有哪些重要步骤和要领? ……226
82. 安装 DSG 变速器控制单元 J743 有哪些重要步骤和要领? ……227
83. 拆卸 DSG 变速器油泵有哪些重要步骤和要领? ……228
84. 安装 DSG 变速器油泵有哪些重要步骤和要领? ……229
85. 换挡冲击过大故障表现是什么? 是什么原因导致的? 如何检查和排除? ……229
86. 升挡过迟故障表现是什么? 是什么原因导致的? ……229
87. 不能升挡故障表现是什么? 是什么原因导致的? ……229
88. 无超速挡故障表现是什么? 是什么原因导致的? 如何检查和排除? ……230
89. 无前进挡故障表现是什么? 是什么原因导致的? 如何检查和排除? ……230
90. 无倒挡故障表现是什么? 是什么原因导致的? 如何检查和排除? ……231
91. 跳挡故障表现是什么? 是什么原因导致的? 如何检查和排除? ……231
92. 挂挡后发动机怠速易熄火是什么原因? ……231
93. 无发动机制动是什么原因导致的? ……232
94. 不能强制降挡是什么原因? ……232
95. 无锁止故障什么原因? ……232
96. 01M 自动变速器换挡电磁阀的作用是什么? 变速器怎么进入应急状态? ……233
97. 怎么检查和排除 01M 自动变速器换挡电磁阀故障? ……233
98. 怎么检查和排除 01M 自动变速器变扭器锁止离合器控制故障? ……233
99. 怎么检查和排除 01M 自动变速器 2 挡升 3 挡打滑故障? ……233
100. 怎么检查和排除 01M 自动变速器 2 挡升 3 挡冲击故障? ……234
101. 怎么检查和排除 01M 自动变速器超速挡打滑故障? ……234
102. 怎么检查和排除 01M 自动变速器没有超速挡故障? ……235
103. 什么情况下自动变速器执行升降挡位? ……235
104. 怎么检查 01M 自动变速器升降挡重叠故障? ……236
105. 怎么检查帕萨特 01M 自动变速器挡位不正确故障? ……236
106. 怎么检查途胜不能自动换挡故障? ……236
107. 怎么检查和排除突然没有倒挡? ……237
108. 变速器油温高会导致什么故障? ……237
109. 自动变速器内印制导线损坏会导致什么故障? ……237
110. 怎样排除自动变速器内印制导线损坏会导致的故障? ……237
111. 为什么换挡手柄不能从"P"位移出? ……238
112. 怎么检修和排除 1 挡到 4 挡时加速不良? ……238
113. 怎么检修和排除升挡不顺畅故障? ……238
114. 自动变速器无法挂挡是什么原因? ……239
115. 怎么诊断离合器压力控制电磁阀故障? ……239
116. 怎么诊断换挡电磁阀故障? ……240
117. 怎么诊断加减挡开关电路故障? ……241
118. 怎么诊断油压开关故障? ……242
119. 怎么诊断驻车挡/空挡设置开关电路故障? ……243
120. 怎么诊断管路压力控制电磁阀故障? ……244

第十章　电动助力转向和电控悬架系统

一、电动助力转向系统 ·················· 246
  1. 电动助力转向系统基本组成有哪些组件？特点是什么？ ·············· 246
  2. 电动助力转向系统的结构是怎样的？ ························· 247
  3. 转向角传感器的工作原理是怎样的？有何作用？ ················· 247
  4. 转向力矩传感器的作用是什么？ ··· 247
  5. 转向力矩传感器信号是怎样产生的？ ························· 247
  6. 转向力矩传感器怎么判断转向？ ··· 248
  7. 转向力矩传感器失效有什么影响？ ························· 248
  8. 转子位置传感器的结构是怎样的？有何作用？ ················· 248
  9. 转子位置传感器的工作原理是怎样的？ ······················· 248
  10. 转向辅助控制单元 J500 的工作原理是怎样的？有何作用？ ········ 248
  11. 电动机械式助力转向电机 V187 的工作原理是怎样的？有何作用？ ····· 249
  12. 电动机械式转向系统是怎样控制的？ ······················ 249
  13. 电控机械助力转向控制过程作用（随速控制）是怎样的？ ··········· 250
  14. 驻车时的转向过程是怎样的？ ···· 250
  15. 市区行驶时的转向过程是怎样的？ ························ 250
  16. 高速公路行驶时的转向过程是怎样的？ ······················ 251
  17. 主动式复位过程是怎样的？ ······ 251
  18. 直线行驶修正过程是怎样的？ ···· 251
  19. 可变传动比转向系统控制过程是怎样的？ ······················ 252
  20. 可变传动比转向系统的作用是什么？ ························ 252
  21. 可变传动比转向系统转向电机是怎样的？ ······················ 252
  22. 可变传动比转向系统转向锁止机构是怎样的？ ······················ 252
  23. 可变传动比转向系统减速机构是怎样的？ ······················ 252
  24. 可变传动比转向系统的工作原理是怎样的？ ···················· 253
  25. 可变传动比转向系统在低、中速行驶时怎样工作？ ··············· 253
  26. 可变传动比转向系统在高速行驶时怎样工作？ ···················· 253
  27. 怎么进行电动机械式转向系统设定？ ························ 253
  28. 更换转向机后无法进行基本设定怎么办？ ······················ 254
  29. 电动助力转向系统操纵、维修诊断要注意什么？ ·················· 254
  30. 怎么检修电动助力转向系统变得特别沉重？ ···················· 254
  31. 怎么检修电控液压助力转向系统变得特别沉重？ ·················· 255
  32. 助力转向系统转向沉重怎么排除？ ························ 255
  33. 助力转向系统转向泵异响怎么排除？ ························ 256
  34. 转向柱锁集成开关故障怎么排除？ ························ 256
  35. 转向柱锁止电机锁止电路故障怎么排除？ ······················ 256
  36. EPB 系统怎样调整制动蹄片间隙？ ························· 257
  37. 怎么排除电子助力转向打转向沉？ ························ 257

二、电控空气悬架系统 ················ 258
  38. 电控空气悬架的作用是什么？ ···· 258
  39. 电控空气悬架减振器的结构原理是什么？ ······················ 258
  40. 电控空气悬架空气总成一般安装在什么位置？其结构是怎样的？ ········ 259

41. 电控空气悬架压力传感器的结构原理是怎样的？作用是什么？ ……260
42. 电控空气悬架车身速度传感器的结构是怎样的？作用是什么？ ……260
43. 电控空气悬架车身水平传感器是怎样的？ ……260
44. 电控空气悬架控制单元出现故障怎么办？ ……260
45. 电控空气悬架传感器出现故障怎么办？ ……260
46. 电控空气悬架空气弹簧出现故障怎么办？ ……261
47. 主动车身稳定控制系统组成部件有哪些？ ……261
48. 主动悬架的基本特点是什么？ ……261
49. 主动悬架控制系统主要有什么类型？ ……261
50. 主动车身稳定控制系统的特点是什么？ ……261
51. 什么是连续性阻尼控制？ ……262
52. 什么是底盘线控系统？ ……262
53. 什么是连续控制底盘系统？有什么作用特点？ ……262
54. 连续控制底盘系统的原理是什么？ ……262
55. 带有车身水平高度控制和高度调节功能的空气悬架系统有什么特点？ ……262
56. 不同的水平高度是怎么设置的？ ……262
57. 一般地形高度是怎么设置的？ ……263
58. 特殊地形高度是怎么设置的？ ……263
59. 低位高度是怎么设置的？ ……263
60. 装载高度是怎么设置的？ ……263

第十一章　制动和稳定电子控制系统

1. 防抱死制动系统（ABS）的作用是什么？ ……264
2. ABS 是怎么分类的？ ……264
3. ABS 组成有哪些？ ……265
4. 轮速传感器是怎么工作的？ ……265
5. 怎样检查轮速传感器？ ……265
6. 怎样测试轮速传感器？怎样测试转子齿圈？怎样测试传感器输出信号？ ……265
7. ABS 电子控制单元是怎样的？ ……266
8. ABS 警报灯的功能是什么？ ……266
9. ABS 控制过程是怎么样的？ ……266
10. ABS 建压阶段是怎样工作的？ ……266
11. ABS 保压阶段是怎样工作的？ ……266
12. ABS 降压阶段是怎样工作的？ ……267
13. ABS 升压阶段是怎样工作的？ ……267
14. 什么是电子制动力分配（EBD）？ ……267
15. 什么是 ASR？ ……267
16. ASR 和 ABS 的相同点是什么？ ……267
17. ASR 和 ABS 区别是什么？ ……268
18. ASR 常用控制方式是什么？ ……268
19. ABS 工作启动有什么表现？ ……268
20. ABS 故障有什么表现？ ……268
21. 带 ABS 的车辆怎么进行液压制动系统排气？ ……268
22. 检修 ABS 前有哪些注意事项？ ……269
23. 怎样通过 ABS 自检判断系统是否正常？ ……269
24. 怎样进行 ABS 的初步检测？ ……270
25. 怎样进行 ABS 的试车检测？ ……270
26. 车轮转速传感器的结构与原理是怎样的？ ……270
27. 怎样简单地检测车轮转速传感器故障？ ……270
28. 电子制动力辅助（EBA）作用是什么？ ……270
29. TCS 与 ABS 有什么区别？TCS 是如何控制的？ ……271
30. 电控驻车制动系统的作用是什么？是怎样实现的？ ……271
31. EPB 系统主要组成部件有

32. EPB 系统驻车制动电机是怎么工作的? ……272
33. EPB 系统后轮执行元件斜轴轮盘机构是怎么工作的? ……272
34. 什么是车辆动态行驶平稳控制系统? 其工作原理是什么? ……273
35. VDC 系统的主要传感器有哪些? ……273
36. 轮胎压力监测系统的作用是什么? 有哪些类型? ……273
37. 三种轮胎压力系统的主要区别是什么? ……274
38. 轮胎压力监测显示 (TPMD) 的特点是什么? TPMD 有哪些主要元件? TPMD 是怎么进行监控的? ……274
39. 轮胎压力监测显示 (TPMD) 怎样校准? ……275
40. 胎压监控终止条件是什么? ……275
41. 轮胎压力监测显示 (TPMD) 中更换 ABS 泵总成要注意什么? ……276
42. 不带车轮位置识别的 TPM 系统的工作特点是什么? 怎样操作? ……276
43. 不带车轮位置识别的 TPM 系统中怎么设定胎压? ……276
44. 不带车轮位置识别的 TPM 系统中车轮压力电子装置元件有哪些? ……276
45. 不带车轮位置识别的 TPM 系统中数据传输的作用有哪些? ……277
46. 轮胎压力数据传输状态和条件是什么? ……277
47. TPM 系统中更换轮胎后怎么设定? ……277
48. TPM 系统中什么情况下故障报警灯点亮? ……277
49. 带车轮位置识别的 TPM 系统是怎么控制的? ……278
50. 带车轮位置识别的 TPM 系统工作过程是怎样的? ……278
51. 怎样诊断胎压监控单元 J793 及四轮压力参数? ……278
52. 自动辅助转向前照灯是怎么工作的? ……279
53. 随动转向前照灯有什么好处? ……279
54. 什么是防眩目后视镜? ……279
55. 防眩目后视镜的工作原理是什么? ……280
56. 什么是 EBD? EBD 是怎么工作的? ……280
57. 什么是 TCS? TCS 是怎么工作的? ……280
58. 什么是 EBA? ……280
59. 什么是动态稳定控制系统? ……281
60. 动态稳定控制系统控制单元由哪些部件组成? ……281
61. 什么是防翻滚稳定系统? ……281
62. 什么是自适应定速巡航系统? ……281
63. 怎么检查随速转向系统? ……282
64. 带有电子驻车制动系统的车辆怎么更换制动片? ……282

第十二章 汽车电子和电路

一、电工基础 ……283
  1. 怎样测量电压? 有哪些注意事项? ……283
  2. 什么是直流电压? 常用的直流电源有哪些? ……283
  3. 什么是交流电压? 常用的交流电源有哪些? ……283
  4. 什么是电荷载体? 电流是怎样产生的? ……283
  5. 电路有哪些组成部分? 有何作用? ……284
  6. 什么是电流? 什么是电流强度? ……284
  7. 什么是直流电流? ……284
  8. 什么是交流电流? ……284
  9. 什么是脉动电流? ……284
  10. 怎样测量电流? ……284
  11. 电阻有什么作用? ……285

12. 什么是导体的电阻? ……………… 285
13. 什么是作为元件使用的电阻? …… 285
14. 机械可变电阻有哪几种? 有何特性? …………………………… 285
15. NTC 热敏电阻器有何特性? 在汽车上是怎样应用的? ……………… 285
16. PTC 热敏电阻器有何特性? 在汽车上是怎样应用的? ……………… 286
17. 光敏电阻器有何特性? 在汽车上是怎样应用的? …………………… 286
18. 怎样测量电阻值? 有哪些注意事项? ………………………… 286
19. 电容器是怎样工作的? ……………… 286
20. 电容器充电/放电有什么特性? …… 286
21. 什么是非极化电容器? ……………… 287
22. 什么是极化电容器? ………………… 287
23. 什么是纸质或包层电容器? ………… 287
24. 什么是陶瓷电容器? ………………… 287
25. 什么是电解电容器? ………………… 287
26. 什么是电容? ………………………… 287
27. 电容器串联是怎样的? ……………… 287
28. 电容器并联是怎样的? ……………… 288
29. 电容器在汽车上是怎样运用的? …… 288
30. 汽车上有哪些线圈和电感元件? …… 288
31. 什么是导体的磁场? ………………… 288
32. 什么是磁力线圈? …………………… 288
33. 什么是电磁感应? …………………… 289
34. 电磁感应在汽车上是怎样运用的? ………………………… 289
35. 什么是半导体? 有何特性? ………… 289
36. 二极管有什么作用? ………………… 289
37. 怎样检测二极管? …………………… 289
38. 二极管有什么特性? 怎么识别二极管? …………………………… 290
39. 稳压二极管有什么作用? 有哪些故障表现? ………………………… 290
40. 什么是光敏二极管? 有何特性? …… 290
41. 什么是整流二极管? 有何特性? …… 290
42. 什么是发光二极管? 有何特性? …… 290
43. 什么是晶体管? 有何特性? ………… 291
44. 检测二极管时应该注意什么? …… 291
45. 怎么检测小功率晶体二极管的最高工作频率? ……………………… 291
46. 怎么检测小功率晶体二极管的最高反向击穿电压? ……………………… 291
47. 怎么检测玻封硅高速开关二极管? ………………………… 291
48. 怎么检测双向触发二极管? ……… 291
49. 怎么检测瞬态电压抑制二极管（TVS）? …………………… 291
50. 怎么检测高频变阻二极管? ……… 292
51. 怎么检测变容二极管? …………… 292
52. 怎么检测单色发光二极管? ……… 292
53. 怎么检测红外发光二极管? ……… 292
54. 怎么识别红外接收二极管极性? … 292
55. 怎么检测激光二极管? …………… 293
56. 怎么判断双基极二极管电极? …… 293
57. 怎么判断双基极二极管性能? …… 293
58. 怎么识别三极管? ………………… 293
59. 怎么判别三极管电极? …………… 293
60. 怎么检测大功率三极管? ………… 294
61. 怎么检测普通达林顿管? ………… 294
62. 怎么检测大功率达林顿管? ……… 294
63. 怎么判别结型场效应管的电极? … 294
64. 怎么判别场效应管的好坏? ……… 295
65. 怎么用测电阻法判别无标志的场效应管? ………………………… 295
66. 怎么用测反向电阻的变化判断跨导性能? ………………………… 295
67. 场效应管的使用要注意什么? …… 295
68. 怎么检测光电开关? ……………… 296
69. 怎么检测光敏三极管? …………… 296
70. 什么是通路? ……………………… 296
71. 什么是断路? ……………………… 296
72. 什么是短路? ……………………… 296
73. 什么是串联电路? ………………… 296
74. 什么是并联电路? ………………… 297
75. 什么是供电电源串联? …………… 297
76. 什么是供电电源并联? …………… 297
77. 什么是逻辑电路? ………………… 298
78. 什么是集成电路? ………………… 298
79. 怎么检测集成电路? ……………… 298
80. 怎么用热风枪拆卸集成电路? …… 298
81. 怎么用电烙铁拆卸集成电路? …… 298
82. 怎么维修四方扁平芯片? ………… 299
83. 什么是集成运算放大器? ………… 299
84. 什么是反相放大器? ……………… 300
85. 什么是同相放大器? ……………… 300

86. 电桥信号放大电路在汽车上是怎么应用的? ……300
87. 简单电压比较器在汽车上是怎么应用的? ……301
88. 滞回比较器在汽车上是怎么应用的? ……301
89. 窗口比较器在汽车上是怎么应用的? ……302
90. 继电器的基本原理是什么? ……303
91. 继电器的作用是什么? ……303
92. 汽车继电器的类型有哪些? ……304
93. 什么是电子混合式继电器? ……304
94. 大灯(前照灯)继电器是怎么工作的? ……304
95. 万用表的作用是什么? ……305
96. 用万用表测量交流电压的目的是什么? 怎样测量? ……305
97. 用万用表测量直流电压的目的是什么? 怎样测量? ……306
98. 用万用表测量电阻的目的是什么? 怎样测量? ……306
99. 用万用表检测通断的目的是什么? 怎样检测? ……306
100. 用万用表怎样测试二极管? ……306
101. 用万用表测试直流电流的目的是什么? 怎样测试? ……306
102. 怎么衡量蓄电池的工作能力? ……306
103. 什么是蓄电池的额定容量? 检测时应注意什么? ……307
104. 什么是总线端? ……307
105. 什么是总线端30? ……307
106. 什么是总线端R? ……307
107. 什么是总线端15? ……307
108. 什么是总线端31? ……308
109. 起动机是怎样执行启动工作的? ……308
110. 为什么要在某些启动电路中配置继电器? ……308
111. 怎样测试起动机消耗电流? ……308
112. 起动机电枢和磁场线圈间实际线路是怎样布置的? ……308
113. 怎样测试启动电压? ……308
114. 怎样测试起动机接触不良? ……309
115. 怎样测试起动机接地? ……309
116. 怎样测试开关电路? ……309
117. 起动机运转无力怎么排除? ……309
118. 起动机空转怎么排除? ……309
119. 不了解电子控制单元怎么办? ……310
120. 启动及充电装置是怎么控制的? ……311
121. 交流发电机是怎么控制的? ……311
122. 起动机是怎么控制的? ……311
123. 汽车中哪些装置产生直流(DC)信号? ……311
124. 汽车中哪些装置产生交流(AC)信号? ……311
125. 汽车中哪些装置产生频率调制信号? ……311
126. 汽车中哪些装置产生脉宽调制信号? ……311
127. 汽车中哪些装置产生串行数据(多路)信号? ……312
128. 什么是电压降? ……312
129. 什么是对地短路? ……312
130. 什么是对电源短路? ……312
131. 汽车电子控制器的作用和组成是什么? ……312
132. 什么是微控制器? ……312
133. 什么是输入电路? ……313
134. 什么是输出电路? ……313
135. 什么是电源电路? ……314

二、电工技能 ……314
136. 查阅电路图有什么要点? ……314
137. 查阅电路图有什么技巧? ……314
138. 电路图有什么基本特点? ……315
139. 电流路径走向是怎样的? ……316
140. 电路图最上边的内部正负线路是什么? ……316
141. 什么是所谓的常火线? ……316
142. 什么是条件电源? ……316
143. 什么是卸荷线? ……317
144. 汽车电路接线有什么特点? ……317
145. 电源系统的接线有什么特点? ……317
146. 启动系统的接线有什么特点? ……317
147. 照明系统的接线有什么特点? ……318
148. 仪表报警系统的接线有什么特点? ……318
149. 迈腾轿车点火开关是怎样控

150. 迈腾轿车启动系统是怎么控制的? ……………………… 318
151. 迈腾轿车启动系统电路路径是怎样的? ……………………… 318
152. 北京现代悦动轿车启动系统电路路径是怎样的? ……………… 319
153. 君威轿车风扇低速和高速电路路径分别是怎样的? ……………… 320
154. 怎样检查和测量起动机励磁绕组? ……………………… 322
155. 怎样检查和测量起动机电刷与电刷架? ……………………… 322
156. 怎样检查和测量起动机单向离合器? ……………………… 322
157. 怎样识别起动机接线柱? ………… 322
158. 怎样检查和排除起动机不转动故障? ……………………… 322
159. 怎样检查和排除迈腾轿车启动电路故障? ……………………… 323
160. 怎么检修奥迪 C6 轿车右前座椅不能调节? ……………………… 324
161. 怎么检修奥迪 A5 轿车喇叭不响? ……………………… 324
162. 如何防止电路搭铁不良故障? …… 324
163. 怎么检修汽车搭铁线断路? ……… 324
164. 怎么检修汽车搭铁接触不良? …… 324
165. 怎么检修汽车线路馈电端短路? … 324
166. 怎么排除导线的故障? …………… 325
167. 车载网络系统有什么特点? ……… 325
168. 什么是 LAN 系统? ………………… 325
169. 车载 CAN 总线系统有哪些特点? ……………………… 325
170. 怎么检测 CAN 系统节点故障? · 326
171. 怎么判断 CAN 系统通信线路故障? ……………………… 326
172. 怎么检测 CAN 系统电源系统故障? ……………………… 326
173. 机油压力报警系统电路、机油压力低压和高压开关、机油压力分别是怎样控制的? ……………………… 326
174. 怎么检查机油压力系统线路? … 327
175. 凯越轿车燃油油位传感器是怎么控制的?怎么检修凯越轿车燃油表常见故障?凯越轿车燃油表有什么特殊故障? ……………………… 327
176. 怎么排除帕萨特轿车电子驻车指示灯报警? ……………………… 328
177. 怎么检修帕萨特轿车发动机部件供电继电器故障? ……………… 329
178. 电热式闪光器是怎样工作的? … 329
179. 电容式闪光继电器是怎样工作的? ……………………… 329
180. 直热翼片式闪光器是怎样工作的? ……………………… 329
181. 旁热翼片式闪光器是怎样工作的? ……………………… 329
182. 什么是独立点火? ………………… 330
183. 点火线圈的使用有哪些注意事项? ……………………… 330
184. 汽车点火线圈有什么作用? …… 330
185. 汽车点火线圈上的三根引线分别有什么作用? ……………………… 330
186. 冷却液温度传感器电路是怎样的? ……………………… 330

第十三章 乘员保护系统

1. 安全气囊的构造和原理是怎样的? ……………………… 332
2. 碰撞和安全模块的功能是怎样的? ……………………… 332
3. 怎么分析传感器信号? …………… 333
4. 触发时刻和触发顺序是怎样的? … 333
5. 怎样触发引爆电路输出级? ……… 333
6. 怎么发送碰撞信号? ……………… 333
7. 怎样执行碰撞记录? ……………… 333
8. 系统自检功能是怎样的? ………… 333
9. 显示系统准备状态功能是怎样的? · 334
10. 循环监控功能是怎样的? ………… 334
11. 声音和视觉安全带警告功能是怎样的? ……………………… 334
12. 停用安全气囊功能是怎样的? …… 334
13. 碰撞和安全模块安装在什么位置? ……………………… 334
14. B 柱横向和纵向加速传感器安装在什么

位置？ …………………………… 334
15. 车门安全气囊压力传感器是怎样的？ ……………………………… 334
16. 前方传感器是怎样的？ ……… 335
17. ICM 中的传感器是怎样的？ … 335
18. 座椅占用识别垫是怎样的？ … 335
19. CIS 垫是怎样的？ …………… 336
20. 安全带锁扣开关是怎样的？ … 336
21. 前排乘客安全气囊关闭开关是怎样的？ ……………………………… 336
22. 座椅位置传感器是怎样的？ … 336
23. 驾驶员安全气囊是怎样的？ … 336
24. 前排乘客安全气囊是怎样的？ … 336
25. 膝部安全气囊是怎样的？ …… 337
26. 头部安全气囊是怎样的？ ……… 337
27. 前排侧安全气囊是怎样的？ …… 337
28. 安全带锁扣拉紧器是怎样的？ … 337
29. 带有线性带力限制器的安全带收卷机构是怎样的？ ……………………… 337
30. 带有自适应限力器的自动拉紧器是怎样的？ ……………………………… 337
31. 带有线性机械带力限制器的自动拉紧器是怎样的？ ……………………… 338
32. 安全型蓄电池接线柱是怎样的？ … 338
33. 安全气囊指示灯是怎样的？ …… 338
34. 安全带指示灯是怎样的？ ……… 338
35. 前排乘客安全气囊关闭指示灯是怎样的？ ……………………………… 339

第十四章　车内其他电气装置

1. 驾驶室内顶灯是怎样控制的？ …… 340
2. 喇叭有哪些类型？ ……………… 340
3. 电喇叭声音沙哑是什么原因？ …… 340
4. 电喇叭电流过大会导致什么故障？ ……………………………… 340
5. 倒车雷达是怎么工作的？ ……… 341
6. 倒车雷达的探测盲区有哪些？ …… 341
7. 怎么检修喇叭不响故障？ ……… 341
8. 怎么检修喇叭时而响时而不响故障？ ……………………………… 341
9. 怎么检修仪表时钟显示异常？ … 341
10. 怎么检修别克凯越轿车后视镜镜片左右移动失效故障？ ……………… 342
11. 怎么检修仪表所有故障警告灯点亮故障？ ……………………………… 342
12. 怎么检修帕萨特轿车仪表故障？ … 343
13. 怎么检修电动座椅故障？ ……… 343
14. 什么是座椅模块？ ……………… 344
15. 什么是座椅调整装置？ ………… 344
16. 什么是座椅加热装置？ ………… 344
17. 什么是主动式座椅通风装置？ …… 345
18. 什么是座椅腰部支撑驱动装置？ … 345
19. 什么是座椅腰部支撑阀体？ …… 345
20. 什么是腰部支撑/主动式座椅驱动装置？ ……………………………… 345
21. 什么是主动式座椅压力分配器？ … 345
22. 座椅控制单元内部电路是怎样的？ ……………………………… 345
23. 座椅控制单元出现故障时系统怎么处理？ ……………………………… 345
24. 轮胎压力监控系统是怎么工作的？ ……………………………… 346
25. 轮胎压力监控控制单元的功能是什么？ ……………………………… 347

参考文献

第一章
汽车结构简述

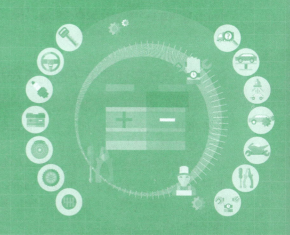

1. 汽车电子控制系统包括哪些部分?

汽车电子控制系统包括发动机电控系统、自动变速器电控系统、电子车身稳定控制系统、自动空调系统、车身防盗和遥控门锁系统、电动车窗控制系统、智能照明系统、电动后视镜系统、舒适系统、电控悬架系统及安全气囊系统等。

2. 发动机电气系统的构成是怎样的?

(1) 电控燃油喷射系统　汽油机电控燃油喷射系统由空气供给系统、燃油供给系统和电控系统三部分构成。

❶ 空气供给系统包括空气滤清器、空气流量传感器、进气软管、进气歧管、动力腔、节气门位置传感器、进气温度传感器。

❷ 燃油供给系统包括燃油箱、电动燃油泵、输油管、燃油滤清器、油压调节器、燃油分配管(器)、喷油器和回油管。

❸ 电控系统包括传感器、电子控制单元(ECU)和执行器。

(2) 启动系统　启动系统主要由起动机、启动开关、启动继电器和蓄电池等组成,其作用是将静止的发动机启动并转入自行运转。

(3) 点火系统　点火系统主要由点火开关、点火模块(点火器)、点火线圈、高压组线、火花塞等组成,其作用是按规定时刻向气缸内提供电火花以点燃气缸中的可燃混合气。

(4) 电源系统　电源系统主要由蓄电池、发电机及调节器等组成,其作用是为发动机及汽车电气设备提供稳定的电能。

3. 发动机电控喷射系统的基本原理是什么?

电控发动机利用系统中的各传感器将监测到的发动机运行状态参数转换成电信号,输入到发动机电子控制单元(ECU)中,ECU根据这些信号,计算出喷油器的通电时间,并接通喷油器电路,使喷油器喷油,从而对喷油器的喷油时刻、喷油量进行精确的控制,形成最佳的可燃混合气并送入气缸以供燃烧。

4. 自动变速器电子控制系统是怎样的？

自动变速器电子控制系统是在原有液压控制系统的基础上新增加一套电子控制系统，它是在液压控制系统中增加若干个电磁阀，电子控制单元控制这些电磁阀，再由电磁阀的通断来改变油路，参与液压系统的控制。

机械式自动变速器存在油路结构复杂、成本高等弊端，现在自动变速器均用电子方式控制油路，这样就省去了各种复杂的液压控制阀和控制管路。直接用电磁阀取代液压阀最大的好处就是布置方便，可靠性好，响应速度快，大大提高了效率。自动变速器电子控制系统组成见图1-1。

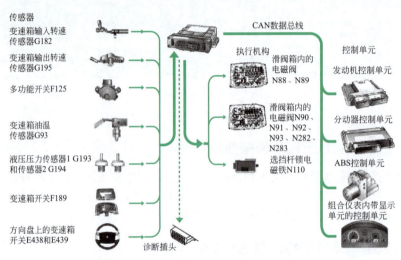

图1-1 自动变速器电子控制系统组成

5. 电控悬架系统有哪些部件？如何布局的？各有什么作用？

（1）汽车电控悬架组成和布局　汽车电控悬架由传感器、电子控制单元（ECU）、执行器三部分组成。传感器包括车身高度传感器、转向传感器、车速传感器、节气门位置传感器等；电子控制单元一般由微机和信号放大电路组成；执行器包括高度控制阀、排气阀、悬架控制执行器等。汽车电控悬架组成部件和布局见图1-2。

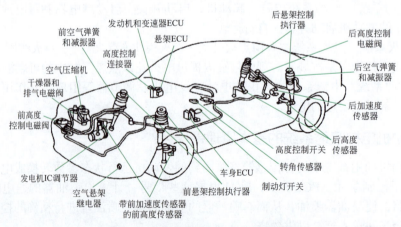

图1-2 汽车电控悬架组成部件和布局

（2）作用　传感器将汽车行驶的路况和车速及启动、加速、转向、制动等工况转变为电信号，输送给电子控制单元（ECU）。ECU将传感器送入的电信号进行综合处理，输出对悬架刚度、阻尼、车身高度进行调节的控制信号。执行器按照ECU的控制信号，准确地动作，及时地调节悬架的刚度、阻尼系数及车身的高度。

6. 电子助力转向系统有哪些部件？有什么作用？

电子助力转向系统（EPS）由转矩传感器、转向角传感器、车速传感器、电子控制单元（ECU）、执行器（电机）等组成。没有了液压助力系统的液压泵、液压管路、转向柱阀体等，结构非常简单。

通过传感器把采集到的车速、转角信息输送给ECU，ECU决定电机的旋转方向和助力电流大小，把指令传递给电机，电机将辅助动力施加到转向系统中，这样实时调整的转向助力便得以实现。

7. 电动汽车包括哪几种？

电动汽车（EV）包括纯电动汽车（BEV）和混合动力汽车（HEV），都是以电机驱动汽车行驶，使用动力电池（不包括铅酸蓄电池），而且有外部的充电插口。燃料电池汽车（FCEV）也属于电动汽车的一个类型，也是以电能驱动车辆行驶。

8. 混合动力汽车有什么特点？

混合动力，在汽车工业中将其定义为装备两种驱动类型（能量类型）和两个蓄能器。其特点是，针对这类解决方案组合使用元件，但是通过组合使用可以产生所要求的新特性。不同车辆制造商通常采用的这两种驱动类型组合，是以燃油箱和蓄电池作为能量来源的内燃机和电机组合为基础的。

混合动力总成的优点主要是耗油量较低，同时在内燃机的所有不利运行范围内电机可以为其提供支持。此外还可以对所使用的电机和内燃机的功率特性曲线进行较好的补充，因为电机的较高扭矩可以为（低转速范围内）内燃机的较小扭矩进行最佳补充。由于电机可以起到起动机和发电机的功能，所以其优点是取消了起动机和发电机。此外，制动能量回收系统可以对制动器磨损起到积极的影响（尽量减少现有的制动器磨损）。

9. 混合动力汽车有哪些类型？

根据传动装置的布置方案可以将混合动力汽车分为四类：串联式、并联式、混联式以及插电式。

10. 什么是串联式混合动力？有何特点？

串联式混合动力也叫增程式电动系统，接近于纯电动系统。

串联式混合动力结构的动力来源于电机，发动机只能驱动发电机发电，并不能直接驱动车辆行驶。因此，串联式混合动力结构中电机的功率一般要大于发动机的功率，这样才能满足车辆的行驶需求。所以，通俗地讲，串联式混合动力结构（图1-3），

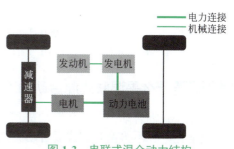

图1-3　串联式混合动力结构

即电机＋发动机＝串联。

串联式混合动力汽车的驱动方案包括一个电机和一个发动机，其特点是仅由电机直接对驱动轮产生影响。由发动机驱动一个可以为电动行驶传动装置和电存储器提供能量的发电机，通过供电电子装置控制电能量流。根据蓄电池和充电策略、作用范围以及动力性确定发电机与电存储器的大小。由于附加发电机的结构非常复杂，因此取消了手动变速箱。可以对串联混合动力中的组件进行非常灵活的布置。串联式混合动力汽车的最大缺点是需要进行两次能量转换，因此导致效率下降。必须按照最大驱动功率设计发动机和发电机。与并联式混合动力汽车相比，在内燃机效率相同的情况下，会产生更多的排放量并造成耗油量增大。

11. 什么是并联式混合动力？有何特点？

并联式混动力汽车靠发动机或者电机中的某一个驱动，或者发动机和电机共同驱动。并联式混合动力结构保留了变速器，因此，通俗地讲，并联式混合动力结构（图1-4），即普通汽车＋电机＝并联。

并联式混合动力传动装置的组件见图1-5。与串联式混合动力不同，并联式混合动力系统中的发动机和电机都要与驱动轮进行机械连接。驱动车辆时不仅可以单独而且也可以同时使用两种动力传动系统。因为可以同时将作用力输送至传动系统，所以将该系统称为并联式混合动力系统。由于可以将两个发动机的功率进行叠加，所以这

图1-4 并联式混合动力结构

两个发动机可以采用更小和更轻的设计。这样可以在例如重量、耗油量和 CO_2 排放量方面更加节约。设计时可以通过其他方法获得最大的行驶动力性，当内燃机功率相同时通过电机提高功率，甚至还可以降低耗油量。在滑行阶段或制动时电机会产生电能，通过供电电子装置的控制将其存储在高压蓄电池内，同时还能降低耗油量。并联式混合动力汽车与部分混合动力汽车相比成本更加低廉。

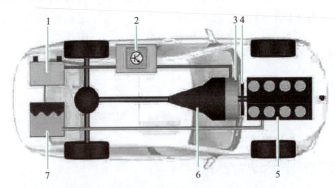

图1-5 并联式混合动力传动装置的组件

1—高压蓄电池；2—供电电子装置；3—电机；4—离合器；5—发动机；6—变速箱；7—燃油箱

12. 什么是混联式混合动力？有何特点？

混联式混合动力是指在发动机和电机协同驱动汽车行驶的同时，发动机还能带动发电机为电池充电，不再像并联式混合动力结构中单一电机需要身兼二职，并且理论上它能够实现发动机带动发电机发电，是电机驱动汽车的模式，两个动力单元也能够单独驱动车辆行驶。

混联式混合动力结构见图1-6。

因为在这种混合动力传动装置中可以用串联和并联的方式传递作用力,所以该系统也被称为串并联或功率分支式混合动力系统。针对不同行驶状态提供以下运行模式。

❶ 由内燃机驱动发电机,以便为高压蓄电池充电。

❷ 由内燃机驱动发电机,使用其所产生的电能驱动电机(串联式混合动力)。

❸ 与电机一样,发动机以机械方式与驱动轴相连。由两个传动装置同时驱动车辆(并联式混合动力)。

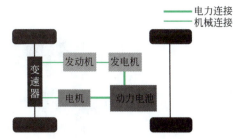

图1-6　混联式混合动力结构

在混联式混合动力传动装置中只需使用一个离合器就可以完成两种运行模式的切换。使用混联式混合动力传动装置的车辆可以在某一特定速度下以纯电动方式行驶。此外,通过两种传动装置良好的组合可以使内燃机始终在其最佳运行范围内工作。混联式混合动力传动装置的缺点是传动控制复杂且成本较高。通常只有在全混合动力中才会使用混联式混合动力系统(图1-7)。

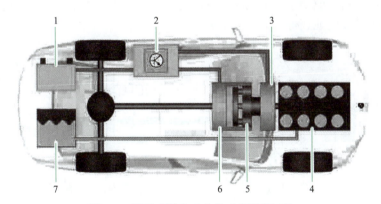

图1-7　混联式混合动力传动装置的组件

1—高压蓄电池;2—供电电子装置;3—发电机;4—发动机;5—行星齿轮箱;6—电机;7—燃油箱

13. 什么是插电式混合动力?有何特点?

插电式混合动力是指一种可外接充电的混合动力,通过生活中的电源插头就能进行蓄电池充电,只不过由于电池不方便像电动自行车那样取下,所以要提供专门的充电站,且有一定的要求。

插电式混合动力汽车具有普通混合动力汽车与纯电动汽车的基本功能特征,也与普通混合动力汽车有一定区别。

插电式混合动力汽车的电池相对比较大,可以直接外部充电,可以用纯电模式行驶,电池电量耗尽后再以发电机为主的混合动力模式行驶,并适时向电池充电。

普通混合动力汽车的电池容量比较小,仅在启动/停止、加速/减速的时候供应和回收能量,不能外部充电,不能在纯电模式下较长距离行驶。

插电式混合动力传动装置组件见图1-8。

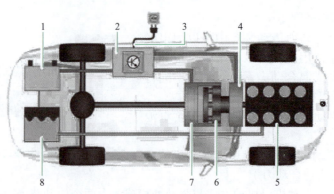

图 1-8　插电式混合动力传动装置组件

1—高压蓄电池；2—供电电子装置；3—电源插头；4—发电机；
5—内燃机；6—行星齿轮箱；7—电机；8—燃油箱

14. 什么是纯电动汽车？

纯电动汽车是完全由可充电电池（如铅酸蓄电池、镍镉电池、镍氢电池或锂离子电池）提供动力源，以电机为驱动系统的汽车。其动力系统主要由动力电池、驱动电机组成，通过从电网取电或更换蓄电池获得电能（图 1-9）。

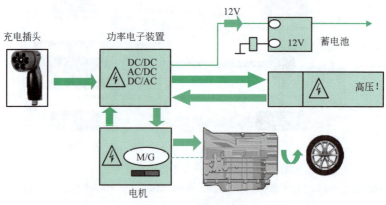

图 1-9　纯电动汽车系统

15. 纯电动汽车主要结构组成是怎样的？

纯电动汽车的结构与燃油汽车相比，主要增加了电力驱动控制系统，取消了发动机。当汽车行驶时，由蓄电池输出电能（电流），通过控制器驱动电机运转，电机输出的转矩经传动系统带动车轮前进或后退。

纯电动汽车的基本结构比较简单，主要由动力电池组和电机组成（图 1-10）。动力电池组、电池变换器和电机之间是电气连接；电机、减速器和车轮之间为机械连接。

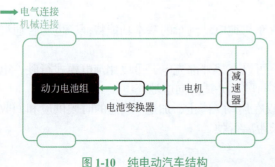

图 1-10　纯电动汽车结构

（1）电源系统　电源系统主要包括动力电池、电池管理系统、车载充电机及辅助动力源等。动力电池是电动汽车的动力源，是能量的存储装置。

（2）驱动电机系统　驱动电机系统是将存储在蓄电池中的电能高效地转化为车轮的动能进而推进汽车行驶，并能够在汽车减速制动或者下坡时，实现再生制动。

驱动电机系统由驱动电机、驱动电机控制器构成，通过高低压线束、冷却管路，与整车其他系统作电气和散热连接（图1-11）。

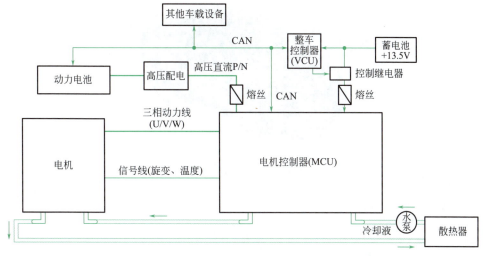

图1-11　驱动电机系统框图

（3）整车控制器　整车控制器是电机系统的控制中心，它对所有的输入信号进行处理，并将电机控制系统运行状态的信息发送给整车控制器。根据驾驶员输入的加速踏板和制动踏板的信号，向电机控制器发出相应的控制指令，对电机进行启动、加速、减速、制动控制。

（4）辅助系统　辅助系统包括车载信息显示系统、动力转向系统、导航系统、空调装置、照明装置、除霜装置、刮水器和收音机等，借助这些辅助设备来提高汽车的操控性和乘员的舒适性。

16. 什么是燃料电池汽车？

燃料电池汽车（FCV）是一种用车载燃料电池装置产生的电力作为动力的汽车。利用氢作为燃料，在燃料电池中，与大气中的氧气发生化学反应，产生出电能来带动电机工作。电机带动汽车中的机械传动结构，进而带动汽车的前桥或后桥相关机械结构工作，从而驱动电动汽车前进。

在2017年广州车展上，现代公司推出一款燃料电池概念车，新车搭载的是现代公司第四代氢燃料电池技术，最大功率达到了119kW，最大扭矩为300N·m。新车的燃料电池堆功率密度也增加了30%，官方公布其最大续航里程可达800km。

17. 什么是太阳能汽车？

太阳能汽车是指太阳能电池板在向日自动跟踪器的控制下对着太阳，接收太阳光，并转换成电能，向电机供电，再由电机驱动汽车行驶。

比亚迪F3DM是加装有太阳能电池的量产汽车。比亚迪F3DM车顶加装了太阳能电池板，太阳能电池板通过吸收的太阳能输出低压电，低压电经升压转换为高压电，并将能量储存在蓄电池中，向电机供电。

福特在2014年推出过一款太阳能汽车（图1-12），通过车顶处太阳能板给电池组充电，充电时机只能是白天。这款车顶太阳能板的特别之处在于，它上面加装了一个核心的聚焦器，作用类似于放大镜来引导日光往车顶聚集。

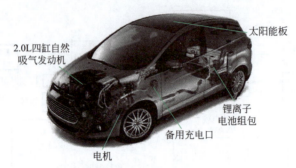

图1-12 福特太阳能汽车

第二章

汽车启动和充电系统

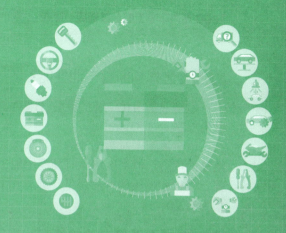

一、蓄电池

1. 汽车用蓄电池规格是怎样表示的?

以型号为 6-QA-40a 的汽车蓄电池为例,说明如下(图 2-1 和表 2-1)。

图 2-1 蓄电池型号规格信息

表 2-1 蓄电池规格

规格	说明
6	6 表示由 6 个单格电池组成,每个单格电池电压为 2V,即额定电压为 12V
Q	Q 表示蓄电池的用途,为汽车启动用蓄电池
A	A 或 W 表示蓄电池的类型,A 表示干荷型蓄电池,W 表示免维护型蓄电池
40	40 表示蓄电池的额定容量为 40A·h
a	a 表示对原产品的第一次改进,名称后为 b 表示第二次改进,依次类推。型号后加 D 表示低温启动性能好,如 6-QA-110D;型号后加 HD 表示高抗振型

2. 怎样判断蓄电池性能？

电解液是由化学纯的硫酸（H_2SO_4）和蒸馏水（H_2O）按一定比例配制而成的硫酸水溶液（密度为 $1.24 \sim 1.31 g/m^3$）。

电解液密度对蓄电池的容量和寿命影响较大。密度越大，蓄电池的容量越高，可以降低结冰的危险；但密度增大时黏度增加，流动性变差，使蓄电池的容量下降，而且腐蚀作用增强，极板和隔板的寿命降低。通常用 64% 的蒸馏水和 36% 的硫酸配制电解液，这样的密度最为合适。

3. 什么是蓄电池的额定容量？检测时需注意什么？

额定容量是检定蓄电池质量的重要指标，新蓄电池必须达到该指标，否则被视为不合格产品。

根据 GB/T 5008.1—2013 的规定，额定容量是指将充足电的新蓄电池在电解液温度为（25±5）℃的条件下以 20 小时率放电电流连续放电至单个电池平均电压降到 1.75V 时输出的电量，单位为安·时（A·h）。

检测时，要注意随时调整镍铬合金电阻率的大小。因为放电时间长，蓄电池的端电压会缓慢下降，需随时调整负荷阻值才能维持放电电流不变；放电过程中镍铬合金线的滑动变阻器温度会有所上升，但在 4.5A 电流作用下，电阻率上升不明显。

4. 什么是蓄电池的储备容量？

储备容量表达了在汽车充电系统失效时，蓄电池作为唯一电源能为照明和点火系统等用电设备提供 25A 恒流电流的能力。

GB/T 5008.1—2013 规定：充足电的蓄电池在电解液温度为（25±2）℃的条件下以 25A 恒流放电至单个电池平均电压降到 1.75V 时的放电时间称为蓄电池的储备容量，单位为分钟（min）。

国家标准规定 12V、45A·h 蓄电池在电解液温度为 25℃的室温条件下以 25A 恒流放电，蓄电池端电压维持在 10.50V（单格电压 1.75V）以上的时间不得少于 67min。

5. 蓄电池启动容量是怎样规定的？

国家标准规定：当电解液温度为 -18℃时，以 3 倍或 4 倍额定容量数值的电流放电 2.5min（150s），单格电压降至 1V 所提供的电量为蓄电池的启动容量。如 6-QAW-45 免维护干荷蓄电池的启动放电电流应为 3×45=135A，放电 2.5min（150s），蓄电池端电压降到 6V 时的电量，如果能维持 6V 放电至 2.5min，则其启动容量为 $Q=It$=135A×0.042h=5.6A·h。这说明蓄电池放电电流特别大时，电化学反应极其剧烈，产生的 $PbSO_4$ 晶粒也很粗大，容易将极板海绵状组织的缝隙堵塞，电化学反应难以深入到极板内层，容器中的硫酸分子也难以渗透到极板孔隙中去，所以启动容量很小。

6. 蓄电池低温启动能力是怎样规定的？

低温启动能力是衡量汽车蓄电池能力的最主要指标，它直接关系到汽车的操控性能。在《汽车修理质量检查评定方法》（GB/T 15746—2011）中规定："当环境温度不低于 -5℃时，应启动顺利，允许连续启动不多于 3 次，每次启动不多于 5s。若启动超过 3 次或多于 5s 均为不合格"。在起动机和控制电路以及内燃机正常的前提下，蓄电池能否提供强大电流、保持蓄电池端电压在规定值以上并持续相当时间，是评价蓄电池启动能力的重要指标。

7. 免维护干荷蓄电池是怎样规定的？

免维护干荷蓄电池的新产品，若其额定容量为60A·h，则首次注以规定密度的电解液后，不经初充电启动放电电流为300A，放电终止电压为6.0V时的连续放电时间应不小于1.4min。

8. 普通蓄电池是怎样规定的？

普通蓄电池，当电解液温度在-18℃以下，启动放电电流为348A，连续放电30s时，其端电压应不低于7.2V。该项试验允许进行3次，有1次达到即为合格。

9. 怎样目视识别蓄电池极柱的极性？

❶ 必须正确识别蓄电池极柱的极性，才能正确连接蓄电池电路。在蓄电池正极柱上或正极柱周围的蓄电池盖上标有"+"或"P"标记；在负极柱上或负极柱周围的蓄电池盖上标有"-"或"N"标记。

❷ 根据蓄电池线所接的部件判别。正极接起动机的主接线柱，且正极一般有多根电源线引出，负极接车身或发动机的搭铁部位。

10. 怎样用直流电压表检测识别蓄电池极柱的极性？

将电压表的两个表笔分别连接蓄电池的正负极柱，按表针偏摆方向判断其正负极性。如果表针正摆（即向右偏摆），则电压表的红表笔所连极柱为蓄电池正极柱；如果表针反摆（即向左偏摆），则电压表的黑表笔所连极柱为蓄电池正极柱。

11. 怎样用玻璃管测量蓄电池电解液液面高度？

非免维护蓄电池，电解液液面高度可以用玻璃管测量，将内径为5～6mm的玻璃管从蓄电池的加液口插入，直至压到防护板，顶住极板组为止，然后用拇指堵住玻璃管的上口提出，如果玻璃管下端液柱长度为10～15mm，说明电解液的液面符合要求。

12. 怎样用目视检测蓄电池电解液液面高度？

使用透明塑料壳体的蓄电池，在壳体上标有两条高度指线。正常电解液液面介于两线之间，新的蓄电池在最高线。液面过低时加入蓄电池补充液进行补充。

13. 怎样测试蓄电池负载容量？

连接蓄电池检测仪，测试蓄电池负载容量。

（1）检查损坏　如果外壳破裂或端子松动，则更换蓄电池。

（2）检查指示灯（指示灯颜色取决于蓄电池制造商）　如果指示灯显示蓄电池需要充电，则按步骤（3）的❷和❹对其充电。

（3）连接蓄电池检测仪　测试蓄电池负载容量，并施加蓄电池安培小时率3倍的负载。负载施加正好15s时，蓄电池电压读数应始终高于9.6V。

❶ 如果读数始终高于9.6V，则蓄电池正常，清理端子和壳体，并将其重新安装。

❷ 如果读数在6.5～9.6V之间，则连接蓄电池充电器，并以初始电流40A将蓄电池充电3min。

❸ 在整个3min内观察蓄电池电压，最高读数应始终低于15.5V。如果读数始终低于

15.5V，则蓄电池正常，清理端子和外壳，并将其重新安装。如果在快速充电的3min内读数高于15.5V，则蓄电池已损坏，将其更换。

❹ 如果读数降至低于6.5V，则连接蓄电池并慢速充电，并以5A的电流充电不超过24h（或直到指示灯显示满充，或电解液相对密度至少为1.270），然后再次测试负载容量。如果电压仍然降至低于6.5V，则蓄电池已损坏，将其更换。

14. 如何确定蓄电池的充电状态？蓄电池怎样充电？

（1）蓄电池充电状态

❶ 当蓄电池闲置24h后，测试其电压才能准确地确定蓄电池充电状态。这样有足够的时间使每个电池中的酸达到平衡。如果蓄电池在过去的24h内进行了充电或放电，蓄电池充电状态仅是估计的。

❷ 免维护蓄电池的充电状态是根据蓄电池端子之间的电压读数来判断的。因为蓄电池的电流流入或流出影响其电压，所以当检查电压时，发动机必须停止并且关闭所有的电气负载，包括寄生负载。蓄电池刚刚进行过充电或者放电都会对电压有影响，所以考虑测试前一段时间内对蓄电池进行了什么操作是很重要的。

（2）充电程序　连接或断开蓄电池电缆、蓄电池充电器或跨接电缆时，务必将点火开关置于"OFF"位置，否则可能损坏发动机控制模块或动力系统控制模块或其他电子元件。

在蓄电池电缆连接时给侧面端子蓄电池充电，将充电器连接至正极电缆螺栓及远离蓄电池的搭铁处。在蓄电池电缆断开时给侧面端子蓄电池充电，安装蓄电池侧面端子适配器并连接充电器至适配器上。

❶ 关闭充电器。

❷ 确保所有蓄电池端子连接处清洁且紧固。

❸ 将充电器正极引线连接至蓄电池正极端子，端子位于蓄电池上或者发动机舱盖下的分置式跨接器的双头螺栓上。

❹ 将充电器负极引线连接至发动机舱牢固的发动机搭铁或搭铁双头螺栓上，发动机搭铁或者搭铁双头螺栓直接连接至蓄电池负极端子，但是远离蓄电池。如果蓄电池负极电缆断开并且使用了端子适配器，则直接连接至适配器上。

❺ 接通充电器并且设置为正常充电的最高设置。

❻ 启用蓄电池充电器后，每半小时检查一次蓄电池。

a. 对蓄电池进行充电，直到恒压变流式充电器显示蓄电池充满。

b. 触摸蓄电池侧面，估计蓄电池的温度。如果触摸时感觉太热或者其温度超过45℃，则中断充电并在蓄电池冷却后继续充电。

❼ 充电后，对蓄电池进行测试。

15. 怎样进行蓄电池充电系统测试？

在发动机启动的情况下，观察仪表板组合仪表上的充电指示灯或驾驶员信息中心的信息。仪表板组合仪表上的充电指示灯应该熄灭，而驾驶员信息中心不应显示充电系统信息。

（1）电路/系统检验

❶ 如果仪表板组合仪表上的充电指示灯不点亮，充电系统信息不显示在驾驶员信息中心，则要检测间歇性故障和接触不良故障。

❷ 如果充电指示灯在仪表板组合仪表上或在驾驶员信息中心显示充电系统信息，则执行

以下"电路/系统测试"。

（2）电路/系统测试

❶ 点火开关置于"ON"位置，没有设置引起充电系统故障的发电机或蓄电池电流传感器故障码。如果设置了故障码，则要执行故障码诊断。

❷ 点火开关置于"OFF"位置，测量蓄电池端子电压。室温条件下，电压读数应该为12V或以上。如果不在规定范围内，则要进行蓄电池检查和测试。

❸ 将层叠碳板测试仪连接至蓄电池。

❹ 启动发动机并将发动机转速提高到2500r/min。观察测试仪上的电压读数，电压读数应在12.6～15.0V之间。如果不在规定的范围内，则更换发电机。

❺ 调整层叠碳板测试仪至规定负载测试输出值。如果不在规定值内，则更换发电机。

16. 怎样诊断和解决蓄电池故障？

有些车辆的附属装置会作为一个寄生负载，持续微量地耗用蓄电池的电量。长期不使用的蓄电池会放电。如果蓄电池测试正常，但不能正常工作，以下是一些常见的原因。

❶ 车辆附件整夜未关。

❷ 行车速度较慢且频繁停车，时停时走，同时还使用了很多电气附件，特别是空调系统、前照灯、刮水器、加热型后窗、车载电话等。

❸ 电气负载超出发电机输出功率，特别是车辆上增加了售后加装设备。

❹ 充电系统存在故障，包括传动皮带打滑和发电机损坏。

❺ 蓄电池未正常维护，包括蓄电池压紧装置松动或蓄电池绝缘体（如果使用）缺失。

❻ 电气系统中出现了机械故障，如导线短路或卡住，导致断电。

17. 电解液会冻结吗？

电解液的冻结点取决于其密度。完全充电的蓄电池直到周围的温度降至-54℃才会冻结。然而，充电不足的蓄电池在-7℃可能会冻结。冻结会损坏蓄电池，应使蓄电池保持80%以上的适当充电状态以防止冻结，电解液的凝固点为-32℃。

18. 车辆存放期间的蓄电池怎么保护？

在车辆放置30天以上时，为了保持蓄电池的充电状态，应断开蓄电池搭铁电缆，以防止因寄生放电电流而导致蓄电池放电。

当不能断开蓄电池时采取以下措施。

❶ 保持蓄电池高充电状态。

❷ 制定规范的时间表，每20～45天给蓄电池充一次电。长期处于放电状态的蓄电池，难以重新充电，甚至可能永久性损坏。

19. 蓄电池维护和使用应注意什么？

保证蓄电池紧固牢靠；保持蓄电池表面清洁；保证蓄电池电解液液面的高度正常；及时给蓄电池充电。

（1）保证蓄电池紧固牢靠　蓄电池应该在车上安放牢靠，以防在行驶中因振动而使蓄电池连线脱落，导致供电中断。

（2）保持蓄电池表面清洁　应经常清理蓄电池盖上的灰尘、污垢等，以免其加注孔盖

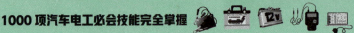

或螺塞上的通气孔被堵塞。如果发现极柱上出现固体氧化物时，应及时用热水浇冲，予以清除，以免影响极柱与接线柱之间的导通性。清理干净后，将蓄电池表面擦拭干净，在极柱及接线柱上抹上黄油，保证极柱不被氧化。

（3）保证蓄电池电解液液面的高度正常　蓄电池在充放电过程中，电解液中的水会因为电解和蒸发而逐渐减少，导致电解液液面下降。如果不及时补充，会缩短蓄电池的使用寿命。车主一旦发现液面过低，应及时补充蒸馏水。

（4）及时给蓄电池充电　蓄电池放完电后或停止使用前应及时充电，以免造成极板硬化，缩短蓄电池使用寿命。

20. 双蓄电池系统是怎样的？

例如奔驰 W221 双蓄电池系统，电源控制系统的任务是根据需要为车辆所有电气设备和部件提供电源。为了保持可靠性，电源控制系统提供两条电源线路：一条是起动机蓄电池线路；另一条是主蓄电池线路。

车辆电源供应控制单元（N82/1）将两种蓄电池线路调节为不同的参数和特性。为了确保车辆的正常工作，如果需要的话，两种蓄电池线路可被连接在一起。

21. 双蓄电池系统起动机蓄电池线路有什么作用？

起动机和起动机蓄电池都属于起动机蓄电池线路的一部分，仅在特殊的情况下，某些用电设备才能使用该电源。在发动机启动后，起动机蓄电池由车辆电源供应控制单元内的转换电路控制，通过主蓄电池线路至少充电 1h。

22. 什么是双蓄电池系统主蓄电池线路？

所有其他的电气设备属于主蓄电池线路。电源由蓄电池（GI）和发电机（m）提供。

23. 什么是双蓄电池系统中央电气设备切断？

为了在所有的运行条件下都防止蓄电池过放电，电源控制系统的充电状态被连续监测。车辆电源供应控制单元发送一个信号到电气设备，这些电气设备将会以特定的顺序并且根据参数化的时间和电压值来占用主蓄电池线路。通过这个信号，个别控制单元会切断电气设备或者减小这些电气设备的电源需求。

24. 什么是双蓄电池系统静止电流切断？

为了使蓄电池在车辆静止（发动机熄火）的情况下获得更长的使用寿命，静止电流切断继电器将静止的电流减小到最小。为此，用电设备在预定的时间后断开与电源的供应。当静止电流切断继电器闭合时，充电转换器未进入工作状态。

25. 什么是双蓄电池系统紧急运行模式？

如果主蓄电池过放电时，安装在前附加熔丝盒内的蓄电池连接继电器（Bzk1）将会闭合。当发动机运行时（接线端 6 接通），所有不重要的电气设备的电路就会被切断。只由发电机即可产生充足的电源电量，两个蓄电池通过发电机进行充电。如果在主蓄电池线路中存在故障（如发电机故障，在车载电网线路中断路），起动机蓄电池线路则重新连接。但点火开关控制单元（NT3）仍然能够通过车载电源供应控制单元从起动机蓄电池中得到电源。这对于紧急停车（P）功能而言是很重要的，因为它能够在钥匙移开时，确保通过变速器保证车辆的安全（紧急停车功能）。

26. 什么是双蓄电池系统紧急 P 功能模式？

EIS 控制单元将电压切换到紧急电路模式。带直接选择的智能伺服模块内的弹簧蓄压器工作，变速器转换到停车位置。在功能重新恢复后，带直接选择的智能伺服模块内的电子和机械系统将自动同步。

27. 什么是双蓄电池系统组合仪表显示？

车辆电源供应控制单元通过底盘 CAN 总线发送状态和故障信息到中央网关控制单元（N93），并从中央网关控制单元通过中央 CAN 总线发送到组合仪表。

当出现以下情况时显示红色蓄电池符号。
❶ 发动机运行，未从发电机收到信号。
❷ 车辆电源供应控制单元中有故障，如充电转换器故障。

28. 双蓄电池系统启动模式是怎样工作的？

在启动过程中，两条蓄电池线路彼此从电路上独立出来。主电路系统电压由主蓄电池线路提供。起动机蓄电池线路确保车辆能正常启动。当接收到"发动机运行"信息达 30s 时，双蓄电池连接继电器再次断开。

29. 双蓄电池系统发动机运行模式是怎样工作的？

如果发动机运行，即使主蓄电池供应电压过低，起动机蓄电池也在充电。只要发动机运行，车辆电源供应控制单元就会根据温度控制充电特性，对起动机蓄电池进行充电转换调节，直到特定的充电电压。

双蓄电池的充电标准受到多方面因素的影响，若两个蓄电池已完全充满，则充电电流受到发电机的限制，目的是降低燃油消耗和提高发动机效率。

30. 双蓄电池系统用电设备切断模式是怎样工作的？

许多因素会导致用电设备不得不切断，目的是使主蓄电池能够充分地充电，以及确保对所有重要的部件提供稳定的电源供应。某些用电设备需要以一定的次序临时性短暂切断。

为了让发电机增加其输出电源电压，怠速转速也需要增加。怠速转速的增加由 ME-SFI 控制单元控制。

31. 双蓄电池系统发动机运行时用电设备切断模式是怎样工作的？

如果蓄电池电压降至低于 12.2V 超过 2s，首先切断用电设备电路。如果电压不会增加，则会有更多的用电设备电路被切断。请求切断用电设备电路的信号由车辆电源供应控制单元发送，通过中央网关控制单元往内部 CAN 总线发送，然后用电设备由相应的控制单元解除其工作状态。

32. 双蓄电池系统发动机熄火时用电设备电路切断模式是怎样工作的？

如果点火开关置于 1 挡或 2 挡，电气设备仍然工作，当系统电源电压低于特定的电压值时，用电设备电路切断功能开始起作用，然后用电设备电路在一定的时间间隔内以特定的次序被切断。

33. 为什么使用能量管理系统？

能量管理系统负责监督和控制车辆停止及行驶期间的能量平衡。

车辆的车载网络主要由一个能量存储器（蓄电池）、一个能量发生器（发电机）以及数量众多的能量消耗装置（电气/电子设备）组成。由蓄电池（能量存储器）提供电能，通过起动机（用电器）启动车辆发动机。

车载网络负责为保证车辆及其功能的可用性提供电能，保证车辆的启动能力是其中最为优先的目标。能量管理的任务是在车辆所有运行状态下保证能量的使用始终保持最优化状态。

每个能量管理系统的主要组成部分都是发动机控制单元中的电源管理系统软件（DME/DDE），该电源管理系统控制车内的能量流。

发动机启动后发电机（能量发生器）提供电流，在理想状态下该电流能够满足所有用电器的需求且有多余的电能为蓄电池充电。当所连接用电器的耗电量大于发电机可以提供的电量时，车载网络电压就会下降至蓄电池的电压水平，这时蓄电池开始放电。

34. 能量管理中蓄电池导线有什么特点？

如果蓄电池导线从后备厢经过车辆地板外侧与燃油管路平行铺设到发动机室内时，出于安全考虑需监控该导线。因发生事故或撞到障碍物（例如护栏）造成蓄电池导线损坏时，就会从蓄电池上断开蓄电池导线并关闭发电机，以避免造成短路以及形成火花。

蓄电池正极接线柱上连接了两根导线，负责为电气组件供电。其中一根蓄电池导线通过蓄电池正极接线柱通向起动机和发电机。例如宝马车型，根据其车型的不同，这根蓄电池导线可配备监控装置。另一根蓄电池导线通向一个或多个其余车载网络的配电盒，这根蓄电池导线没有监控装置。

35. 为什么要使用安全型蓄电池接线柱（SBK）？

（1）安全型蓄电池接线柱（SBK）组件　SBK 由一个传统的可拧紧式接线柱组成，带有内装燃爆材料的空心圆柱体。有一个锁杆用于防止蓄电池导线重新滑回触点位置。

（2）安全型蓄电池接线柱（SBK）的作用　为了保护起动机电路，采用了安全型蓄电池接线柱作为保护措施，该装置可在发生事故时消除短路危险。这种安全型蓄电池接线柱直接与蓄电池正极连接。

使用 SBK 的目的是为了将发生事故时产生短路的危险降至最低。车辆内的车载网络分为以下两个电路（例如宝马车型）。

❶ 一个是车载网络供电部分，通过高电流熔丝防止发生短路。

❷ 一个是起动机电路，该电路无法通过任何传统熔丝方式提供保护。

36. 电源管理系统是怎么控制的？

（1）电源管理控制单元 J644　奥迪电源管理控制单元 J644 在后备厢内的蓄电池旁边，诊断地址码为 61。主要是监控蓄电池状态，在极端的情况下调节充电电压，切断用电器电路；防止蓄电池过度放电，保证车辆用电保障。

（2）控制原理　电源管理控制单元 J644 可持续监控蓄电池的状况，它会检查蓄电池的充电状态（SOC）及启动能力。在发动机运转时，该控制单元会将发电机的充电电压调节到最佳状态。另外该控制单元还可以卸掉载荷（减少用电器的数量）及提高怠速转速。

为了避免在发动机关闭的情况下出现静电流消耗，该控制单元在极端情况下可以通过CAN来关闭用电器，从而可避免蓄电池过度放电。

37. 电源管理系统中蓄电池管理器的任务是什么？

奥迪A6轿车电源管理系统中，为了能执行蓄电池自诊断，电源管理控制单元内的蓄电池管理器必须算出下面这些数据：蓄电池温度、蓄电池电压、蓄电池电流、工作时间。

蓄电池电流和蓄电池电压在控制单元内测量，蓄电池温度是通过一种算法来折算的，而蓄电池电压是在正极接线柱上测量的。

38. 电源管理控制单元包括哪些功能模块？作用是什么？

电源管理控制单元J644分为三个功能模块，这些功能模块在不同的车辆状态下开始工作。

（1）蓄电池管理器　功能模块1是蓄电池管理器，它负责蓄电池诊断（总是处于工作状态）。

（2）静态电流管理器　功能模块2是静态电流管理器，它在需要时会关闭驻车后的用电器（发动机不转）。

（3）动态管理　功能模块3用于动态管理，它可调节充电电压以及降低负荷（减少用电器数量）。

这三个功能模块在一定的状态下才会激活。车辆有三种不同的状态，见表2-2。

表2-2　功能模块的激活

车辆状态	蓄电池管理器	静态电流管理器	动态管理
15号接线柱关闭	激活	激活	—
15号接线柱接通，发动机不转	激活	激活	—
15号接线柱接通，发动机运转	激活	—	激活

39. 静态电流管理器的任务是什么？有什么功能？

（1）工作任务　电源管理系统中，电源管理控制单元J644内的静态电流管理器的任务是，在必要时请求控制单元关闭用电器。静态电流管理器在15号接线柱关闭或15号接线柱接通/发动机关闭时才工作。

❶ 当车辆已停止时，必须尽可能地减小静电流，以降低蓄电池的放电量，从而保证在长时间停车后仍能启动车辆。

❷ 当蓄电池电量不足以给所有驻车用电器供电时，舒适用电器和信息娱乐用电器的功能就会被关闭。控制单元究竟要关闭哪个用电器，这是由关闭等级来决定的。

❸ 在"车辆信息"下的故障导航中可显示出控制单元可关闭哪些用电器或功能。

❹ 用电器关闭分为六个等级。

❺ 蓄电池的充电量越少，关闭等级就越高。所需要的关闭等级由电能管理控制单元经数据总线系统来提供。组合仪表会告知驾驶员哪些功能受限制。

某些功能受限制的原因可能就是因为某些关闭等级已经启动。关闭等级已经启动会作为故障被存储在电源管理控制单元的故障存储器内。

（2）关闭等级功能　电源管理控制单元根据蓄电池的充电状态来启动各个关闭等级。

40. 电源管理系统关闭等级控制原理是什么？

电源管理控制单元 J644 在必要时会将所需要的关闭等级发送到数据总线上。连接在总线系统上的控制单元在读入这些信息后，就会关闭与各个关闭等级相关的用电器。因此，在每个控制单元内都存储有各个关闭等级将要关闭的用电器的信息。

从图 2-2 中可看出：电源管理控制单元将关闭舒适 CAN 总线上的控制单元，于是就关闭了与"关闭等级 2"相对应的用电器或功能，这个对应的关系存储在相应控制单元的软件内。"关闭等级 2"发送到了舒适 CAN 总线上。

图 2-2　关闭等级控制原理图

例如，为了节能，轮胎压力监控控制单元 J502 关闭了天线接收器。数据总线诊断接口 J533 会将"关闭等级 2"这个信息分配到其他总线系统上，于是其他总线系统上的所有控制单元也做出反应，即关闭与"关闭等级 2"相关的用电器。

连接在组合仪表 CAN 总线上的控制单元 J285 会关闭无线电时钟的接收器（为节能），或者连接在 MOST- 总线上的数字音响包控制单元 J525 关闭音频放大器。

41. 静态电流管理器逐级降低静态电流作用是什么？

静态电流管理器能延长车辆停放的时间。这些"关闭等级"的优先顺序是 1-2-5-3-6，这在开发系统时就定好了。

❶ 当接通降低静态电流的各个等级时，车辆停放的时间就可延长，因为"关闭等级"越高，

静态电流就越小。但是车辆无法计算停放的时间可延长多长。当驾驶员上车后,所有功能立即恢复。"关闭等级4"有点特别,它不能由车辆本身来执行,必须借助于诊断仪来完成。

❷ 当车辆停放时间超过3h,若此时静态电流>50mA的话,"关闭等级2"会立即启动。

发动机启动后,所有原来正在工作的"关闭等级"都被复位(撤销了)。将充电器接到车辆的蓄电池上时,也会关闭所有的"关闭等级",但这些功能不适用于"关闭等级4"——运输模式。

42. 智能型蓄电池传感器功能有哪些?

智能型蓄电池传感器(IBS)是一个用于监控蓄电池状态的机械电子部件(图2-3和图2-4)。此外,它探测下列测量值:端电压、充电电流和放电电流、蓄电池接线柱的温度。集成智能型蓄电池传感器与发动机控制相连。智能型蓄电池传感器是车辆通信系统中动力管理系统的一个特别重要的部件。

图2-3 智能蓄电池传感器(一)

1—智能型蓄电池传感器;2—蓄电池负极接线柱;3—接地导线;4—3芯插头连接;
5—带微处理器和温度传感器的线路板;6—测量电阻

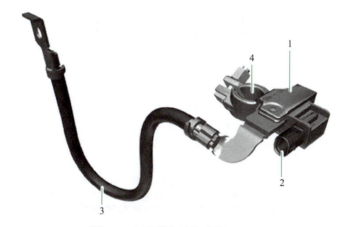

图2-4 智能蓄电池传感器(二)

1—智能型蓄电池传感器;2—2芯插头连接;3—接地导线;4—蓄电池负极接线柱

对于蓄电池传感器而言，"智能"表示一个集成式微处理器与一部分软件。通过此处理器可对时间要求特别严格的测量参数进行前期处理。然后将结果（以较低数据传输率）传送到发动机控制单元。

智能型蓄电池传感器通过 LIN 总线向发动机控制系统发送数据。发动机控制系统中的软件控制与智能型蓄电池传感器的通信。蓄电池状态计算以及充电状态计算在发动机控制系统中进行。

智能型蓄电池传感器的功能具体如下。

❶ 在车辆的各种运行状态下连续测量蓄电池数据。
❷ 平衡蓄电池的充电电流以及放电电流。
❸ 监控充电状态以及激活动力管理系统和电源管理。临界充电状态（蓄电池启动功能限制）的应对措施。
❹ 确定用于校准充电状态的初始数据。
❺ 计算用于确定蓄电池状态的启动电流变化过程。
❻ 休眠电流监控。
❼ 向发动机控制传输数据。
❽ 自诊断。通过发动机控制系统全自动升级运算法则参数和自诊断参数。
❾ 睡眠模式期间，在临界状态（蓄电池充电低和/或静态电流提高）时，自行唤醒并输出一条相应信息。控制单元根据信息类型和车辆状态执行不同措施。

43. 智能型蓄电池传感器的结构和电路是怎样的？怎样测量？

（1）智能型蓄电池传感器的结构（图 2-5） 智能型蓄电池传感器的结构组成如下。

❶ 带电子分析装置和温度传感器的线路板。
❷ 微处理器与软件。
❸ 用于电流测量的电阻器（低阻值电阻器）。

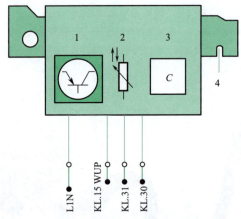

图 2-5　智能蓄电池传感器的结构

1—线路板；2—温度传感器；3—微处理器与软件；4—测量电阻；LIN—LIN 总线（局域互联网）；KL.30—12V 特供电电压；KL.31—接地连接；KL.15WUP—总线端 Kl.15（唤醒）
（很多车型基本取消了唤醒导线，都是通过 LIN 总线进行唤醒。插头连接为 2 芯）

（2）测量方法　智能蓄电池传感器工作电路原理图如图 2-6 所示。集成蓄电池传感器通过一条 LIN 总线与发动机控制系统相连，进行数据传输。

第二章 汽车启动和充电系统

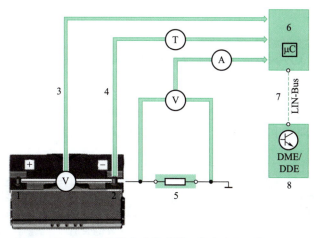

图2-6 智能蓄电池传感器工作电路原理图

1—蓄电池正极；2—蓄电池负极；3—测量蓄电池正负极之间的电压；4—测量蓄电池温度Ⓣ；
5—电流测量Ⓐ，通过测量电阻上成正比的电压降Ⓥ间接测量；6—智能
型蓄电池传感器中的微处理器；7—LIN总线；8—发动机控制单元

在行驶模式下和在车辆处于静止状态时查询测量值。

❶ 行驶模式。
a. 计算蓄电池状态作为充电状态的基础和蓄电池状态的基础。
b. 计算车辆启动时的电流变化，以便确定蓄电池状态。平衡蓄电池的充电电流和放电电流。
c. 智能型蓄电池传感器中的软件控制与发动机控制单元的通信。

❷ 车辆静止。在车辆处于静止状态时周期性地检查测量值，以便识别能量损失。智能型蓄电池传感器每14s被唤醒一次，以便进行重新测量并更新测量值。测量持续时间约50ms。测量值被记录到蓄电池传感器用于记录静态电流状态的存储器中。在发动机重新启动后，发动机控制系统读取静态电流的变化过程。如果与定义的静态电流变化过程存在偏差，则在发动机控制单元中记录一个故障码。

（3）工作参数　智能型蓄电池传感器工作参数见表2-3。

表2-3 智能型蓄电池传感器工作参数

物理量/工作项目	参数
休眠电流/A	−2.5～10
工作电流/A	−200～200
启动电流/A	0～1000
电压范围/V	6～16.5
温度范围/℃	−20～105

  维修提示

智能型蓄电池传感器在安装到蓄电池接线柱上、用螺栓拧紧到接地接线柱上并插上信号线后，其功能立即完全恢复。基本参数如电流、电压和温度等可立即调用。

二、发电机

44. 发电机有什么作用？组成部件有哪些？

发电机是汽车的主要电源，由汽车发动机驱动，在发动机正常工作时，发电机对除起动机以外所有用电设备供电，并向蓄电池充电以补充蓄电池在使用中所消耗的电能。交流发电机是利用电磁感应原理产生交流电的。发电机组件如图 2-7 所示。

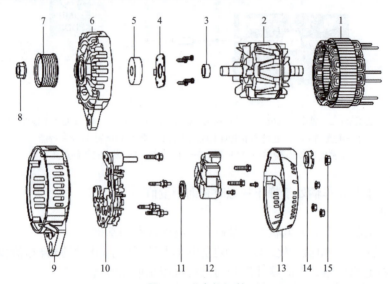

图 2-7　发电机组件

1—起动机总成；2—转子总成；3—转子垫片；4—保持架；5—前轴承；6—前支架总成；7—皮带轮；
8—皮带轮螺母；9—后支架总成；10—二极管总成；11—双迷宫密封；12—IC 调压器总成；
13—后盖；14—衬套；15—B 端子螺母

45. 为什么汽车交流发电机是直流输出？

发电机是汽车的主要电源，其功用是在发动机正常运转时，向所有用电设备供电，同时给蓄电池充电。

目前汽车采用三相交流发电机，内部带有二极管整流电路，将交流电整流为直流电，所以，汽车交流发电机输出的是直流电。交流发电机必须配装电压调节器，电压调节器对发电机的输出电压进行控制，使其保持基本恒定，以满足汽车用电器的需求。

46. 发电机是怎样发电的？

当外电路通过电刷使励磁绕组通电时，便产生磁场，使爪极被磁化为 N 极和 S 极。当转子旋转时，磁通交替地在定子绕组中变化，根据电磁感应原理可知，定子的三相绕组中便产生交变的感应电动势，这就是交流发电机的发电原理。

❶ 交流发电机分为定子绕组和转子绕组两部分，三相定子绕组按照彼此相差 120° 分布在壳体上，转子绕组由两块极爪组成。当转子绕组接通直流电时即被励磁，两块极爪形成 N 极和 S 极。磁力线由 N 极出发，透过空气间隙进入定子铁芯再回到相邻的 S 极。转子一旦旋转，转子绕组就会切割磁力线，在定子绕组中产生互差 120° 的正弦电动势，即三相交

流电,再经由二极管组成的整流元件变为直流电输出。

❷ 打开电源开关(不启动发动机),首先由蓄电池提供电流,其电路为蓄电池正极→充电指示灯→调节器触点→励磁绕阻→搭铁→蓄电池负极。此时,充电指示灯由于有电流通过,所以灯会亮。

❸ 发动机启动后,随着发电机转速提高,发电机的端电压也不断升高。当发电机的输出电压与蓄电池电压相等时,发电机"B"端和"D"端的电位相等,此时,充电指示灯由于两端电位差为零而熄灭。指示发电机已经正常工作,励磁电流由发电机自己供给。发电机中三相绕组所产生的三相交流电动势经二极管整流后,输出直流电,向负载供电,并向蓄电池充电。

47. 什么是普通硅整流发电机?

普通硅整流发电机由三相交流发电机和6个硅整流二极管组成。如东风EQ1091型载货汽车用JF132型发电机和北京切诺基汽车发电机,其电刷有外装式和内装式之分,前者的电刷架可直接在发电机的外部拆装,后者更换电刷时,则必须将发电机解体。

48. 什么是整体式硅整流发电机?

整体式硅整流发电机的集成电路(IC)调节器装在硅整流发电机内部,它能减少发电机外部的连接导线,而且还能大大简化制造过程,因而正在日益得到广泛应用,如丰田YR、YB系列发电机,北京切诺基汽车发电机,夏利汽车发电机,以及一汽奥迪、上海桑塔纳发电机(JFZ1813Z型发电机)等。

49. 什么是无刷硅整流发电机?

无刷硅整流发电机是指无电刷和集电环的发电机。这种交流发电机可以减少在运行中由于电刷与集电环而引起的各种故障。其结构与一般爪极式交流发电机大致相同,但其磁场绕组是静止的,它通过一个磁轭托架固定在后端盖上。两个爪极中只有一个爪极直接固定在发电机转子轴上,另一爪极则用非导磁连接环固定在前一爪极上。当转子旋转时,一个爪极就带动另一个爪极一起在定子内转动,于是定子的三相绕组中便感应出三相交流电,经整流后再变为直流电。

这种交流发电机有一定的缺点:一是两个爪极之间连接的制造工艺较困难;二是由于磁路中增加了两个附加气隙,故在输出功率相同的情况下,必须增大磁场绕组的励磁功率。

50. 带有励磁机的无刷硅整流发电机有什么特点?

带有励磁机的无刷硅整流发电机实际上是在爪极式三相交流发电机的基础上增加了一个专为其励磁的小型硅整流发电机,称为励磁机。其特点是磁场绕组固定,而三相绕组是转动的。当发电机转动时,在三相绕组中便感应出三相交流电,在发电机内部经二极管整流后变为直流电,直接供给爪极式三相硅整流发电机的磁场绕组励磁发电。其结构比较复杂,所以仅在需要大功率输出时采用。

51. 6管发电机的结构是怎样的?

6管发电机整流器由6个硅整流二极管组成。

52. 8管发电机的结构是怎样的？

8管发电机有2个与中性点连接的二极管，其整流器共有8个二极管。

8管整流电路中采用了8个硅整流二极管，其中6个组成三相全波桥式整流电路，还有2个是中性点二极管，1个正极管接在中性点和正极之间，1个负极管接在中性点和负极之间，对中性点电压进行全波整流。

53. 9管发电机的结构是怎样的？

9管发电机有3个磁场二极管，其整流器共有9个二极管。

9管整流器由6个大功率整流二极管和3个小功率励磁二极管组成。其中6个大功率整流二极管组成三相全波桥式整流电路，对外负载供电。3个小功率二极管与3个大功率负极管也组成三相全波桥式整流电路，专门为发电机磁场供电，所以称3个小功率二极管为励磁二极管。

54. 11管发电机的结构是怎样的？

11管发电机除由6个硅整流二极管组成的整流器外，还有2个中性点硅整流二极管和3个磁场二极管，其整流器共有11个二极管，如桑塔纳轿车用JFZ1813Z型发电机。

该整体式发电机由11管发电机和集成电路调节器两部分组成。中性点硅整流二极管VD4、VD8，在发电机高速运转时，可增大其输出功率10%～15%。

55. 发电机调节器有什么作用？

发电机调节器的作用是在发动机转速变化时，通过调节发电机励磁绕组的励磁电流，使发电机的电压保持稳定，防止发电机电压过高而烧坏用电设备和导致蓄电池过量充电，同时也防止发电机电压过低而导致用电设备工作失常和蓄电池充电不足。调节器按元件性质来分可分为触点式和电子式两种，现在常用的主要是电子式。电子式调节器又分为晶体管调节器和集成电路调节器。

56. 晶体管调节器是怎么工作的？

晶体管调节器是将三极管作为一个开关串联在发电机的磁场电路中，根据发电机输出电压的高低，控制三极管的导通和截止，以调节发电机的励磁电流，使发电机输出电压稳定在规定的范围之内。晶体管调节器有内搭铁式和外搭铁式两种。

57. 集成电路电压调节器有什么特点？它是怎么工作的？

集成电路电压调节器具有体积小、重量轻、灵敏度高、寿命长、不需维修等优点。它安装于整体式交流发电机后端盖上，可以减少发电机外部连接导线和充电系统故障，并大大简化生产制造过程。它的作用是，当发电机转速变化，输出电压超过极限值时，自动调节发电机的输出电压，使之保持稳定，以防电压过高烧坏用电设备和使蓄电池过充电。

集成电路电压调节器也称IC调节器，其工作原理与晶体管电压调节器相同。集成电路电压调节器根据电压检测点的不同，可分为发电机电压检测法和蓄电池电压检测法两种。

58. 电压调节器的电路组成是怎样的？

电压调节器一般有三个接线柱，即B（或+、火线、电枢）接线柱、E（或-、接地）接线柱、F（磁场）接线柱。

在典型的整体式发电机充电电路中，整体式发电机将发电机的电压调节器置于发电机内，发电机无磁场接线柱，但有一个充电指示灯接线柱 L，接线柱 L 在发电机内部连接，提供励磁电流的整流器输出端。

59. 测量各接线柱之间的电阻有什么作用？

（1）测量发电机的输出端子 B+ 和搭铁端 E 之间的阻值（壳体或搭铁接线柱） 通过测量可以判断交流发电机整流器是否有故障，如有故障，应将发电机解体，进一步检测。

（2）测量发电机正电刷 F 接线柱和负电刷 E 之间的阻值 通过测量各接线柱之间的阻值，不能确定交流发电机是否有故障时，应进行试验台试验。

60. 发电机空载试验的目的是什么？

空载试验是在交流发电机不带任何负载（不对外输出电流）情况下的一种试验。空载试验的目的是初步测定发电机是否有故障。

61. 发电机负载试验的目的是什么？

负载试验就是在交流发电机带有负载（对外输出电流）情况下的一种试验。负载试验的目的是进一步测定发电机是否有故障。

交流发电机的有些故障，在没有电流输出的情况下是表现不出来的，所以在交流发电机空载试验正常情况下，应再做负载试验。

62. 怎样检测与维修转子组件？

（1）励磁绕组的检修 用万用表测量励磁绕组的电阻，应符合标准。每个滑环与转子轴之间的阻值都应该为 ∞。

（2）转子轴和滑环的检修 转子轴的弯曲会造成转子与定子之间间隙过小而摩擦或碰撞，如发现发电机运转时阻力过大或有异响，应检查转子轴是否有弯曲。

滑环应表面光滑，无烧蚀，厚度应大于 1.5mm。

（3）轴承的检修 若发现发电机运转时有异响，应仔细检查是否是因轴承的损坏而造成的。

63. 怎样检测整流器？

将二极管的引线与其他连接分离，用指针式万用表的两个表笔分别接到二极管的引线与壳体上，测量二极管的正向与反向电阻。二极管的正向电阻应符合标准值，反向电阻应在 10kΩ 以上。

64. 怎样诊断和排除发电机充电故障？

某捷达轿车，启动发动机后，充电指示灯稍微发亮。

（1）诊断要点

❶ 确定故障现象。

❷ 尽可能地重现故障。

❸ 执行故障诊断，最大可能地初步把握故障产生部位或零部件。

（2）结合发电机原理分析　捷达轿车采用的是整体式硅整流发电机，电压调节器采用的是内装式 IC 调节器，并用充电指示灯指示蓄电池的充、放电状态：发电机正常工作时，指示灯熄灭。

检查时，在"B+"与"D+"接线柱间连接一个电流表，测得静态励磁电流为 2.6A，较正常值略低。

取下电流表，启动发电机，测量发电机"B+"端及"D+"端电压，其电压值为 12.7V，提高发动机转速，查看电压表，结果"B+"端及"D+"端电压同时升高，表明故障在发电机。

（3）执行故障排除　拆下发电机并进行解体检查，发现有一个炭刷的连线已经断开。更换新炭刷，修复后装车再试，故障排除。

（4）维修总结　行车时，充电指示灯常亮不灭，表明充电系统有故障，其原因有以下四点。

❶ 励磁二极管损坏，"D+"端电压下降，在发电机的"B+"端与"D+"端形成电位差。
❷ 内装 IC 调节器性能不良，励磁电流减小，发电机输出电压下降。
❸ 励磁绕组局部短路或励磁回路接触电阻增大，磁场强度下降。
❹ 发电机驱动皮带过松或打滑，发电机转速下降。

65. 发电机不发电的原因有哪些？

硅整流发电机不发电是最常见的故障，主要表现为充电指示灯常亮、蓄电池电量消耗过快、灯光逐渐变暗等，主要原因如下。

❶ 传动皮带过松或有油污。
❷ 电刷接触不良。
❸ 励磁电路断路或无励磁电流。
❹ 转子和定子线圈短路、断路或搭铁。
❺ 发电机输出线路短路。
❻ 整流板二极管损坏等。

66. 发电机发电量不足有什么表现？原因有哪些？

发电机发电量不足可以通过电流表或充电指示灯来判断，车辆运行时电流表偏向负值或指示灯亮，表明发电机的发电量不足，主要原因如下。

❶ 发电机皮带过松、有油污。
❷ 连线有松动或锈蚀。
❸ 怠速转速过低。
❹ 调节器工作不良。
❺ 发电机整流器个别二极管损坏。
❻ 发电机集电环脏污或磨损严重、炭刷与集电环接触不良。
❼ 发电机定子绕组接线不良，或转子绕组有故障。
❽ 发电机转子和定子有刮碰或气隙不当。

67. 发电机发电量过高的原因有哪些？

发电机发电量过高一般表现为照明灯泡经常烧损、蓄电池电解液消耗过快、发电机或点火线圈过热等，主要原因如下。

❶ 发电机正电刷与元件板短路。
❷ 磁化线圈断路。
❸ 温度补偿电阻断路,调节器电压调整值过高。
❹ 机械式调节器低速触点黏结。
❺ 机械式调节器高速触点接触不良。

68. 充电电流不稳定的原因有哪些?怎样排除?

交流发电机在工作时,电流表指针摆动,即发电机充电电流不稳定。
(1)充电电流不稳定的原因
❶ 发电机皮带过松。
❷ 发电机与蓄电池之间连线接触不牢。
❸ 炭刷磨损不均或炭刷弹簧失效。
❹ 调节器各触点烧蚀或有油污。
❺ 调节器调整不符合要求。
(2)检查与排除
❶ 检查发电机皮带的松紧度是否合适,若不合适则更换或调整。检查发动机皮带张紧轮,必要时更换。
❷ 检查发电机与蓄电池的各接线柱之间的导线连接情况,如连接不正确需重新连接。
❸ 用试灯检查发电机,使发动机稳定运转。这时,若试灯亮度有明暗变化,表示发电机有故障。必要时分解并检查发电机,检查电刷接触状况及转子和定子线圈是否接触不良。

69. 怎样识别发电机接线柱?

(1)电枢接线柱　电枢接线柱在交流发电机上是比较粗的接线柱,一般直径为6mm。
(2)搭铁线接线柱、磁场接线柱和中性点接线柱　发电机上有2个较细、直径为3mm的接线柱,其中一个螺钉根部与外壳直接接触或用导电铜片相接的为搭铁接线柱,与之相邻的细接线柱为磁场接线柱;还有一个独立的接线柱为中性点接线柱。
(3)万用表测量识别　测量前先将交流发电机各接线柱上的导线拆下,把万用表置于"$R×10$"或"$R×100$"挡,然后把一支表笔接交流发电机外壳,另一支表笔先后接电刷架上的2个细接线柱,显示电阻值为0的为搭铁接线柱,有电阻显示的则为磁场接线柱。电枢接线柱对搭铁电阻值大,中性点接线柱对搭铁电阻值小。

70. 怎样检测交流发电机定子?

(1)定子绕组断路的检测　用万用表"$R×1$"挡检测定子绕组的3个接线端,两两相测,应有较小的电阻值,如果阻值为∞,说明绕组断路。如果不能修复,应更换定子绕组或定子总成。
(2)定子绕组搭铁检测　用万用表电阻最大挡检测定子绕组接线端与定子铁芯间的电阻,应为∞,否则说明有搭铁故障。实际维修中应更换定子总成,不建议只更换绕组。

71. 怎样检测集成电路电压调节器?

以丰田某车型为例(图2-8),如果检测结果不符合下述要求,可以判断电压调节器已损坏。

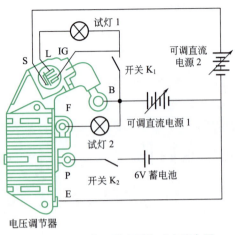

图2-8　丰田某车型集成电路电压调节器检测接线图

❶ 检查时，在电压调节器B、S与E端子间各接一个0～16V的可调直流电源，B与F端子间接一个12V、4W的仪表灯泡（代替充电指示灯），并在IG与B端子间接1个开关K_1。开关K_1闭合时，试灯1、2应点亮。

❷ P与E端子之间接一个6V蓄电池和一个开关K_2，当开关K_2闭合时试灯2应熄灭，当开关K_2断开时试灯2应点亮。

❸ 调节可调直流电源1，当电压升高到15.5V以上时试灯2应熄灭，当电压下降到13.5V以下时试灯2应点亮。

❹ 调节可调直流电源2，当电压下降到13.5V以下时试灯1应点亮。

72. 怎么判断充电系统异常？

工况正常的发电，在打开点火开关时，发电机指示灯应亮，在发动机启动后熄灭。如果在发动机运转时充电指示灯亮，说明充电系统有故障。蓄电池的电压在13.8V左右。

如果存在发电机指示灯闪烁或者不亮等异常情况，蓄电池电压低于12.8 V或者更低、高于14.5V，就必须对充电系统进行检查。

73. 怎么检查充电系统？

❶ 检查发电机的传动带和导线连接状况。如果传动带存在老化、表面炭化、张紧度过松等，都会造成传动带打滑、发出异响，使发电机丢转。如果轴承损坏，会使发电机丢转、产生运转噪声，严重时会使转子与定子发生接触摩擦，造成发电机严重发热，导致充电系统故障。

❷ 打开点火开关，不启动发动机，如果充电指示灯不亮，则拔下发电机的线束插头。用试灯一端搭铁，另一端测量发电机"L"端，如果这时能够使充电指示灯亮，可以判断发电机有故障；如果充电指示灯仍旧不亮，证明充电指示灯线路有断路或灯泡损坏。应按照充电系统的电路图检查充电指示灯线路以及检查仪表板内的充电指示灯灯泡。

❸ 打开点火开关，不启动发动机，在充电指示灯亮时，拔下发电机的线束插头，充电指示灯应熄灭，测量插头的"L"端的电压应为蓄电池电压。如果充电指示灯不熄灭，可以判断是其线路有搭铁故障。应按照充电系统的电路图检查充电指示灯线路，排除线路搭铁故障。

❹ 在充电指示灯能够亮的情况下，启动发动机中速运行，充电指示灯应熄灭。如果不能熄灭，而拔下发电机插头后灯才熄灭，可以判断发电机有故障，检修或更换发电机。

❺ 在关闭点火开关时，检查并记录蓄电池电压。然后连接发电机插头，中速运行发动机，测量电压应高于启动前的电压，在13.8V左右。如果所测电压低于启动前的电压或高于14.5V，可以判断发电机故障。

❻ 测量发电机壳体与蓄电池负极之间的电压不应超过0.5V。如果超过0.5V，应检查蓄电池负极与发动机搭铁线路，确保可靠连接，清除接触点的电阻，紧固所有接头。

❼ 测量蓄电池正极与发电机输出端的电压也不应超过0.5V。如果超过0.5V，应检查

蓄电池正极与发电机输出端之间的线路，确保可靠连接，清除接触点的电阻，紧固所有接头。

74. 为什么使用智能化发电机调节 IGR？

在减少 CO_2 排放方面，正在引入各种不同的工艺技术以降低所有车辆的耗油量。其中一项措施是部分回收利用发动机的动能。根据驾驶员的驾驶方式，仅智能化发电机调节一项措施就可以有效减少 CO_2 的排放，从而可以节省能量。

❶ 智能化发电机调节的核心原理是扩展车辆蓄电池的充电策略。蓄电池不再完全充满，而是根据不同的环境条件（车外温度、蓄电池老化等）充电到规定程度。

❷ 与传统充电策略不同，现在仅在车辆滑行阶段进行能量回收利用。此时发电机在外部激励最大的状态下工作，并将所产生的电能储存在车辆蓄电池内。此时不消耗燃油，车辆滑行期间产生的动能通过车轮和发动机作用在发电机上，从而产生电能。

❸ 车辆加速阶段发电机不承受外部激励作用，因此不会为产生电能而消耗能量和燃油。

75. 智能化发电机调节 IGR 有什么特点？

❶ 与传统充电调节不同，智能化发电机调节蓄电池不会 100% 充电，蓄电池充电到最大充电量的 70%～80%。

❷ 系统定期停用智能化发电机调节功能并允许蓄电池 100% 充电，以确保蓄电池长期保持全部容量（恢复）。

❸ 在智能化发电机调节系统中，发电机电压在低电压范围内的时间相对较长，以便车辆蓄电池更有效地吸收电流。

76. 智能化发电机调节 IGR 有哪几个运行状态？

IGR 分为以下三个运行状态。

（1）IGR 较低功能　在滑行阶段提高发电机电压并为蓄电池充电（能量回收利用）。

（2）IGR 中等功能　在 IGR 较低功能与 IGR 较高功能之间的阶段内不允许蓄电池耗电，保持目前的充电状态（部分减小发电机负荷）。

（3）IGR 较高功能　能量从蓄电池返回到车载网络内（减小发电机负荷）。

77. 智能化发电机调节系统较低功能运行状态是怎样的？

❶ 滑行阶段提高发电机电压（这个发电机负荷仅在转速超过 1000r/min 且车速为 10km/h 时出现）。

❷ 车辆处于滑行阶段时 IGR 提高发电机电压。提高电压可以提高蓄电池的充电电量。

❸ 随着滑行次数和持续时间的增加，蓄电池充电状态不断提高（在 IGR 较低阶段中充电状态最高可达到 100%）。

78. 智能化发电机调节系统中等功能运行状态是怎样的？

蓄电池充电状态足够时系统调节发电机电压的方式是，蓄电池以可接受的程度向外供电，此时车载网络有一部分由蓄电池供电。

在这种状态下发电机的负荷最小，只有维持车载网络稳定运行的作用。所需要的 IGR 电压由电源管理系统限制到与车载网络匹配的电压。

79. 智能化发电机调节系统较高功能运行状态是怎样的？

❶ 在使用燃油行驶阶段，系统发出部分减小发电机负荷的请求信息。此时不再主动为蓄电池充电，而是仅使充电状态保持在足够使用的程度。

❷ 为确保只在滑行阶段充电的蓄电池在受控状态下向外供电，加速阶段车载网络电能需求较低时需发出发电机部分至完全卸载的请求信息，以减小 CO_2 排放。蓄电池充电状态达到某一程度（70%～80%）时就会出现这种情况。

❸ 只有达到蓄电池的某一最低充电程度时，才能进行智能化发电机调节。

❹ 蓄电池充电状态保持在足够使用的程度时系统调节发电机电压的方式是，除滑行阶段外使蓄电池充电状态几乎保持不变，在这种状态下发电机只为车载网络供电。

80. 智能化发电机有哪些功能？

发电机（图2-9）通过一个串行数据接口与发动机控制单元交换数据。发电机向发动机控制单元传送诸如型号和制造商之类的信息。由此发电机的特定信息由发动机控制单元进行处理，并根据安装的发电机型号对发电机进行调节。

对于智能发电机调节装置，为了在蓄电池上实现更好的电荷接收效率，发电机电压相应较多地处于低电压范围中。

发电机将保持所希望的车载网络电压水平。发电机还负责在行驶模式下为所有用电器供电。调节器利用非控制式的整流器通过施加励磁电流来调节电激励式发电机的输出电压。

对于具有串行数据接口的发电机，在发动机控制单元中已实现下列功能。

❶ 根据定义的参数接通和关闭发电机。

❷ 与温度有关的最大允许的发电机输入功率。

❸ 根据发送的发电机电压调节器参数计算发电机驱动扭矩和发电机电流。

❹ 在大功率用电器接通时控制发电机的响应（负载响应功能）。

❺ 发电机和发动机控制单元之间的发电机诊断和数据导线诊断。

❻ 在发动机控制单元的故障码存储器中保存与发电机出现故障有关的故障码。

图2-9　发电机

1—发电机；2—具有整流二极管的调节器；
3—2芯插头连接（1芯被使用）；
4—蓄电池正极导线

81. 智能化发电机电路结构及特性是怎样的？

（1）电路结构　发电机有一个单独的接线柱用于连接蓄电池正极导线。通过串行数据接口（如LIN）向调节器传递调节参数（如发电机标准电压）。发电机电路在调节器背面，固定在发电机上（图2-10）。

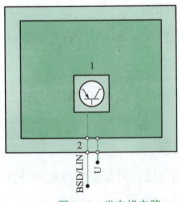

图2-10　发电机电路

1—带调节器的电子单元；2—串行数据接口
（BSD/LIN）；U—蓄电池正极导线

（2）发电机特性 每个波的高度取决于当前发电机负荷。波的长度取决于转速，转速越快，波长越短。在怠速转速下，并且在用电器开启的状况下，无故障的发电机必须输出以下特性线，如图 2-11 所示，怠速且用电器接通时，正常的发电机图形接近于该图。

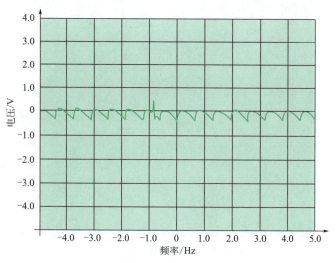

图 2-11 发电机特性

（3）发电机工作参数 见表 2-4。

表 2-4 发电机工作参数

物理量（工作项目）	参数
电压范围 /V	6～16
串行数据接口 BSD 上的数据频率 /（bit/s）	1164～1236
串行数据接口 LIN 上的数据频率 /（bit/s）	19200
定子绕组的最大温度值 /℃	260
最高转速 /（r/min）	20000
调节器温度范围 /℃	-40～140

82. 智能化发电机有哪些故障？显示的波形是怎样的？

（1）发电机部件故障 即使在发电机和发动机控制单元之间的通信中断时也能保证发电机的主要功能。通过故障码存储记录可以区分下列故障原因。

❶ 过热保护。发电机过载，为了安全考虑，降低发电机电压，直至发电机重新冷却下来。这是发电机的标准运行状态。

❷ 机械故障。发电机机械卡住，或皮带传动损坏。

❸ 电气故障。励磁电路（晶体管、二极管）损坏、励磁线圈断路、调节器损坏。

❹ 通信故障。发动机控制单元和发电机之间导线损坏。

❺ 发电机型号错误。安装了错误的或未经许可的发电机，发电机线圈中的断路或短路无法识别。

（2）发电机波形　在维修检测中，发电机的电压波形的高度取决于发电机的当前负荷。波的长度取决于转速。转速越快，波越短（图 2-12 和图 2-13）。

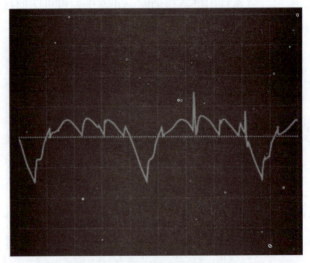

图 2-12　故障发电机显示的波形

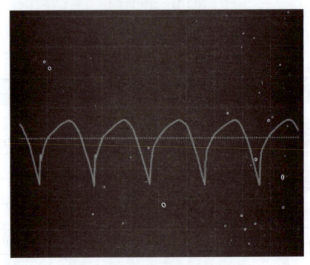

图 2-13　发电机二极管损坏的波形

83. 什么情况下需要检修充电系统？

❶ 车辆没有启动征兆，打开点火开关后仪表板所有灯都不亮。
❷ 车辆启动明显吃力，不能驱动起动机正常运转。
❸ 车辆能启动，但行车过程中发电机指示灯报警。
❹ 车辆启动后，测量蓄电池电压约 14.8V。
❺ 发电机皮带或者发电机轴承有异响。

84. 怎么检查蓄电池自行放电？

蓄电池在无使用情况下，电量会自动消耗，这就是自放电。造成蓄电池自放电的主要原因和排除措施如下。

❶ 蓄电池表面脏污，接线柱间形成短路。

排除措施：清洗蓄电池表面。

❷ 极板短路。

排除措施：蓄电池上有通风口，要疏通该口；更换蓄电池。

❸ 汽车电气设备导线绝缘层破损造成短路或搭铁。

排除措施：检修线路。

❹ 交流发电机整流二极管短路，致使蓄电池通过交流发电机放电。

排除措施：检修发电机。

检测交流发电机二极管短路导致的放电方法：拆下蓄电池负极搭铁线，拆下发电机输出接线端导线，将试灯串联在该导线与输出接线柱之间，连接好蓄电池负极搭铁，观察试灯的闪烁情况。如果试灯变亮，可以判定发电机整流正极二极管短路。

85. 怎样检查蓄电池电压低？

❶ 蓄电池充电后，使用了一段时间，电量不足，会出现起动机运转无力、发动机启动困难、喇叭音量降低、灯光暗淡等现象。

❷ 蓄电池电压过低的原因：一是蓄电池本身故障，只能更换蓄电池；二是发电机故障，不能给蓄电池充电，一般发生在发电机调节器这个部件上，更换即可。

发电机不发电检测：将万用表黑表笔"-"接发电机外壳（搭铁），红表笔"+"接发电机电枢"B+"接线柱，这时所测电压为蓄电池电压。启动发动机，这时测得电压应为 13.5～14.5V，发电机发电正常。

启动发动机后测得电压如果在 13.5V 以下，可判定发电机不发电。

86. 怎样检测发电机转子？

（1）转子绕组短路与断路的检测　如图 2-14 所示，用数字式万用表的低电阻挡检测两集电环之间的阻值，应有符合该车数据标准的阻值。如果阻值为"∞"，可以判定为断路；如果阻值过小，可以判定为短路。

（2）转子绕组搭铁检测　检查转子绕组与铁芯（或转子轴）之间的绝缘情况。如图 2-15 所示，用万用表电阻挡检测两集电环与铁芯（或转子轴）之间的导通情况，正常阻值应为"∞"。如果阻值为 0，可以判断有搭铁故障。

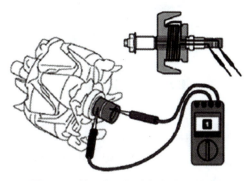

图 2-14　转子绕组短路与断路的检测

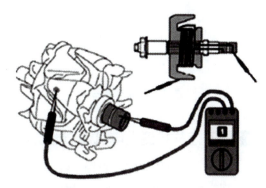

图 2-15　转子绕组搭铁的检测

87. 怎样检测发电机定子？

定子绕组短路与断路的检测：用万用表的低电阻挡检测定子绕组。如图 2-16 所示，正常时，阻值小于 1Ω 且两个检测都相等；如果阻值为"∞"，可以判定绕组断路；如果阻值为 0，可以判定绕组短路。

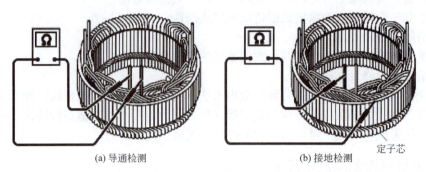

(a) 导通检测　　　　　　　　(b) 接地检测

图 2-16　定子绕组的检测

88. 发电机调节器正极管和负极管怎么区分？

汽车交流发电机用整流二极管有正二极管与负二极管之分。一个普通交流发电机具有 3 个正二极管和 3 个负二极管。

引出电极为二极管正极，外壳为二极管负极的称为正二极管；引出电极为二极管负极，外壳为二极管正极的称为负二极管。

89. 怎样检测发电机调节器正极管？

用数字式万用表的电阻挡，黑表笔接整流器输出端子，红表笔分别接整流器各接线柱，均应导通；如果不导通，可以判定二极管断路（图 2-17）。

调换两表笔进行测试，这时应不导通；如果导通，可判定二极管短路。

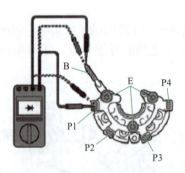　　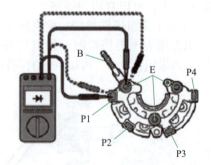

图 2-17　正极管检测　　　　　　图 2-18　负极管检测

90. 怎样检测发电机调节器负极管？

用数字式万用表的电阻挡，红表笔接整流器负极管的外壳，黑表笔分别接整流器各接线柱，均应导通；如果不导通，可判定二极管断路（图 2-18）。

调换两表笔进行测试，这时应不导通；如果导通，可判定二极管短路。

91. 怎样检查发电机电刷?

❶ 检查电刷能否平滑运动。
❷ 检查电刷磨损情况。如果磨损超过极限线,需要更换(图2-19)。

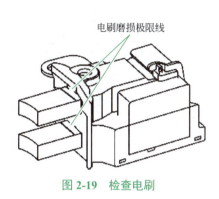

图2-19 检查电刷

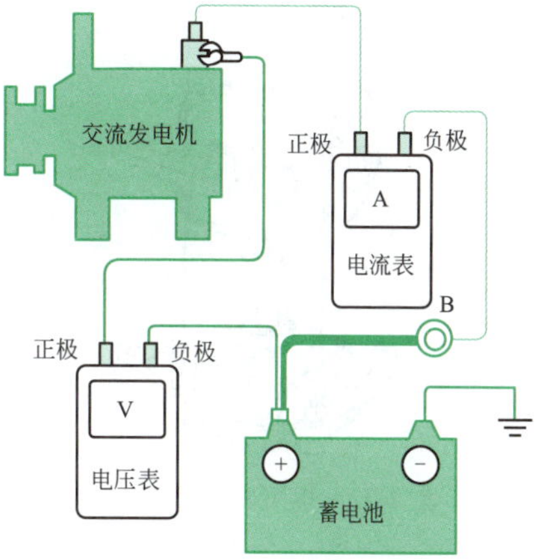

图2-20 电压降测试

92. 怎样检测发电机电压降?

接线方法如图2-20所示,测试发电机电压降。通过测量电压降来判断发电机输出端"B"端子和蓄电池"+"极之间的线束连接情况。需要用2个万用表进行测试,具体测试如下。
❶ 关闭点火开关。
❷ 从交流发电机上断开端子"B",万用表设置在电流挡,万用表的红表笔接交流发电机的"B"端子,黑表笔接输出端线束。
另一个万用表设置在电压挡,红表笔接端子"B",黑表笔接蓄电池"+"极。
❸ 启动发动机。
❹ 打开前照灯和其他用电器(例如鼓风机),调整发动机转速,直至电流表指示20A,然后记录此状态下电压的数值。
如果电压测量值大于标准值0.2V或者更大时,有可能是线束有故障。这时应检测交流发电机端子"B"到蓄电池"+"极之间的导线,检查是否有松动的连接、线束故障。

93. 怎样拆解发电机?

❶ 拆卸发电机皮带轮
❷ 在拆下交流发电机和调节器之前先进行测试。
❸ 拆下交流发电机。
❹ 拆卸发电机皮带轮螺母。如果需要更换前轴承,用合适规格的扳手(A)和22mm扳手(B)拆下皮带轮锁紧螺母,如图2-21所示。如有必要,可使用冲击扳手,使用冲击扳手时向相反方向用力。
❺ 如图2-22所示,拆下四个螺栓,然后拆下后壳体总成(A)和垫圈(B)。

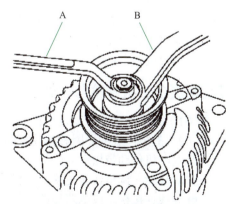

图2-21 拆卸发电机皮带轮

❻ 如图 2-23 所示，将转子从驱动端壳体上拆下。

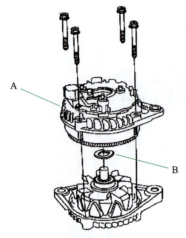

图 2-22　拆下发电机壳

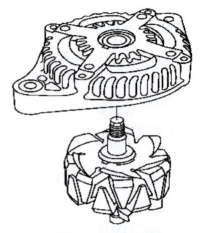

图 2-23　拆下转子

94. 怎么检修充电不稳定故障？

（1）异常表现　启动发动机或正常行驶时，仪表充电指示灯闪亮（时而亮，时而不亮）。

（2）故障产成的原因和排除故障

❶ 发电机传动带过松或磨损导致打滑。

排除故障：调整或者更换发电机传动带。

检查和调整发电机传动带步骤如下。

a. 目测发电机传动带是否有过度的磨损、磨坏的帘布等。如有异常，则更换发电机传动带。

b. 检查发电机传动带张力。发电机传动带过松会导致打滑，太紧会影响发电机轴承寿命。检查发电机传动带的张力时可以用手指按压两带轮中间的皮带，如果皮带的压下量在 10mm 附近，一般认为张力较合适；如果压下量过大，表明张力不足，导致打滑；如果几乎不出现压下量，表明皮带过紧，需要进行调整。

❷ 发电机与蓄电池之间连接导线有异常，接触不牢固或者有虚脱。

排除故障：检查发电机与蓄电池各接线柱之间的导线连接，重新安装和锁紧导线接端的螺母。

❸ 发电机内部故障：可能是电刷磨损，也可能是调节器各触点烧蚀等。

排除故障：检查调节器。用试灯检查发电机，使发动机稳定运转。这时，如果试灯亮度有明暗变化，表示发电机存在故障。分解并检查发电机，检查电刷接触状况，检查转子和定子线圈是否接触不良。

95. 怎么检修发电机发电不足故障？

（1）异常表现　启动发动机或车辆正常行驶时，仪表充电指示灯持续点亮。

（2）故障产成的原因和排除故障

❶ 发电机传动带松动或磨损。

排除故障：调整或者更换发电机传动带。

❷ 导线连接松动或电路短路。

排除故障：检查发电机与蓄电池各接线柱之间的导线连接，重新安装和锁紧导线接端的螺母。

❸ 主熔丝熔断。

排除故障：更换主熔丝。

❹ 发电机内部故障，一般会出在电压调节器上。

排除故障：检修发电机。

❺ 搭铁不良。

排除故障：检查蓄电池负极与车身的搭铁线，重新安装和紧固。

❻ 蓄电池损坏。

排除故障：更换蓄电池。

96. 什么故障导致充电指示灯点亮？怎样排除？

（1）故障信息　某款马自达轿车，仪表板上的充电指示灯点亮。

启动发动机后充电指示灯正常熄灭，但数秒钟后，充电指示灯会再次点亮。这样行驶会导致蓄电池电量消耗尽。

（2）检查和分析　为了检查故障，更换维修厂的备用蓄电池。

更换蓄电池，发动机顺利启动，充电指示灯数秒后点亮。用万用表测量交流发电机的输出电压，急速时为12.5V，发动机加速到2000r/min，电压降至12V以下。这样可以判定充电系统出现故障。

该车与发电机相连接的导线共有3根，1根较粗的接发电机的接线柱"B+"，另外2根线共用1个连接器，其中1根用于传输发电机的信号，另1根用于传输发电机励磁电流的控制信号。

"B+"为发电机的输出接线柱，在发动机运行时给全车供电。发电机连接器端子P从发电机三相定子绕组中的一相引出，PCM根据此端子信号控制充电指示灯亮灭和输出脉宽调制信号。发电机连接器端子D与功率晶体管的基极相连，PCM利用脉宽调制信号来控制功率晶体管的通断，从而控制发电机的励磁电流，调节发电机的输出电压。当发电机连接器端子P的信号电压不符合标准时，PCM即判定充电系统出现故障，停止向发电机连接器端子D输出脉宽调制信号并点亮充电指示灯，表示充电系统有故障，需要检修。

（3）故障排除　启动发动机，测量发电机连接器端子，测得发电机连接器端子P上的电压为0，这个数值是不正常的，说明有故障存在。发电机连接器端子D上的电压为1～2V。由此可以判定，故障出在发电机上。

更换发电机，启动发动机，充电指示灯正常熄灭。用万用表测量接线柱"B+"的输出电压，为14V左右，充电系统正常，故障排除。

97. 怎么诊断蓄电池电量不足导致的车辆不能启动？

（1）故障信息　蓄电池故障导致的车辆亏电。间隔2天蓄电池亏电就很难启动车辆，甚至有时用人推车才能启动，但着车以后就正常了，过一会儿关闭发动机后可以正常启动。

（2）检查和分析

❶ 测量发电机充电电压，发动机急速时测量为13.7～14V，踩下加速踏板提高转速时约为14.5V，测量结果表明发电机输出电压正常。

❷ 检查蓄电池接线柱，无腐蚀，无虚接，检查发电机、起动机、蓄电池之间的接线，也

无松动现象,导通正常。

❸从本案例来讲,发电机发电正常,充电正常。蓄电池电量不足导致的启动困难,这可以判定蓄电池本身有问题,容量下降或自行放电。

(3)故障排除 用蓄电池检测仪测量,验证蓄电池已损坏,更换蓄电池,故障排除。

98. 怎么诊断电刷磨损导致发电机输出电压低?

(1)故障表现 车辆连续数日停放后早上再次启动,起动机不转或转动无力。

(2)检查分析

❶检查启动电路和起动机,正常。

❷当点火开关至启动挡时,可听到电磁开关的"嗒、嗒"声,说明蓄电池严重亏电。

❸用备用蓄电池启动车辆后,起动机工作正常。

❹测量怠速时发电机输出电压为12.8V,低于正常值。检查发电机传动带,正常。

这时,可以判断故障部件为发电机。

(3)故障排除 拆检发电机发现电刷严重磨损。更换电刷,测量怠速时发电机输出电压为14.0V,故障排除。

充电系统出现故障最大可能的两个原因:一是蓄电池自身存在故障;二是发电机对蓄电池充电不足。电刷磨损严重时会过短,电刷对滑环压力减小,影响了励磁电流,从而造成发电机输出电压降低。

99. 怎么排除蓄电池保养不当导致蓄电池损坏?

(1)故障信息 某捷达轿车,起动机运转无力,发动机不能启动。

(2)检查分析 该车装用的是普通铅酸蓄电池,电解液液面低,且露出极板,并且极板表面有一层白粉,证明有硫化现象发生。使用高率放电计连接蓄电池两极柱,以110A的电流放电5~10s,正常时蓄电池端电压读数应在9.6V以上,测得此蓄电池端电压为5.5V,说明电量严重不足。

(3)故障根源 蓄电池液面降低后曾及时补加过硫酸液,但液面很快又降低,经多次补加,便出现了上述故障。蓄电池损坏是保养不当造成的,充电时电解液中的水会有少量消耗,一般补加蒸馏水或专用补充液,如补加硫酸液会导致电解液密度过高,加速极板硫化。极板硫化又使电解液过早出现沸腾,加快了电解液的消耗,这种恶性循环使蓄电池损坏。

100. 怎么检修发电机输出电压低?

(1)故障信息 某捷达轿车,起动机不转或转动无力。经检查发现电刷磨损导致发电机输出电压低。

(2)检查分析 经检查发现启动电路和起动机正常,当点火开关拧至启动挡时,可听到电磁开关的"嗒、嗒"声,说明蓄电池严重亏电。将一个电量充足的蓄电池与本车蓄电池并联,起动机工作正常。由此判断问题出自蓄电池,可能原因:一是蓄电池自身存在故障;二是发电机对蓄电池充电不足。测量怠速时发电机输出电压为12.5V,低于正常值。发电机传动带张紧力正常,拆检发电机发现电刷严重磨损。

(3)故障点确定和排除 由于电刷过短,电刷对滑环压力减小,影响了励磁电流,从而造成发电机输出电压降低。

更换两个电刷,测量怠速时发电机输出电压为13.9V,故障排除。

三、启动系统

101. 起动机的任务是什么?

起动机(图 2-24)的任务是,使用开始转动所必需的最低转速(启动转速)来旋转发动机的曲轴,启动发动机。轿车上,根据车型,起动机功率一般不超过 3000W。

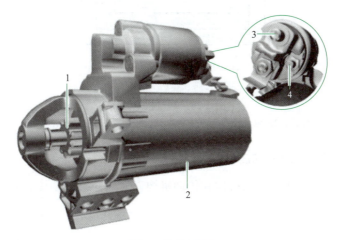

图 2-24 起动机

1—起动机小齿轮;2—起动机壳体;3—连接总线端 KL.30(主接线柱);4—连接总线端 KL.50L(启动接线柱)

通过点击启动/停止按钮可开始车辆启动。"便捷进入及启动系统"或前部车身电子模块或车身域控制器通过总线端 KL.50L(50 线)将电压接通到启动继电器。借助启动继电器和中间轴,或者行星齿轮变速器,将通过飞轮齿圈干预起动机小齿轮。在起动机小齿轮啮合后,将以启动转速从起动机的直流电机中转到发动机曲轴。为此,通过总线端 KL.30(30 线)为直流电机供电。

如果发动机已启动,则起动机小齿轮处的一个超越离合器将阻止飞轮驱动起动机小齿轮。鉴于起动机小齿轮和齿圈之间的大传动比(约 15 : 1)可能导致起动机损坏,因此接着起动机小齿轮将自动停止。

102. 起动机内部电路是怎样的?

起动机直接连接到总线端 KL.30 和 KL.50L 上。"便捷进入及启动系统"或前部车身电子模块或车身域控制器通过总线端 KL.50L 控制启动继电器。该启动继电器是继电器和电磁铁的组合件。起动机电路如图 2-25 所示。

启动继电器具有下列任务:一是起动机小齿轮向前移动直到啮合到飞轮的齿圈中;二是在起动机中,从蓄电池到直流电机的电路关闭。

启动继电器具有吸拉线圈和保持线圈,为了啮合起动机小齿轮,将控制这两个线圈。如果电磁开关关闭,将通过总线端 KL.30 为直流电机提供电压。同时,由于关闭电磁开关,移入线圈将短路,仅能通过吸持线圈保持电磁开关。

如果发动机已启动,吸持线圈将不通电换挡,因此打开电磁开关,蓄电池和直流电机之间的电路已中断。

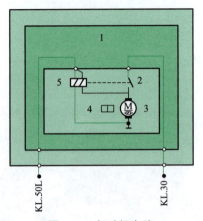

图 2-25 起动机电路

1—起动机；2—电磁开关；3—直流电机；4—永久磁铁；5—启动继电器

103. 起动机由哪些部件组成?

起动机主要由直流电机、操纵机构和传动机构三大部分组成，其结构部件见图 2-26。

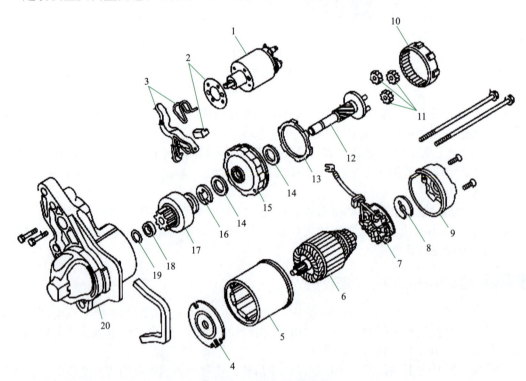

图 2-26 起动机结构部件

1—电磁开关总成；2—防尘罩套件；3—换挡杆装置；4—中央支架；5—定子总成；6—电枢总成；7—电刷架总成；8—止推垫圈；9—后盖总成；10—内齿圈；11—行星齿轮；12—小齿轮轴；13—衬垫；14—止推垫圈；15—中央支架；16—E形圈；17—小齿轮总成；18—小齿轮限位器；19—小齿轮限位器卡子；20—齿轮箱总成

104. 起动机直流电机的作用是什么?

起动机直流电机将蓄电池供给的直流电能转变成机械能，产生电磁转矩，使电枢转子旋转。

105. 起动机操纵机构的作用是什么？

操纵机构（电磁开关）通过启动开关接通或断开电磁阀电路来控制电磁阀柱塞触点的吸合与分离，操纵启动小齿轮和离合器移动，并使起动机获得大的启动电流来启动发动机。

106. 起动机传动机构的作用是什么？

传动机构（离合器机构）采用单向离合器保证启动时动力能传递给飞轮而带动发动机曲轴旋转，发动机启动后，能立即切断动力传递线路，避免发动机的动力通过飞轮反向传给起动机，以保护起动机。

107. 怎样识别起动机上的接线柱？

（1）3个接线柱　如图2-27所示，电磁开关绝缘盖上有3个接线柱，分别是接线柱B（或30）、接线柱M（或C）和启动接线柱S（或50）。

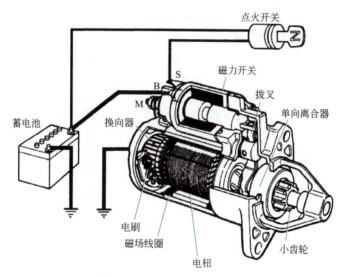

图2-27　发动机启动示意图

（2）4个接线柱　有的电磁开关绝缘盖上有4个接线柱，分别是接线柱B、接线柱M、启动接线柱S和点火接线柱R。

接线柱B和接线柱M通常是8mm或10mm粗铜质螺栓，有接线片的为接线柱M，是串励电机励磁绕组供电端接线柱；剩下的一根是接线柱B，为蓄电池的火线接线柱。启动接线柱S和点火接线柱R通常是4mm或5mm粗铁质螺栓，有接线片的是启动接线柱S，上面的电线通往启动继电器；剩下的一个接线柱是点火接线柱R，上面接的电线通往点火线圈的附加电阻。电磁开关的外壳也是一个无形的接线柱（31），即搭铁。

108. 车辆启动工作过程是怎样的？

汽车启动控制系统由蓄电池、点火开关、启动继电器等组成，其作用是接通或断开起动机的工作电流，使起动机运转或停转。

从蓄电池正极接线柱出发的一根导线经过点火线圈，接在磁力开关的S端。这根导线是用来控制磁力开关的。点火开关接通和切断电路，并控制磁力开关的动作。一根导线直接连接在磁力开关的 B 端，导线具有优良的导电性能，因为将有强电流流过，以便使电机转起来。另一根导电性良好的导线连接在电机磁力开关的 M 端。电机内部换向器的触点接通 B 端和 M 端以后，电流就从蓄电池流向电机，电机开始转动。

当在发动机启动后点火开关返回到"ON"位置时，起动机离合器从齿圈脱开，起动机停止工作。

109. 点火开关直接控制的启动电路是怎样的？

点火开关直接控制的启动电路见图 2-28。

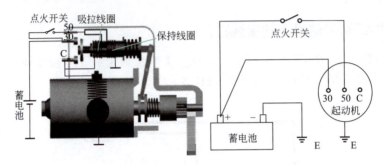

图 2-28 点火开关直接控制的启动电路

点火开关直接控制的启动电路一般应用于小功率起动机电路，如轿车和微型车起动机电路。

点火开关直接控制的启动电路：点火开关控制电磁开关，电磁开关控制起动机电机的两级控制模式，即点火开关→电磁开关→起动机电机。

当点火开关未拧到启动挡时，电机电磁开关未接通，启动齿轮与飞轮处于分离状态。当打开点火开关，并拧至启动挡时，电磁开关的线圈电路和电机电路接通。

110. 启动继电器控制的启动电路是怎样的？

启动继电器控制的启动电路如图 2-29 所示。

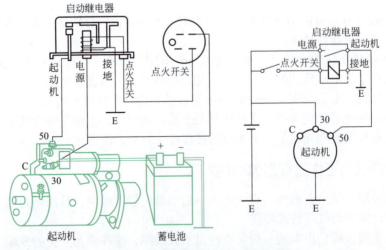

图 2-29 启动继电器控制的启动电路

启动继电器控制的启动电路一般应用于大功率起动机电路，如大中型商用车起动机电路。

点火开关控制启动继电器，启动继电器控制电磁开关，电磁开关控制起动机电机的三级控制模式，即点火开关→启动继电器→电磁开关→起动机电机。

实现流过点火开关启动挡的小电流控制流过继电器触点的大电流，对点火开关具有保护作用，防止点火开关烧蚀损坏。

111. 具有防盗功能的启动电路是怎样的？

例如迈腾1.8T轿车防盗启动系统电路：启动系统主要由点火开关、转向柱控制单元（J527）、车载电网控制单元（J519）、启动继电器（J682）、起动机、变速杆位置传感器、网关（含CAN总线）、自动变速器控制单元（J743）等组成。

插入钥匙后，防盗系统会对其进行验证，通过验证后，转向柱控制单元（J527）解开转向锁止，并将信息传递给J519。同时，变速杆位置传感器通过CAN驱动系统总线将挡位信息传输给自动变速器控制单元，只有在变速杆处于P挡位时，P挡位信号才会由J743处理后传递给J519。在接通点火开关后，只有J519接收到J527和J743的相关信息，才会给启动继电器（J682）供电，从而控制起动机工作。

112. 什么情况下需要检查起动机故障？

❶ 接通点火开关启动挡，可听到"嘎、嘎"的起动机驱动齿轮与飞轮齿冲击声。
❷ 接通点火开关后，起动机不转动，电磁开关发出的"嗒、嗒"响声。
❸ 接通点火开关后，起动机空转。
❹ 接通点火开关后，充电系统正常但起动机没有反应。

113. 起动机不转的原因有哪些？

接通点火开关后起动机不转，故障原因有以下几点。
❶ 蓄电池电量不足。
❷ 蓄电池导线松动、腐蚀或磨损。
❸ 启动继电器故障，如果是自动变速器，挡位开关也可能出现故障。
❹ 熔丝断路。
❺ 起动机故障，包括电机和磁力开关故障，或其他零部件发生故障。
❻ 点火开关故障。

114. 怎样判断起动机不转？

（1）经验判断 根据实际维修经验，故障发生最主要的原因是蓄电池本身故障和起动机故障。普通车辆可以用导线短接起动机电磁开关上的两个接线柱，启动发动机，如果起动机运转，则为启动继电器或者熔丝故障；如果起动机不转，则可以判断是起动机故障。最常见的故障部位在电磁开关。

（2）万用表检测判断
❶ 如图2-30所示，用万用表检查电磁开关上的接线端S与M之间的导通性，正常应该不导通，如果导通，则更换电磁开关。
❷ 如图2-31所示，用万用表检查接线端S与壳体（蓄电池负极）之间的导通性，正常

应该导通，如果不导通，则更换电磁开关。

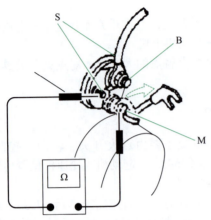 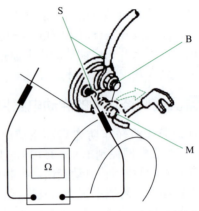

图 2-30　接线端 S 与 M 之间的检测　　　图 2-31　接线端 S 与负极之间的检测

115. 起动机运转无力是什么原因？

接通点火开关时，起动机转动缓慢无力，带动发动机困难，或接通启动开关后，起动机只有"咔嗒"一声，并不转动。故障主要原因是蓄电池充电不足和起动机故障，偶尔也会为蓄电池导线松动、腐蚀或磨损所导致。

116. 起动机单向离合器的作用是什么？

起动机传动机构的主要部件是单向离合器。单向离合器是单向传递扭矩，只传递起动机到发动机飞轮的扭矩，以免发动机启动后，飞轮带动起动机电机超速旋转而损坏。

117. 起动机空转是什么原因？

接通启动开关后，起动机转动，但没有带动发动机转动，故障原因有以下几点。

❶ 电磁开关有故障。电磁开关的常见故障一般是吸拉线圈和保持线圈断路、短路、搭铁，接触盘及触点表面烧蚀等。线圈有否断路、搭铁可用欧姆表通过测量电阻的方式来检查。如果线圈不良，应予以重绕或更换。接触盘及触点表面烧蚀轻微的可以用锉刀或砂布修整。若回位弹簧弹力过弱，应予以更换。

❷ 驱动小齿轮齿断裂或飞轮齿圈严重磨损。

❸ 单向离合器打滑。

❹ 起动机拨叉损坏、错位或拉杆挂钩脱落。

❺ 起动机内部电枢轴与电枢铁配合出现问题。

118. 怎么检查起动机空转？

❶ 根据实际维修经验，故障发生最主要的原因是电磁开关有故障和单向离合器打滑。

a. 检查小齿轮齿形。如果轮齿磨损或损坏，应更换小齿轮，同时检查齿圈齿形状态。

b. 对于装备减速器齿轮的起动机，需要检查减速齿轮齿形。如果齿磨损或损坏，应更换减速齿轮，同时检查电枢轴轮齿状态。

c. 如图 2-32 所示，检查小齿轮是否在一个方向上锁止，而在另一个方向可以平滑转动。

如果在两个方向上都可锁止或转动，或者有明显的异常阻力，则需要更换。

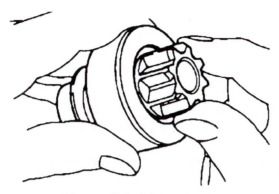

图 2-32　检查离合器和小齿轮

❷ 驱动小齿轮或飞轮齿圈严重磨损，这些部件都可以单独更换。
其他故障原因偶尔会出现，根据实际维修情况来看，发生率不是很高。

119. 怎么检测起动机电枢？

❶ 检查电枢是否磨损或损坏。如果有磨损或损坏，则更换电枢。
❷ 检查换向器表面。如图 2-33 所示，如果粗糙，可用 500～600 号砂纸轻轻打磨。

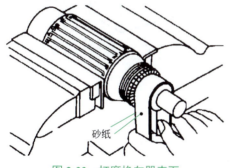

图 2-33　打磨换向器表面

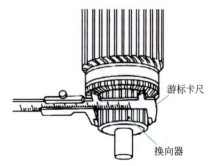

图 2-34　检查换向器直径

❸ 检查换向器直径。如图 2-34 所示，如果小于规定值，则需要更换。
❹ 测量换向器的跳动量。如果换向器跳动量不在使用极限内，则更换电枢。
❺ 检查云母深度。如果云母过高，则用钢锯条将云母凹槽切至适当的深度。切除换向器整流片之间的所有云母。凹槽不能太浅、太窄或呈 V 形。
❻ 使用万用表检查换向器整流片之间是否导通。如果任何整流片之间断路，则更换电枢。检查换向器与电枢线圈芯之间以及换向器与电枢轴之间是否导通。如果导通，则更换电枢。
电枢测试如图 2-35 所示。
a. 使用万用表欧姆挡测试相邻的整流片之间的导

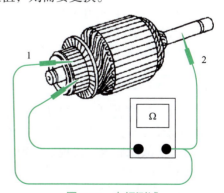

图 2-35　电枢测试
1—导通测试；2—绝缘性测试

通性，如果导通，则更换电枢。

b. 使用万用表欧姆挡测试每个换向器铜条与轴之间的导通性，如果导通，则更换电枢。

120. 怎么检查起动机电刷？

电刷的高度一般不应低于标准的 2/3，电刷的接触面积不应少于 75%。电刷在电刷架内无卡滞现象，否则需进行修磨或更换。

❶ 在电刷架（正极侧）与其基座（负极侧）之间进行绝缘性测试。

电刷测试（图 2-36）：用万用表检查各个绝缘电刷和绝缘垫板的导通性，如果出现导通，则更换电刷架总成。

❷ 检查电刷是否平滑移动。如果电刷架弯曲，则需要更换；如果滑动表面脏，则进行清理。

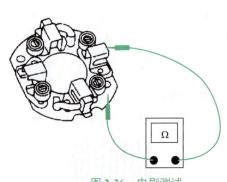

图 2-36　电刷测试

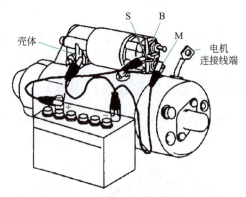

图 2-37　电磁开关性能检测

121. 怎么检测起动机电磁开关？

电磁开关性能检测见图 2-37。

拆下起动机 M 端子上的线端，用带夹电缆将起动机 M 端子和电磁开关壳体与蓄电池负极连接。用带夹电缆将起动机 B 端子与蓄电池正极连接，此时驱动齿轮应向外移动。如果驱动齿轮不动，则可以判定电磁开关有故障，需要更换电磁开关。

在吸拉动作的基础上，当驱动齿轮保持在伸出位置时，拆下起动机 M 端子上的电缆夹。此时驱动齿轮应保持在伸出位置不动，如果驱动齿轮回位，可判定保持线圈断路。

在保持动作的基础上，再拆下起动机壳体上的电缆夹。此时，驱动齿轮应迅速回位，如果驱动齿轮不能回位，则可以判定回位弹簧失效，应更换电磁开关。

122. 怎么判断电磁开关保持线圈故障？

（1）故障表现　当起动机的保持线圈出现断路、短路或搭铁不良的情况时，会出现起动机的驱动齿轮周期性地敲击飞轮的"哒、哒"声。

（2）故障原因　出现这种现象的原因是在启动时，活动铁芯被吸引线圈吸过来，使主接触盘与两主接线柱接触。但在接触瞬间，由于吸引线圈断电，活动铁芯仅在保持线圈的作用下保持不动，但由于保持线圈故障，活动铁芯在复位弹簧的作用下退回，使主接触盘与两主接线柱分开，直流电机断电。同时，吸引线圈又通电，将活动铁芯又吸引到使主接触盘与两主接线柱接触的位置，接触瞬间，吸引线圈又会断电，使主接触盘分离，如此反复，便会出现"哒、哒"声。

123. 怎么判断电磁开关吸引线圈故障？

若吸引线圈出现故障，在启动时，只在保持线圈的作用下是不能将活动铁芯吸过来的。在启动时，对于带有启动继电器的启动电路，只听到启动继电器触点的吸合声，而起动机没有动作，当然这种故障是以排除蓄电池故障为前提的。

124. 怎么检修起动机控制故障？

❶ 用万用表测量蓄电池的电压，在启动前应为 12V；在拧至启动位置时应大于 10V。
❷ 检查发动机与蓄电池负极之间的连接线，必须连接可靠。
❸ 用电压表测量 ST 端引出的线头，在启动位置时应对地有蓄电池电压。如果没有电压，对于装配手动变速器的车辆，证明启动控制线路有开路故障或点火开关不能输出启动控制信号，应检查点火开关以及启动控制线路。

对于装配自动变速器的车辆，应检查变速器的挡位开关、启动继电器、点火开关以及相关的线路。

❹ 检查点火开关的插接器。测量点火开关相关端子的引线，在启动位置应有 12V 的输出电压。如果没有输出电压，则可以判断点火开关故障，应更换点火开关。如果输出 12V 启动信号，而起动机仍旧不工作，可以判断启动信号的线路有开路故障。对于装配手动变速器的车辆，应沿着启动信号线的走向检查线路，检修排除开路故障。对于装配自动变速器的车辆，应检查启动继电器、变速器的挡位开关以及相关的线路。

125. 怎样检修发动机不能正常启动？

（1）故障信息　某上海大众 POLO 轿车，发动机不能启动，打开点火开关，组合仪表上的所有指示灯都不亮，里程和时间均不显示。

（2）检查和分析　执行故障诊断仪检测：连接车辆故障诊断仪，检查组合仪表控制单元是否存在故障，故障诊断仪屏幕上显示车辆系统无法进入。

这样可以初步判定造成该故障的原因可能是组合仪表控制单元的电源、接地及控制线路故障，组合仪表自身损坏也有可能导致该故障。

❶ 查阅电路图，电源分两路进入组合仪表。
a. 30 号线：蓄电池正极→熔丝 S163→熔丝 SB27→组合仪表 T8c/7 针脚。
b. 15 号线：点火开关的 6 号针脚→SB20→组合仪表 T8c/5 针脚。
❷ 执行部件检查。
a. 拆下仪表左侧熔丝盖板，拔下熔丝 SB27 及 SB20，发现熔丝没有烧断，将熔丝插回原位。

b. 打开点火开关，测量熔丝 SB20 两端没有电压。拔下 SB20，发现电压输入端 20a 的插座间隙过大。拆下熔丝盒将熔丝插座取出，可以清楚看到熔丝插座间隙过大。间隙大会造成接触不良，这样可以判定供电盒虚接所导致的故障现象。对应控制单元能正常工作的条件是供电系统，该故障排除时检查供电不正常，虚接是原因之一。

（3）故障排除　将熔丝插座缩紧并装回原位，打开点火开关，组合仪表上的指示灯亮起，发动顺利启动。

126. 起动机中的哪些部件可以维修或单独更换再使用？

起动机中可以更换的零部件有电磁开关、单向离合器、电刷等。如图 2-38 所示，标注的单个零部件在实际维修中视配件供应和损坏程度可更换单个零部件。

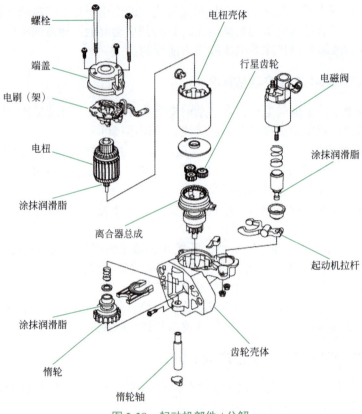

图 2-38　起动机部件 / 分解

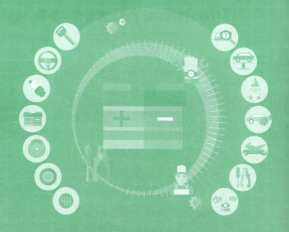

第三章
发动机电控系统

一、发动机电控系统的电源和控制单元功能

1. 什么是发动机控制单元？其主要功能是什么？

发动机控制单元也称为控制模块（ECU 或 ECM），或者动力控制模块（PCM），在有些车系中也有厂家特定的缩写（例如，宝马汽油发动机控制单元缩写为 DME、柴油发动机控制单元缩写为 DDE），汽车维修中俗称"发动机电脑"，是一种综合控制电子装置。其功用是储存（在控制单元中有集成的 ROM 存储器）该车型的特征参数和运算中所需的有关数据信息；给各传感器提供参考电压，接收传感器或其他装置输入的电信号，并对所接收的信号进行存储、计算和分析处理，根据计算和分析的结果向执行器（元件）发出指令，使发动机各个控制系统能正常地发挥其控制功能；或根据指令输出自身已储存的信息及自我修正功能。

2. 发动机控制单元是怎样工作的？

发动机控制单元根据发动机的进气量和转速信号，计算出基本喷油持续时间，以接近理想空燃比的混合气供发动机工作，并控制其运转。例如，在冷车启动时，ECM 根据有关信号，通过增加喷油量和控制怠速控制阀等执行元件，使发动机顺利启动并控制怠速的转速。此外，ECM 还具有故障自诊断和保护功能，当发动机出现故障时，控制单元可自动诊断故障和保存故障码，并通过故障指示灯发出警告，所保存的故障码在一定的触发条件下还可以输出。一旦传感器或执行器失效时，ECM 自动启动其备用系统投入工作，以保证车辆的安全，维持车辆继续行驶的能力。控制单元还可以与维修诊断仪器进行通信，利用诊断仪器可以查看储存于控制单元内部的故障码，扫描当前控制单元运行的系统参数即数据流，还可以利用诊断仪器对控制系统的执行器进行强制驱动测试，可以在对控制系统进行维修诊断时提供极大的便利。

3. 发动机控制单元内部有哪些重要元件？

各种车型的发动机控制单元内的元件有所不同，下述以奥迪 A6 1.8L 发动机举例说明。

（1）中央处理器（CPU）　中央处理器根据发动机控制程序对原始采集来的数据进行逻辑计算、分析，对执行器发出指令，负责控制整个汽车电脑的工作。

（2）S+M 片式磁珠　片式磁珠由软磁铁氧体材料组成，构成高体积电阻率的独石结构。磁珠专用于抑制信号线、电源线上的高频噪声和尖峰干扰，还具有吸收静电脉冲的能力。磁珠也用来吸收超高频信号，如一些 RF 电路、PLL、振荡电路、含超高频存储器电路都需要在电源输入部分加磁珠。

（3）活性炭罐驱动器　活性炭罐驱动器接收中央处理器（CPU）的指令，在合适时刻开启活性炭罐电磁阀。

（4）氧传感器加热驱动器　发动机启动后，使氧传感器加热器快速加热，从而保证氧传感器的正常工作温度，使其快速进入监测工作状态。

（5）爆震信号处理模块　爆震信号处理模块负责将爆震传感器检测到的爆震信号转化成 ECU 能够识别的数字信号，即模／数（A/D）转换。如果该芯片损坏，则发动机无法控制爆震现象，导致发动机产生尖锐的敲缸声，并损坏曲柄连杆机构。

（6）点火信号模块　ECU 根据发动机运行工况计算准确点火时间，CPU 输出点火信号，经该模块放大处理后，由 ECU 相关 4 个端分别输出 1 缸、4 缸、3 缸、2 缸点火信号到点火器，控制发动机的点火。如果点火信号模块损坏，会导致发动机点火故障。

（7）CAN 收发器　CAN 收发器具有接收和发送的功能。它将 CAN 控制器传来的数据转化成为电信号并将其送入数据传输线，同样也为 CAN 控制器接收和转化数据。CAN 收发器用来将接收和发送功能分离开来，从而使一根导线能同时传送两个信号。

（8）喷油控制驱动器　CPU 根据发动机负荷、转速两大主要因素及冷却液温度、蓄电池电压等其他修正信息计算出喷油量大小及喷油始点。喷油控制器就是根据 CPU 这一命令在正确时刻驱动喷油器工作的，控制喷油时间即喷油量大小。如果该驱动器损坏，可引起发动机喷油不正常或不喷油故障。

（9）节气门控制信号模块　节气门控制信号模块根据 CPU 的指令控制节气门定位电机的转动，从而控制急速时的节气门开度。

当 ECU 检测到急速触点闭合时，急速电机能自动调节节气门开度，保持发动机稳定的急速转速；且当油门踏板迅速收回时，急速电机能将节气门平顺回落，起到缓冲作用。

4. 什么是发动机控制单元常供电？

发动机控制单元常供电源一般由保险盒内的某一熔丝为发动机控制单元的某两端提供常电源，该电源为发动机控制单元的存储器供电，用于记忆发动机故障信息。如果该供电不正常，将导致发动机控制单元无法工作，会使得发动机无法启动。

5. 什么是发动机控制单元的点火开关电源？

发动机控制单元的点火开关电源是指由保险盒内的某一熔丝为发动机控制单元提供电源。在打开点火开关后，输出电流到发动机控制单元的某端。发动机控制单元在该供电的控制下，进入工作状态，向发动机电控系统的传感器输出 5V 电压的电源，如果没有 5V 电压或者其他非正常电压，将导致发动机不正常工作，甚至使发动机无法启动。

发动机正常运行时，发动机控制单元监测相关某端子上的电压。当电压低于 11V 时，将设置表示系统电压过低的故障码；当电压高于 16V 时，将设置表示系统电压过高故障码。

6. 燃油泵继电器在控制电源系统中是怎样工作的？

在打开点火开关后，发动机控制单元即通过其相关某端分两路输出控制电压，使燃油泵继电器动作，一路通过相关熔丝向燃油泵电机供电；另一路通过相关熔丝向点火线圈和废气再循环阀供电。如果 2s 后发动机控制单元没有收到曲轴位置传感器（CKP）的基准脉冲信号，也就是说发动机没有启动，那么发动机控制单元就切断相关端输出的电压，停止对燃油泵电机、点火线圈和废气再循环阀供电。如果燃油泵继电器不工作，将导致发动机不能启动。

7. 燃油喷射喷油量控制是怎么回事？

发动机控制单元（ECU）将进气量和发动机负荷作为主要控制信号，以确定基本喷油量，并根据发动机冷却液温度、进气温度、进气压力、排气氧含量等信号修正喷油量，最后确定实际喷油量。

根据发动机各缸的点火顺序，将喷油时间控制在最佳时刻，以使燃油充分燃烧。

8. 断油控制是怎么回事？

（1）减速断油控制　汽车在正常行驶中，驾驶员突然松开油门踏板时，ECU 自动中断燃油喷射，直至发动机转速下降到设定的低转速时再恢复喷油。

（2）超速断油控制　当发动机转速超过安全转速或汽车车速超过设定的最高车速时，ECU 自动中断喷油，直至发动机转速低于安全转速一定值且车速低于最高车速一定值时恢复喷油。

9. 燃油泵控制是怎么回事？

当打开点火开关后，ECU 控制燃油泵工作 3s，用于建立必要的油压。在发动机启动和运转过程中，ECU 控制燃油泵正常运转。

10. 理想空燃比和闭环控制是怎么回事？

（1）理想空燃比　指使汽油和氧气全部进行化学反应（全部燃烧）的空气与燃油比例，理想空燃比（A/F）=14.7kg/1kg=14.7。

（2）闭环控制　闭环控制是指在排气管内加装氧传感器，根据排气中含氧量的变化，对进入气缸内的可燃混合气的空燃比进行测定，并不断与设定值进行比较，根据比较的结果修正喷油量，最终使空燃比保持在设定值的附近。

目前车辆一般采用的闭环控制，为了使三元催化器对排气净化处理的效果达到最佳，空燃比控制的设定值只能在 14.7 附近，因此对启动、暖机、加速、怠速、大负荷等需要供给浓混合气的运行工况还应采用开环控制，以确保发动机具有良好的动力性和运转稳定性。

11. 什么是点火提前角控制？

发动机运转时，ECU 根据发动机的转速和负荷信号，计算相应工况下的点火提前角，并根据发动机的水温、进气温度、节气门位置、爆震信号等修正点火提前角，最后得到一个最佳的点火正时。ECU 控制点火线圈的初级通电，在到达点火正时角时，ECU 切断点火线圈初级电流并在次级线圈中感应出高压电使相应气缸的火花塞跳火，点燃混合气。

12. 点火提前角控制是怎样实现的？

点火线圈初级电路在断开时需要保证足够大的电流，以使次级线圈产生足够高的电压。与此同时，为防止通电时间过长而使点火线圈过热损坏，ECU 根据蓄电池电压及发动机转速等信号，控制点火线圈初级电路的通电时间（闭合角）。

13. 爆震控制是怎么回事？

ECU 接收到爆震传感器输入的信号后，对该信号进行处理并判断是否即将产生爆震。当检测到爆震信号后，ECU 即时推迟发动机点火提前角，避免爆震产生。

14. 怠速控制是怎么回事？

怠速是指发动机在对外无功率输出负荷情况下的稳定运转状态。怠速转速过高，会增加燃油消耗量。通常发动机输出功率时，其转速是由驾驶员通过节气门踏板改变节气门的位置，调节气缸进气量来实现的。但在怠速时，驾驶员已放松节气门踏板，驾驶员对进气量的调节已无能为力，为此发动机控制系统负责对怠速转速进行控制。

怠速转速控制的实质是对怠速时进气量、喷油量、点火提前角的控制，通过对三者的调节，以达到适合各工况的稳定转速。

一般由发动机控制单元对怠速进行控制包括启动后的控制；暖机过程的控制；负荷变化的控制；减速时的控制。

15. 排放控制是怎么回事？

ECU 根据氧传感器输入的信号，对喷油量进行修正，实现空燃比的反馈控制，使混合气的空燃比接近理论空燃比，三元催化转换器能更有效地起净化作用，使有害气体的排放量降到最低。

16. 车载自诊断和 CAN 总线接口是怎么回事？

（1）车载自诊断
❶ 故障报警。当发动机电子控制系统出现故障时，ECU 点亮仪表盘上的故障指示灯，提醒驾驶员发动机已出现故障。
❷ 故障记录。当发动机电子控制系统出现故障时，ECU 将故障以代码的形式存储在 ECU 的存储器中。

（2）CAN 总线接口　发动机 ECU 预留 CAN 通信接口，以便与车内其他电子控制单元通过 CAN 总线方式进行数据通信，形成车内局域网。

二、发动机电控系统技术

17. 双凸轮轴可变气门正时系统的作用和特点是什么？

可变凸轮轴控制装置使发动机怠速更平稳，具有更大的扭矩和更灵活的动力分配。宝马 Double-VANOS 双凸轮轴可变气门正时系统改变凸轮轴的正时，让功率在整个转速范围内都得到优化，具有更高的燃油效率和更低的排放。

双凸轮轴可变气门正时系统可持续调节进气门和排气阀的凸轮轴位置，由此带来低发动机转速时扭矩明显增大，高发动机转速时功率更高，同时降低油耗和排放。

在低发动机转速时，移动凸轮轴的位置，使气门延时打开，提高怠速质量并改进功率输出的平稳性。在发动机转速增加时，气门提前打开，增强扭矩，降低油耗并减少排放。高发动机转速时，气门重新延时打开，为全额功率输出提供条件。

双凸轮轴可变气门正时系统还控制循环返回进气歧管的废气量以增强燃油经济性。系统在发动机预热阶段使用一套专用参数以帮助三元催化转换器更快达到理想工作温度并降低排放。整个过程由车辆的汽油发动机电子控制系统（DME）控制。宝马公司是最早应用可调式凸轮轴控制装置技术的。

18. 全可变进气门系统的作用和特点是什么？

宝马 Valvetronic 是具有全可变进气门升程控制功能的气门驱动系统，发动机输出由无级可变进气门升程控制，不再需要以往汽油发动机必不可少的节气门。这种进气门升程功能可以通过控制吸入发动机的空气量，将功率损失保持在极低的水平。表现在实际行驶过程中，Valvetronic 电子气门技术带来的是更高的燃油经济性、更低的废气排放量、更佳的响应和更高水准的运转平稳性。

宝马 Valvetronic 系统在传统的配气相位机构上增加了一根偏心轴、一个步进电机和中间推杆等部件，该系统借由步进电机的旋转，再在一系列机械传动后很巧妙地改变了进气门升程的大小。

当凸轮轴运转时，凸轮会驱动中间推杆和摇臂来完成气门的开启和关闭。当电机工作时，蜗轮蜗杆机构会首先驱动偏心轴发生旋转，然后中间推杆和摇臂会产生联动，偏心轴旋转的角度不同，最终凸轮轴通过中间推杆和摇臂顶动气门产生的升程也会不同。在电机的驱动下，进气门的升程可以实现在 0.18～9.9mm 之间的无级变化。

宝马的 Valvetronic 技术已经覆盖了旗下的多款发动机。该技术能够让发动机对驾驶者的意图做出更迅捷的反馈，同时通过发动机管理系统对气门升程进行精确控制，实现车辆在各种工况和负荷下的最佳动力匹配（图 3-1 和图 3-2）。

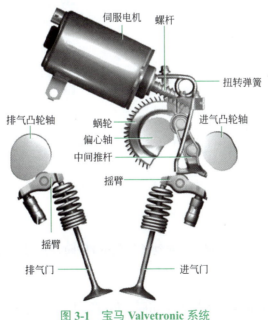

图 3-1　宝马 Valvetronic 系统

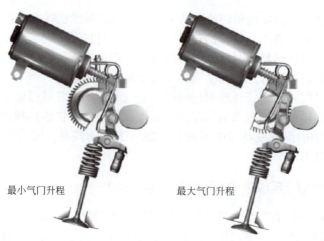

最小气门升程　　　　　最大气门升程

图 3-2　气门升程

19. 可变气门的作用和特点是什么？

发动机上的气门可变驱动机构可以通过两种形式实现：一种是凸轮轴和凸轮可变系统，就是通过凸轮轴或者凸轮的变换来改变配气相位和气门升程；另一种是气门挺杆可变系统，工作时凸轮轴和凸轮不变动，气门挺杆、摇臂或拉杆靠机械力或者液压力的作用而改变，从而改变配气相位和气门升程。

可变气门是指发动机气门的正时和升程是可以根据行驶情况变化的，以提高动力性能和节油效果（图 3-3）。

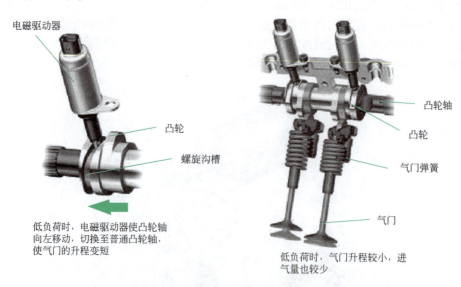

低负荷时，电磁驱动器使凸轮轴向左移动，切换至普通凸轮轴，使气门的升程变短

低负荷时，气门升程较小，进气量也较少

图 3-3　奥迪可变气门系统

把气门提得更高些（改变升程），或延长气门的打开时间（改变正时），便能满足需求，从而提高动力；反之，当在低速时，最好少吸入混合气，可以降低气门的升程或缩短打开时间，从而节省燃料。

虽然各个厂家所采用的执行机构不尽相同，但基本上都是控制气门的升程或正时，或对气门正时和升程同时进行控制,因为气缸的进气量或排气量主要取决于气门的升程和正时。可变气门可以使气门在低速时进排气少些,在高速时进排气多些,使燃烧更完全,对动力、节油、排放都有更好的效果。

20. VVT-i 的作用和特点是什么?

VVT-i 由传感器、电控单元、液压控制阀和控制器等组成。按控制器的安装部位不同而分成两种:一种是安装在排气凸轮轴上的,称为叶片式 VVT-i,比如丰田大霸王;另一种是安装在进气凸轮轴上的,称为螺旋槽式 VVT-i,雷克萨斯 400、430 等高级轿车就是采用的此种形式。

VVT-i 发动机的 ECM 在各种行驶工况下自动搜寻一个对应发动机转速、进气量、节气门位置和冷却水温度的最佳气门正时,并控制凸轮轴正时液压控制阀,通过各个传感器的信号来感知实际气门正时,然后再执行反馈控制,补偿系统误差,达到最佳气门正时的位置,从而能有效地提高汽车的功率与性能,尽量减少耗油量和废气排放。

21. 双 VVT-i 系统的作用和特点是什么?

VVT-i 系统只对进气门的正时进行控制和调节,而双 VVT-i 系统则对进气门与排气门都进行控制和调节。相对而言,双 VVT-i 可以使发动机的运行效率更高(图 3-4)。

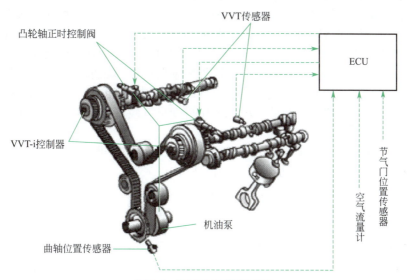

图 3-4 双 VVT-i 控制系统

在急加速时,控制进气的 VVT-i 会提前进气,而控制排气的 VVT-i 会推迟排气,此效果如同一个较小的涡轮增压器,能有效地提升发动机动力。同时,由于进气量的加大,也使得汽油的燃烧更加完全,达到低排放的目的。

发动机 ECU 根据发动机的转速、进气量以及节气门位置和水温计算出一个最优气门正时,并且向凸轮轴正时机油控制阀发出控制指令。凸轮轴正时机油控制阀根据所发出的指令选择至 VVT-i 控制器的不同油路,使之处于提前、滞后或保持 3 个不同的工作状态。此外,发动机 ECU 根据来自凸轮轴和曲轴位置传感器的信号检测实际的气门正时,从而尽可能地进行反馈控制,以便获得预定的气门正时。

22. i-VTEC 的作用和特点是什么？

i-VTEC 是"智能可变气门正时和气门升程电子控制系统"（Intelligent Variable Timing and Lift Electronic Control）的英文缩写。可以说 i-VTEC 是 VTEC 的升级版，VTEC 是本田更早些时候开发的发动机技术，也是为了省油而产生的，最早用在本田的 F1 赛车上，后来才引用到批量生产车型上。

与普通发动机相比，VTEC 发动机所不同的是凸轮与摇臂的数目及控制方法，它有中低速用和高速用两组不同的气门驱动凸轮，并可通过电子控制系统的调节进行自动转化。通过 VTEC 系统装置，发动机可以根据行驶工况自动改变气门的开启时间和提升程度，达到改变进气量和排气量的效果，从而降低油耗，还能在一定程度上降低不必要的排放。

i-VTEC 系统是在 VTEC 的基础上，添加了一个智能型可变正时控制系统，通过 ECU 控制程序调节进气门的开启与关闭，使气门的重叠时间更加精确，达到最佳的进、排气时机，并且进一步提高发动机的功率。如今在本田的主要产品上 VTEC 已被 i-VTEC 所取代。

23. 可变进气系统的作用和特点是什么？

可变进气系统是通过改变进气管的长度和截面积，提高燃烧效率，使发动机在低转速时更平稳、扭矩更充足，高转速时更顺畅、功率更强大。

进气歧管一端与进气门相连，一端与进气总管后的进气谐振室相连，每个气缸都有一根进气歧管。发动机在运转时，进气门不断地开启和关闭，气门开启时，进气歧管中的混合气以一定的速度通过气门进入气缸，当气门关闭时混合气受阻就会反弹，周而复始，会产生振动频率。如果进气歧管很短，显然这种频率会更快；如果进气歧管很长，这个频率就会变得相对慢一些。如果进气歧管中混合气的振荡频率与进气门开启的时间达到共振，那么此时的进气效率显然是很高的。因此采用可变进气歧管，在发动机高速和低速时都能提供最佳配气。

发动机在低转速时，采用又长又细的进气歧管，可以增加进气的气流速度和气压强度，并使得汽油得以更好地雾化，燃烧得更好，提高扭矩。

发动机在高转速时需要大量混合气，这时进气歧管就会变得又粗又短，这样才能吸入更多的混合气，提高输出功率。

24. 可变进气系统的原理是什么？

发动机转速低时，进气流速比较低，这不利于保证低速时的出气。如果能将进气歧管道的长度变短一些，便可提高进气速度，从而将进气流速控制在一个合理的范围内。具体做法是关闭或打开进气道中的一些阀门，让气流走捷径或绕远，便可达到改变进气歧管长度的目的（图 3-5）。

例如，当发动机在 2000r/min 低转速运转时，黑色控制阀关闭，气流被迫从长进气歧管流入气缸，此时，进气歧管的固有频率得以降低，以适应发动机的低转速。当发动机转速上升到一定程度时，如 5000r/min，此时该控制阀开启，气流绕开下部进气歧管直接注入气缸，这样更利于高速进气。

宝马装配的 V12 发动机则采用了另一种进气歧管长度连续可变的设计。它在进气机构中间设计了一个转子来控制进气歧管的长度，通过转子角度的变化，使进气气流进入气缸的长度连续可变，这样更能满足各个转速下的进气效率需求，提高动力输出和燃油经济性。

(a) 进气歧管变长(发动机转速2000r/min)　　(b) 进气歧管变短(发动机转速5000r/min)

图 3-5　可变进气管变化

25. 什么是可变排量？

可变排量可以理解为按需气缸管理系统，顾名思义，是一套依靠对车辆动力需求（发动机负荷）的判断，来对发动机的工况进行相应调整的系统。例如奥迪 4.0TFSI 双涡轮增压发动机，在发动机负荷较低的情况下，系统会关闭发动机的 4 个气缸，使发动机仅以 4 个气缸来工作，这其实就是我们比较熟悉的"可变排量控制系统"，在不同的厂商中，它有多种不同的叫法，如"VCM、MDS、AFM"等，在奔驰、本田、通用、克莱斯勒等品牌的产品上都有这种通过关闭气缸来节约能耗的技术。

26. 怎么实现可变排量？

在实现可变排量方式上，奥迪与其他制造商采用的方法大同小异，是依靠升级版的可变气门升程控制系统（AVS），在其凸轮轴上增加了一套"零升程"的凸轮而实现的。当切换到这套"零升程"凸轮时，凸轮轴将无法驱动气门运动，2、3、5、8 四个气缸的进排气门便处于关闭状态（图 3-6）。

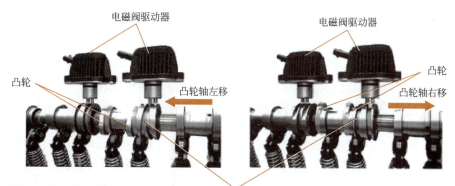

图 3-6　发动机气缸关闭示意图

要实现关闭气缸运行，需要发动机的工况满足以下诸多条件：首先是发动机的转速高于怠速，在 960～3500r/min 之间，发动机输出扭矩在峰值扭矩的 25%～40% 之间；其次是冷却液的温度要高于 30℃，而且变速箱的挡位要处在 3 挡以上。变速箱的"运动模式"并不会影响系统的工作。

27. 缸内直喷技术有什么特点？

缸内直喷所宣扬的是通过均匀燃烧和分层燃烧，实现高负荷，尤其是低负荷下的燃油消耗降低，动力还有很大提升（图3-7）。它在部分负荷时具有巨大的节油作用。无论是哪家公司，其缸内直喷技术都大同小异。

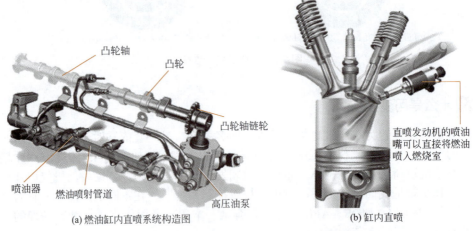

图 3-7　燃油缸内直喷系统构造图和缸内直喷

开发缸内直喷技术的最初想法是，由于在大多数情况下，发动机的空燃比可以调节到比用化学计算法得出的 14.7∶1 更稀薄的状态，而不会对发动机性能造成负面影响。然而其局限性却是稀薄混合气体很难点燃，而且还会随之产生相应的排放物，其主要成分是氮氧化合物。

采用缸内直喷技术后，燃油以细微滴状的薄雾方式进入气缸，而不是以混合气的方式进入气缸。这也就意味着当燃油雾滴吸收热量变为可燃气体时，实际上对发动机的气缸起到了冷却的作用。这种冷却作用降低了发动机对辛烷的需要，所以其压缩比可以有所增加。而且正如柴油一样，用较高的压缩比可以提高燃料的效率。

28. TFSI 发动机和 TSI 发动机有什么区别？

TFSI 是指带涡轮增压的缸内燃油直喷发动机，主要应用在奥迪和大众车型上。这种发动机不仅可以像传统的涡轮增压发动机那样提高动力性，而且由于在低速和高速时分别采用分层燃烧和均质燃烧方式而使燃油消耗控制得比较好。

TSI 也是指带涡轮增压的缸内燃油直喷发动机。大众 1.8/2.0TSI 中的 "TSI" 则代表着 Turbo Fuel Stratified Injection，通过英文表面意思可以理解为涡轮增压 + 分层燃烧 + 缸内直喷，不过国内则省掉了分层燃烧。

所以在国内主要由于油品的问题，国产轿车上使用的 TFSI 并没有分层燃烧技术，只有均质燃烧，它实际上和 TSI 是基本一样的。

29. SIDI 发动机有什么特点？

通用公司将燃油直喷技术的代号定为 SIDI（Spark Ignition Direct Injection），直译为火花点燃直接喷射技术。

其实现的原理和一般的直喷发动机是一样的。凸轮轴驱动的燃油泵为供油系统提供高压燃油，共轨喷油嘴将高压燃油直接注入气缸，点火时间就可以得到精确的控制，而且高压喷射和极细的喷嘴设计则保证了喷油量的精确计算。缸内直喷技术代替了传统MPFI（多点电喷）技术之后，发动机在低转速下燃烧效率被进一步提升。

另外，通用公司的SIDI技术依靠的是缸内均质燃烧来提升效率，并没有使用稀薄分层燃烧技术。由于国内油品的限制，引入国内的直喷发动机均不使用分层燃烧，通用的SIDI也不例外。

30. 涡轮增压器是什么原理？有什么特点？

涡轮增压利用发动机排出的废气达到增压目的。增压器与发动机无任何机械联系，由内燃机废气驱动的涡轮来带动。它的优点是增压效率要高于机械增压系统，但与机械增压相比，增压效果有滞后于节气门开启的表现。

这种发动机是利用发动机排放出的废气的能量，冲击装在排气系统中的涡轮，使之高速旋转，同时带动压气机一同旋转，压缩机压缩进气，强制地将进气增压后压送到气缸中（图3-8）。由于发动机功率与进气量成正比，因此可提高发动机功率。根据增压方式不同，可分为机械式与涡轮式，现代的增压发动机一般是指涡轮增压发动机。

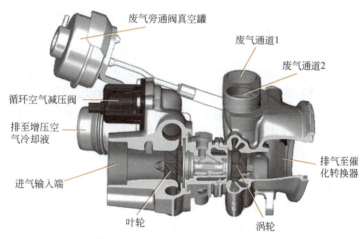

图3-8 单涡轮双涡管涡轮增压器

当涡轮工作时，内部会产生极高的压力，涡轮本体虽然有释放高压气体的孔径，但是面对连续增压状态，仍显得有些不足，通过减压阀可使高压气体得以迅速释放，以便下一次的增压动作。这样不仅可保护涡轮，也可消除部分的涡轮迟滞现象。

31. 机械增压器是什么原理？有什么特点？

机械增压（Supercharger）并不是依靠排出的废气能量来压缩空气的，而是通过一个机械式的空气压缩机与曲轴相连，通过发动机曲轴的动力带动空气压缩机旋转来压缩空气（图3-9）。压缩机是通过两个转子的相对旋转来压缩空气的。正因为需要通过曲轴转动的能量来压缩空气，所以机械增压会对发动机输出的动力造成一定程度的损耗。

机械增压器的特性刚好与涡轮增压器相反，由于机械增压器始终在"增压"，因此在发动机低转速时其转矩输出也十分出色。另外，由于空气压缩量完全是按照发动机转速线性上升的，整个发动机运转过程与自然吸气发动机极为相似，加速呈线性，没有涡轮增压发动机在涡轮介入那一刻的卡顿，也没有涡轮增压发动机的低速迟滞。但由于高转速时机械增压器对发动机动力的损耗巨大，因此在高转速时其作用就不太明显。

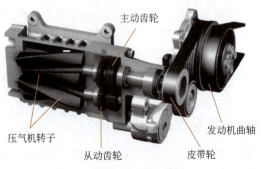

图3-9 机械增压器

32. 双涡轮增压器是什么原理？有什么特点？

在一台发动机上采用两个涡轮增压器，称为双增压发动机。涡轮增压与机械增压一直是汽车厂家所能接纳的主要增压方案，两者的优劣无法简单判断，前者的作用在中高速时明显，而后者在中低速时作用更大。大众1.4L TSI 发动机早在2005年就开始应用了，双增压发动机在进气系统上安装一个机械增压器，而在排气系统上安装一个涡轮增压器，从而保证在低速、中速和高速时都能有较佳的增压效果。

机械增压器就像发动机的附件——转向助力泵一样安装在发动机上，并由发动机皮带驱动，将压缩空气输送到进气歧管。机械增压器的结构简单，工作温度介于70～100℃，不需特殊冷却系统，机件维护简单。不过增压值会随发动机转速的提高而降低，当达到某一界限时，由于本身的阻力，增压器反而会成为发动机的负担，严重影响发动机转速的提升。

涡轮增压器利用发动机排出的废气，由于废气温度很高，需要增设空气中间冷却器来将高温压缩空气进行冷却。涡轮增压的优点是增压效率高于机械增压，缺点是受发动机转速影响，低转速时效果不明显，待发动机提升到一定转速时才会有出色表现。涡轮迟滞也是涡轮增压发动机的最大难题。

机械增压有助于低转速时的扭力输出，但是高转速时功率输出有限；而涡轮增压在高转速时拥有强大的功率输出，但低转速时则力不从心。发动机的设计师们于是就设想把机械增压和涡轮增压结合在一起，来解决两种技术各自的不足，同时解决低速扭矩和高速功率输出的问题（图3-10）。

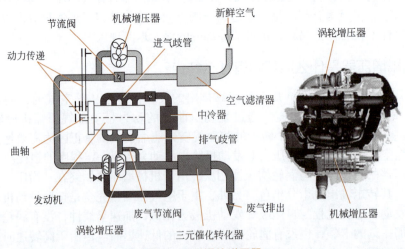

图3-10 双涡轮增压器

33. 全变量进气系统的作用是什么？怎么工作？

（1）作用　宝马 N46B20 发动机有一个双级可变进气系统（DISA）。DISA 伺服电机驱动每个气缸的一个滑动套筒。这些滑动套筒可延长或缩短进气管道，这样在低发动机转速下能达到丰富的扭矩变化，同时在高转速时不会丢失发动机功率。

通过活塞的进气行程，在进气管中生成周期性的压力波，这些压力波通过进气管扩散，压力波在关闭的进气门处反射。一个根据气门的配气相位精确调整的进气管长度具有下列作用：在进气门就要关闭前反射空气波的一个压力峰值到达进气门，因此实现一次后续扫气，这个后续扫气将较大量的新鲜空气输入到气缸中。

通过双级可变进气系统可以同时利用长进气管和短进气管的优点。

❶ 短进气管或具有大直径的进气管在高的转速范围内产生的功率高（同时在中等转速范围内扭矩低）。

❷ 长进气管或具有小直径的进气管在中等转速范围内能够获得高的扭矩。

（2）原理　DME 控制单元通过 DISA 伺服电机（12V）与集成的传动机构调整滑动套筒。DME 控制单元存储是否已换高挡或已换低挡等信息。在发动机转速低于 4400r/min 时，DME 控制单元借助 DISA 伺服电机关闭滑动套筒；在发动机转速超过 4500r/min 时滑动套筒重新打开。这些切换转速已相互推迟（滞后），以防频繁地打开和关闭。

（3）失效影响　发生系统故障时滑动套筒保持在当时的位置上。驾驶员可通过功率损耗和最终速度减小识别系统故障。发动机关闭后，滑动套筒一次移动到极限位置。借此防止较长时间发动机低转速行车时产生积炭和滑动套筒卡住。

34. 增压空气冷却系统的作用是什么？有哪些优点？

宝马 N63 发动机第一次使用了间接增压空气冷却系统。增压空气不直接进入气对气热交换器，而是通过一个空气/冷却液热交换器来冷却。为此 N63 发动机配备了一个独立的封闭式低温冷却循环回路，如图 3-11 所示。

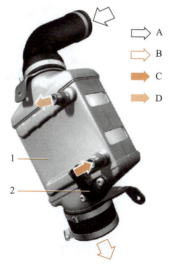

图 3-11　N63 发动机的增压空气冷却器
1—增压空气冷却器；2—增压空气温度和压力传感器
A—热增压空气；B—冷却后的增压空气；C—冷却的冷却液；D—加热的冷却液

增压空气冷却系统用于提高功率和降低耗油量。废气涡轮增压器内因其部件温度和压缩作用而受热的增压空气,在增压空气冷却器内可降至80℃。这样可提高增压空气的密度,从而达到更好的燃烧室充气效率,由此可降低所需增压压力。此外还能降低爆震危险并提高发动机效率。

间接增压空气冷却系统的优点是可以减小安装空间,因为它可以直接安装在发动机上。此外由于安装位置靠近发动机,还有助于明显减少增压空气导管的长度。这样可以明显降低压力损失,从而改善输出功率和发动机响应速度。

35. 高精度直喷系统(HPI)的作用是什么?怎么工作?

发动机管理系统根据发动机负荷和发动机转速确定所需燃油压力,通过共轨压力传感器测量实际达到的压力值并将其发送至发动机控制单元,对比共轨压力规定值和实际值后通过燃油量调节阀进行调节。

燃油从燃油箱处通过EKP经供给管路以5bar($1bar=10^5Pa$)预压输送至高压泵内,预压值通过低压传感器来监控,EKP根据需要输送燃油。如果该传感器失灵,EKP就会在总线端15接通时以100%的输送功率继续输送燃油。

燃油在持续运行的单活塞式高压泵内加压,然后通过高压管路输送至共轨内。以这种方式存储在共轨内的加压燃油通过高压管路分配给压电喷射器(图3-12)。

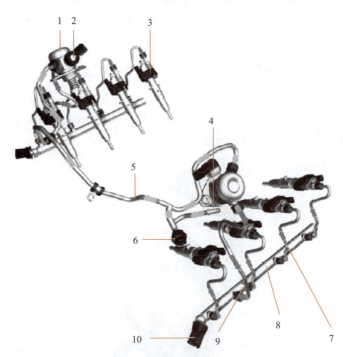

图3-12 宝马N63发动机的燃油系统

1—高压泵;2—燃油量控制阀;3—压电喷射器;4—自EKP的燃油供给管路;5—供给管路;6—低压传感器;7—高压管路(共轨-燃油喷射器);8—共轨;9—高压管路(泵-共轨);10—共轨压力传感器

36. 双气流式进气管的作用是什么?怎么工作?

双气流式进气管的作用是可以将吸气侧和压力侧的压力损失降至最低。空气从宝马肾形格栅两侧吸入，通过每侧一个未过滤空气消音器对系统噪声进行优化。

仅在美国规格和韩国规格的车型中使用热模式空气质量流量计，它安装在进气消音器的出口处，将节气门直接安装在增压空气冷却器的前部。和宝马 N63 发动机一样，N73 也装备了一个间接增压空气冷却系统（图 3-13）。

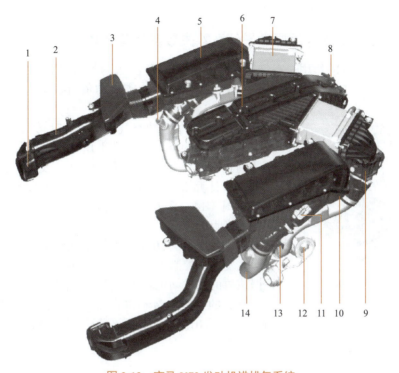

图 3-13　宝马 N73 发动机进排气系统

1—未过滤空气进气；2—未过滤空气管；3—未过滤空气消音器；4—接口，曲轴箱通风，增压运行模式；5—进气消音器；6—进气装置；7—增压空气冷却器；8—增压压力传感器；9—节气门；10—增压空气管；11—热模式空气质量流量计（仅限美国规格和韩国规格）；12—废气涡轮增压器；13—增压空气温度传感器；14—洁净空气管

三、电控系统原理和应用

37. 凸轮轴传感器的作用原理是什么？

凸轮轴传感器与曲轴传感器功能相似，在凸轮轴上也装有一个脉冲信号轮。凸轮轴传感器直接安装在气缸盖内该脉冲信号轮旁边。凸轮轴传感器提供凸轮轴位置信号，以此可以确定发动机的点火 TDC 位置。

宝马双凸轮轴机构有两个凸轮轴传感器，即进气凸轮轴传感器和排气凸轮轴传感器，气门机构装备了用于进气凸轮轴和排气凸轮轴的可调式凸轮轴控制装置（双 VANOS）。这两个凸轮轴传感器探测凸轮轴的调节情况。

38. 曲轴位置传感器的作用原理是什么？

曲轴位置传感器借助一个旋接在曲轴上的信号齿轮探测曲轴位置。曲轴位置传感器是全顺序喷射装置所必需的（每个气缸的喷射都在最佳点火时刻）。

曲轴位置传感器负责提供转速信号，它主要用于与 HFM 一起计算基本喷射量。

曲轴位置传感器主要通过霍尔式传感器原理进行工作，为此在曲轴上装有一个所谓的脉冲信号轮。曲轴位置传感器在曲轴箱内紧靠该脉冲信号轮安装。曲轴位置传感器探测脉冲信号轮及曲轴的移动情况，脉冲信号轮的转速以电信号形式发送至发动机管理系统，发动机管理系统根据该信号计算出发动机转速。

39. 空气质量计的作用原理是什么？失效影响有哪些？

（1）空气流量计的作用　空气质量计记录吸入的空气质量。该信号为电压信号，发动机控制单元由此计算出需要的负荷状态（喷射持续时间的基本参数）。

（2）宝马车型的空气流量计　宝马发动机 N46B20 以及 N46TU2 中的空气质量计不用于记录信号。进气温度传感器仍然安装在空气质量计壳体中。发动机控制单元通过一个模型计算空气质量，最重要的输入参数是空燃比控制信号（图 3-14）。为此，氧传感器（调控用传感器）布置在发动机附近。

空气流量计（HFM）测量进气质量并将该数值以电信号形式发送至控制单元，发动机控制单元（发动机管理系统）根据该数值和发动机转速计算出基本喷射量。

抽吸的空气质量不再直接用空气质量计测量，而是由 DME 计算得出。为了进行该计算，发动机控制单元（DME）

图 3-14　空气质量计
1—插件；2—空气流量计

中已编制了一个进气计算程序（进气模型）。

在该计算中收到下列信号。

❶ 进气门的气门升程（负荷记录）。

❷ VANOS 位置（负荷记录）。

❸ 节气门位置（节气）。

❹ 进气温度（空气密度修正）。

❺ 发动机转速（气缸进气）。

❻ 进气管真空（节气时修正）。

❼ 环境压力（通过高度修正的空气密度）。

❽ 氧传感器信号（空燃比）。

❾ 喷射持续时间（燃油量）。

如有必要，校正计算得出的空气质量。氧传感器失灵时在 DME 的故障码存储器中将记录一个故障（空气质量可信度检查），在这种情况下将取消匹配计算得出的空气质量。

空气质量计为热膜式传感器，根据电路图可知，该传感器与进气温度传感器集成在一起，有 5 个 PIN 角：PIN1 为进气温度传感器信号线；PIN2 为电源线（12V）；PIN3 为接地线；PIN4 为 DME 参考电源线（5V）；PIN5 为空气质量计信号线。

（3）失效影响

❶ 当空气质量计出现故障时，如因污物等原因导致该传感器失灵时，控制单元可通过转速、进气管压力和温度等替代参数计算出一个替代值，但发动机的动力性和经济性将受到影响。

❷ 由于氧传感器的信号与空气质量息息相关，所以当氧传感器出现故障时，也会影响到空气质量计。

40. 进气温度传感器的作用原理是什么？

通过进气温度对进入的空气密度进行修正，从而计算出空气的质量。

进气温度传感器（图 3-15）有一个热敏电阻（负温度系数），该电阻伸入进气气流中，测量进气温度。热敏电阻是分压器电路的一个组成部分，发动机控制单元为其提供 5V 电压。热敏电阻的电压取决于空气湿度。

进气温度传感器也有助于更准确地计算喷射量。空气温度决定了空气密度，也就是说，冷空气与热空气体积相同时，冷空气质量较重。因此吸入冷空气时，燃烧室内的氧气较多，喷射时间也较长。

图 3-15　进气温度传感器

进气温度传感器额定值见表 3-1。

表 3-1　进气温度传感器额定值

进气温度 /℃	电阻 /Ω	进气温度 /℃	电阻 /Ω	进气温度 /℃	电阻 /Ω
0	5000～6000	25	1800～2200	50	700～900
5	4000～5000	30	1600～1900	55	600～800
10	3500～4000	35	1400～1600	60	500～700
15	2600～3200	40	1100～1400	70	400～500
20	2300～2700	45	900～1100	80	300～400

当进气温度传感器出现故障时，将有故障记忆，发动机不能对进气密度进行修正，从而不能准确计算出发动机的进气质量，发动机的动力性和经济性将受到影响。

41. 冷却液温度传感器的作用原理是什么？失效影响有哪些？

（1）冷却液温度传感器的作用　冷却液温度传感器（图 3-16）探测发动机冷却循环的冷却液温度。冷却液温度是用于计算喷油量和怠速理论转速的测量参数。

图 3-16　冷却液温度传感器

冷却液温度传感器探测并提供发动机温度，根据该信号对喷射时间、点火时刻和怠速转速等进行相应调节，这些运行状态称为冷启动和暖机运行。

冷却液温度为 -40～130℃ 的电阻范围为 167000～150Ω。DME 为该传感器提供接地连接，传感器的另一个接口与 DME 内的一个分压器电路相连。

（2）冷却液温度传感器的特性　冷却液温度传感器为负温度系数电阻计 NTC，随着温度的升高，其电阻值会下降。DME 通过测量其电压值，可以计算出电阻的大小，从而推算出冷却液温度。冷却液温度传感器有 2 个 PIN 角：PIN1 为信号线；PIN2 为接地线。

（3）失效影响

❶ 当冷却液温度传感器出现故障时，将有故障记忆，发动机不能准确计算出喷油量；发动机会抖动或冒黑烟，发动机的动力性和经济性将受到影响。

❷ 发动机不能准确计算出怠速理论转速，发动机怠速会不稳。

❸ 当发动机冷却液温度传感器出现断路或短路故障时，电子扇会高速转动。

42. 偏心轴传感器的作用原理是什么？失效影响有哪些？

（1）作用　宝马发动机偏心轴传感器在装备电子气门控制系统时探测偏心轴的位置。偏心轴调整凸轮轴，使得在每种运行状态下都能达到最佳的进气门升程（进气门升程可无级调整）。偏心轴由电子气门控制伺服电机调整。

（2）原理　偏心轴传感器（图 3-17）装备了 2 个相互独立的具有相反特性线的角度传感器。偏心轴传感器按磁阻效应原理工作，一个铁磁导体在磁场的作用下改变其电阻。该传感器采用冗余设计结构，两个传感器元件安装在一个壳体内，一个传感器承担引导任务，该任务由参考传感器监控。

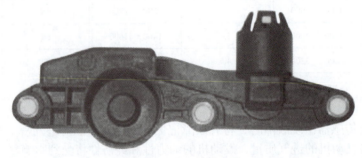

图 3-17　偏心轴传感器

如果偏心轴从零行程向最大行程方向调节，那么该引导传感器将提供上升的角度值，另一个参考传感器提供下降的角度值。数据通过各串行接口传到 DME。控制单元 DME 通过电子气门控制伺服电机调节偏心轴位置，直到目前的位置与标准位置一致。

传感器的测量范围为 0°～180°。偏心轴传感器由发动机控制单元 DME 提供 5V 电压，从偏心轴传感器至 DME 的数据以 250kHz 的中等节拍频率传输。

偏心轴传感器由 9 个 PIN 角组成。

PIN1：P-CS1S 为角传感器 1 的信号线。

PIN2：空角。

PIN3：T-DAT1S 为角传感器 1 的信号线。

PIN4：屏蔽线。

PIN5：接地线。

PIN6：电源线。

PIN7：P-CS2S 为角传感器 2 的信号线。
PIN8：偏心轴传感器的节拍时钟信号线。
PIN9：T-DAT2S 为角传感器 2 的信号线

（3）故障影响

❶ 若公用的 P-CLKS 信号丢失，则两路相互独立的角度传感器均无信号；若偏心轴传感器任何一路信号缺失（开路或短路），则 VVT 进入紧急模式。进入紧急模式后 DME 会试图让气门开度变到最大，用节气门来控制进气量。从 ISID 读数可以看到 MAP 不再是 50mbar，而是随负荷和转速变化的。

❷ 偏心轴位置传感器的中心磁轮安装螺栓为不锈钢材质，如果更换了已经被磁化的螺栓或用普通螺栓代替，则偏心轴位置传感器会完全失效，此时发动机可能无法启动。

43. 水箱出口上的温度传感器的作用原理是什么？

水箱出口上的温度传感器用于探测水箱后的冷却液温度。发动机控制单元 DME 需要根据冷却液出口处的冷却液温度来控制冷却器风扇的运转。

水箱出口温度传感器为负温度系数电阻计 NTC，随着温度的升高，其电阻值会下降。DME 通过测量其电压值，可以计算出电阻的大小，从而推算出温度。

冷却液温度传感器有 2 个 PIN 角：PIN1 为接地线；PIN2 为信号线。

当发动机冷却液温度传感器出现断路或短路故障时，电子扇会高速转动。

44. 加速踏板模块的作用原理是什么？失效影响有哪些？

加速踏板模块识别加速踏板的位置及驾驶员要求的发动机功率，这是发动机管理系统计算节气门规定位置最重要的输入参数。

加速踏板模块采用霍尔传感器原理，接收两路方向相同但幅度不同的信号。

加速踏板位置传感器由 6 个 PIN 角组成：PIN1 和 PIN2 为接地线；PIN3 为传感器 2 的电源线；PIN4 为传感器 1 的信号线；PIN5 为传感器 1 的电源线；PIN6 为传感器 2 的信号线。

失效影响如下。

❶ 当一路出现故障时，将产生故障码，但加速踏板仍然有响应。

❷ 当两路同时出故障时，踩油门踏板将没有反应。

45. 进气压力传感器的作用原理是什么？失效影响有哪些？

（1）作用原理　进气压力传感器测量进气系统内的真空度。对于带电子气门控制系统的发动机，例如在怠速下设定一个约 50mbar 的真空，可用作负荷信号的备用参数。

通过探测进气管压力可计算出各气缸空气量的准确数值，根据该数值对进气门的开启时间和喷射量进行相应调节。

进气压力传感器应用压电原理，根据进气管压力的大小变化，电压值也会随之变化。

进气压力传感器由 3 个 PIN 角组成：PIN1 为信号线；PIN2 为接地线；PIN3 为参考电源线。

（2）故障影响　当 VVT 出现故障进入紧急模式后，进气歧管的真空和没有电子气门的发动机相同，进气压力传感器测的是进气歧管的实际真空。

46. 爆震传感器的作用原理是什么？失效影响有哪些？

（1）作用 爆震传感器用于识别爆震燃烧。对于 4 缸发动机，一个爆震传感器监控气缸 1 和 2；另一个爆震传感器监控气缸 3 和 4。DME 控制单元选择气缸进行爆震识别并进行爆震控制。发动机较长时间爆震燃烧运行可能导致严重损坏。

爆震可因下列原因加剧。

❶ 压缩比提高。

❷ 气缸进气多。

❸ 燃油等级不良。

❹ 进气温度和发动机温度高。

压缩比也可能由于车辆存放或制造方面的离散而达到过高的值。对于没有爆震控制系统的发动机，必须在设计点火开关时通过一个到爆震极限的安全距离考虑这些不利影响，因此在负荷区不可避免地会带来效率的损失。

（2）原理 爆震传感器为压电式传感器，当发动机发生爆震时，爆震传感器内的压电元件产生一个电压值，DME 通过监测电压的大小，确定发动机的爆震程度。

1 个爆震传感器有 2 个 PIN 角，分别为电源线和接地线。

（3）故障影响 爆震控制系统的自诊断包括下列检测。

❶ 检测有故障的信号，例如断路或插头损坏。

❷ 分析电路的自检。

❸ 检测爆震传感器探测到的发动机噪声电平。

如果在进行这些检测时发现故障，则关闭爆震控制系统。通过紧急程序执行点火角控制，同时在故障码存储器中记录一个故障。紧急程序可从最小 ROZ91 开始保证无损运行。紧急程序与负荷、发动机转速和发动机温度有关。

47. 氧传感器的作用原理是什么？

宝马公司在 N46TU2 发动机中使用调控用传感器，每 2 个气缸有一个废气催化转换器前的氧传感器和一个废气催化转换器后的氧传感器（气缸 1 和 4，气缸 2 和 3），即 N46TU2 发动机只有 2 个氧传感器。

氧传感器（图 3-18）用于测量废气中的氧气含量，该信号可使发动机管理系统准确控制喷油量，从而实现 $\lambda=1$。

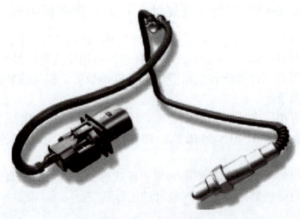

图 3-18 氧传感器

由于该传感器仅在 250～300℃ 时才进行工作，因此对其进行电动加热。在此使用两个氧传感器，在催化转换器前装有所谓的控制传感器，它负责进行过量空气系数调节，可以准确探测废气中的氧气浓度，从而计算出燃烧室内的燃油空气混合比。

第二个氧传感器安装在催化转换器后，称为监控传感器，用于监控催化转换器的功能。该传感器并不提供废气中氧气含量的准确数值，而是识别与 $\lambda=1$ 的偏差情况。

48. 宽带氧传感器的作用原理是什么？

（1）结构和特性　宽带氧传感器可以在 0.8～2.5 之间无级地测量燃油空气比（连续的特性线）。宽带氧传感器以比常规氧传感器更低的加热功率工作。此外，宽带氧传感器可更快达到准备就绪状态。

宽带氧传感器的传感器机构由二氧化锆陶瓷层（层压板）组成。嵌入层压板中的加热元件负责将工作温度快速提高到至少 750℃ 的必要温度。宽带氧传感器有两个元件，一个测量元件和一个参考元件，两个元件都带有铂电极。

（2）原理　电流施加在测量元件上，于是许多氧离子被抽入参考元件中，直到在参考元件的电极之间形成一个 450mV 的电压为止。测量元件上施加的电流作为燃油空气比的测量参数进行控制，这种空燃比控制可在每个燃烧室内建立所需的燃油空气比。

宽带氧传感器有 6 个 PIN 角：PIN1 为氧传感器产生的电压信号线；PIN2 为氧传感器反馈给 DME 的正向或反向电流信号线；PIN3 为氧传感器的加热电源线；PIN4 为氧传感器的加热接地信号线；PIN5 为氧传感器的接地信号线；PIN6 为氧传感器的反馈信号线。

在正常怠速情况下，从诊断仪上测量氧传感器的电压为 2.0V，当大于 2.0V 时说明混合气稀，小于 2.0V 说明混合气浓。

49. 后氧传感器的作用是什么？怎么调校？

（1）作用　后氧传感器用于监控调控用传感器，具有监控废气催化转换器的功能。

后氧传感器是普通的氧传感器，有 4 个 PIN 角：PIN1 为加热电源线；PIN2 为加热地线；PIN3 为传感器接地线；PIN4 为传感器信号线。

后氧传感器通过比较废气和大气中的氧的浓度差实现监控。当废气中氧的含量高时，浓度差小，电压值就低，接近 0；当废气中氧的含量低时，浓度差大，电压值就高，接近 1V；当浓度差变化时，电压值会在 0～1V 之间变化。

为使废气催化转换器后的氧传感器达到运行准备状态，需要约 350℃ 的温度，出于这个原因，应对所有氧传感器进行加热。

（2）氧传感器调校值　氧传感器调校值（混合气调校）用于补偿混合气引起的部件公差和老化影响，但过剩空气和燃油压力同样影响氧传感器调校值（部分补偿）。由于这些原因，无法给出一个故障的准确调节极限。

氧传感器调校可按如下方式区分。

❶ 混合气加法调校。

❷ 混合气乘积式调校。

混合气加法调校在怠速下或者在接近怠速的范围内起作用，随着发动机转速增大，影响越来越小，重要的影响因素有过剩空气。混合气乘积式调校在整个特性曲线上起作用，重要的影响因素有燃油压力。

50. 废气催化转换器的作用是什么？怎么监控？

废气催化转换器（三元催化器）的诊断工作是通过废气催化转换器前的连续式氧传感器和废气催化转换器后的切换式传感器实现的，此诊断检查废气催化转换器的氧气储存容量。氧气储存容量是衡量废气催化转换器转换能力的一个尺度，为此在废气催化转换器诊断的第1阶段期间（约3s）规定浓混合气，直至氧传感器电压达到某个规定值为止。因为浓废气氧含量低，所以废气催化转换器中存储的氧气减少。在第2个阶段中设定废气含氧量丰富的稀混合气，达到最大氧气储存容量之前的持续时间越长，废气催化转换器的转换能力就越高。

当前氧传感器出现故障时，发动机会在开环下工作，发动机的动力性、经济性及运转平稳性都会受到影响。

当后氧传感器出现故障时，车辆将无法监控三元催化器的工作是否正常，发动机的故障灯会点亮，排放会超标。

51. 温度油位传感器的作用原理是什么？

（1）作用　温度油位传感器向发动机 DME 控制单元提供 2 个信号：机油温度和油位，有些车辆也用于油位检查。

机油状态传感器（例如宝马 E60 车型）扩展了温度油位传感器的功能。

机油状态传感器测量下列参数：机油温度、油位、机油品质。发动机控制系统分析这些测量参数。

（2）原理　温度油位传感器通过一个串行数据接口连接在发动机控制系统上。该传感器有 3 个 PIN 角：PIN1 为 BSD 信号线；PIN2 为电源线；PIN3 为接地线。

（3）故障影响　当该信号丢失时，则启动发动机后仪表上会显示保养提醒，GT1 也会同时存储故障码。

52. 油压开关的作用是什么？

油压开关信号通知 DME 控制单元，发动机中是否存在足够的机油压力。油压开关直接与 DME 控制单元连接。

油压开关有 1 个 PIN 角，为传感器信号线，利用发动机壳体接地。

发动机启动后该开关应该断开，否则仪表会报警，但 GT1 中不存故障码。如果该开关开路，则不能被识别。

53. 制动信号灯开关的作用原理是什么？

制动信号灯开关设计成霍尔传感器，并安装在制动踏板上。从总线端 R 接通起，由 CAS 向该开关提供电压。

（1）制动信号灯开关传送的两种信号

❶ S_BLS 制动信号灯开关信号。

❷ S_BLTS 制动信号灯测试开关信号。

通过作为直接连线信号和作为 CAN 信息的冗余信号——制动器已操纵，在一个信道出现故障时也能保证传送。

在发动机控制中同时分析制动信号灯开关的两个信号。直接比较两个信号可以准确判断出是否真地踩下了制动踏板，接下来也可以对制动信号灯开关的功能故障进行诊断。

制动信号灯开关的两个信号相互间的关系见表 3-2。在制动信号灯开关的两个输出口可以测量信号电平，见表 3-3。

表 3-2　制动信号灯开关的两个信号相互间的关系

项目	踏板状态	
	踩下制动踏板	不踩下制动踏板
制动信号灯开关状态	断开	接通
制动信号灯测试开关状态	接通	断开

表 3-3　在制动信号灯开关的两个输出口测量信号电平

项目	踏板状态	
	踩下制动踏板	不踩下制动踏板
制动信号灯开关状态	蓄电池电压	0V
制动信号灯测试开关状态	蓄电池电压	0V

（2）故障影响　发动机控制系统对制动信号灯开关的信号不断进行可信度检查，出现故障时将向发动机控制系统的故障码存储器内输入一条故障记录，同时定速控制会关闭。

54. 电子气门控制伺服电机的控制原理是什么？怎样调校？

（1）控制方式　供给发动机的空气量在不节流运行时不由节气门调节，而是通过可调式气门升程调节。即通过一个伺服电机移动电子气门控制系统实现调节。此电子气门控制系统安装在气缸盖上，电子气门控制伺服电机（图 3-19）通过一个蜗杆传动装置驱动气缸盖油室中的偏心轴，偏心轴传感器用信号通知 DME 控制单元偏心轴的位置。

图 3-19　电子气门控制伺服电机

（2）控制内容　在电子气门控制系统上为执行下列功能而控制节气门调节器。
❶ 发动机启动（暖机运行）。
❷ 怠速控制。
❸ 全负荷运行。
❹ 紧急运行。

在所有运行状态下，打开节气门到其刚好产生一个较小的真空，这个真空是燃油箱排气所必需的。DME 控制单元从加速踏板位置和其他参数计算出电子气门控制系统的相应位置。

（3）控制过程　DME 控制单元持续检查偏心轴的实际位置是否与标准位置一致，因此能够识别不灵活的机械机构。出现故障时气门被尽可能地打开，空气输送由节气门调节。当不能识别偏心轴的当前位置时，不调节气门而将其打开最大（受控紧急运行）。为了达到正确的气门开启程度，必须通过调校补偿气门机构的所有公差实现。在这个调校过程中将调整偏心轴的机械限位，并存储与此相适应的位置。这些位置在每个工作点上都用作计算当前气门升程的基础。

（4）调校过程　调校过程自动进行，每次重新启动时都将偏心轴位置与已适应的值相比较。如果在维修后识别到偏心轴的另一个位置，则执行调校过程。此外可通过宝马诊断系统调用调校。

55. 电子节气门调节器的作用原理是什么？怎样调校？

DME 控制单元从加速踏板位置和其他参数计算出节气门位置。由 2 个电位计监控节气门在电子节气门调节器中的位置（N45TU2/N46TU2：通过磁阻传感器无接触监控）。电动节气门调节器（图 3-20）由 DME 控制单元电动打开或关闭。

（1）执行功能　在电子气门控制系统上为执行下列功能而控制节气门调节器。

❶ 发动机启动（暖机运行），用于 N45TU2。
❷ 怠速控制。
❸ 全负荷运行。
❹ 紧急运行。

（2）电子节气门调节器的自适应功能　为平衡部件公差，需要对发动机控制单元和节气门进行调校。

图 3-20　电子节气门调节器

这时要在一个规定的紧急空气点（节气门的中断位置）测试下部机械限位（节气门完全关闭）。复位弹簧也应被检查，复位弹簧的任务是在故障情况下关闭节气门。

（3）执行条件　为了进行调校，必须满足下列条件。

❶ 蓄电池电压 >10V。
❷ 发动机转速 <32r/min。
❸ 车辆行驶速度 <2km/h。
❹ 进气温度 >-10℃。
❺ 发动机温度为 -10～142℃。
❻ 此外不允许节气门电位器有故障。

（4）调校步骤

❶ 在每次切换到点火开关位置并在通电的情况下检查节气门的位置，这时节气门必须在紧急空气点位置。在紧急空气点位置，节气门在弹簧力的作用下仍打开一个缝隙，为的是在节气门关闭时仍能为发动机的紧急运行获得足够的空气。如果测得的紧急空气点位置在允许的范围之外，会有一个故障存储。

❷ 打开节气门，紧接着关闭，可以检查复位弹簧所在的位置是否能使节气门重新回到紧急空气点。这里也存在一个自带的故障码，为了避免节气门在运行时碰到下部的机械限位，也要对此点进行识别学习。如果测得的下部机械限位在允许范围之外，同样会有一个故障存储。

❸ 如果进行调校的条件未满足，但已经成功地进行了一次调校，则调校会在无故障输入

的情况下中断，此时前一次进行的调校的数值适用。

❹ 如果进行调校的条件未满足，且调校从未成功进行（例如更换发动机控制单元或节气门），则调校会在有故障输入的情况下中断。

❺ 在所有故障情况下，只允许发动机进行一次紧急运行，因为不能确保节气门功能良好。

56. VANOS 电磁阀的作用是什么？是怎么调节和控制的？

（1）作用功能 可调式凸轮轴控制装置用于在低转速和中等转速范围内提高扭矩。

在进气侧和排气侧各有一个 VANOS 电磁阀（图 3-21）控制一个 VANOS 调整装置，这两个 VANOS 电磁阀由 DME 控制单元用 PWM 信号进行控制。

图 3-21　VANOS 电磁阀

VANOS 电磁阀通过两根导线与 DME 相连，DME 通过车载网络电压以脉冲宽度方式控制 VANOS 电磁阀。脉冲宽度控制方式可控制活塞运行到任何位置，因此 VANOS 电磁阀能对 VANOS 单元准确定位。

可调式凸轮轴控制装置改善低速和中等转速范围内的扭矩，通过较大的气门重叠在怠速下产生较小的剩余气体量，通过部分负荷区的内部废气再循环降低氮氧化物含量。此外还可达到如下 3 种效果。

❶ 废气催化转换器的加热更快。

❷ 冷机启动后的有害物质的排放更少。

❸ 耗油量减小。

（2）调整过程 在进气和排气凸轮轴上各安装一个可调式 VANOS 调整装置，其中一个 VANOS 电磁阀用于控制此 VANOS 调整装置，从转速和负荷信号计算出所需要的进气和排气凸轮轴位置（与进气温度和发动机温度有关）。DME 控制单元相应地控制 VANOS 调整装置。

进气和排气凸轮轴在它们的最大调整范围之内可调节。如果已达到正确的凸轮轴位置，则 VANOS 电磁阀将调节缸内两个空腔中的油容积保持恒定，借此将凸轮轴保持在该位置上。

为了进行调节，可调式凸轮轴控制装置需要一个有关凸轮轴当前位置的反馈信号。进气侧和排气侧各有一个凸轮轴传感器探测凸轮轴位置。

在发动机启动时进气凸轮轴处在极限位置（在"滞后"位置），通过一个弹簧预紧排气凸轮轴，并将其保持在"提前"位置。

57. 增压压力调节装置的作用是什么？怎么工作？

废气涡轮增压器（图 3-22）的增压压力与到达废气涡轮增压器涡轮处的废气气流以及因此而产生的废气涡轮增压器转速有直接关系。无论是废气气流的速度还是质量，都直接取决于发动机转速和发动机负荷。

持续运行的发动机真空泵产生真空并将其存储在两个真空蓄能器内，这样可以确保这些真空控制部件不会对制动助力功能产生不利影响。

通过废气旁通阀可影响输送至涡轮的废气气流流量。达到所需增压压力时，废气旁通阀就会打开并使部分废气气流通过涡轮，这样可防止通过增大废气气流继续提高压缩机转速。

在满负荷运行模式下，N74发动机进气管内的最高压力为0.7bar（1bar=10^5Pa）。

发动机管理系统通过废气旁通阀调节增压压力，通过真空罐操纵废气旁通阀，由发动机管理系统通过电子气动压力转换器（EPDW）来控制。

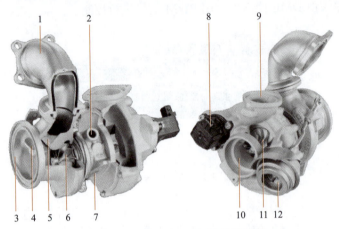

图3-22 宝马N74发动机涡轮增压器

1—排气歧管接口（废气气流流入）；2—冷却液管路接口；3—催化转换器接口（废气气流流出）；4—废气旁通阀；5—废气旁通通道；6—涡轮；7—排油管路接口；8—循环空气减压阀；9—压缩空气冷却器接口（压缩气体排出）；10—进气消声器接口（压缩气体进入）；11—压缩机轮；12—用于控制废气旁通的真空罐

58. 循环空气减压控制的作用是什么？

图3-23 宝马N74发动机循环空气减压阀

循环空气减压阀集成在废气涡轮增压器中，用于降低节气门快速关闭时不希望出现的增压压力峰值，因此该阀门对降低发动机噪声起到了重要作用，并且有助于保护废气涡轮增压器部件（图3-23）。

节气门关闭时，系统将增压压力（节气门前）及其提高值与存储的规定值进行比较。如果实际值超出规定值达到一定程度，循环空气减压阀就会打开，从而使增压压力转至压缩机的进气侧，这样可防止出现造成部件损坏的干扰性泵动作用。

59. 增压空气冷却系统是怎么工作的？

例如宝马N63发动机的间接增压空气冷却系统，增压空气的热量不是直接通过空气热交换器释放到环境中，而是释放到冷却液里。通过该系统可以尽量缩短增压空气导管的长度，以达到降低压力损失的目的。使用螺栓将气缸盖罩上的增压空气冷却器固定在发动机上，并直接与进气装置相连接。

60. 二次空气系统的工作过程和原理是怎样的?

（1）说明　二次空气喷射就是发动机在冷车启动时，由于必须在冷启动下供给较浓的混合气，在低温下发动机的燃烧性能往往不是很好，大量的CO排到大气中。为了降低这时的尾气污染以及暖机阶段的有害物排放，二次空气喷射装置将新鲜空气喷入发动机的排气管，使废气中可燃烧成分继续燃烧，以减少排放污染物，使之达到排放标准。

（2）工作过程　喷入发动机排气管的空气可以与废气中的有害气体在排气过程中发生氧化反应，降低发动机尾气中的有害物质，同时未完全燃烧的HC以及CO，与新鲜空气在排气过程中继续燃烧，可以快速对三元催化器进行预热，大大缩短三元催化器的反应时间。在三元催化器达到工作温度后，应停止二次空气喷射，避免造成三元催化器过热而毁坏。因此，在发动机冷启动后，二次空气喷射装置工作80～120s便停止。

（3）工作原理　简单地说，二次空气的作用就是在冷启动情况下使催化转换器尽快达到工作温度，满足排放要求。

冷启动情况下，ECU采用较浓的空燃比，这会导致排放的尾气中HC含量较浓，此时ECU将空气导入排放尾气中，充足的氧气与尾气混合进行二次燃烧，使催化转换器迅速达到工作温度（图3-24）。

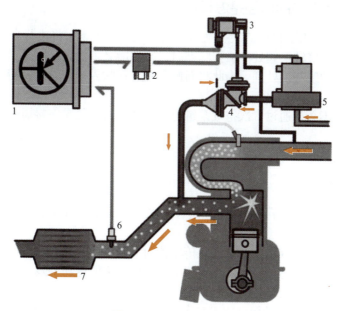

图 3-24　二次空气系统

1—发动机控制单元；2—二次空气泵继电器；3—控制阀；4—组合阀；5—二次空气泵；6—氧传感器；7—排放尾气

61. 二次空气系统的作用什么?

例如宝马N73发动机二次空气系统，暖机阶段将附加空气（二次空气）吹入气缸盖内的排气通道中，实现高温废气再燃烧，这样即可减少废气中未燃烧的碳氢化合物（HC）和一氧化碳（CO）。此时产生的能量可以更快地加热处于暖机阶段的催化转换器并提高其转换率。催化转换器的启动温度（开始工作稳定）约为300℃，发动机启动后几秒钟内即可达到。其特点是在每个二次空气阀前都安装一个压力传感器，可以通过记录压力比例对二次空气系统的功能进行监控。

62. 二次空气泵是怎么工作的?

例如宝马 N73 发动机二次空气系统，电动二次空气泵安装在气缸列 1 的气缸盖上，该泵在暖机阶段将新鲜空气从发动机室内吸入。空气通过集成在该泵内的过滤器进行清洁，并通过压力管路输送至两个二次空气阀。

发动机启动后，二次空气泵由 DME 通过二次空气泵继电器供电（车载电压），接通时间最多 20s，主要取决于发动机启动时的冷却液温度。当冷却液温度在 5～50℃ 之间时才会启用。

63. 二次空气阀是怎么工作的?

例如宝马 N73 发动机二次空气系统，每个气缸列都有一个用螺栓固定安装在气缸盖后端的二次空气阀。二次空气泵产生的系统压力大于阀门的开启压力时，二次空气阀打开。通过有利于空气流动的二次空气管路将空气送至气缸盖的纵向孔内，在纵向孔至 12 个排气通道的 24 个针孔内进行高温废气再燃烧。只要二次空气泵关闭，二次空气阀就会关闭，以避免废气回流至二次空气泵。

64. 二次空气系统的监控是怎样的?

（1）监测范围 为了检查二次空气系统的功能是否正常，将进行自动监测。当二次空气喷射、锁止阀及空气转换阀处于工作状态时，其功能必须受到监控。二次空气喷射用于在发动机暖机过程中的废气再处理，为此将新鲜空气直接吹入排气歧管，使废气催化转换器迅速升温。

发动机启动后不久，通过二次空气泵继电器接通二次空气泵。接通时间持续长短取决于下列条件。

❶ 发动机温度。
❷ 负荷信号。
❸ 发动机转速。

OBD 系统在发动机运行过程中监控组合阀的空气流量、电动空气泵、电动空气泵的继电器。

（2）基本监测原理 OBD 通过前氧传感器对二次空气系统进行功能检测。在二次空气系统工作的情况下，氧传感器输出的电压极低，对应的 λ 值达到上限。

（3）监测内容 在车载诊断系统中监控二次空气系统功能。二次空气泵工作时由发动机控制单元对氧传感器信号进行评估。二次空气系统工作正常时的氧传感器信号主要集中在较小的范围内。

在系统测试时以一定间隔（每 20ms）在控制单元内部记录氧传感器信号。根据每次氧传感器信号记录在较小范围内的测量结果，由一个内部的计数器进行累计。如果计数器超过定义的极限值，则系统被识别为功能完好。如果未达到该极限值，则发动机控制单元会识别到二次空气系统中的故障。功能异常会导致在发动机控制单元故障码存储器中存储相应的故障记录。

二次空气系统监测原理如图 3-25 所示。二次空气监测功能通过前氧传感器信号来实现，当二次空气喷射系统工作时，新鲜空气被喷入排气管，排气管内存有大量的氧气，前氧传感器信号指示为稀，因此 PCM 能够根据前氧传感器信号来判断二次空气系统工作是否正常。

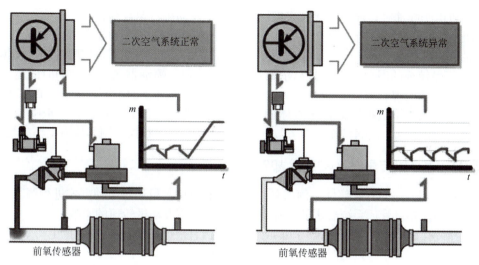

图 3-25　二次空气系统监测原理

65. 什么是空燃比？有什么作用？

发动机活塞运动所产生的能量大小与作用在活塞顶的压力有关，活塞顶的压力大小取决于燃烧过程产生的热量，空气和燃料的完全燃烧能够获得最大热量。混合气中空气与燃料之间质量的比例即空燃比。

空燃比不仅是影响发动机性能的主要因素，它也是影响发动机以下三种污染物的生成量的主要因素，这三种污染物分别是碳氢化合物（HC）、一氧化碳（CO）和氮氧化物（NO_x），它们都是由于不合适的空燃比所产生的。所以维持合适的空燃比是排放控制系统设计的主要目标。

66. 计算机空燃比控制策略是怎样的？

在 EFI 系统中，计算机必须知道进入燃烧室中的空气数量（质量），以便确定维持化学计量空燃比所需要的燃油量。因为进入燃烧室中的空气数量是一个不断变化的量，需要使用快速在线响应系统。计算机使用氧传感器测量排气中的氧气含量，它能够提供有关计算机控制的实际空燃比的信息，计算机将空燃比尽可能精确地维持在 14.7 附近。

喷油器脉宽确定喷入燃烧室中的燃油量，在大部分闭环控制工况下，计算机能提供合适的喷油脉宽，维持正确的空燃比。例如，在怠速工况时喷油脉宽是 2ms，而在节气门部分开度时，维持化学计量空燃比的喷油脉宽是 7ms。汽车制造厂有三种维持化学计量空燃比的基本策略（或者说是方法）：速度密度法、质量流量法和密度速度法。无论使用哪种方法，为了控制合适的喷油脉宽，计算机必须知道吸入发动机的空气量。

67. 怎样理解喷油脉宽？

喷油脉宽指的是发动机控制单元控制喷油器每次喷油的时间长度，是判断发动机喷油器工作是否正常的最主要指标。

发动机喷油器每次喷油的时间长短，由发动机控制单元控制。发动机油路中的压力是一定的，喷油时的流动速度也是固定的，所以喷油量只能通过喷油时间长短来控制。

发动机电子喷油嘴是通过电磁阀来控制开闭的,发动机转速较高,喷油时间很短,因此ECU给出的喷油信号是一个很短暂的脉冲信号,这个信号的时间宽度就是喷油脉宽。

喷油脉宽单位是毫秒(ms),参数显示的数值越大,表示喷油器每次喷油的时间越长,发动机将获得较浓的混合气;参数显示的数值越小,表示喷油器每次喷油的时间越短,发动机将获得较稀的混合气。它随着发动机转速、负荷和进气量的不同而变化,ECU根据这些指标来计算或查询数据库而得出具体的喷油脉宽数值,通过数据显示,一般喷油脉宽在1.5~3.0ms之间。这个数据可作为参考数据,实际维修时以诊断仪检测非故障车辆参数为准。

68. 电动冷却液泵怎么实现冷却?

❶ 冷却循环回路的有效部件(例如泵、节温器和风扇)可通过电动方式进行调节。电动冷却液泵可确保热量管理系统要求的冷却液流量不受当前发动机转速的影响。

❷ 选择带有EC电机(电子整流)和集成式电子装置且根据湿转子原理工作的电动冷却液泵。

❸ 电动冷却液泵不直接通过曲轴的动力进行工作。

❹ 发动机在长时间高速行驶后,如果直接熄火,独立的冷却液循环泵仍会自动继续工作一段时间,消除涡轮增压器因过热产生的故障隐患。

❺ 在发动机没有大负荷运行时,冷却系统也会根据情况停止工作,达到节能的目的。

69. 发动机启动困难有哪些重要原因?

发动机启动困难一般表现在冷启动困难和热车启动困难,造成的原因无非以下几种。

❶ 混合气浓度。有混合气过稀和混合气过浓两种情况。

❷ 供油系统。供油的故障可能是燃油质量、燃油泵、燃油滤清器、燃油压力调节器、喷油器和冷却液温度传感器。

❸ 进气系统。空气滤清器堵塞、进气系统漏气和怠速控制故障。

❹ 机械系统。发动机正时异常。

❺ 启动和点火系统异常。

70. 发动机冷启动困难有哪些重要原因?

冷启动系统故障一般有以下情况。

❶ 冷启动喷油器被胶质物堵塞,影响喷油雾化质量,导致冷启动困难,冷启动喷油器失效,不能正常工作。

❷ 热敏温控开关短路(触点常闭)或断路(常开),如果触点常闭,则热车时仍控制冷启动喷油器喷入过多的燃油而导致热启动困难。如果温控开关发生断路,则冷启动喷油器将始终处于不能工作状态而造成冷启动困难。

❸ 冷却液温度传感器故障,导致信息传输错误。

❹ 进气道和燃烧室积炭严重。

71. 怎么检修燃油压力导致的发动机启动困难?

发动机燃油供给系统的油压对混合气成分有直接影响。

❶ 首先应检查燃油压力。先将燃油压力表接入燃油管路中,然后启动发动机,测量燃油压力。如果燃油压力过高,大多是压力调节器故障。如果燃油压力过低,可夹住回油软管,若燃油压力上升到正常值,说明燃油压力调节器损坏;否则可检查燃油泵和燃油滤清器。发

动机熄火后检查燃油压力，应保持在规定值 5min；否则说明喷油器渗漏，导致混合气过浓。

❷ 如果电动燃油泵能正常工作，其故障点火多是由于燃油泵滤网脏污而堵塞，致使燃油泵不能吸入足量的燃油或燃油滤清器不够畅通，进而引起供油系统压力不足。

❸ 喷油器故障。喷油器喷孔被胶质物质堵塞、积炭或密封不严造成滴漏，从而导致混合气浓度过低或过高。

喷油器故障的检测方法如下。

a. 启动发动机，用听诊器在每个喷油器处诊听运作声音，如果听不到声音，应检查配线插接器、喷油器或来自发动机 ECU 的喷射信号。

b. 用万用表测量喷油器端子间的电阻，如电阻值与规定值不符，则更换喷油器。

72. 怎么检修 ISC 故障导致的发动机启动困难？

ECU 根据发动机的工况，调节步进电机，以调节旁通空气通道的开度，从而实现旁通进气量的调节。如果发动机出现启动困难，但稍踩加速踏板却可以启动，则表明怠速控制（ISC）阀有故障。拆解 ISC 阀会发现阀体锥面有较多积炭、胶质黏滞、油污堆积，这样就减小了锥形阀的可调范围，致使冷车启动时进气量减小、混合气过浓而出现启动困难。

73. 怎么检修冷却液温度传感器故障导致的发动机启动困难？

发动机冷却液温度传感器是用来检测冷却液温度的，并将转化为与温度有关的电压信号输入发动机 ECU，作为 ECU 修正喷油量的依据。如果冷却液温度传感器出现故障或失效，或与 ECU 间的连接电路短路、断路，或表面水垢严重时，都会造成输出信号出现较大偏差，从而导致喷油器不能适时增大或减少喷油量，最终使电喷发动机启动困难故障发生。

74. 怎么检修转速信号传感器故障导致的发动机启动困难？

发动机转速和曲轴位置传感器在发动机工作时检测其转速信号，提供曲轴位置信号，并作为控制系统进行各项控制的主要依据和基础。

如果传感器或其线路出现故障，则 ECU 将不能接收到速度信号和曲轴位置信号，无法正确地控制燃油喷射和点火正时，就会出现喷油器不动作、火花塞不跳火的现象。用故障诊断仪可以检查其出现故障码。

75. 发动机不能启动故障有哪些原因？

❶ 发动机能正常启动必须具备三大要素：足够的气缸压力、火花和可燃混合气。如果其中某一要素出现异常，就会导致发动机不能启动或者启动困难。

❷ 发动机不能启动主要表现如下。

a. 起动机不运转。

b. 起动机运转无力。

c. 起动机运转正常而发动机不能启动。

76. 发动机无着火征兆什么原因？

如果正常启动发动机，不能启动且无着火征兆的故障，一般主要有以下原因。

❶ 发动机的点火系统出现故障。

❷ 燃油供给系统出现故障。

❸ 发动机电子控制系统出现故障。

以上3个系统中某个部件损坏或失效就会出现不着车的故障。

77. 怎么检修点火系统故障导致的发动机无着火征兆？

非独立点火系统，从缸体上拔下高压分缸线，将一个火花塞接在高压分缸线上并将火花塞搭铁；接通启动开关，用起动机带动发动机转动，同时观察高压总线末端或火花塞电极处有无强烈的蓝色高压火花，如果没有高压火花或火花很弱，则说明点火系统有故障。在检查故障部位之前，可先进行发动机自诊断，检查有无故障码。

执行故障诊断仪检测曲轴位置传感器及点火器的故障。如有故障码输出，可按显示的故障码查找到故障部位；如无故障码输出，则应分别检查点火系统中的高压线、点火线圈、火花塞等。

78. 怎么检修燃油控制系统故障导致的发动机无着火征兆？

发动机燃油泵或控制电路如果出现故障，也会造成供油系统没有系统压力。即使喷油器工作正常，燃油也不能正常喷射。

检查燃油泵，可用万用表测量端子4和5之间的电阻，如与规定值不符，则需更换燃油泵。如果燃油泵工作正常，则应检查其控制电路，主要包括熔断器、EFI主继电器、燃油泵继电器、电阻器以及各配线和插接器等的工作状况。

79. 发动机有着火征兆但不能启动什么原因？

发动机有着火征兆但不能启动，表明点火系统、燃油系统和控制系统虽然工作但性能在衰减，或存在非致命性故障。

这种不能启动的原因不外乎是高压火花太弱或点火时刻不准、混合气太浓或过稀、气缸密封性下降、压缩压力太低。诊断方法是先检查点火系统、进气系统、燃油系统和控制系统，最后检查发动机气缸的密封性。

（1）影响发动机启动性能的故障部位　曲轴位置传感器、冷却液温度传感器、空气流量计等。

（2）点火系统故障诊断

❶ 高压电火花检查。

❷ 火花塞检查。

❸ 点火正时检查。如果将点火提前角调大或调小后，试启动发动机着火，则表明原点火正时不准，应重新调整校正。

（3）燃油与进气系统检查

❶ 进气系统检查。该项目主要检查空气滤清器是否有堵塞、各管道连接的可靠程度、有无脱落或接错的现象。

❷ 进气系统密封程度检查。对于采用空气流量计测量进气量的汽油喷射系统，只要在空气流量计之后的进气管道有漏气，就会影响进气计量的准确性，从而使混合气变稀。严重的漏气会导致发动机不能启动。

80. 发动机不着车的故障原因有哪些？

如果发动机控制单元正常，但车辆不能正常启动的话，则主要原因在于以下几个方面。

❶ 防盗故障，锁死。
❷ 燃油供给故障。燃油泵及控制电路故障；燃油压力调节器故障。
❸ 线路系统故障。转速信号系统相关故障。
❹ 喷油量大淹灭火花塞。
❺ 点火线圈和火花塞故障。
❻ 发动机控制单元内 CPU 点火程序出现问题。

81. 有油有火时启动不着车的故障原因有哪些？

❶ 点火正时故障。
❷ 火花塞弱火。
❸ 点火线圈烧坏。

82. 有火无油时点不着车的故障原因有哪些？

❶ 控制电路故障或喷油器供电故障（包括继电器、熔丝）。
❷ 发动机控制单元故障，具体为发动机控制单元内喷油模块损坏。
❸ 发动机控制单元故障，具体为控制单元内集成的驱动油泵继电器模块损坏。
❹ 发动机控制单元内 CPU 喷油程序损坏或丢失。
❺ 喷油器本身故障或燃油泵烧故障。

83. 发动机热车不易启动的故障原因有哪些？

❶ 点火线圈过热后漏电量增大，造成高压火弱，难启动。
❷ 发动机控制单元内部点火模块的问题。温度高时放大倍数降低，高压火弱，难启动。
❸ 发动机控制单元内部 CPU 的问题。温度高时 CPU 电流增大，造成喷油或点火不正常。
❹ 发动机控制单元外部进气温度传感器或者冷却液温度传感器失控，CPU 无法找到正确数据，造成冷车易启动、热车不易启动。
❺ 冷车时汽油压力正常，热车时汽油压力不正常，造成难启动。

84. 热车易启动、冷车不易启动的故障原因有哪些？

❶ 冷车时喷油量大，造成点不着火（俗称淹嘴子）。
❷ 油压不够，喷油量小，造成点不着火。
❸ 发动机控制单元内部集成的 CPU 问题导致。

85. 发动机启动后怠速忽高忽低故障原因有哪些？

❶ 发动机控制单元故障，具体原因是其内部 RAM 程序错乱所导致。
❷ 节气门及相关线路故障。
❸ 发动机控制单元故障，具体原因是内部怠速电机控制模块损坏所导致。
❹ 相关线路断开或者怠速电机损坏。

86. 启动后怠速高的故障原因有哪些？

❶ 节气门故障。
❷ 相关线路断开或者怠速电机故障。

③ 发动机控制单元故障，具体原因可能是其内置的怠速电机控制模块故障。
④ 废气再循环减压阀漏气或相关进气系统漏气。

87. 发动机控制单元故障有哪些？

以下是在排除其他原因之后，就汽车发动机控制单元所导致的汽车故障。
❶ 发动机控制单元内部程序丢失会导致发动机怠速不正常（或高或低或不稳）。
❷ 发动机控制单元内部程序有问题会导致发动机一启动车就熄火。
❸ 发动机控制单元内部 CPU 点火程序消失，会导致无高压火，但喷油正常。
❹ 发动机控制单元故障，具体到控制单元内部的喷油模块损坏，会导致喷油器无搭铁信号。
❺ 发动机控制单元故障，还会导致换挡时熄火，或发动机不能启动。
❻ 发动机控制单元程序错误，会导致油耗增加。
❼ 电脑板内部程序问题或者电脑板内部硬件问题。
❽ 电发动机控制单元故障，具体到其内部相关控制模块损坏，会导致油泵不工作、车辆冷却液温度高、风扇不转、不喷油等问题。
❾ 电脑板内部程序损坏，会导致汽车钥匙不起作用。
❿ 发动机控制单元锁死，会导致给发动机控制单元供电的线路断开；执行检查时故障诊断仪不能进入。
⓫ 发动机控制单元受到敲击、水淹，发电机电压超过 15V，都会导致发动机控制单元损坏。
⓬ 更换发动机控制单元后不能启动车辆。
如果更换发动机控制单元后，汽车不能启动，则可能存在两个主要原因。
a. 发动机控制单元型号不对。
b. 发动机控制单元没有匹配成功。

88. 发动机控制单元替换原则是什么？

ECM 模块最高设计运行温度为 100℃。ECM 有一个由三个连接器组装而成的主连接器。ECM 采用一个电可擦可编程只读存储器（EEPROM），这使得 ECM 能够进行车外配置，并保证 ECM 能够用任何新信息进行更新，同时允许 ECM 能够以市场参数配置。在配置更新 ECM 时，必须使用故障诊断仪。

在车辆生产过程中，ECM 接收并存储车辆特定安全代码。除非与带有相同编码的 GIM 相连接，否则 ECM 是不会发挥作用的。如果在维修服务中更换一个 ECM，新的模块在记录上是完全"空白"的，必须使用诊断仪进行编程。新的模块必须要从 GIM 中获取安全密码。

89. 为什么一辆汽车会配有两个发动机控制单元？

在宝马车系中，发动机控制单元称为"数字式发动机电子伺控系统（英文缩写DME）"。在 12 缸汽油发动机中（也针对 N63TU）有两个发动机控制单元。

每个气缸侧使用一个 DME 控制单元，这两个控制单元在构造上是相同的，并且具有相同的编程状态。但是通过线脚设码将这两个控制单元划分为 DME 主控单元和 DME 从控单元（DME1 和 DME2）。这两个控制单元相互间通过 FlexRay 进行通信。

DME 主控单元（气缸侧 1～6）从发动机上的传感器（例如加速踏板模块、机油状态传感器、发动机机油压力开关、水箱出口处的冷却液温度传感器）接收输入信号。DME 主控单元将通过 FlexRay 输入的信号转发至 DME 从控单元,所有其他输入信号都直接传递至负责相应气缸侧的控制单元。曲轴传感器的信号同时发送到两个控制单元。

与多个气缸侧有关的输出信号(例如电动燃油泵或废气风门),由 DME 主控单元发送至相应的作动器。

在两个控制单元都从 FlexRay 读取信息和进行处理时,只有主控制单元主动与其他控制单元进行主动通信,例如与 EGS 控制单元(EGS 表示"电子变速箱控制系统")通信。

如果 DME2 控制单元(DME 从控单元)失灵,能够通过 DME 控制单元进入发动机紧急运行。

如果 DME1 控制单元(DME 主控单元)失灵,不能通过 DME 控制单元进入发动机紧急运行。

90. 如何检测空气流量计?

空气流量计故障会导致发动机怠速不稳,加速不良。

❶ 发动机运转时,拔下空气流量计的插头,如果故障消失,说明此空气流量计信号有偏差,并没有损坏,电控单元一直按照有偏差的错误信号进行喷油控制。由于混合比失调,发动机燃烧不正常,将会出现发动机转速不稳或动力不良现象。当拔下空气流量计插头时,电控单元检测不到进气信号便会立即进入失效保护功能,以节气门位置传感器信号替代空气流量计信号,使发动机继续以替代值进行工作。拔下空气流量计插头,故障消失,正是说明了拔插头前信号不正确,拔插头后信号正确,因此故障消失。

❷ 在插头的信号端测量动态信号电压,怠速工况下,标准电压为 0.8~1.4V;加速到全负荷时,电压信号可接近 4V。如果不在该范围,表明空气流量计本身损坏。个别也有脏污所导致,清洗即可。

❸ 发动机运转时,拔下空气流量计的插头,如果故障依旧,说明主要原因是该空气流量计损坏(相关线路也会导致该故障),造成发动机控制单元无法接收到空气流量计信号,电控单元确认空气流量计信号不良,进入失效保护功能,同时将故障码存入存储器。

❹ 发动机运转时,拔下空气流量计的插头,故障现象稍有变化。说明空气流量计是良好的,拔下空气流量计插头前,电控单元根据空气流量计信号进行控制,喷油量准确,发动机各工况均好;当拔下空气流量计插头时,发动机控制单元根据节气门位置传感器信号进行控制,喷油量有微小差异,发动机工况相对稍差。

91. 如何检测第 6 代热膜式空气流量计?

大众直喷发动机使用的是第 6 代热膜式空气流量计(HFM6),如图 3-26 所示,用以测量发动机的进气量。其特点是带有回流识别的微型传感元件,具有温度补偿的信号处理功能,测量精度高,传感器稳定性好。

第 6 代热膜式空气流量计与发动机电控单元的连接电路如图 3-27 所示。

(1)热膜式空气流量计各插头端子的说明。

❶ T5h/5 为空气流量计信号线,电压在 0~5V 之间变化。

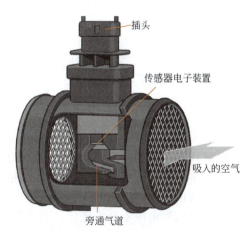

图 3-26 第 6 代热膜式空气流量计

❷ T5h/4 为搭铁线，在车身线束 B702 中。

❸ T5h/3 为电源线，打开点火开关时，由点火开关 15 号线 J527 向转向柱电子装置电控单元提供电源信号，再向 J519 提供电源号，J519 向 J329 提供电源使继电器吸合，并经熔丝 SC22（5A）向空气流量计提供蓄电池电压。

❹ T5h/2 为进气温度传感器信号线，温度低时电压高，温度高时电压低，如在 20℃时电压在 0.5～3V 之间。

❺ T5h/1 为电源信号线，由发动机电控单元 J623 提供 5V 参考电压。

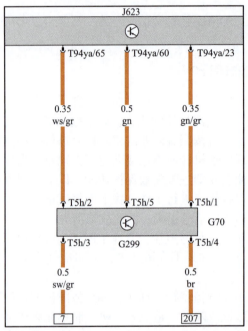

图 3-27　第 6 代热膜式空气流量计与发动机电控单元的连接电路

G70—空气流量计；G299—进气温度传感器；1623—发动机电控单元

（2）检测电源电压

❶ 关闭点火开关，拆下空气滤清器，再打开点火开关，即置于"ON"位置，不启动发动机。

❷ 用万用表的电压挡测量空气流量计插头中的 T5h/3 端子（正信号线）与 T5h/4 搭铁线端子（负信号线）之间的电压值，该电压值为蓄电池电压。

❸ 然后用万用表测量插头 T5h/5 端子与 T5h/4 搭铁线端子间的电压值，该电压的标准值应为 5V。

（3）检测信号电压

❶ 关闭点火开关，拆下空气滤清器，再打开点火开关，即置于 ON 位置，不启动发动机；

❷ 用万用表的电压挡测量空气流量计插头中的 T5h/1 端子（正信号线）与 T5h/5 端子（负信号线）之间的电压值；将"+"表笔插入空气流量计 5 号端子线束中，"-"表笔插入 3 号端子的线束中，然后用电吹风（冷风挡）向空气流量计入口处吹气，观察信号电压的变化情况。如果信号电压不发生变化，则说明空气流量计失效，应予以更换。信号电压的标准值为 2.0～4.0V。

（4）用诊断仪检测数据流　用 VAS 5052 诊断仪检测空气流量计信号，其操作步骤如下：输入地址码 01 进入发动机测试状态，输入 08 读取测量数据组，输入组号 02 读取基本功能数据。显示区域 4 为进气流量，其标准值为 2.0～4.5g/s。如果小于 2.0g/s，则说明进气系统有泄漏；如果大于 4.5g/s，则说明发动机负荷太大。偏离标准值的原因可能是空气流量计或其线路发生故障。如果空气流量计有故障，则会出现故障码 00553——空气流量计 G70 线路搭铁断路或短路。

92. 怎么检修凸轮轴位置传感器故障？

以桑塔纳轿车为例。某桑塔纳 3000 轿车冷启动困难，加速较慢，油耗明显增加。

桑塔纳 3000 轿车凸轮轴位置传感器采用霍尔式传感器，用万用表电阻挡检测霍尔式传感器的阻值，可以通过霍尔式传感器的阻值具有"单向导通性"原理去判断传感器好坏。用万用表电阻挡检测凸轮轴位置传感器，万用表正极连接凸轮轴位置传感器 1 号端子，负极连接凸轮轴位置传感器 3 号端子，测量阻值为 10MΩ，远高于标准值 1.4MΩ 左右。万用表正极连接凸轮轴位置传感器 3 号端子，负极连接凸轮轴位置传感器 1 号端子，测量阻值为无穷大。万用表正极连接凸轮轴位置传感器 3 号端子，负极连接凸轮轴位置传感器 2 号端子，测量阻值为 5.31MΩ，高于标准值 1.0MΩ 左右。通过测量凸轮轴位置传感器的阻值，可以判断凸轮轴位置传感器的好坏。若损坏，更换一个新的凸轮轴位置传感器，清除故障码，启动发动机，发动机启动顺利。

本例故障是凸轮轴位置和进气温度传感器损坏引起的。凸轮轴位置传感器的功能是采集配气凸轮轴的位置信号并输入电控单元，以便电控单元识别 1 缸压缩上止点位置，从而进行顺序喷油控制、点火时刻控制和爆震控制。凸轮轴位置信号还用于发动机启动时识别出第一次点火时刻。

93. 怎么检修凯美瑞轿车怠速抖动故障？

以凯美瑞轿车为例。一辆 2010 年生产的凯美瑞轿车，怠速抖动、加速不良。

❶ 火花塞和气缸压力正常，这就不用再考虑火花塞、点火线圈和气缸压力方面的问题。

❷ 执行故障诊断仪检测发动机系统数据流，发动机怠速 650r/min 时喷油脉宽为 3.4ms，偏高，传感器参数数据正常，系统处于增油状态，无故障码。

❸ 对喷油器进一步检查。检测 4 个喷油器，电阻都为 15Ω，说明喷油器正常工作。

❹ 启动车辆后，用听诊仪试听第 3 缸喷油器的工作状况，听不到任何电磁线圈的工作响声，为非工作状态。熄火将点火开关转到"ON"位置，将第 3 缸喷油器控制线搭铁，听到第 3 缸喷油器"嗒"的一声，说明喷油器动作。启动着车，用诊断仪检测喷油器控制线电压波形，第 3 缸电压波形为一条电源电压的直线。

这说明喷油器本身正常，第 3 缸不工作是发动机 ECU 对第 3 缸喷油器控制出现问题。对发动机控制系统线路进行彻底检查，测量其信号线与电脑的端子，将其导通，显示正常。

初步判断为发动机控制单元损坏所导致的故障。

❺ 替换发动机控制单元。解码处理，启动着车，发动机第 3 缸喷油器开始喷油。怠速比以前稳定了，发动机运转平稳，尾气排放、加速均正常。用故障诊断仪检测发动机系统数据流，怠速时，喷油器喷油脉宽降为 3.0ms。

如果针对凯美瑞 2.4 轿车，喷油器喷油脉宽降为 3.0ms 其实是略显高一些。

❻ 路试，测试发动机控制系统，在发动机故障灯不亮的情况下，仍然检测到故障码

P0504，该故障码含义是制动开关 A/B 关联。该故障码检测条件为点火开关打开，STP、STI 信号同时处于"OFF"状态超过 0.5s。检测制动开关线路，正常，如果要求怠速仍需更准确，则只能更换制动开关。

更换制动开关后，清除发动机故障码，启动发动机。怠速时，喷油脉宽降为 2.4～2.5ms，此时怠速更加平稳，加油更加顺畅。在 700r/min 时，喷油脉宽为 2.4ms。

在喷油脉宽为 2.4ms 时，发动机控制系统依旧处于减油状态，说明发动机系统工作良好。

94. 怎么检修启动故障？

以迈腾轿车为例。迈腾 1.8L TSI 发动机，启动困难，启动时起动机要运转很长时间才能着车。

❶ 执行故障诊断仪检测，发动机电控系统中失火故障码较多，且为偶发性故障。但是故障码 P0016 为永久性故障，该故障码解释为"曲轴位置与凸轮轴位置相关性，气缸列 1 传感器 A"，故障码无法删除。

ECU 比较曲轴和凸轮轴信号，超过一定范围就会记录故障码，同时采用"回家模式"，有该故障码后发动机启动性能变差。

❷ 在带有可变气门正时的发动机系统中，ECU 控制进气门和排气门以便产生合适的打开和关闭正时。

ECU 通过执行下列操作来控制进气门和排气门：

a. 控制凸轮轴和凸轮轴正时机油控制阀，并使凸轮轴正时齿轮运行。

b. 改变凸轮轴和曲轴之间的相对位置。故障码的检测条件是曲轴和凸轮轴位置传感器信号有偏差，故障部位为机械系统（正时链条跳齿或链条变形）和 ECU。

❸ 试断开凸轮轴和曲轴位置传感器，可产生相应的故障码，证明 ECU 对传感器的检测和执行器控制没有问题。于是重点检查该故障码相关性的部件，相关联的部件就是正时部分。

❹ 拆下正时链上部盖板，转动曲轴，找到链条上的正时记号，凸轮轴记号中间链节为 9 个，接着转动曲轴到上止点，两凸轮轴记号点间的链节为 10 个，确定正时链条出现故障。拆下下部盖板，发现正时张紧器活塞已经到了最大行程，但链条还未压紧。拆下张紧器和正时链条，分解张紧器，发现内部齿轮已经损坏，对比新旧链条，旧链条已经变形。

❺ 更换损坏的零件，重新按正确的正时安装，清除故障码后试车，该车启动迅速，发动机工作平稳，故障排除。

95. 怎么检修挂挡熄火故障？

以君越轿车为例。2011 年款新君越，装配 LAF 发动机和 MH86 速自动变速器，挂挡熄火。不开空调时，挂上 D 挡或 R 挡行车很快就会熄火，开空调时原地一转向也熄火。

❶ 执行故障诊断仪检测，有关于凸轮轴位置的故障码。设置故障码的条件是，发动机控制模块检测到期望的凸轮轴位置角度和实际的凸轮轴位置角度之间的差异大于 5°。

对于 LAF 发动机，发动机运行时凸轮轴位置执行器系统启用发动机控制模块（ECM）以改变凸轮轴正时。来自发动机控制模块的凸轮轴位置执行器电磁阀信号是经过脉宽调制（PWM）的信号。发动机控制模块通过控制电磁阀的通电时间，以控制凸轮轴位置执行器电磁阀的占空比。凸轮轴位置执行器电磁阀控制调节机油流量以控制凸轮轴的提前或延迟。

❷ 首先更换进排气两个电磁阀，清除故障码试车，但故障依旧。对 ECM 进行维修编程，也不能解决问题。按照维修手册诊断步骤提示，检查机油液位正常，测量机油压力，机油压力为 450kPa，也在正常范围内（标准值为 1000r/min 时，压力为 344～551kPa）。查看电磁阀插头到 ECM 之间的线路，也正常，无断裂和接触不良现象，插头无松动腐蚀。

❸ 启动车辆，在进气电磁阀插头处测量由 ECM 发出的控制信号，电压竟然是 0。用 GDS 2 指令进气凸轮轴位置执行器在 0°～20° 范围内变化，但无论怎么操作，进气凸轮轴位置执行器参数始终都为 0，找同款车上的电脑进行互换，挂挡依然熄火。

❹ 拆下进排气凸轮轴进行检查，当拆下进气凸轮轴执行器时，发现上面有杂物吸附在上面。对两个凸轮轴进行清洗后，重新装配。路试，一切正常。

❺ 发动机运行时，ECU 以脉宽调制（PWM）信号改变凸轮轴正时，当凸轮轴位置执行器系统里面有异物堵塞或发卡时，ECM 不能通过控制电磁阀的通断时间，来控制进气凸轮轴的提前或延迟。

96. 怎么判断炭罐电磁阀损坏导致的故障？

以帕萨特轿车为例。2005 年款 1.8T 帕萨特 B5 轿车，发动机在怠速状态有时抖动。

❶ 检查分析：执行故障诊断仪检测，发动机有故障信息：故障码——16524，即氧传感器电路，气缸列 1 传感器 2 未检测到任何活动（间歇式）。该故障码不会影响到发动机怠速抖动，造成发动机抖动的原因可能有其他故障。

清除故障码，再查看发动机的数据是否正常，发现发动机的转速在 710～750r/min 之间抖动，喷油脉宽在 2.5～4.0ms 之间变化，空气流量在 2.6～4.9g/s 之间变化，节气门开度也变化频繁。

关闭点火开关 10min 后，重新启动发动机，启动发动机后发现怠速转速偏高，再次查看发动机的数据，发现短期燃油修正为 25.5%，空气流量为 2.2g/s，节气门开度为 0。这样的数据流表明在节气门之后的进气歧管存在轻微漏气现象，有少量的空气泄漏到进气歧管内使混合气过稀，而氧传感器检测到废气中的氧含量过多，混合气过稀，并将混合气过稀的信号反映给发动机控制单元，发动机控制单元会采取短期燃油修正来增加喷油脉宽，使混合气达到理论空燃比。泄漏的空气量加上短期燃油修正增加的喷油量，就造成了发动机转速超过怠速时的规定转速，控制单元检测到转速超过怠速时的转速时，就采取关闭节气门的方法来减少进气量，尽量使发动机转速达到怠速时的转速；当节气门开度被关闭到最小时，发动机转速才能达到怠速时的转速。

❷ 检查漏气点，经检查，连接进气歧管的管路及单向阀都没有漏气现象。再次查看发动机的数据，发现节气门开度由之前的 0 增加到 0.8%，短期燃油修正也有所下降，客观来说这个数据比较正常。

❸ 活性炭罐电磁阀是间歇性工作，拔下活性炭罐电磁阀连接炭罐的软管，等待电磁阀工作的时候，用手堵住电磁阀的一部分，能感觉到电磁阀只有吸气，正常应该是间隙吸气，这说明电磁阀损坏。

97. 怎么排除排气管放炮故障？

以帕萨特轿车为例。帕萨特领驭 2.0L 发动机，车行驶时排气管"放炮"，加速无力。

❶ 启动发动机，踩下加速踏板，发动机转速能随着踩下加速踏板的程度上升，排气管没有出现"放炮"，说明故障是间歇性的。

❷ 接下来使用车辆诊断仪 VAS 505113 检查发动机控制单元内的故障码，发现存在 9 个故障码。

故障码 16842 的含义：燃油蒸发排放系统净化控制阀电路电压低（间歇式）。

故障码 16420 的含义：氧传感器加热器控制电路，气缸列 1，传感器 2（间歇式）。

故障码 17843 的含义：二次空气喷射泵继电器 J299 对地短路（间歇式）。

故障码 H045 的含义：进气歧管调整控制电路，气缸列 1（间歇式）。

故障码 16486 的含义：质量或体积空气流量电路低电平输入（间歇式）。

故障码 16585 的含义：1 缸喷射器电路（间歇式）。

故障码 16586 的含义：2 缸喷射器电路（间歇式）。

故障码 19711 的含义：气缸列 1，催化转化器之前的氧传感器，加热器电路上挡块处的调节（静态）。

故障码 16414 的含义：氧传感器加热器控制电路，气缸列 1，传感器 1（间歇式）。

❸ 电磁阀 N80、16420 中的氧传感器 2 G108、17843 中的继电器 J299、17045 中的进气歧管控制阀 N156、16486 中的空气流量计 G70 及 16414 中的氧传感器 1 G39 的供电是由燃油泵继电器 J17 经熔丝 S234（34 号）提供。如果继电器 J17 及熔丝 S234 或相关的线束出现故障，在发动机控制单元内会出现以上故障码，不会出现关于喷射器的故障码。

❹ 拔掉熔丝 S234，启动发动机，发动机可以启动，关闭发动机再打开点火开关，检查故障码，没有出现关于喷射器的故障码。

❺ 检查重点还是放在继电器 J17 及相关的线束上，拔下继电器 J17，将继电器外壳取下，没有发现继电器的触点有烧蚀现象，再将继电器装回，启动发动机，发动机出现怠速不稳现象，踩下加速踏板，发动机加速不畅而且有"突突"声。检查发动机控制单元中的故障码，发现存在与继电器 J17 相关的故障码，这表明故障是由继电器 J17 导致的。更换燃油泵继电器 J17，启动发动机，故障排除。

98. 怎么排除加速踏板导致的故障?

以帕萨特轿车为例。帕萨特领驭轿车，行车时 EPC 灯报警，而且加速无力。

❶ 执行故障诊断仪检测，发现有 2 个故障码。故障码 18047——节气门/踏板位置传感器不可靠信号（静态）；故障码 18042——加速踏板位置传感器 2—G185 信号太高（静态）。

❷ 通过读取故障码及含义，初步分析造成该故障的原因可能是加速踏板传感器 G185 损坏。通过读取控制单元的故障码得知传感器 G185 有故障，查看传感器 G185 的数值发现偏大，缓慢踩下加速踏板发现数值始终偏大，这说明 G185 确实不正常。更换加速踏板，故障排除。

99. 怎么检修节气门损坏导致的故障?

以帕萨特轿车为例。帕萨特领驭轿车发动机怠速运转不稳，行车中组合仪表上的 EPC 灯亮起。

❶ 检查燃油压力，怠速时的燃油压力为 4.0bar（$1bar=10^5Pa$）；检查进气软管，无漏气现象。

❷ 执行故障诊断仪检测，发现存在一个故障码 17705——增压器-节气门连接压力下降（静态）。

首先考虑可能是增压空气软管脱落，导致漏气。经检查，增压器软管连接正常，没有出现脱开或磨破的现象。

观察数据流发现，空气流量计的数据与节气门的数据不匹配，怠速不稳时的节气门开度为 2.0%～4.3%，而当时的空气流量为 8.3g/s。

如果空气流量计检测到的进气量增大时，而增压压力传感器检测到的压力没有随着进气量增加，控制单元就认为压力下降，存储了故障码 17705。

造成这种故障的原因可能是节气门损坏，使过多的增压空气进入进气歧管。将节气门上的进气软管拆下后，用手推节气门，发现间隙过大。节气门内部因进机油而损坏。

❸ 更换节气门，重新匹配，启动发动机后怠速运转平稳。

100. 怎么检查机油灯报警？

先读取发动机电子设备的故障码及含义，根据故障码排除传感元件故障。

❶ 拔出机油尺检查机油液面，如果机油液面未达到规定，应添加机油再检查，必要时更换机油。

❷ 如果机油液面正常，应拆下棕色机油压力开关并检查机油压力，如机油压力在正常范围内，应检查棕色机油压力开关及相关线束。

❸ 如机油压力没有达到规定值（过低），应拆下油底壳检查机油泵吸管滤网是否堵塞，以及机油泵限压阀是否泄压。

101. 怎么检修和排除机油灯报警？

以帕萨特轿车为例。某帕萨特轿车，装配 1.8TSI 发动机，行驶中机油灯报警。踩加速踏板后，在怠速状态运转，发现组合仪表上的机油灯亮起。

❶ 执行故障诊断仪检测，发现存在一个故障码 05709——用于降低机油压力的机油压力开关故障（静态）。初步分析造成该故障的原因可能是机油压力不足、机油压力开关损坏、开关连接发动机控制单元的线束存在断路等。

❷ 检查机油压力，拆下棕色开关并连接机油压力表，启动发动机，然后踩下加速踏板，将转速提高到约 2000r/min 并保持住，观察表上指示的压力为 2.2bar（1bar=10^5Pa），维修手册中的技术参数为 1.6～2.1bar，在规定范围内。再将发动机转速提高到约 3700r/min，观察表上的机油压力为 3.2bar，维修手册中的规定值为 3.0～4.0bar，也在规定范围内。这样就基本可以排除由于机油压力不足造成的机油灯报警。

a. 检查棕色开关是否正常的步骤：拆下棕色开关，将其装到压力表上，使用专用连接线，将开关的针脚与试灯的一端连接，试灯的另一端与蓄电池正极连接。连接完成后试灯不能亮起，如果试灯亮起，则更换开关；启动发动机后压力在 0.55～0.85bar 时试灯亮起，如果不亮起，则更换开关。连接后试灯没有亮起，启动发动机后缓慢踩下加速踏板，约 0.6bar 时试灯亮起，这说明棕色开关正常。

b. 检查蓝色开关是否正常的步骤：拆下蓝色开关，将其装到压力表上，使用专用连接线，将开关的针脚与试灯的一端连接，试灯的另一端与蓄电池正极连接。连接完成后试灯不能亮起，如果试灯亮起，则更换开关；启动发动机后压力在 2.15～2.95bar 时试灯亮起，如果不亮起，则更换开关。连接后试灯没有亮起，启动发动机后缓慢踩下加速踏板，约 2.9bar 时试灯亮起，说明蓝色开关正常。

❸ 检查机油压力相关线路。发动机熄火，接通点火开关，清除发动机控制单元中存储的故障码。

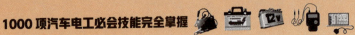

拔掉棕色开关插头，启动发动机怠速运转，发现组合仪表上的机油灯亮起，检查发现存在同样故障码 05709；将棕色开关插头插回并清除故障码，然后拔掉蓝色开关插头，将发动机转速提高到约 3000r/min，发现组合仪表上的 EPC 灯亮起，检查故障发现存在故障码 05707——机油压力开关故障。

将棕色开关插头拔下，经过检测机油压力开关得知，发动机运转时用于检测的试灯亮起，这说明机油压力开关与接地导通，发动机熄火后机油压力开关不亮，这说明机油压力开关与接地断开。接通点火开关后，拔下棕色开关的插头，测量该插头内的插脚对地的电压，其电压约为蓄电池电压，启动发动机后仍然约为蓄电池电压。该插头的线束是连接发动机控制单元 T60a/18 号的针脚，这说明接通点火开关后发动机控制单元输出约 12V 电压。

发动机启动后并建立机油压力，机油压力开关内部导通并接地，接地后棕色开关连接的线束的电压为 0，控制单元认为机油压力正常。启动发动机后拔下棕色开关的插头并将插头的插脚与蓄电池负极连接，经过长时间运转发动机，机油灯没有亮起，这说明线束及控制单元不存在故障。

将插头装回棕色开关，发动机运转后测量棕色开关连接的线束对地的电压，当机油灯亮起时，约为蓄电池电压，踩下加速踏板提高发动机转速，电压为 0，此时机油灯没有亮起。

④ 当发动机转速升高时，机油灯不亮，故障原因还是在机油压力低。

⑤ 检查相同车辆发动机的机油压力，怠速时约为 1.81bar，再次测量存在故障车辆发动机的机油压力，怠速测量结果为 0.5bar，这说明机油压力过低。

⑥ 拆下机油泵后用手堵住机油泵出油口，转动机油泵链轮，发现限压阀处漏油，这说明机油泵泄压。更换机油泵。

102. 怎么检修和排除喷油器泄漏导致缺缸？

以迈腾轿车为例。2008 年款迈腾轿车，发动机启动后怠速运转时发动机发抖，能够明显感觉到发动机缺缸。

① 执行故障诊断仪检测：发动机控制单元存储故障码 00772——检测到偶然/多次气缸不发火，为永久故障。

② 通过数据流检测失火次数达到 160 次，而且还在不断增加，说明发动机控制单元检测到了发动机缺缸，经核实为 1 缸失火。

③ 检查 1 缸气压压力，正常，与 2 缸对调火花塞、点火线圈，依然显示 1 缸断火，由此判断故障点是 1 缸喷油器泄漏。

④ 更换 1 缸喷油器，故障排除。

造成 1 缸失火的原因主要是火花塞、点火线圈、喷油器、发动机控制单元及线路、气缸压力等异常。读取 032 数据组发现第 2 区为 -8.2%，说明混合气偏浓，系统做偏移调整。拆下 4 缸火花塞看到电极是黑颜色的，证明发动机混合气过浓。

发动机转速过高是由于发动机喷油量过多引起的。检查 1 缸火花塞发现其被汽油浸湿，并有积炭，说明问题出在 1 缸，对该缸进行执行元件诊断，无动作。根据无 1 缸喷油器故障记忆，以及测量 1 缸喷油器波形，可以判断喷油器线路及发动机控制单元正常。

103. 怎么检修和排除喷油器积碳导致发动机加速不力？

以迈腾轿车为例。2008 年款迈腾轿车，喷油器积炭导致发动机加速无力。

❶ 检测发动机控制单元，存储故障码 00369——气缸列 1 系统过稀；08213——进气歧管风门位置传感器范围/性能异常，这两个皆为偶发故障。

❷ 读取数据流，喷油脉宽为 1.28ms，较正常值 1.02ms 偏大。数据流 32 组显示负荷状态为 22.7%。

❸ 喷油压力正常，数据流说明发生该故障的可能原因是燃油油质不良、喷油器堵塞。

❹ 检查该车故障为喷油器堵塞和积炭，清洗后故障排除。

喷油器是电控燃油喷射系统中一个重要的执行元件，在 ECU 的控制下，将汽油呈雾状喷入进气歧管内或气缸内。喷油器内部有一个电磁线圈，经线束与电脑连接。喷油器头部的针阀与衔铁连接为一体。当电磁线圈通电时，便产生吸力，将衔铁和针阀吸起，打开喷孔，燃油经针阀头部的轴针与喷孔之间的环形间隙高速喷出，并被粉碎成雾状。电磁线圈不通电时，磁力消失，弹簧将衔铁和针阀下压，关闭喷孔，停止喷油。一般喷油器针阀升程约为 0.1mm，喷油时间持续在 2～10ms 范围内。喷油器堵塞和积炭都会大大影响喷油器性能。

104. 怎么检修和排除汽油滤清器堵塞导致加速无力？

以捷达轿车为例。某捷达轿车，打开空调后加速无力，偶尔伴有放炮现象。

❶ 检测发动机控制单元存在"气缸列 1 混合气稀，偶发"故障。实测空调快怠速提升性能正常，不打开空调，负荷 17.6%，喷油时间 3.0ms，进气压力 36mbar（1bar=10^5Pa），节气门开度 3.1%。

❷ 打开空调，负荷 26.2%，喷油时间 4.1ms，进气压力 438～459mbar，节气门开度 5.4%。结合混合气稀的故障码，实测怠速燃油压力为 220kPa，稍低正常值。

❸ 根据检测数据，怀疑是汽油泵、汽油滤清器或压力调节器的故障。因为汽油滤清器很长时间没换，所以首先更换汽油滤清器。

❹ 更换汽油滤清器，这时车辆开空调行驶正常，故障排除。

开空调发动机负荷较大，尤其是在炎热的夏天里，燃油蒸气相对增加，燃油系统内部燃油压力相对减小，汽油滤清器堵塞后供油及其不足。

105. 怎么检修和排除压力调节器堵塞导致尾气冒黑烟？

以捷达轿车为例。某捷达轿车，燃油消耗增加，汽车急剧加速时尾气冒黑烟。

❶ 执行故障诊断仪检测：存储故障码 16556——燃油系统太浓；读取 01 组 3 区 λ 调节值，在 -28.1%～0 之间变化不定，正常范围是 -10%～+10%，负超差说明混合气过浓。

❷ 连接燃油压力表 VAG 1318，测量怠速喷油压力为 4bar，拆下燃油压力调节器，看到进油口滤网被厚厚一层油泥堵塞。

很长一段时间内该车辆使用了乙醇汽油，此后便出现该故障，其原因是乙醇分离了附在油箱、管路中的杂质使其流动，致使滤网堵塞。

❸ 更换燃油压力调节器，测量怠速喷油压力为 2.5bar，故障排除。

捷达车的压力调节器装在燃油分配管的出口处。调节燃油压力，根据进气歧管压力的变化来调节进入喷油器的喷油压力，使输油管内燃油压力与进气管内气体压力的差值保持恒定。

捷达压力调节器进油滤网极细，灰尘到达滤网将其堵塞，喷油压力增高。同样脉宽会使喷油量增加，ECU 努力将 λ 朝混合气稀的方向调整，但调到极限仍改变不了混合气过浓的状况，其结果轻则导致尾气排放超标，重则导致排气管冒黑烟，燃油消耗增加，发动机热车时易熄火。

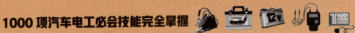

106. 进气系统有问题会导致哪些故障？如何处理？

当发动机出现动力不足、加速不良等故障都有可能是由进气系统的某个部件损坏所导致。例如，节气门故障、进气道积炭、真空管路破裂、空气流量计故障。

这些情况需要及时维修或者更换相关部件，需要遵照规范的程序执行拆解，进行各种参数的检查和测量，对不能维修的，只能更换。

107. 节气门有问题会导致哪些故障？怎样排除？

（1）节气门故障影响

❶发动机怠速不稳定，高怠速持续不降，发动机启动困难，尤其是冷启动困难。

❷发动机动力不足，加速性能差，运转不稳定。

（2）排除方式

❶利用故障诊断仪执行节气门检查，观察数据流，节气门开度较大时进行清洗即可。在无永久性故障码时一般无需更换。

❷更换节气门，如果检测确定节气门故障为永久性，必须更换，节气门一般不可拆卸维修，更换总成。

108. 怎么检查和排除离合器踏板开关导致的故障？

以宝来轿车为例。某宝来轿车，行驶中 EPC 灯报警，并且加速无力。

❶执行故障诊断仪检测，发现故障码 16955——制动灯开关（A）电路故障。

❷更换制动组合开关，无效，证明制动组合开关正常。

❸执行故障诊断仪检测：查询 01-08-066 数据组，从后向前，第 1 组为制动灯开关信号，第 2 组为制动踏板信号，第 3 组为离合器踏板开关信号。

对于故障车，在踩下制动踏板时为 111，抬起制动踏板时为 110。

正常数据，在踩下制动踏板时为 111，抬起制动踏板时为 000。

由于数据不正确，制动组合开关又正常，从而断定故障点应在给制动组合开关供电的线路上。

❹更换给离合器踏板开关 F36 和制动踏板开关 F47 供电的 S5 熔丝，故障排除。

从测量值和正常值的比较来看：由于 S5 熔丝给离合器踏板开关 F36 和制动踏板开关 F47 供电。所以当 S5 熔丝烧断时，发动机控制单元接收不到两开关的信号，从而使得测量值在抬起时为 110，由于发动机转矩控制出现匹配超差，从而使得 EPC 灯报警。

109. 机油尺未插到位会导致什么特殊故障？

以迈腾轿车为例。某迈腾轿车，行驶中发动机排放警告灯报警。

❶执行故障诊断仪检测，清除故障码，行驶一段时间后故障再现。

❷存储故障码 08583——气缸列 1 怠速下系统过稀。读取 03 数据组第 2 区空气流量为 1.8g/s，对比其他车辆，怠速不开空调的空气流量为 3.0g/s，属于偏低。

❸检查进气系统漏气情况，经检查发现机油尺未完全插入，将其插入后再读取 03 数据组第 2 区空气流量为 3.0g/s，恢复正常值。

❹完全插入机油尺，清除故障码，故障排除。

机油尺拔出一些时，空气由机油尺管进入曲轴箱，经 PCV 进入进气管，混合气变稀，所以控制单元存储故障码 08583——气缸列 1 怠速下系统过稀，如果将机油尺完全拔出，发动机甚至会抖动。

PCV 系统要想正常工作，必须要求发动机密封性好。曲轴箱强制通风（PCV）阀通过进气歧管真空度的变化来按比例地控制进入进气歧管的泄漏气量。

110. 怎么判断氧传感器故障？

氧传感器是提供混合气浓度信息，用于修正喷油量，实现对空燃比的闭环控制，保证发动机实际的空燃比接近理论空燃比的主要元件。

要准确地保持混合气浓度为理论空燃比是不可能的。实际上的反馈控制只能使混合气在理论空燃比附近一个狭小的范围内波动，所以氧传感器的输出电压在 0.1～0.9V 之间不断变化（通常每 10s 内变化 8 次以上）。如果氧传感器输出电压变化过缓（每 10s 少于 8 次，或者更少）或电压保持不变（无论保持在高电位或低电位），则表明氧传感器有故障，需检修。

111. 排放控制主要的监控对象是什么？监控项目有哪些？

（1）监控对象 车载诊断系统（OBD）对排放及相关进行监控。车载 ECM/PCM 随时监视与排放相关部件的状态，检测导致排放恶化的部件及系统的故障和劣化情况。当检测到异常时，ECM/PCM 将点亮 MIL，或使其闪烁，向驾驶人报警。

（2）主要监控项目 在 OBD 中，要求通过监视下述项目来检测排放气体恶化状况。
❶ 发动机失火。
❷ 燃油供给系统。
❸ 三元催化器。
❹ 蒸发排放系统。
❺ 前氧传感器。
❻ 后氧传感器。
❼ EGR 系统。
❽ 其他对排放气体的恶化及检测的执行有影响的一般部件。

112. OBD 有哪几种形式？

OBD 主要有 4 种。
❶ OBD-Ⅰ（未适用 OBD 限制的地区）。
❷ OBD-Ⅱ（美国、加拿大）。OBD-Ⅱ是由美国加利福尼亚州颁布的，现在，已经用于美国全国和加拿大，限制非常严格。除了尾气排放限制外，还需限制蒸发排放。
❸ E-OBD（欧洲）。E-OBD 被全世界所广泛采用，检测尾气排放性能的劣化。
❹ J-OBD（日本）。J-OBD 是在 OBD-Ⅰ基础上加入了失火和燃油系统监测等。

113. 过量空气系数调节系统的组成是怎样的？

发动机废气含有的有害气体可以通过空气系数调节的化学转化过程调节，过量空气系数调节系统由以下部分组成。
❶ 汽油喷射系统。
❷ 废气催化转换器。
❸ 氧传感器。

❹ 集成在发动机控制单元内的过量空气系数调节器。

过量空气系数调节系统见图 3-28。

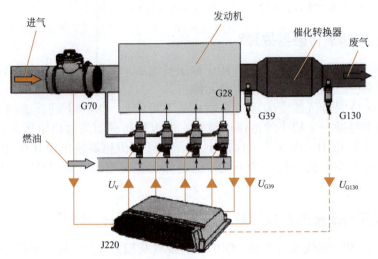

图 3-28　过量空气系数调节系统

G28—发动机转速传感器；G39—催化转换器的氧传感器；G70—空气质量流量计；U_{G39}—催化转换器前氧传感器电压；U_{G130}—催化器后传感器电压；U_V—喷射阀控制电压

114. 怎么检查和排除燃油消耗大？

以宝来轿车为例。某宝来 1.6L 轿车，燃油消耗比一般车多很多。

❶ 检测发动机控制单元存储故障码 16518——氧传感器不工作，读取数据块中氧传感器信号电压，怠速时变化太慢。

❷ 测量怠速尾气：HC 为（248×10^{-6}）%，CO 为 2.8%。测量高怠速尾气：HC 为（150×10^{-6}）%，CO 为 0.58%。测量表明 CO、HC 含量都高于正常值。

❸ 读取数据块：喷油脉宽为 2.4～2.7ms，吸入空气量为 2.4～2.7g/s，冷却液温度和进气温度正常。测量氧传感器信号线、加热线正常；测量加热电压，也正常。

❹ 当拆下氧传感器时发现，传感器半边为棕色，半边为黑色，判断氧传感器中毒。

更换氧传感器，启动发动机，此前的故障码排除。测量怠速尾气：CO 为 0.1%，HC 为（9×10^{-6}）%，CO_2 为 14.8%，O_2 为 0.02%，各项数据均合格。跟踪记录，燃油消耗正常。

通过检测结果推断，该车产生故障的原因是使用劣质汽油导致氧传感器损坏。

含有杂质的劣质汽油不能充分燃烧，直接造成排气不畅，尾气不达标，发动机工作不稳定，加速无力，油耗升高。如果加油后出现加速挫车、急加速回火、爆震等现象，有时候发动机故障灯会点亮，就应考虑可能是使用伪劣汽油的问题。

115. 怎么检查和排除发动机怠速不稳？

以宝来轿车为例。某宝来 1.8L 轿车，发动机怠速不稳，行驶加速无力。

❶ 检测发动机控制单元，存储 1 个故障码 16514——λ 传感器 1 电路有故障。

❷ 清除故障码，当时发动机怠速不抖动了。在试车过程中抖动现象重新出现，检测发动机控制单元，故障码"16514"又出现。

❸ 读取数据块 033 显示组，第 1 显示区催化器前氧传感器，显示为 0（规定值为 -10.0～10.0）；第 2 显示区催化器前氧传感器电压，显示为 0.20V（规定值为 1.0～2.0V）。1 区在 0 不动，说明氧调节已从调节转为关闭，λ 调节有故障，2 区显示值如在 1.5V 以下，表示混合气过浓。

通过读取数据流，可以判断前氧传感器不工作。

❹ 更换前氧传感器，发动机怠速平稳，读取 033 组的数据，正常。经试车发现加速动力充足，故障码消除。

前氧传感器 G39 损坏，多数与汽油质量有关，前氧传感器损坏后，发动机控制单元以氧传感器传送的最后信号控制喷油，此时前氧传感器信号是一定值，λ 调节失常，控制单元无法得知当前下空燃比是否正常，导致空燃比不合适，从而影响发动机的运转。

116. 怎么检查和排除涡轮增压器漏气导致提速很慢？

以宝来轿车为例。某宝来轿车，车辆加速时提速慢，发动机动力不足感觉。

❶ 排除电控系统其他导致该故障的元件问题，也检查了燃油系统压力，符合标准。

❷ 挂 3 挡，以发动机转速 2000r/min 全负荷加速，进入 01-08-115 读取 4 区数值在 960～990mbar（1bar=10^5Pa）之间，压力不在参数范围内。

❸ 检查涡轮增压器发现，压气端在车热时比较容易出现的损坏裂缝，已经直观的显示出涡轮增压器存在漏气故障。

❹ 更换涡轮增压器，故障排除。

影响急加速车速提升的有以下部件：

❶ 进气系统，涡轮增压器、可变进气相位装置等。

❷ 排气系统（三元催化转化器）。

❸ 燃油系统，燃油泵、燃油压力调节器。

❹ 电控系统中的空气流量计、节气门电位计、前氧传感器等。

117. 怎么检查和排除 EGR 阀故障导致发动机加速慢？

以宝来轿车为例。某宝来 1.8T 轿车，车辆行驶过程中踩下加速踏板加速缓慢，且发动机无力。

❶ 执行故障诊断仪检测：发动机控制单元存储 1 个故障码 17608——涡轮增压器空气再循环阀 N249 机械故障；清除故障码后试车，当发动机转速为 3000r/min 时，故障码 17608 重现，测量空气再循环阀 N249 电阻值，符合规定，再测量再循环阀的线路，也正常。

❷ 发动机控制单元存储该故障码，应与检测到涡轮增压系统的增压压力不正常有关。检查与 N249 的真空管相连接的再循环机械阀，发现车辆急加速超过 3000r/min 时该机械阀有明显的"嘶、嘶"漏气声音，这是漏气的再循环机械阀通入气压而发出的气流声音。拆下再循环机械阀，用嘴对准阀的进气口吹气，能比较明显地感觉漏气。

❸ 更换再循环机械阀，路试，提速正常，再次检测，发动机故障码解除，数据流正常。

废气再循环机械阀为真空膜片式 EGR 阀，由进气歧管真空度控制，真空膜片式 EGR 阀由膜片、弹簧、排杆、锥形阀等组成，膜片上方是密闭的膜片室，进气歧管的真空与膜片室的真空入口相连，膜片推杆下部安装有锥形阀，没有真空作用到膜片室时，膜片上方的弹簧向下压迫膜片，这时锥形阀位于阀座上，EGR 阀关闭。

当发动机启动后，进气歧管的真空作用到 EGR 阀上方的密闭膜片室，膜片推杆将克服弹簧的压力向上运动，带动锥形阀向上提起，EGR 阀关闭，这时废气就可以从排气管进入进气歧管。

118. 点火提前角对发动机性能有什么影响？

❶ 点火提前角是从火花塞发出电火花，到该缸活塞运行至压缩上止点时曲轴转过的角度。
❷ 当汽油机保持节气门开度、转速以及混合气浓度一定时，汽油机功率和耗油率随点火提前角的改变而变化。对应于发动机每一工况都存在一个最佳点火提前角。
❸ 适当的点火提前角，可使发动机每循环所做的机械功最多。
❹ 点火提前角过大，易爆燃。
❺ 点火提前角过小，排气温度升高，功率降低。

119. 哪些因素影响点火提前角？

（1）发动机转速　转速升高，点火提前角增大。采用电控点火系统，更接近理想的点火提前角。
（2）发动机负荷　发动机负荷低时，节气门开度小，气缸内残余废气相对新鲜混合气比例增加，混合气燃烧速度降低。因此，当低负荷时，最佳点火提前角要增大；反之，最佳点火提前角要减小。
（3）燃油品质　汽油辛烷值越高，抗爆性越好，点火提前角可增大。
（4）其他因素　燃烧室形状、燃烧室内温度、空燃比、大气压力、废气再循环、冷却水温度等。

120. 点火单缸波形测试主要作用是什么？

由于次级点火波形明显受到发动机、燃油系统和点火条件的影响，通过观察该波形，可以得到击穿电压、燃烧电压、燃烧时间以及点火闭合角。具体有以下几个方面。
❶ 分析单缸的点火闭合角。
❷ 分析点火线圈和次级高压电路性能。
❸ 检查单缸混合气空燃比是否正常。
❹ 分析电容性能。
❺ 查出造成气缸断火的原因。

121. 怎么分析点火波形？

（1）充磁开始　点火线圈在开始充电时，应保持相对一致的波形下降沿，这表明各缸闭合角相同以及点火正时准确。
（2）点火线　观察击穿电压高度的一致性，如果击穿电压太高，甚至超过了示波器的显示屏，表明在次级点火电压电路中电阻值过高，譬如断路、高压线损坏或是火花塞间隙过大；如果击穿电压太低，表明次级点火电路电阻低于正常值。
（3）跳火或燃烧电压　观察跳火或燃烧电压的一致性，它说明火花塞工作各缸空燃比是否正常，如果混合气过稀，燃烧电压就比正常值低一些。
（4）燃烧线　燃烧线上应没有过多的杂波。过多的杂波表明气缸点火不良或是点火过早、喷油器损坏、火花塞污浊以及其他等原因。燃烧线的持续时间长度与气缸内混合气的浓度有关。燃烧线太长，通常超过 2ms，表示混合气过浓；燃烧线太短，通常少于 0.75ms，表示混合气过稀。

（5）点火线圈振荡　观察在燃烧线后面最少有 2 个振荡波，这表明点火线圈和电容器是好的。动态峰值检测显示方式对发现各缸点火过程中的间歇性故障非常有用。

122. 怎么分析单缸急加速波形？

次级电子点火单缸急加速波形测试用来诊断出现大负荷或急加速时是否会有断火现象。

（1）试验方法　按照行驶性能故障或点火不良等情况出现的要求来启动发动机或驾驶汽车，确认各缸幅值、频率、形状和脉冲宽度等数据，在加速或高负荷下检查对应特定部件的波形部分的故障。

（2）波形分析　观察各缸击穿电压高度是否一致。在急加速或高负荷时，由于燃烧压力的增加，其峰值电压将随之增高。当与其他气缸的信号峰值高度出现偏差时，就可以判断该缸相应系统存在故障。过高的峰值电压表明在该缸次级点火电路中存在高电阻，这就表示电路断路、高压线电阻过高、火花塞间隙过大等故障。如果峰值电压过低，表明点火高压线短路、火花塞间隙过小、火花塞破裂和火花塞有油污。出现有负荷时断火或急加速时所有气缸的点火峰值都低的情况，可以判断点火线圈不良。

123. 怎么分析高压线断路故障波形？

如果所有缸的波形均呈现击穿电压过高的情况，这说明所有气缸的公共部件都出现了问题，可能是中央高压线出现断路。

单缸高压线断路时，会出现单缸次级击穿电压过高的情况，而其余气缸的次级点火基本正常。

124. 怎么分析高压线短路故障波形？

与高压线断路时的故障波形相反，次级点火波形中的次级击穿电压呈下降趋势。

（1）轻微漏电　检查漏电现象时，需要检查高压线护套与火花塞处的连接情况。如果火花塞外壳处有电弧击伤痕迹，要注意检查高压线护套是否老化、绝缘性能好坏、高压线护套与瓷件的间隙大小等。然后根据情况，更换高压线或火花塞。正常次级击穿电压为 12kV，当出现轻微漏电时，电压值在 8～10kV 之间变化。

（2）严重漏电　正常次级击穿电压为 12kV，当出现严重漏电时，击穿电压值降低到 6kV，击穿电压明显低于正常气缸。由于电流总是要寻找电阻最小的部位通过，所以产生漏电后，火花塞就无法正常工作。严重时会没有电极间火花产生。

由于高压线漏电，次级回路的电阻降低，使得燃烧电压值也相应降低。同样，在击穿电压、燃烧电压均降低的情况下，多余的能量导致了燃烧持续时间的延长。

125. 怎么分析火花塞积炭故障波形？

混合气过浓，大量未燃烧的碳氢化合物（HC）会以炭垢的形式附着在火花塞中央电极及绝缘体的表面，当积炭严重时，点火线圈的放电能量会通过火花塞分流电阻的旁路泄走，使击穿电压降低。火花塞积炭时，燃烧电压升高，燃烧线明显向下倾斜。

126. 怎么分析喷油嘴堵塞的故障波形？

混合气稀是导致击穿电压升高、燃烧时间缩短的原因。混合气过稀会导致火花线向上倾斜。通常，气缸内混合气越稀，燃烧电压会逐渐增加，火花线末端就越陡。同时，由于点火线圈能量的消耗导致燃烧时间的减少。与此相反的是当喷油器出现滴漏的情况时，会出现击穿电压降低、燃烧电压低、燃烧时间延长的故障波形。

127. 怎么分析点火过早导致的击穿电压过低波形？

击穿电压过低，提高发动机转速时甚至出现击穿电压低于 4kV 的情况。同时，各缸的燃烧时间均较短。如果正时不对，会出现点火时刻过早的故障，由于气缸压力较低，使火花通过电极间隙的难度降低，导致次级击穿电压过低。

128. 怎么分析点火过迟导致的击穿电压过高波形？

例如，某现代轿车发动机出现冷车抖动、动力不足的现象。检查次级点火波形，出现了击穿电压过高的情况。检查火花塞有不同程度的积炭，更换火花塞后情况未好转。根据故障码，判断是配气正时错误，经查，正时皮带向延迟方向错了一个齿。因此，出现了点火过晚的故障，由于气缸压力过高，使火花通过电极间隙的难度升高，导致次级击穿电压升高。

该车凸轮轴向延迟方向错了一个齿，造成曲轴角度误差 18°，这导致了电脑错误地延迟 18° 进行点火控制。由于此时的气缸压力升高，所以击穿电压过高。

129. 怎样判断火花塞已损坏？

火花塞顶端有疤痕或是破坏，电极出现熔化、烧蚀现象时，都表明火花塞已经损坏，此时应该更换火花塞。

（1）电极熔化且绝缘体呈白色　这种现象表明燃烧室内温度过高，这可能是燃烧室内积炭过多，从而造成气门间隙过小，进一步引发排气门过热或是冷却装置工作不良造成的。

（2）电极变圆且绝缘体结有疤痕　这种情况表明发动机早燃，可能是点火时间过早或者汽油辛烷值过低，火花塞热值过高等原因引起的。

（3）绝缘体顶端碎裂　一般来说，爆震燃烧是绝缘体破裂的主要原因。而点火时间过早、汽油辛烷值低、燃烧室内温度过高，都可能导致发动机爆震燃烧。

（4）绝缘体顶端有灰黑色条纹　这种情况的出现表明火花塞已经漏气，必须更换。

130. 怎样判断火花塞已烧蚀？

（1）火花塞上有油性沉积物　当火花塞上出现油性沉积物时，就表明润滑油已进入燃烧室内。如果只是个别火花塞上有油性沉积物，则可能是气门杆油封损坏造成的。但如果是各个缸体的火花塞都粘有这种沉积物，则表明气缸出现蹿油气。

（2）火花塞上有黑色积炭　火花塞电极和内部有黑色沉积物，这种一般是积炭，一般是气缸内混合气体过浓所致。

火花塞绝缘体的顶端和电极间的积炭严重时可能造成发动机内部机械损坏。事实上，火花塞出现沉积物或者积炭只是一种直观的表面现象，这有可能是发动机相关电气或机械部件故障的信号，应及时维修。

131. 转速传感器会发生哪些故障？

发动机控制单元可以从电压变化频率来计算出发动机的转速。脉冲盘是一个齿盘，磁力环上的小齿以 6° 间隔排列，共有 58 个小齿，留下一个 2 齿的间隙。脉冲盘装在曲轴上，随曲轴旋转。当齿尖紧挨着传感器的端部经过时，铁磁材料制成的脉冲盘切割传感器中永久磁铁的磁力线，在线圈中产生感应电压，作为转速信号输出。

当发动机启动时，为了点火，需要正确识别1缸压缩行程上止点位置，控制单元要将发动机转速传感器信号与安装在凸轮轴上的霍尔传感器信号进行对比。如果发动机的控制单元没有接收到转速信号，那么将停止正常工作。

❶ CKP 传感器或磁力环可能会由于下列情况出现故障，或提供不正确的信号。
a.CKP 传感器气隙不符合规格。
b.CKP 传感器被灰尘污染。
c.CKP 传感器霍尔效应半导体损坏。
d.CKP 传感器磁场太弱。
e.CKP 传感器线束断路。
f.CKP 传感器线束短路。
g.CKP 传感器线束电阻高。
h. 磁力环被灰尘污染。
i. 由于飞轮或驱动盘失圆导致 CKP 传感器信号失真。
j. 由于曲柄径向移动，CKP 传感器信号变化。
❷ 判断 ECU 是否接收到 CKP 传感器信号。在排除其他故障的情况下，发动机启动过程中检查燃油泵运行情况，如果在启动过程中，当点火开启但未运转时，油泵供油，则表示 ECM 未接收到 CKP 传感器信号。

132. 爆震传感器发生故障对发动机有什么影响？

爆震传感器是一种振动加速度传感器，产生一个与发动机机械振动相对应的输出电压。该传感器安装在发动机缸体感应较灵敏部位。

爆震传感器如果发生故障，当爆震将要发生前无法提供爆震信点，ECM/ECU 接收不到信号"峰值"，不能减少点火提前角，而发生爆震。

如果发动机产生爆震，ECM/ECU 会接收到这个信号，滤去非爆震信号并进行计算，通过凸轮轴与曲轴位置传感器信号判断发动机在工作循环中所处的位置，ECM/ECU 据此计算出几缸发生爆震，将会推迟此缸的点火提前角直到爆震现象消失，然后再次提前点火提前角直到使其处于当时工况下的最佳位置。

133. 怎么检查和排除点火线圈故障？

以宝来轿车为例。某宝来 1.8T 轿车，怠速不稳，开空调时发动机抖动严重。
❶ 用故障诊断仪 VAS 5051 执行检测，发现发动机控制单元存储故障信息，内容为1缸、3缸燃烧中断。发动机怠速时读取数据流，1缸断火次数达到70次之多，3缸没有燃烧中断现象。同时观察怠速转速和负荷，均较大，且点火提前角波动较大。试车时发现若在低车速时挂高挡加速，1缸的断火次数有 100 多次，此现象说明1缸点火线圈的确有问题。
❷ 更换1缸点火线圈，执行故障诊断仪检测，发动机正常，故障排除。

因为1缸点火组件存在故障，致使火花能量下降或失火，引起发动机各气缸工作不平衡，导致发动机怠速不稳。控制单元监视出缺缸，认为混合气过稀，氧传感器进行加浓调整；当呈现混合气过浓状态时，氧传感器又进行调整。打开空调后，控制单元为实现空调快怠速，进行节气门开度、点火提前角、喷油量的调整，当出现空气流量波动时，又进行调节，进而出现了不稳定的状态。

134. 怎么检查和排除火花塞导致的游车故障？

以宝来轿车为例。某宝来轿车，启动后发动机运转平稳，数分钟后，发动机开始怠速不稳，发动机转速在 500～960r/min 之间游动。

❶ 执行故障诊断仪检测，发现发动机控制单元存储"氧传感器及曲轴箱通风阀故障"故障信息，观察前氧传感器调节值为 -25%，前氧传感器电压在 1.25～1.35V 之间有微小变化。

❷ 清除故障码后发动机运转平稳，前氧传感器调节正常。观察发动机运转情况，数分钟后前氧传感器调节值由 ±10% 变化到 -15% 左右，汽车开始出现怠速不稳，发动机转速在 500～960r/min 之间游动。

❸ 关闭发动机重新启动，发动机运转平稳，5min 后怠速抖动现象重现。检查火花塞发现电极积炭较多，其中 1 缸最为明显。

❹ 更换火花塞，执行故障诊断仪检测，发动机正常，故障排除。

如果火花塞或高压线存在故障会造成点火不良，发动机怠速转速偏离目标值，这时发动机控制单元通过调整喷油量、增大节气门开度来提高转速。由于喷油量的增加而使混合气过浓，前氧传感器感知氧含量减少，前氧传感器调节值逐渐向 -25% 变动，发动机控制单元减少喷油量，使发动机转速调整得过低，所以发动机怠速在大范围内游动。

135. 火花塞热值不正确对发动机有什么影响？如何检修？

以宝来轿车为例。某宝来轿车，发动机没有故障码，火花塞侧电极烧蚀。

❶ 火花塞电极烧蚀原因如下。
a. 气缸压力超过标准值。
b. 火花塞型号不正确。
c. 火花塞本身故障。
d. 混合气不能充分燃烧。

❷ 拆卸火花塞，检查发现该车安装了副厂的热型火花塞。更换火花塞后，执行故障诊断仪检测，发动机正常，故障排除。

热型火花塞，绝缘体裙部（瓷芯）较长，吸热面积大，传热距离长，因吸热量大、散热慢，火花塞裙部温度偏高，适用于低转速、低压缩比的小功率发动机。冷型火花塞，绝缘体裙部（瓷芯）较短，吸热面积小、传热距离短，因吸热量小、散热快，火花塞裙部温度偏低，适用于高转速、高压缩比的大功率发动机。

136. 辛烷值对点火提前角有什么影响？

发动机的爆燃与汽油品质有密切关系，常用辛烷值来表示汽油的抗爆性能。汽油的辛烷值越高，抗爆性越好，点火提前角可以加大；反之，汽油的辛烷值越低，抗爆性越差，点火提前角应减小。

137. 如何分析点火提前角？

点火提前角是一个数值参数，它表示由 ECU 控制的总点火提前角（包含基本点火提前角）。在发动机运转过程中，点火提前角取决于发动机的工况及有关传感器的信号，通常在 8°～12° 变化。在进行数值分析时，应检查该参数能否随发动机工况不同而变化。通常在发动机怠速运转时该参数为 10° 左右；发动机加速或中高速运转时，该参数增大。如果该参数在发动机不同工况下保持不变，就可以判定 ECU 有故障。

也可以用正时灯检测发动机点火提前角的实际数值，并与该参数进行比较。如果发现实际点火提前角和该参数不符，说明曲轴位置传感器安装位置不正确或曲轴位置传感器有故障，应及时排除。

138. 什么是发动机失火？

由于没有点火、燃料过稀、压缩压力不够或其他任何原因，导致点燃式发动机气缸内没有形成燃烧称为失火。即修车过程中经常说的缺火、缺缸。

139. 失火监测的基本原理是什么？

失火监测的基本原理是当发动机各气缸点火时曲轴转速产生波动。失火时，曲轴的转速下降。利用曲轴位置传感器，PCM 可以通过监测转动速度波动来确定气缸是否失火。

如果发生失火，发动机转速将会波动。曲轴位置传感器监控发动机的转速波动。通过测量曲轴转过各缸特定点火角所需的时间来执行诊断。然后 PCM 计算出曲轴转速波动指数值，将它与内存中预设的已知最佳值进行比较。如果测量的指数值偏离合理范围，则推断出缺火并设置故障码（图 3-29）。

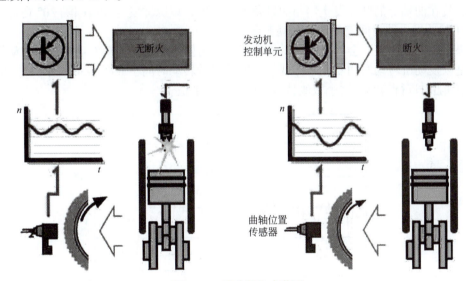

图 3-29　发动机失火监测

n—发动机转速；t—时间

140. 失火监控的判断方法有哪些？

（1）运行不平稳性法　发动机转速传感器借助曲轴标记盘来识别出发动机转速的不均匀，这种转速不均匀是由于断火引起的。与霍尔传感器信号（凸轮轴位置）配合使用，发动机控制单元就可以断定是哪个气缸断火，将故障存入故障存储器并使发动机故障灯点亮。

（2）扭矩分析法　扭矩分析法与运行不平稳性法一样，它根据发动机转速传感器信号和凸轮轴位置传感器信号来识别出哪个气缸断火，但这两种方法的区别在于对发动机转速信号的分析。

扭矩分析法将不稳定的转速（由于点火和压缩而引起的）与发动机控制单元内的固定计算值进行对比，这些计算的基础包括取决于负荷和转速的扭矩、飞轮质量及其所形成的发动机转速特性。

这样计算出来的发动机扭矩的波动与从运行不平稳性法所获得的结果具有一样的效力，但是每种车型都必须分析发动机转速特性并存入发动机控制单元。

（3）不良路段识别　不良路段识别是指根据各个车轮的平均加速度识别出车辆正在不良路段上行驶（例如，驶过石头、碎石或坑洞等路面）。在识别到不良路段时会存储一个故障码并短时关闭点火失火识别。因为驱动系统在不良路段上的振动可能导致错误的点火缺火识别，所以关闭点火识别是必要的。反过来，不良路段识别也可能反应过迟（在已经错误识别到点火失火后），在这种情况下，借助不良路段识别可能造成错误诊断。

141. 失火监测功能是如何实现的？

PCM通过测量曲轴转过规定转角所用时间来确定曲轴转速。当气缸点火时，曲轴加速，该加速度与气缸产生的扭矩量直接相关。将各加速度与周围气缸曲轴加速度的平均数比较，失火监测器便可以确定是否有气缸未产生加速度（加速度是速度的变化率）。

（1）发动机转动变化监测　失火监测，以发动机转动变化为监测基准。转动变化的监测是由安装在曲轴上的脉冲发生器与曲轴角度传感器，以脉冲发生器齿间隔30°在每个区间进行的（脉冲发生器齿间隔在部分车辆上会存在差异）。

如果发生失火现象，会因无法获得正常扭矩，而使发动机的转动发生变化。发动机的转动变化是以发动机转动时间变化来体现的。发动机的转动时间，如图3-30所示，由PCM以30°的间隔随时进行检测，这个数值就是失火监测用数值。

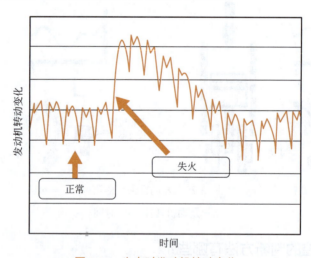

图3-30　失火时发动机转动变化

（2）发动机转动时间监测后的失火监测流程　监测的发动机转动时间是根据失火的程度实现的（也就是说，是1个气缸连续失火，单次失火，还是无失火状况），虽然可以知道回转变化多少有差异，但是只从转动时间来区分在什么地方失火是很困难的。因此，需要通过明确各种失火情况而产生不同的转动变化特性，将此作为检测失火的必要信息。各种情况下发动机的转动情况见图3-31。

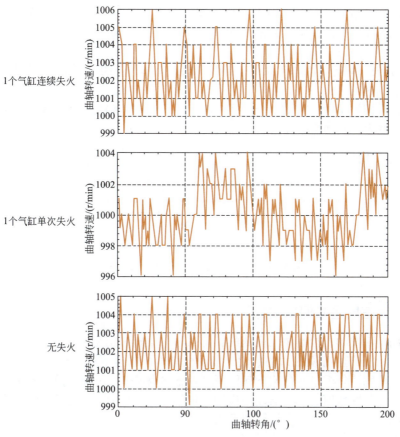

图 3-31　各种情况下发动机的转动情况

142. 如何判断失火类型？

失火监测应依据法规规定。作为失火的监测要件，在 OBD 系统中，主要监控给三元催化器造成损坏的失火和引发排气恶化的失火。失火分为两个类型：A 类失火和 B 类失火。与 B 类失火判定相比，发生 A 类失火时，情况都会比较紧急而且严重。

（1）A 类失火判定　检测造成三元催化器损坏的失火：因温度上升会导致三元催化器热老化的失火（图 3-32）。根据发动机每转 200 转时的整体失火率判定失火。

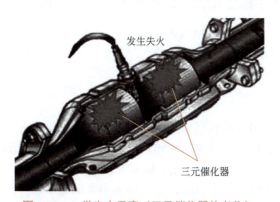

图 3-32　A 类失火示意（三元催化器热老化）

对于多缸发动机（六缸和八缸发动机）发生失火，PCM 可以关闭两个缸来防止三元催化器损坏。而后 PCM 会尝试重新启用关闭的气缸，如果失火不再存在，则使其重新投入工作。

（2）B 类失火判定 因恶劣状况会导致排放气体超过 OBD 规格值的失火（图 3-33）。B 类失火判定，这类失火主要影响排放性能。是根据发动机动每转 1000 转时的整体失火率判定失火。如果排放超标，在第二个循环中将点亮发动机故障灯，如果第三个循环没有监测到更多的失火发生，发动机故障灯自动熄灭。

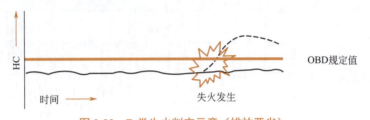

图 3-33 B 类失火判定示意（排放恶劣）

143. 失火信息是如何采集的？

失火识别是由发动机控制单元完成的，可通过采集转速信号来识别燃烧不良的气缸。监测发动机时，为了产生有说服力的数值，发动机必须在怠速下运行至少 3min 以上甚至更长的时间。怠速平稳性分析只在怠速下起作用（冷态或热态），可识别单个燃烧不良的气缸。个别气缸运转平稳性数值的偶然波动可以通过详细观察来识别。对于理论上均匀燃烧的发动机，运转平稳性数值为 0（所有气缸的平均值）。例如，点火缺火、空气过剩、混合气浓度偏差、燃油供应故障、压缩压力不足都可能导致运转平稳性数值升高。

因此不能确定准确的调节极限。借助曲轴传感器可以在增量轮上测量发动机转速。除了转速信号采集外，还可监控发动机的运行平稳性（点火失火识别）。为进行点火失火识别，增量轮在发动机控制单元中根据点火间隔（2 个点火过程之间）被划分成多个扇形区，发动机控制单元测量各个扇形区的周期持续时间并进行统计分析，为每个特性曲线值存储了运行不稳定的最大允许值（作为发动机转速、负荷和冷却液温度）。如果在一定次数内的燃烧时超过这些数值，则为一个被识别成有故障的气缸存储一条故障代码作为存储记录。

144. 发动机运行平稳性和失火怎样识别？二者之间有什么关系？

（1）发动机运行平稳性数值和失火识别 发动机安静、无故障地运行以及在发动机的大部分转速范围内均无振动时，称为运行平稳性。受制于结构设计，6 缸发动机由于惯性力均衡，其运行平稳性原则上高于 4 缸发动机。但运行平稳性主要取决于燃烧动力，而非惯性力，燃烧不均匀时尤其会产生运行不稳定现象。因此，发动机控制系统具有运行平稳性控制功能。

通过曲轴位置传感器识别曲轴的转动速度变化。在各个气缸中每次引爆/燃烧混合气时，均会稍稍加速曲轴，并在换气期间又再次将其稍微制动。如果加速力增加，则怠速转速也会增加，直到加速和制动之间重新达到平衡。针对 8 缸发动机，在 2 个工作周期（720°曲轴）内进行 8 次燃烧，即每次燃烧可以分配到 90°曲轴角度的扇形区。因此，燃烧周期可以分配给各个气缸，并可以相互比较。6 缸发动机示例：720 除以 6 等于 120，即 120°曲轴由平均值和较高加速度的偏差可得到正的运转平稳性数值。由平均值和较高减速度的偏差可得到负的运转平稳性数值。

一个周期（720°曲轴）的运转平稳性数值总和在转速恒定时为值 0。实际上，会出现与总和值 0 较小的偏差，这又会重新导致几乎难以察觉的小转速波动。

怠速时的运转平稳性数值不超过一定值，仍处于正常范围。

例如某发动机，当所有气缸值按相似的数量级变化时，这些值介于 −7 ～ +7 之间，仍处于正常范围并且未察觉到偏差。当气缸 7 值接近 0 并且只有一个气缸值达到 5 ～ 7 时，已经可以察觉到偏差。运行不稳定尤其会因为下列原因而出现。

❶ 喷油量偏差、混合气浓度偏差（喷油嘴故障）。
❷ 不同的气缸进气（例如进气道积炭、过剩空气）。
❸ 不同的压缩、缺少压缩。
❹ 缓慢地燃烧（火花塞、点火线圈）。
❺ 不一致的气缸列增压（废气涡轮增压器）。

当出现上述原因导致熄火时，运行平稳性尤其差。

（2）发动机运行平稳性数值和熄火之间的关系 基于 OBD 的规定，必须在特定的发动机运行状态下精确地识别到熄火。但不是直接识别到熄火（例如通过气缸内的压力传感器），而是间接通过运行平稳性数值的变化进行识别，超出一定的运转平稳性数值后推断出存在熄火。

失火识别计数器在预定的测量周期内统计识别到的熄火次数。当计数器超过一定极限值时，也就是说在测量期间存在多个高运转平稳性数值，可从中得出，熄火是运行不稳定的原因（最有可能的故障原因，如存在不利的废气值，或存在废气催化转换器可能损坏的危险）。因此在相应的气缸上将断开燃油输入。存储类型为"识别到气缸 1 熄火"的故障。

> **🔧 维修提示 🚗**
>
> 当出现不至于影响到废气值的机械问题时，通过运行平稳性数值间接识别熄火也会导致熄火的错误识别。例如：增压空气引导系统中的故障会造成运行不稳定，而不存在废气危害。基于此原因，根据 OBD 要求解释发动机控制中的熄火识别以及与此相关联的故障存储；反之可能已经存在有关发动机运行不稳定的，但是有关熄火的相应故障尚未存储。

145. 曲轴轴向间隙大会导致发动机熄火吗？

以捷达轿车为例。某捷达轿车，一抬离合器踏板，发动机便熄火，熄火后再次启动发动机也很顺利。偶尔着车，发动机伴有异响。

❶ 执行故障诊断仪检测，发现发动机控制单元存储"G28 偶发故障"故障信息，根据车辆故障表现，可判断应该是发动机机械故障所致。从简维修，更换 G28，发动机转速传感器无效，故障依旧。

❷ 用撬棍将曲轴向变速器方向撬，发现曲轴的轴向间隙很大，大概能达到 6mm 左右。拆检发动机，发现曲轴轴向止推垫掉入油底壳中，气缸体的轴向止推垫部位已经严重磨损。

可判断故障主要在气缸体或者曲轴损坏、移位，轴向止推垫等零部件也严重损坏，导致该车这样的故障表现。

由于曲轴轴向间隙过大，曲轴的轴向窜动使得 G28 远离靶轮，从而导致发动机转速信号中断，控制单元无喷油点火指令输出，造成发动机熄火。

146. 怎么检查和排除启动困难故障？

（1）故障概述　以宝马轿车为例。一辆宝马 318i 轿车启动困难，该车装配 N46 发动机，长时间停放车辆后，第一次打火不能启动发动机。但如果熄火后立即再次启动即可着车。

（2）故障诊断

❶ 执行故障诊断仪检测，无有效故障码。检查燃油、点火、进气密封性和缸压，均正常。

❷ 观察数据流发现，进气门升程为接近最大值。进气歧管压力为 54kPa，明显低。

（3）故障分析

❶ 进气歧管压力低于 100kPa 的大气压力，说明发动机系统启用应急模式，电子节气门已进行节流控制。

❷ 发动机系统启用应急模式，节气门开度则由 18% 降至 3%，进气门升程由原来的近 1.5mm 迅速下降，此时发动机剧烈抖动，导致熄火。

（4）故障点确定和排除　进气门升程的下降或许还不至于使发动机不着车，但进气门积炭过多，气门运行就会受到影响，难以达到启动着车标准，进气门背部积炭过多，导致进气门升程受阻，发动机初次启动熄火。清洗进气系统，故障排除。

147. 怎么检查和排除低速熄火故障？

（1）故障概述　以宝马轿车为例。一辆宝马 523Li 轿车，配置 N52 发动机，低速行驶熄火，重新启动发动机，着车顺利。

（2）故障诊断

❶ 执行诊断仪检测，故障码为 1F0525——发动机控制模块内部故障，相对燃油质量可信度监控错误。

❷ 清除故障码，故障依旧。

❸ 检查燃油箱及燃油供给系统部件，正常。

❹ 考虑故障发生在进气系统，检查空气滤清器，发现空气滤清器安装不合适，漏气。

（3）故障分析　空气滤清器没有装好，在车辆低速行驶时发动机控制模块对进气流量计算不准，导致发动机时常熄火。

（4）故障排除　装好空气滤清器，故障排除。

148. 怎么检查和排除发动机无法启动？

（1）故障概述　以宝马轿车为例。一辆宝马 523Li 轿车，底盘型号为 F18，配置 N52 发动机，发动机无法启动。

（2）故障诊断

❶ 进行常规检查，排除了电器部件和控制电路发生故障。

❷ 检查发动机机油油质和油位，正常。

❸ 执行故障诊断仪检测，有凸轮轴位置不可信的故障信息。清除故障码，故障依旧。

（3）故障排除　更换进气凸轮调节装置，故障排除。

149. 怎么检查和排除前氧传感器导致的故障？

（1）故障概述　以宝马轿车为例。一辆宝马 523Li 轿车，配置 E60 底盘，搭载 N52

发动机，怠速不稳且抖动明显。

（2）检查诊断　执行故障诊断仪检测，没有故障码。从空燃比监控数据流可以看出，气缸列1前氧传感器前信号明显低于2V（正常时应约为2.0V），后氧传感器信号为0.12V（正常时应约为0.7V），这就可判定气缸列1的混合气偏稀，导致故障的原因就是气缸列1三元催化转换器前氧传感器性能不良。

（3）故障分析　由于气缸列1三元催化转换器前氧传感器性能不良，导致信号过低，发动机控制模块认为混合气过稀，于是通过增加喷油量与进气量和提前点火时间等方式来调节混合气浓度，反复调节便出现怠速转速忽高忽低的现象，通常称为"游车"现象。

（4）故障排除　更换前氧传感器，删除调校值，故障排除。

150. 怎么检查和排除废气管漏气导致的故障？

（1）故障概述　以宝马轿车为例。一辆宝马760Li轿车，底盘型号为E65，搭载的N73发动机，怠速抖动，加速无力。

（2）诊断检查

❶ 执行故障诊断仪检测，故障信息显示2缸工作不良。清除故障码，重新启动车辆，该故障码再次出现。

❷ 继续查询DME2控制模块的故障信息，内容为8缸工作不良，也存在缺火故障。

❸ 导致气缸工作不良的原因涉及多个系统，此车燃油压力正常，点火线圈和火花塞也正常。

（3）故障确定与排除　检查气缸压力和是否漏气。该发动机的结构非常复杂，必须拆卸进气歧管才能测量气缸压力。在检查过程中，发现有曲轴箱废气管没有插牢，有可能导致发动机怠速不稳。将其重新插牢，测量各缸压力，均正常，故障彻底排除。

带有电子气门装置的发动机对漏气是非常敏感的，这是因为进气量通过进气门直接控制，进气歧管内部接近于真空，一旦漏气便会对混合气造成影响，影响气缸内部燃烧，导致发动机工作不良。发动机控制模块识别到此故障后，便会判断为失火故障，以防止三元催化转换器损坏。

151. 怎么样检查怠速电磁阀？

发动机配置旋转阀芯式怠速电磁阀，它由两个线圈组成，能够实现正、反方向转动。该电磁阀线束插头有三个端子，其中一个是供电端子，另外两个是控制端子，与发动机控制模块相连。

怠速电磁阀的阀芯卡滞，导致发动机进气量过少，怠速转速偏低，挂挡极易熄火。每次清洗节气门时最好对怠速电磁阀进行清洁。

152. 怎么检查和排除挂挡起步熄火故障？

（1）故障概述　以宝马轿车为例。某宝马轿车，底盘型号为E39，配置M54发动机。发动机挂挡起步时，经常熄火。当发动机熄火后，重新进行启动，需要踩下加速踏板才能维持怠速。

车辆静止不动加速，性能基本正常，这样的情况，故障与燃油供给系统无关。根据这种故障表现，与进气系统有很大关系，因为怠速转速过低通常与怠速电磁阀工作不良有关。可以使用诊断仪对怠速电磁阀进行测试，判断其性能是否良好。也可采用晃动怠速电磁阀的简单方法来检查阀芯是否灵活。

（2）检查和排除

❶拆下空气滤清器的壳体，拆卸在进气歧管下方的怠速电磁阀检查，工作腔有很多油渍，阀芯被卡滞不动。

❷清洗怠速电磁阀和电子节气门。

❸装配完好后，启动发动机，故障消失。

153. 智能蓄电池传感器的作用是什么？

智能蓄电池传感器安装在蓄电池的负极接线柱上，具有自诊断功能。

智能蓄电池传感器记录蓄电池的电流、电压和电极温度，评估蓄电池的充电和健康状态指标，平衡蓄电池充电、放电电流，监控车辆休眠电流，监控充电状态并在电量不足时向发动机控制模块传输相关数据。若智能蓄电池传感器性能不良，则充电系统受到影响，造成发动机怠速不稳。

154. 怎么检查和排除怠速"游车"故障？

（1）故障概述　某宝马轿车，配置N52发动机，启动发动机后，怠速开始来回"游车"，约几分钟后故障消失。

（2）检查和排除

❶执行故障诊断仪检测，无故障码。

❷检查进气系统炭罐、管路及相关连接件，无异常。

❸用万用表测量故障状态下的充电电压，发现充电电压不稳定。当拔下发电机的线束插头时，故障症状消失。

❹判断发电机系统存在问题，用示波器检测智能蓄电池传感器的LIN线信号，发现波形不正确。更换智能蓄电池传感器，故障消失。

155. 怎么检测冷却液温度传感器？

（1）线路电压检测

❶拔下传感器线束插头，打开点火开关，测量插头上的电压，应为5V左右。

❷测量电脑端的输出电压，也应为5V。

❸将线束插头接好，启动发动机，将发动机逐渐升温，测量传感器侧两端子之间的电压，应在0.5~4V之间变化，温度越低时电压越高；温度越高时电压越低。

（2）传感器线路检测　拔下冷却液温度传感器线束插接器及发动机控制单元端子，测量两个端子与电脑相应端子之间有无断路，对地有无短路，是否阻值过大等故障，若有则应维修或更换相关线束。

156. 怎么检测曲轴位置传感器？

通用别克轿车曲轴位置传感器检测方法如下。

❶关闭点火开关，断开曲轴位置传感器插头，测量传感器的1端与2端之间电阻应为400~600Ω（图3-34）。如果不在此数值范围，可判定曲轴位置传感器本身存在故障，应更换传感器。曲轴位置传感器的两根信号线与屏蔽线是绝缘的。

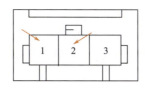

图 3-34　别克凯越 1.6L 曲轴位置传感器插头

❷ 打开点火开关，测量两根信号线对搭铁电压应为 1.4V，这是发动机控制单元在信号线上的预置电压。在启动起动机时，测量曲轴位置传感器的信号电压应接近 1.6V（图 3-35）。如果传感器内部、信号线路、发动机控制单元内部开路或短路，都会造成电脑无法接收曲轴位置信号，从而引起发动机无法启动。

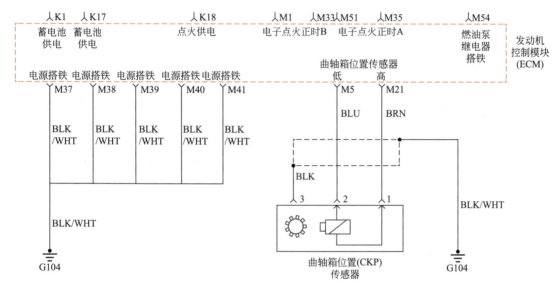

图 3-35　别克凯越 1.6L 曲轴位置传感器电路

157. 凸轮轴位置传感器与点火是什么关系？

发动机电脑根据凸轮轴位置信号和曲轴位置信号，控制 4 个气缸按照 1、3、4、2 的顺序进行喷油。当发动机电脑接收不到凸轮轴位置信号时，就按照 1、4 缸同时喷射，2、3 缸同时喷射的方式控制喷油。因为点火线圈产生双火花，所以发动机仍能启动并运转，此时爆震控制关闭，点火提前角推迟，输出功率下降。

158. 怎么检测爆震传感器？

爆震传感器在发动机振动时产生交流信号，在发动机没有爆震时，交流信号电压约为 0。爆震传感器信号的振幅和频率受发动机的爆震强度决定，信号电压一般为 0.3～5V。

发动机控制单元内含有一个爆震滤波器模块，能够把来自爆震传感器的信号与发动机正常噪声信号进行比较，噪声信号的大小是发动机控制单元已知的，并且取决于发动机转速和负荷（图 3-36）。通过比较，如果偏差过大，就判定发动机发生了爆震，从而精确判定爆震状况。

别克某车型轿车压电式爆燃传感器的检测方法如下。

（1）检测传感器的电阻值　关闭点火开关，拔下传感器的 1 芯插头，用万用表电阻挡测量 1 芯插头与传感器外壳之间的电阻，此值应为∞；否则，说明传感器已损坏，应及时更换。

（2）检测传感器的信号电压　拔下传感器的导线插头，当发动机怠速运转时，用示波器检测爆震传感器的信号端子与搭铁端子之间是否有脉冲波形电压的输出。若没有，则说明传感器有故障，应及时进行更换。

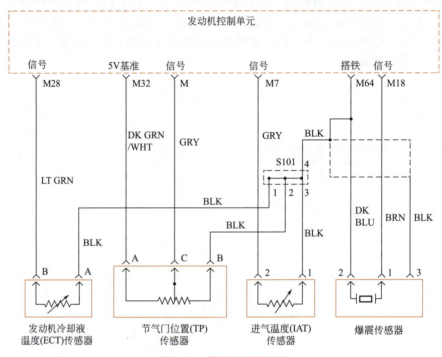

图 3-36　爆震传感器电路

159. 怎么进行氧传感器反馈电压测试？

（1）万用表检测　氧传感器达到工作温度 350℃ 或启动后以 2500r/min 的转速运转 3min，对氧传感器的输出电压进行测试，也就是发动机热车至正常工作温度且稳定运转时，在接线正常情况下，用万用表检测氧传感器信号线（灰色和黑色）间电压，应在 0.1～0.9V 跳变周期快速波动。

（2）用故障诊断仪检测　将发动机热车至正常工作温度，观察"氧传感器电压"项显示数值，应在 0.1～0.9V 跳变周期快速波动。

160. 怎么用电压判断氧传感器故障？

❶使用氧化锆加热型氧传感器，混合气在接近理论空燃比时，输出 0.45V 电压。
❷尾气稍微偏浓时，输出电压就突变为 0.6～0.9V。
❸尾气变稀后，输出电压突变为 0.3～0.1V。
❹电压值为 0、0.4～0.5V、1.1V 的恒定值时，说明氧传感器线路出现故障。

161. 怎么进行氧传感器加热器电阻检测？

用万用表电阻挡（欧姆挡）测量氧传感器接线端中加热电阻接柱（白色）与搭铁接柱（白色）之间的电阻，其阻值在20℃时为1～6Ω或12Ω（具体车型和参数要参考车型手册）。电阻值若为∞，则是加热电阻烧断，如果不符合标准，应更换氧传感器。

162. 电动燃油泵是怎么运行的？

燃油泵（总成）在燃油箱内，只要发动机工作，使发动机控制单元接收到来自曲轴位置（CKP）传感器的基准脉冲信号，控制单元就通过其相关端输出控制电压，使燃油泵继电器动作，其输出电压再通过熔丝盒向燃油泵电机供电，燃油泵开始工作，燃油系统输送压力燃油。

163. 电动燃油泵继电器动作电路和工作电路是怎样的？

别克凯越 1.6L/1.8L 燃油系统电路见图 3-37。

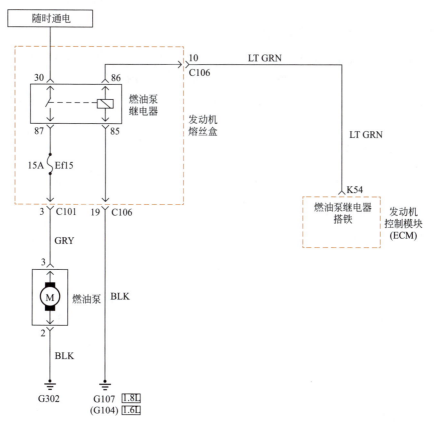

图 3-37　别克凯越 1.6L/1.8L 燃油系统电路

（1）燃油泵继电器动作电路　发动机控制单元 K54 端→1 号蓝/绿色线→发动机熔丝盒（此时，熔丝盒内 C106/10 端→燃油泵继电器 85 号和 86 号角→熔丝盒的 C106/19 端）→2 号黑色线→搭铁线。

（2）燃油泵工作电路　发动机熔丝盒（此时，熔丝盒内 BAT 电源→燃油泵继电器 30 号和 87 号角→熔丝 Ef15→熔丝盒 C101/3 端）→3 号灰色线→燃油泵电机→4 号黑色线→搭铁。

164. 怎么检查燃油泵电机故障？

❶ 燃油泵工作时应有泵转动声音，如果在点火开关打开时候，燃油泵没有"嗡嗡"工作声音，则要进行进一步检查。

用测试灯测量燃油泵熔丝，在打开点火开关的2s内，应有12V电压。否则，检查燃油泵继电器和相关电路。

在燃油泵继电器及相关电路正常的情况下，燃油泵没有运转声音，也没有输出油压，则可以判定燃油泵本身已经损坏，应更换燃油泵。

❷ 在燃油泵熔丝满足测试要求时，继续测试油箱燃油泵插头的3端的灰色线，应与燃油泵熔丝有相同的测试结果，即在打开点火开关的2s内，应有12V电压。

❸ 测量燃油泵插头2端的黑色线，应与搭铁导通。如果不通，应检查电路（开路）故障。

❹ 检查发动机控制单元的K54端，在打开点火开关2s内或启动起动机时继电器应能够输出12V电压，如果此时没有12V电压输出，可以判定发动机控制单元有故障。

165. 怎么用传统的方法测试喷油器？

检查喷油器外部线束的连接可靠性，接着用试灯检视。将12V的试灯接在喷油器插接器的两个端子之间，然后启动发动机，观察试灯的闪亮变化情况，如果试灯闪亮，则表明喷油器控制电路连接正常，否则说明线路或电脑（ECU）有故障。但试灯要视喷油器线圈电阻型号而选用。

166. 怎么测试喷油器单体？

喷油器单体性能的好坏，可通过单独向喷油器供电的方法进行单体检测。将12V电源接入喷油器接线座的一个端子上，另一端子搭铁后再断开，如此重复，此时监听喷油器的动作响声。如果每次在搭铁时，能听到喷油器发出的清脆"咔嗒"声，则表明喷油器通电良好，否则应判断喷油器有故障，需进行更换。

167. 怎么用断油（缸）方法测试喷油器？

发动机在怠速工况状态下逐一拔下与喷油器接线座相连的插接器时，发动机转速有明显下降的感觉，则判断该喷油器性能良好，如果发动机转速和性能没有任何变化或变化极微弱，则该喷油器出现故障。

逐缸断火测试，通过测量CO浓度的变化来判断哪一个喷油器漏油。因为某缸断火时，被压缩的混合气没有燃烧就排出来，应该是HC浓度增加，CO浓度基本不变化。而漏油的喷油器是决定CO浓度的主要喷油器，如果断火的那一缸测出CO浓度下降较明显，则说明该缸的喷油器漏油。

168. 怎么测量喷油器电磁线圈阻值？

首先断开点火开关，使用万用表的欧姆挡检查喷油器两个接线端子之间的电阻值，看其是否与标称电阻值相符。但须注意不同车型所配用喷油器的型号不相同，一般情况下电流驱动型的喷油器的电阻值在3Ω左右，而电压驱动型的喷油器的电阻值在11～13Ω附近。如果检测的电阻值与参考值相差很大，那么可以判断喷油器出现故障。

169. 喷油器控制电路是怎样的？

高电阻抗型喷油器是用 12V 电压驱动的，其电磁线圈电阻较大，为 12～16Ω，高电阻喷油器由于电流小，使用可靠，现代车型被广泛应用。捷达车喷油器就属于高电阻喷油器，如果某个喷油器不工作，那么很可能发生冷启动性能差、怠速不稳、加速性能下降、功率下降。

捷达喷油器控制电路如图 3-38 所示。喷油器电磁线圈的 1 号针连接 +12V 电压，2 号针通过控制单元接地，控制单元按点火顺序控制 4 个喷油器电磁线圈接地并控制接地的持续时间，执行不同的喷油量。蓄电池电压波动会对喷油量精确性带来影响，因为电压低会使开启时间增加，电压高会使喷油器开启时间减少，控制单元会根据蓄电池电压自动补偿开启时间。

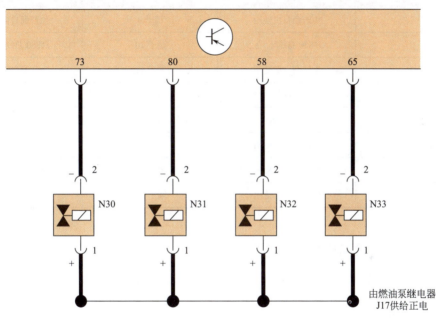

图 3-38　捷达喷油器控制电路

170. OBD-Ⅱ维修有哪些关键要点？

由于汽车生产商不断地更新和改进其发动机控制系统，市场上有各种不同的国产和进口系统。不同生产商，以及同一个生产商的不同车型、相同车型不同生产时间的车载诊断数据的读取和系统维修方法都有所不同。这就是为什么在进行维修诊断时，必须使用相应维修手册的原因。

但是，现在已经制定了标准，要求对所有车的电控系统采取一个标准化的测试步骤，这就是通常说的 OBD-Ⅱ，在该系统中，车辆会采用相同的术语、缩写及元件的定义描述。同样，执行相同的诊断步骤，可显示相同的故障码。

无论生产商是否相同，OBD-Ⅱ系统的大部分故障码都可以用来显示相同的故障。而有一些故障码仅仅对应一个特定的系统，或者各个系统代表不同的含义。故障码是一个五位数的代码，同时含有数字和字母。诊断接口端子见图 3-39，端子含义见表 3-4。

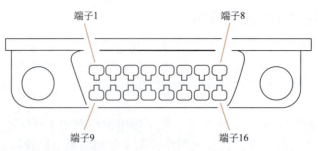

图 3-39 诊断接口端子

表 3-4 端子含义

端子	含义	端子	含义
端子 1	生产商自由使用	端子 9	生产商自由使用
端子 2	J1850 总线（+）	端子 10	J1850 总线（-）
端子 3	生产商自由使用	端子 11	生产商自由使用
端子 4	车身接地	端子 12	生产商自由使用
端子 5	信号接地	端子 13	生产商自由使用
端子 6	生产商自由使用	端子 14	生产商自由使用
端子 7	ISO 9141-2 "K" 线	端子 15	ISO 9141-2 "L" 传输线
端子 8	生产商自由使用	端子 16	蓄电池

171. 传感器自诊断原理是什么？

水温传感器、节气门位置传感器、进气歧管压力传感器、进气温度传感器等向 ECU 输入模拟信号的传感器，正常情况下，向 ECU 输入的信号电压值，都有一定的变化范围。通常采用监测其输入的信号电压值是否在规定的范围内来确定其是否有故障，若传感器输出的信号电压值多次偏离正常工作范围且持续一定时间，ECU 便认为该器件或电路发生了故障，把这一故障以代码的形式存入内部随机存储器，并同时点亮仪表板上的故障指示灯。

水温传感器正常工作时，其输出信号电压值在 0.1～4.8V 范围内变化。如果水温传感器输入电压信号低于 0.1V 或高于 4.8V，ECU 监测到电压值超出规定范围且持续一段时间不消失时，即判定水温传感器有故障，自动将代表水温传感器故障的代码存入随机存储器，并点亮故障指示灯。

传感器的故障自诊断基本原理见图 3-40。

❶ 氧传感器与空燃比反馈控制系统、爆震控制系统等控制所依据的参数是在不断变化的，因此这些信号变化的快慢也反映了传感器是否存在故障。

❷ 当某传感器的输出信号变化过慢、在一段时间内不发生变化、保持高于或低于某一值超过了一定时间时，ECU 将判定该传感器有故障。

❸ 对偶尔出现的一两次或几次信号数值的偏离和丢失，ECU 则不认为是故障，也不存入存储器内。

❹ 氧传感器在正常工作时，其输入电压应在 0.1～0.9V 内波动不少于 8 次 /10s。如果 ECU 在 1min 以上检测不到氧传感器的输出信号或氧传感器信号在 0.1～0.9V 间 1min 以上没有变化，即判断为氧传感器电路有故障，并设定相应的故障码。

❺ 发动机以 1000r/min 的转速运转，当转速传感器丢失了 3～4 个信号脉冲时，ECU 不会判定是转速传感器发生了故障，故障指示灯不会点亮，相应的故障码也不会存入存储器内。只有信号脉冲丢失持续一定的时间，ECU 才认为是故障。

❻ 故障信号的出现不只是与传感器或执行器本身出现的故障有关，而且还与相应的配线电路故障有关，电子控制系统的各种传感器和执行器都是如此。

❼ 在 ECU 判断出某一电路故障时，只是提供了故障的性质和范围，最后要确定是传感器、执行器还是相应配线故障，应进一步检查配线、插头、ECU 和相关元器件。

❽ 对于执行器（如喷油器、点火器、怠速控制阀等）故障，有的能被 ECU 检测出来，有的则不能，依车型的控制软件设计而异。

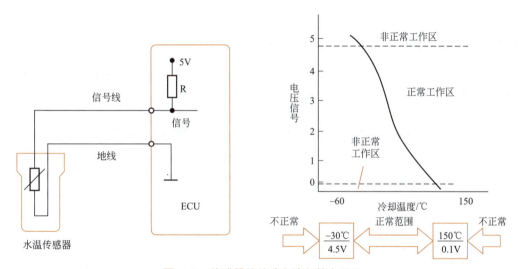

图 3-40 传感器的故障自诊断基本原理

172. 水温传感器故障是怎样设置的？

当水温传感器与 ECU 之间的导线出现断路时，+5V 电压通过内设电阻 R 直接送入 A/D 转换器，ECU 监测的信号电压会高于 4.8V（近 5V），ECU 也会判定水温传感器有故障。同理，当水温传感器与 ECU 之间的导线出现搭铁短路时，输入 A/D 转换器的信号电压为 0，ECU 监测到信号电压低于 0.1，也会判定水温传感器有故障。当传感器发生故障时，其信号不能作为发动机的控制参数使用，ECU 从程序存储器中调出某一固定数值作为发动机的应急参数，以维持发动机的运转。

例如，发动机水温传感器发生故障时，ECU 将启用代用值固定为 80℃；进气温度传感器发生故障时，可将进气温度设定为 22℃。或者，ECU 另用与其工作性质相关器件的信号参数值代用。又如，进气流量传感器损坏后，ECU 则用节气门位置传感器的信号参数值来代用。

水温传感器电路控制示意见图 3-41。

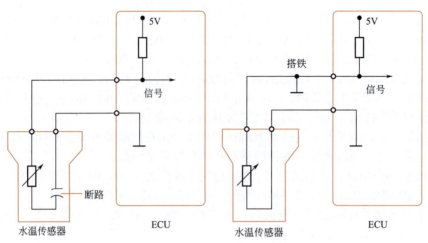

图 3-41 水温传感器电路控制示意图

173. 汽车常用控制单元地址是哪些？

以大众汽车为例。发动机控制单元（地址 -01）；自动变速器控制单元（地址 -02）；ABS 控制单元（地址 -03）；空调控制单元（地址 -08）；安全气囊控制单元（地址 -15）；组合仪表（地址 -17）；Gate-way 系统（地址 -19）；电子防盗止动器（地址 -17 或 25）；有记忆功能的电动座椅（地址 -36）；舒适系统控制单元（地址 -46）；收音机（地址 -56）。

174. 怎么对控制单元进行编码？

以大众汽车为例。

（1）对大众汽车执行故障诊断仪检测　使用 07 功能给控制单元编码。

连接好自诊断仪器，打开点火开关，进入相对应的电控系统，用 07 功能进行编码。进入地址 ××，选择 07 功能，输入相对应的控制单元编码 ××××× 后，用 Q 键确认。

（2）各电控系统控制单元编码

❶ 发动机控制单元 [地址 -01，功能 07- 编码（控制单元的零件号）]。

❷ 自动变速器控制单元（地址 -02，功能 07- 编码 00000）。

❸ ABS 控制单元（地址 -03，功能 07- 编码 01025/21505/13313）。

❹ 空调控制单元（地址 -08，功能 07- 编码 01000/01100）。

❺ 安全气囊控制单元（地址 -15，功能 07- 编码 12622/12874/12875）。

❻ 组合仪表（地址 -17，功能 07- 编码 05122/05123/01102/05102）。

❼ Gate-way 系统（地址 -19，功能 07- 编码 00006 或 00007）。

❽ 舒适系统（地址 -46，功能 07- 编码 04096/04097/00256/257/258/259）。

❾ 收音机（地址 -56，功能 07- 编码 00001/00003/00401/00403）。

175. 故障诊断仪无法进入发动机系统是什么原因？

（1）故障信息　某自动变速器轿车，发动机启动后，仪表盘上发动机故障指示灯、ABS 故障指示灯、安全气囊故障指示灯、动力转向故障指示灯等均点亮，用诊断仪无法进入发动机电控系统。

（2）分析原因　有多个故障灯点亮时，一般故障出在通信网络或者通信相应部件。应该先从 CAN 总线开始检查。从 16 脚诊断头上分析总线 CAN-H（6）和 CAN-L（14）之间的电阻，查看是否为 60Ω 左右，同时其对电源搭铁都不应该导通，可以从自诊断接口来检查电阻及找出有无断路或短路，或用断开集线器的办法，快速找到故障点。

176. 发动机控制单元自诊断功能有哪些？

（1）发现故障　输入到微处理器的电平信号，在正常状态下有一定的范围，如果这个参考范围以外的信号被输入时，ECU 就会诊断出该信号系统处于异常状态。例如，发动机冷却液温度信号系统规定在正常状态时，传感器的电压为 0.08～4.8V（-50～139℃），超出这一范围即被诊断为异常。

（2）故障分类　当 ECU 工作正常时，通过诊断，用程序检测输入信号的异常情况，再根据检测结果故障按重要性分类。

（3）故障报警　一般通过仪表板上报警灯的闪亮来向车主报警。

（4）故障存储　当检测故障时，在存储器中存储故障部位的故障码。

（5）故障处理　在汽车运行过程中如果发生故障，为了不妨碍正常行驶，由 ECU 进行调控，利用预编程序中的代用值进行计算以保持基本的行驶性能，待停车后再进行相应的检修。

177. 发动机控制单元如何识别传感器故障？

（1）电压型故障的识别　传感器的输出一般为电压信号，通常将传感器输出的电压信号作为故障诊断参数。当传感器内部发生短路或断路，或传感器与 ECU 之间的线路发生搭铁或断路时，其输入 ECU 的信号电压超出正常范围。

如果 ECU 接收传感器异常电压信号持续超限一定时间后，则将其判断为故障。

（2）时间型故障的识别　由于传感器信号电压一般都保持在某一时间范围内，当时间超过一定时限将被 ECU 辨认为故障的情况。ECU 根据传感器信号变化的快慢、保持高于或低于某一值的时间是否超过某一时限，判定传感器是否存在故障。

例如氧传感器，在过量空气系数 $\lambda<1$ 时，信号电压应为 1000mV；$\lambda>1$ 时，信号电压应为 100mV；$\lambda=1$ 时发生阶跃。

当在加速工况下该信号电压保持低于 600mV 的时间达到 15s，ECU 则认为该传感器信号电压偏低，判其为故障；在减速工况下，该信号电压保持高于 110mV 的时间达到 15s，ECU 认为该传感器电压偏高，判其为故障。

当传感器输出的信号电压在正常范围内，而且从时间上也检查不出其存在的故障时，ECU 采用多种推理方法或计算方法进行识别。

178. 发动机控制单元怎么判断执行器故障？

例如，某发动机点火系统，在正常情况下，ECU 每输出一个点火信号，电子点火器内的点火监测回路就及时收到一个点火正常反馈信号 IGf。当电子点火器回路中的功率晶体管由于某种原因不能发出正常的点火电压信号时，ECU 也就得不到点火正常反馈信号 IGf，一般 ECU 在连续 6 次得不到 IGf 的情况下，就会判定点火系统出现故障。

179. 怎样判断发动机控制单元本身的故障？

在发动机控制单元（ECU）内，设有相应的监控回路，目的是为了实现对自身的监测，当 ECU 检测到系统有故障时，将以故障指示灯提醒驾驶人。

ECU 正常运行时，其运行程序会对监视器内的计数器定时进行清零处理。这样，监视器中计数器的数值永远不会出现因计数满而溢出的现象。但当 ECU 出现故障时，ECU 便不能对这个计数器进行定时清零，致使此监视计数器出现溢出，在其输出端输出一个高电平，据此可判定 ECU 故障。

180. 发动机控制单元损坏的原因主要有哪些？

❶ 供电电压超出正常范围，超过 16V。
❷ 输出电压过大（短路）或电磁感应电压过高。
❸ 输入信号电压一般应低于 5V，如果过高就会导致控制单元损坏。
❹ 下雨天车辆涉水，ECU 进水会导致线路短路或腐蚀。
❺ 不正常搭铁导致外部线路短路，线路电流过载。

181. 怎么判断发动机控制单元是否损坏？

判断 ECU 损坏的通常方法是，在相关传感器信号都正常输入到 ECU 的情况下，ECU 却不能正确输出控制信号来驱动执行器，说明 ECU 存在故障。

例如，发动机无法启动，经过检查确定启动喷油线路上无驱动脉冲电压，而相关线路和其他启动信号正常输入到 ECU，此时判断为发动机 ECU 本身存在故障。

182. 怎么检修加速不良且仪表板显示异常？

（1）故障信息　以宝马轿车为例。一辆宝马 728i 轿车，配置 M54 发动机，车辆行驶过程中突然无法加速，仪表板的制动故障警告灯（带 "!" 号）、防滑警告灯处于常亮状态，液晶显示器显示 "ENGINE FAILSAFE PROG" 的故障信息。

发动机加速迟钝，尾气超标，发动机舱有汽油味，动态稳定控制功能失效。

（2）故障诊断仪检测　连接诊断仪进行自诊断，查询故障信息。

❶ 发动机系统存在故障码，且为永久性故障，无法删除。

故障码 172AC：加速踏板位置传感器（在 MDK 中）的电位计 1/2 信号线短路，滑环短路。

故障码 1116F：加速踏板位置传感器（在 MDK 中）的电位计 2 信号线对负极短路或断路。

故障码 169A9：发动机控制模块通过自诊断发现故障，之后将节气门控制端断开。

❷ 查询动态稳定控制系统的故障信息，故障码为 76：发动机控制模块未满足扭矩要求，故障当前存在。该故障信息说明动态稳定控制模块没有收到发动机控制模块的总线数据。

❸ 查询自动变速器系统的故障信息，故障码为 147：CAN 总线的节气门数据不可信，备用功能被激活，故障当前存在。该故障信息说明自动变速器控制模块没有收到发动机控制模块的总线数据。

（3）诊断分析与排除　综合以上故障信息，可初步判断故障原因是发动机系统工作不良，只要解决故障码 169A9 的相关问题，动态稳定控制系统和自动变速器系统的故障就会消失。故障码169A9与节气门控制功能有关。使用诊断仪查看电子节气门数据，基本正常。拆下电子节气门，发现结构比较特殊，既有拉线，也有电机和电位计。拔下电子节气门的线束插头，共有10个端子，如图3-42所示。

电子节气门内部的电机是一个电磁元件，它没有与节气门轴直接相连，而是在节气门轴相对的部位安装了一个铁块，当电磁元件通电时，节气门轴就会在磁力的作用下转动。检查该电机和电位计，都正常。在发动机舱右侧电控箱中找到发动机控制模块，它有5个线束插头，其中有一个52针黑色线束插头与节气门导线相连。经检查发现，52针黑色线束插头的一些端子有轻微的氧化现象。处理干净，装好发动机控制模块。清除故障码，试车，故障消失。

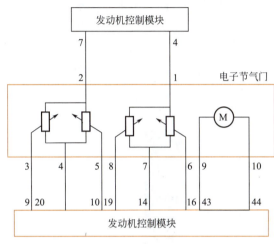

图3-42 电子节气门的线路图

183. 发动机热量管理系统是怎样的？

例如宝马某车型，发动机热量管理系统主要由发动机控制模块、电子水泵、电子节温器和电子散热风扇组成。这是一个电力驱动系统，发动机控制模块通过串行数据线对电子水泵、电子散热风扇进行控制。温度控制点是112℃（经济控制温度）、105℃（标准控制温度）、95℃（高级控制温度）。

电子水泵本身具有自检功能，能够诊断转速差、卡滞、冷却液浓度、气阻、24V启动等问题。电子水泵比较容易损坏，在诊断时若查到2E84、2E81（电子水泵转速差）或2E82（电子水泵过电流关闭）等故障码，说明电子水泵已损坏。

184. 怎么检修发动机温度过高故障？

（1）故障信息　以宝马轿车为例。某宝马730Li轿车，配置N52发动机，发动机启动着车后，其温度上升很快，仪表板显示"发动机温度过高，停止运转发动机"的警告信息。

（2）诊断与排除　用手触摸上、下水管，感觉上水管烫手，下水管很凉，类似节温器没有打开的现象。使用诊断仪进行自诊断，查询发动机系统的故障信息，故障码为2E84，内容为电子水泵通信故障。读取发动机的工作数据，冷却液温度（上水管温度）为102℃，下水管温度为62℃，可见上、下水管温差很大。

执行诊断仪的测试功能，对电子水泵进行驱动测试，发现电子水泵不运转。这样可以判断，有可能是电子水泵性能不良，在高温状态下便停止工作。更换电子水泵，故障排除。

185. 机油状态传感器主要测量哪些参数？结构功能是怎样的？

（1）测量参数　机油状态传感器扩展了温度油位传感器的功能。机油状态传感器测量下列参数。

❶机油温度。

❷油位。

❸电介质的电导率。

发动机控制系统分析这些测量参数。此外用机油状态传感器还可以确定发动机机油的电性能，这些特性随着发动机磨损以及发动机机油变化（例如老化、混入杂质）而变化。

（2）结构和功能　机油状态传感器固定在油底壳上，可从下部拆装。在所有新型发动机系列上都不再存在油尺（柴油发动机除外）。规定对所有发动机进行电子油位检查。

机油状态传感器（图3-43）由两个圆柱形电容器组成。两个电容器上下重叠布置，两根金属管交错插接，用作电极。位于电极之间的机油用作电介质。

图 3-43　机油状态传感器

1—用于测定液位的量管；2—温度传感器；3—3 芯插头连接

维修提示

位于电场中的不导电物质被称为绝缘体。电容率也被称作导电率。电容率说明物质的电场穿透性，该系数说明，电容极板之间排列有介电的、不导电的材料时，电容器上的电压降多大。

温度传感器位于机油状态传感器的壳体上。在机油状态传感器的壳体中有一个电子分析装置，此电子分析装置具有自诊断功能。机油状态传感器的故障被输入发动机控制系统的故障码存储器中。

机油的电特性随着其损耗和老化而改变。由于机油（电介质）的电特性变化，电容器的容量发生变化。机油状态传感器内部结构见图3-44。

电子分析装置把测得的电容量转换成数字信号，然后将这个数字传感器信号发送到发动机控制系统，发动机控制系统将此信号用于内部计算（例如发动机机油中的冷凝水）。

为进行电子油位检查还需要测量油位。机油状态传感器上部的第二个电容器在发动机运转时探测油位。该电容器在油底壳中的油位高度上，因此随着油位的变化，电容器的电容也发生改变。电子分析装置由此生成一个数字信号，发动机控制系统由此计算出机油油位。中央信息显示器（CID）以及组合仪表显示电子油位检查结果。在不带 CID 的车辆上，只在组合仪表上显示油位。

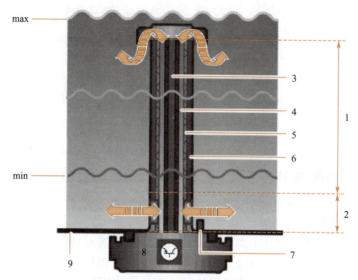

图 3-44　机油状态传感器内部结构

1—油位测量范围；2—电容率测量范围；3—内部电容器；4—电介质（机油）；
5—外部电容器；6—壳体；7—温度传感器；8—电子分析装置；9—油底壳

第四章
空调系统

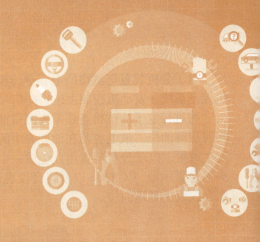

1. 汽车空调有哪些功能？汽车空调系统由哪几部分组成？

汽车空调，顾名思义就是调节车内的温度、湿度、气流速度、洁净度等指标参数，从而为人们创造清新舒适的车内环境。

（1）调节车内温度　调节车内的温度是汽车空调的基本功能，多数汽车空调只具有这种单一功能。汽车空调在冬季时用其采暖装置升高车内的温度。

（2）调节车内湿度　通过制冷装置冷却降温，除去空气中的水分，再由采暖装置升温以降低空气中的湿度。

（3）调节车内空气的流速　空气的流速和方向对人体的舒适性影响很大。夏季，风速稍大，有利于人体散热降温；但过大的风速直接吹到人体上，也会使人不舒服。舒适的风速一般为 0.25m/s 左右。冬季，风速大了会影响人体保温，因而冬季采暖希望风速尽量小一些，一般为 0.15～0.20m/s。

（4）过滤和净化车内的空气　汽车空调还有一个功能是过滤和净化车内的空气。由于车内空间小，乘员密度大，车内极易出现缺氧和二氧化碳浓度过高的情况；汽车发动机废气中的一氧化碳、道路上的粉尘和野外有毒的花粉都容易进入车内，造成车内空气污浊，影响乘员的身体健康，因此必须要求汽车空调具有补充车外新鲜空气、过滤和净化车内空气的功能。汽车空调装置都设有空气过滤装置或空气净化装置。

现代汽车空调系统由制冷系统、供暖系统、通风和空气净化装置及控制系统组成。

2. 汽车空调制冷系统由哪些部件组成？

汽车空调制冷系统由压缩机、冷凝器、储液干燥器、膨胀阀、蒸发器和鼓风机等组成。各部件之间采用铜管（或铝管）和高压橡胶管连接成一个密闭系统。

3. 汽车空调制冷系统的功能是什么？

汽车空调制冷系统通过外界能量的输入，使制冷剂在制冷系统内循环运转，产生汽车车厢内所需要的冷源。利用一套管路系统，把车内的热量通过一定的冷却介质加以转移。

4. 汽车空调制冷循环是怎么工作的？

汽车空调制冷循环，具体工作过程由以下四个部分组成。

（1）压缩过程　低温低压的气态制冷剂被压缩机吸入，并压缩成高温高压的制冷剂气体。该过程的主要作用是压缩增压，这个过程以消耗机械功作为补偿。在压缩过程中，制冷剂状态不发生变化，而温度和压力不断上升，形成过热气体。

（2）冷凝过程　制冷剂气体由压缩机排出后进入冷凝器。此过程的特点是制冷剂的状态发生改变，即在压力和温度不变的情况下，由气态逐渐向液态转变。冷凝后的制冷剂液体呈高温高压状态。

（3）节流膨胀过程　高温高压的制冷剂液体经膨胀阀节流降压后进入蒸发器。该过程的作用是使制冷剂降温降压、调节流量、控制制冷能力。其特点是制冷剂经过膨胀阀时，压力和温度急剧下降，由高温高压液体变成低温低压液体。

（4）蒸发过程　制冷剂液体经过膨胀阀降温降压后进入蒸发器，吸热制冷后从蒸发器出口被压缩机吸入。此过程的特点是制冷剂状态由液态变成气态，此时压力不变。节流后，低温低压液态制冷剂在蒸发器中不断吸收气化潜热，即吸收车内的热量后变成低温低压的气体，该气体又被压缩机吸入再进行压缩。

5. 空调制冷系统制冷过程中压力和温度是怎样变化的？

如图 4-1 所示是制冷剂的压力与温度的变化进程。可以把制冷剂在空调管道内的运行分为四种状态，它们分别是高温高压、高温低压、低温高压与低温低压。在管道内制冷剂也可以分为两种不同的物质状态，它们是气态与液态。要特别注意的是，进入压缩机内的制冷剂必须是气态的，否则会损坏压缩机。

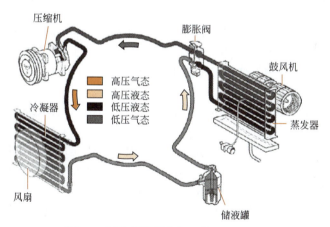

图 4-1　制冷剂的压力与温度的变化进程

6. 汽车空调制冷的基本原理是什么？

汽车空调系统采用的是压缩式制冷循环。

如果出了汗的身体暴露在风中，或手上沾了液态乙醇，身体或手就会感觉冷，其原因是汗或液态乙醇带走了皮肤上的热量，蒸发成了气体。简而言之，液体在变成气体时具有冷却周围环境的性质，这也是汽车空调制冷的原理。

7. 空调制冷系统的工作原理是什么？

压缩机由发动机直接驱动，由压缩机排出高温高压的制冷气体，通过高压管进入冷凝器，利用温差散热，形成高温高压的液体，经过储液干燥器进入膨胀阀，经过节流、膨胀，通过蒸发器换热，成为低温低压的气体，同时使室内空气降温。循环进行，使车内温度能维持在较舒适的状态。

8. 冷冻油有哪些作用？

冷冻油是空调制冷系统中的专用机油，具有润滑、密封、冷却和降低压缩机噪声等作用。

（1）润滑作用　压缩机是高速运动的机器，轴承、活塞、活塞环、连杆和曲轴等零件表面都需要润滑，以减少阻力和磨损，延长使用寿命，降低功耗，提高制冷系数。

（2）密封作用　汽车使用的压缩机都是半封闭式的，压缩机的输入轴承需油封来密封，以防止制冷剂泄漏，只有有冷冻油，油封才能起到密封作用。同时，活塞环上的冷冻油不仅起减摩作用，也起密封作用。

（3）冷却作用　压缩机活塞运动的摩擦表面会产生高温，需要用冷冻油来冷却。冷冻油冷却不足，会引起压缩机温度过热，排气压力过高，降低制冷系数，甚至可能烧坏压缩机。

（4）降低压缩机噪声　摩擦的减少，可降低噪声。

9. 空调系统对冷冻油有什么要求？如何正确选择冷冻油？

不同的制冷设备有不同的排气温度和压力，对冷冻油的性能要求也不尽相同，正确选用冷冻油是非常重要的。

制冷剂可以溶解冷冻油，小型制冷设备的冷冻油和制冷剂一起进行循环。在选择冷冻油时，必须注意空调压缩机内部冷冻油所处的状态，如排气温度、排气压力及吸气温度等。

❶ 冷冻油与制冷剂、有机材料和金属等接触时不应起任何反应，其热力及化学性能应十分稳定。

❷ 在制冷循环的最低温度部位不应有结晶状的石蜡分离、析出或凝固，以保持较低的流动点。

❸ 即使溶于制冷剂时，也能保持一定的油膜黏度。黏度是用来衡量润滑油低温流动性的常规指标。黏度随着温度的上升而减小，而随着温度的下降而增大。冷冻油的黏度常用运动黏度来表示，运动黏度用于度量冷冻油在重力作用下流动时摩擦力的大小。

❹ 在压缩机排气阀附近的高温部位不应产生积炭、氧化，具有较高的热稳定性。

❺ 冷冻油中不允许有水分，如水分太多，会对空调系统造成一定的损坏或可能形成冰封。

10. 加注冷冻油要注意哪些事项？

❶ 不同规格的冷冻油不能混合使用，否则会引起变质，甚至会造成严重后果，如膨胀阀堵塞、空调压缩机损坏等。

不同牌号的冷冻油一起混合，也会引起变质。检查冷冻油是否变质的简单方法是将其滴一点到吸水性好的白纸上，过一段时间后，若油滴中央部分有黑色斑点，则说明已经变质，不能使用。

❷ 不能使用变质的冷冻油。如果冷冻油中混入水分，会在氧气的作用下产生一种油酸性

质的酸性物质，会腐蚀金属零部件。

❸ 冷冻油极易吸水，所以使用后的冷冻油罐应马上拧紧。因此在加注或更换冷冻油时，操作要迅速，如没有准备好，不能立刻加油时，不能打开油罐，在加注完后应立即将油罐的盖子密封好。

❹ 只允许加规定、适量的冷冻油，不允许过量使用，以免降低制冷效果。

11. 制冷剂 R134a 的特点是什么？与 R12 有何不同？

目前车辆空调系统中只使用制冷剂 R134a（四氟乙烷）。

❶ R134a 的化学成分与 R12（二氯二氟甲烷）不同，不含有氯原子。

❷ R12 无色无味，R134a 有轻微的乙醚味道。

❸ R134a 比 R12 易吸收水分（由于氢原子非对称分布而导致吸湿性较强）。

❹ R134a 会腐蚀铜以及 R12 系统中使用的各种密封材料和部件，因此绝不允许在 R12 系统内使用 R134a，否则会造成该系统很快毁坏。

12. 进行制冷剂循环回路方面的工作要注意哪些事项？

进行制冷剂循环回路方面的工作时，原则上必须遵守下述要求。

❶ 打开制冷剂循环回路前抽吸出制冷剂。

❷ 抽吸制冷剂后，按抽吸量更新制冷剂。

❸ 更换部件时按规定量添加制冷剂。

❹ 每次在循环回路内重新加注制冷剂前，首先抽真空至少 30min。

❺ 只要该系统不密封或维修时敞开时间超过了 24h，就要更换储液罐（干燥器）。

❻ 如果打开了接头，则每次都要更新接头处的密封件并在安装前涂油。

13. 外部调节式空调压缩机有什么特点和功用？

外部调节式空调压缩机如图 4-2 所示。

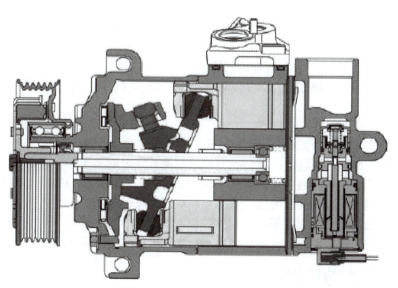

图 4-2　外部调节式空调压缩机

（1）特点

❶ 采用可变排量以适应制冷功率需求。

❷ 无电磁离合器和集成式卡止保护功能的皮带轮传动机构。

❸ 采用用于调节压缩机内压力比例的调节阀。

（2）功用

❶ IHKA 控制单元无级控制压缩机内的调节阀。

❷ 系统根据通风温度、车外温度、车内温度以及蒸发器规定温度和实际温度，通过脉冲宽度调制电压信号改变压缩机曲柄箱内的压力比例。

❸ 斜盘的倾斜位置随之改变，因此确定了排量和制冷功率。即使空调系统已关闭，多楔带也会带动压缩机继续转动。

14. 储液罐和干燥器有什么作用？是怎么工作的？

储液罐作为制冷剂的膨胀容器和储罐使用。外部储液罐和干燥器如图4-3所示。

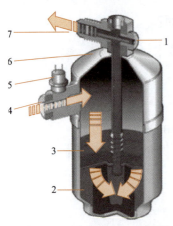

图4-3　外部储液罐和干燥器

1—安全阀；2—过滤干燥器；3—滤网；
4—接口（自冷凝器）；5—压力传感器；
6—壳体；7—连接膨胀阀的输出接口

（1）作用　由于运行条件不同，例如蒸发器和冷凝器上的热负荷以及压缩机转速等，因此泵入循环回路内的制冷剂量不同。

为了补偿这种波动，空调系统安装了一个储液罐。来自冷凝器的液态制冷剂收集在储液罐内，蒸发器内冷却空气所需要的制冷剂继续流动。

干燥剂与少量的水发生化学反应并借此将水从循环回路中清除。根据具体型号，干燥剂可以吸收 6～12g 水。吸收量取决于温度，温度降低时吸收量提高。例如，如果温度为40℃时干燥器饱和，那么60℃时水会再次析出。干燥器还可以过滤掉压缩机磨损产生的颗粒、安装时的污物或类似物质。

（2）工作过程　制冷剂从上面进入储液罐内并沿着壳体内侧向下流动，然后经过干燥器过滤以清除水分。制冷剂向上流动。干燥器上方有一个滤网，借此可以过滤可能存在的污物。

滤芯与能够吸水的海绵相似。分子滤网和硅胶吸附水分，除了水分外活性氧化铝还可以吸附酸。

在较新的空调系统中，例如 E53、E65、E66、E60、E61、E63、E64、E87 和 E90 的空调系统中，干燥器集成在冷凝器内，因此不再是独立的部件。

压力传感器安装在储液罐上，该传感器根据空调系统内的高压压力输出一个电压信号。信号以电码形式传输给数字式发动机/柴油机电子系统（DME/DDE）。此后 DME/DDE 输出用于辅助风扇输出级的控制电压，从而控制响应的风扇挡。

冷却液温度过高时也会影响辅助风扇的控制。在带有冷凝器模块（过滤干燥器集成在冷凝器内）的车辆上，压力传感器安装在冷凝器与膨胀阀之间的高压管路内。

15. 蒸发器的结构是怎样的？

蒸发器安装在自动恒温空调（IHKA）或手动恒温空调（IHKR）的壳体内，它由带有压上式鳍片的蛇形管组成，制冷剂流过蛇形管，风扇将待冷却的空气吹过这些鳍片。为改善热传导效果，鳍片具有较大的表面积。

为了使液态制冷剂尽可能均匀地分布在蒸发器的整个面积上，制冷剂喷入蒸发器内后分为多个大小相同的支流，采用这种结构方式可以提高蒸发器的效率。各制冷剂支流在蛇形管端部处汇集在一起，然后由压缩机再次吸入。

16. 蒸发器的任务是什么？

与冷凝器一样，蒸发器也是一个热交换器。它完成空调系统的主要任务，即冷却空气，因此它必须从流过的空气中吸收热量。此外蒸发器还有另一项任务，它从空气中吸收水分，从而使空气变干燥。水分经过冷凝后排到车外。以这种方式干燥过的空气可防止车窗玻璃起雾。

17. 蒸发器的功能是什么？

蒸发器（图 4-4）从外侧吸收空气中的热能并将其向内侧传到制冷剂上，因此蒸发器以热交换器方式工作。在此最重要的因素是从液态变成气态时通过制冷剂吸收能量，这个过程需要较多的热能，热能从有空气流过的鳍片中吸收过来。

在低压下以及在鼓风机输送车内热量的情况下，制冷剂蒸发且变冷。在喷入过程中压力从以前的 10～20bar 降低到约 2bar（1bar=10^5Pa）。

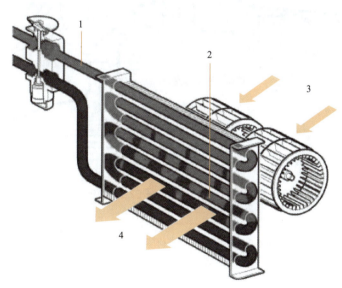

图 4-4　蒸发器
1—例如低压 2bar；2—沸点 -10℃；3—进气 30℃；4—出气 12℃

18. 蒸发器温度传感器（温度调节器）是怎么工作的？

温度调节器可在需要时接通和关闭压缩机的电磁离合器，因此可防止因冷凝水凝结而造成蒸发器鳍片结冰。

根据具体车型，该传感器插在蒸发器鳍片之间或安装在蒸发器后的冷空气气流中。

该传感器通常情况下通过 IHKA/IHKR 控制单元控制，在约 1℃时关闭压缩机，在约 3℃

时再次接通压缩机。

安装了带有电磁离合器的功率调节式压缩机时该传感器只执行保护功能，因为仅在个别情况下蒸发器上的温度才会降低到3℃以下，所以压缩机几乎一直保持接通状态。

车内温度调节到舒适温度时，通常情况下只有车外温度低于约6℃时电磁离合器才会关闭压缩机。

从蒸发器中流出的冷空气可通过两种温度调节方式加热，或在处于舒适温度时吹入乘员区内，这些调节方式是以水为基础和以空气为基础进行温度调节的。

19. 从蒸发器中流出的冷空气如何以水为基础进行温度调节？

在利用一个水阀以水为基础进行温度调节时，或者利用两个水阀分别针对驾驶员和前乘客进行调节时，IHKA控制单元产生一个脉冲宽度调制信号并借此控制水阀。

调节通过一个主控控制器进行，该控制器以微处理器控制的数字电子装置为基础，因此可以通过调节操作面板上的设定温度调节器来预选温度（图4-5）。

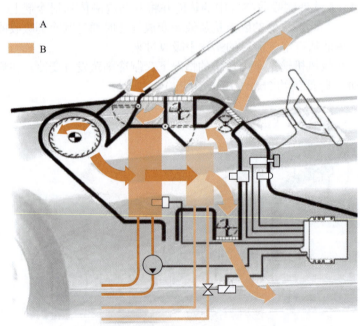

图4-5 以水为基础进行温度调节示意图
A—冷空气；B—热空气

20. 从蒸发器中流出的冷空气如何以空气为基础进行温度调节？

在以空气为基础进行温度调节时，不使用调节后置热交换器水流量的水阀，而是通过集成在冷暖空调器内的温度混合风门来调节车内温度。这个温度混合风门使新鲜空气或冷空气全部通过热交换器，这相当于最大加热功率。

如果不需要加热空气，就会通过温度混合风门盖住热交换器或使空气改变方向。该风门处于中间位置时，相应比例的冷空气与热空气混合，从而使车内达到所需要的加热功率。温度混合风门通过一个步进电机调节，由IHKA/IHKR控制单元来控制（图4-6）。

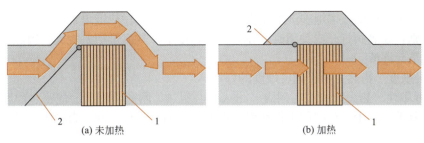

图 4-6 以空气为基础进行温度调节示意图
1—热交换器；2—温度混合风门

21. 膨胀阀有哪几种结构形式？

膨胀阀也称节流阀，是组成汽车空调制冷系统的主要部件，安装在蒸发器入口处，是汽车空调制冷系统的高压与低压的分界点。膨胀阀的结构形式有三种，分别为外平衡式膨胀阀、内平衡式膨胀阀和 H 形膨胀阀。膨胀阀实物图（捷达车）见图 4-7。

图 4-7 膨胀阀实物图（捷达车）

22. 膨胀阀的作用是什么？如何实现？

膨胀阀控制进入蒸发器的液态制冷剂流量。膨胀阀利用装在蒸发器出口处的感温包来感知制冷剂蒸气的过热度（过热度是指蒸气实际温度高于蒸发温度的数值），由此来调节膨胀阀开度的大小，从而控制进入蒸发器的液态制冷剂流量。感温包和蒸发器出口管接触，蒸发器出口温度降低时，感温包、毛细管和薄膜上腔内的液体体积收缩，膨胀阀阀口将闭合，借以限制制冷剂进入蒸发器；相反，如果蒸发器出口温度升高，膨胀阀阀口将开启，借以增加制冷剂流量。

23. 膨胀阀有哪些性能指标？

膨胀阀的性能指标包括容量、静止过热度、最大工作压力等。

（1）容量　汽车空调热力膨胀阀的制冷能力用容量表达。有公称容量和额定容量两种，公称容量为制造厂在标准条件下实验名义点的容量；额定容量为在额定条件下试验额定点的容量。额定条件和额定点都与特定汽车空调系统有关系，一般汽车空调热力膨胀阀所给出的都是公称容量。

（2）静止过热度　过热度是指热力膨胀阀的温包温度与出口压力或外平衡管连接处压力相对应的制冷剂饱和温度之差。静止过热度是热力膨胀阀刚开始打开时的过热度，对每一个汽车空调热力膨胀阀，静止过热度已由制造厂调整好，一般不允许用户再调整。

（3）最大工作压力　热力膨胀阀若是气充型的，则有最大工作压力要求。最大工作压力是指最大允许的平衡压力，对于气充型热力膨胀阀，膨胀阀的过热度增加到一程度时，开启度不再随过热度增加而增加。

(4) 膨胀时间迟滞 膨胀阀时间迟滞是其开度特性,指过热度增加与减少时的开度差。若迟滞大,则在膨胀阀打开或关闭时,在同一过热度下,其流量相差较大,因此希望膨胀阀迟滞不超过某允许值。

(5) 灵敏度 指热力膨胀阀灵敏度的好坏。

(6) 可靠性 热力膨胀阀在耐震、耐久性、耐热、耐寒、耐压、气密、耐腐蚀等方面有可靠性的要求,由于汽车空调工作环境非常恶劣,因此汽车空调热力膨胀阀可靠性要求非常高。

24. 内平衡膨胀阀的结构和工作原理是怎样的?

内平衡膨胀阀主要由膜片、顶杆、阀芯、节流孔、弹簧、滤网、毛细管和感温包组成。

(1) 内平衡膨胀阀的结构 内平衡膨胀阀的结构如图4-8所示,感温包安装在蒸发器的出口,在其内部装有惰性液体或制冷剂液体。

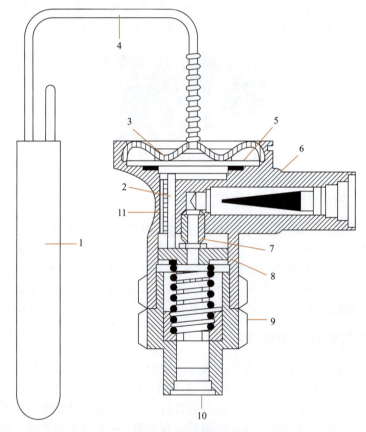

图4-8 内平衡膨胀阀的结构
1—感温包;2—顶杆;3—支撑片;4—毛细管;5—膜片;6—滤网;
7—节流孔;8—阀芯;9—弹簧;10—出口;11—内平衡孔

(2) 工作原理 内平衡膨胀阀的工作原理如图4-9所示,来自感温包产生的内部液体的压力 p_f 会作用在膜片的上面,在膜片的下面作用着弹簧的弹力 p_s 和蒸发器进口处的压力 p_e,在工作过程中阀芯会处于某一位置。此时由于膨胀阀的节流作用,会把高温高压的制冷剂变成低温低压的制冷剂。当由于某种原因造成蒸发器出口温度较高时,感温包内的液体会随着温度的升高而膨胀,从而使其内部的压力增高,作用在膜片上的压力也升高,会打破原有的平衡。此时阀芯会向下移动,通过膨胀阀节流的制冷剂的流量会增大,流入蒸发器的制冷剂量会增多,使制冷强度加大;反之,流入蒸发器的制冷剂量减小,制冷强度降低。

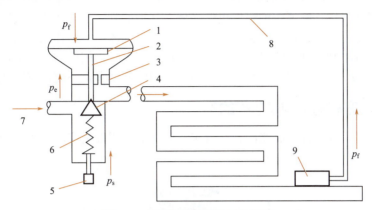

图 4-9 内平衡膨胀阀的工作原理

1—膜片;2—推杆;3—节流孔;4—阀芯;5—调整螺钉;6—弹簧;7—进口;8—毛细管;9—感温包

25. 外平衡膨胀阀的结构是怎样的?

外平衡膨胀阀的入口接储液干燥器,出口接蒸发器,上部有一个膜片。膜片共受到三个力的作用,一个是感温包中制冷剂气体向下的压力;一个是弹簧向上的推力;还有一个是蒸发器出口制冷剂的压力,作用在膜片的下方。阀的开度取决于这三个力综合作用的结果。外平衡膨胀阀的结构见图 4-10。

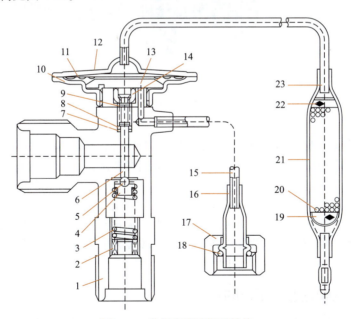

图 4-10 外平衡膨胀阀的结构

1—阀体;2—调节螺栓;3—调节弹簧;4—阀芯架;5—钢球;6—传动杆;7,18—O 形圈;8—压片;9—压紧弹簧;10—气箱座;11—膜片;12—气箱盖;13—传动片;14—固定圈;15—外平衡管;16—接管;17—接管螺母;19—塞网;20—吸附材料;21—感温包;22—塞网;23—毛细管

26. 外平衡膨胀阀是怎样工作的？

当制冷负荷发生变化时，外平衡膨胀阀可根据制冷负荷的变化自动调节制冷剂的流量，确保蒸发器出口处的制冷剂全部转化为气体并有一定的过热度。当制冷负荷减小时，蒸发器出口处的温度就会降低，感温包的温度也会降低，其中的制冷剂气体便会收缩，使外平衡膨胀阀膜片上方的压力减小，阀门就会在弹簧和膜片下方气体压力的作用下向上移动，减小阀门的开度，从而减小制冷剂的流量；反之，制冷负荷增大时，阀门的开度会增大，增加制冷剂的流量。当制冷负荷与制冷剂的流量相适应时，阀门的开度保持不变，维持一定的制冷强度。

27. H形膨胀阀的结构是怎样的？

H形膨胀阀是一种整体型膨胀阀，在汽车空调上的应用较为广泛。H形膨胀阀的结构见图4-11。

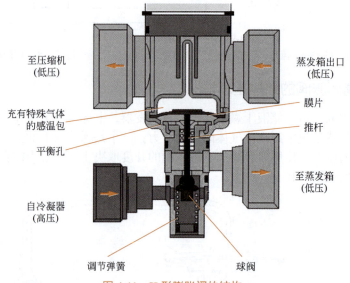

图4-11 H形膨胀阀的结构

H形膨胀阀有4个接口通往空调系统，其中两个接口和普通膨胀阀一样，一个接干燥器出口，一个接蒸发器进口；另外两个接口，一个接蒸发器出口，一个接压缩机进口。感温包和毛细管均由膜片下面的感温器所取代，感温器处在进入压缩机的制冷剂气流中。

由于内平衡膨胀阀制冷系统需要用毛细管来感测蒸发器出口温度高低的方法调节供应蒸发器的制冷剂流量，实际应用不太方便。特别是当毛细管比较长时，以及毛细管是间接感测蒸发器出口的温度，所以内平衡膨胀阀控制精度受环境温度以及其他许多因素的影响，而采用H形膨胀阀制冷系统便解决了这一问题。

28. H形膨胀阀是怎样工作的？

压缩机首先将制冷剂压缩后输送到冷凝器冷却液化，经过储液干燥器后再进入H形膨胀阀，先进行节流减压，然后进入蒸发器蒸发吸热。制冷剂蒸发成气体后再次进入H形膨胀阀，从阀中出来后回到压缩机再循环。当蒸发器的温度过低时，感温器感测到后，恒温器切断离合器的电磁线圈电路，压缩机停止运行。温度变高后，恒温器又自动接通离合器电路，压缩机又开始运行。由此可见 H 形膨胀阀与内平衡膨胀阀一样，能够根据蒸发气体的温度来自动调节供给蒸发器的制冷剂量。

29. 暖风是怎样产生的？

暖风装置用于加热进入车内的空气，也用于防止车窗起雾或去除车窗玻璃上的雾气。为了进行这些操作，使用热水型暖风装置，利用热的发动机冷却液进行工作。

在发动机水套中循环流动被加热的冷却液，被输送到加热器芯，加热鼓风机送出的冷风，便产生了暖风。

30. 空调通风方式有哪几种？

将新鲜空气送进车内的过程，称为通风。汽车空调的通风方式一般有动压通风、强制通风和综合通风三种。手动空调通风调节见图 4-12。

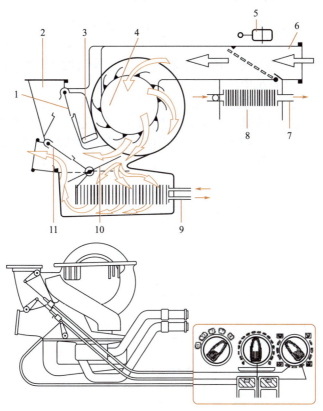

图 4-12　手动空调通风调节

1—除霜风门；2—除霜风口；3—脚向出风口；4—风机；5—真空管；6—新鲜空气进气口；7—蒸发器高低压管；8—蒸发器芯；9—热交换器水管；10—暖风风门；11—中央出风口风门

31. 什么是动压通风？

动压通风也称自然通风，它利用汽车行驶时对车身外部所产生的风压为动力，在适当的地方开设进风口和排风口，以达到车内的通风换气目的。

轿车的进风口设在车窗的下部正风压区，而且此处都设有进气阀门和内循环空气阀门，用来控制新鲜空气的流量。

32. 什么是强制通风？

强制通风是利用鼓风机强制将车外空气送入车内进行通风换气的通风方式。

在冷暖一体化的汽车空调上，基本都采用通风、供暖和制冷的联合装置，将外部空气与空调冷暖空气混合后送入车内。

33. 什么是综合通风？

综合通风是指一辆汽车上同时采用动压通风（自然通风）和强制通风两种通风方式。最简单的综合通风系统是在自然通风的车身基础上，安装强制通风扇，根据需要可分别使用和同时使用。

34. 空气净化装置有哪几种？有什么作用？

汽车空调系统采用的空气净化装置通常有过滤式和静电集尘式两种。

（1）过滤式空气净化装置　过滤式空气净化装置设置在空调系统的送风和回风口处，它仅能滤除空气中的灰尘和杂物。其结构简单，只需定期清理过滤网上的灰尘和杂物即可，故广泛用于各种汽车空调系统中。

（2）静电集尘式空气净化装置　静电集尘式空气净化装置是指在空气进口的过滤器后再设置一套集尘装置或单独安装一套除尘装置。它除具有过滤和吸附烟尘等微小颗粒的杂质作用外，还具有除臭、杀菌、产生负氧离子以使车内空气更为新鲜洁净的作用。静电集尘式空气净化装置原理示意见图 4-13。

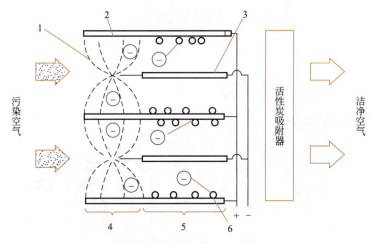

图 4-13　静电集尘式空气净化装置原理示意

1—放电极；2—正电极（接地电极）；3—负电极；4—电离部；5—集尘部；6—微粉尘

35. 水暖式供暖系统热水循环是怎样的？

热水循环回路与发动机的冷却系统连通，借助于发动机的水泵实现热水循环。来自发动机冷却系统的热水从进水管流经热交换器控制阀进入散热器，然后经由出水管回到发动机的冷却系统，实现回路的循环。

水暖式供暖系统及组成部件见图 4-14，水暖式供暖系统工作原理见图 4-15。

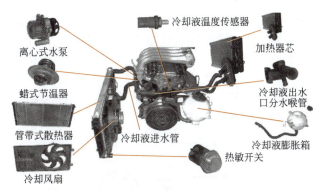

图 4-14　水暖式供暖系统及其组成部件（捷达车）

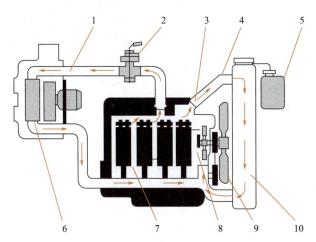

图 4-15　水暖式供暖系统工作原理

1—热交换器软管；2—热水阀；3—节温器；4—散热器软管；5—膨胀水箱；6—热交换器芯；
7—发动机；8—水泵；9—风扇；10—散热器

36. 水暖式供暖系统中暖风是怎样形成的?

在通风装置中，由风机强制使空气循环流动。空气经由进风口被吸入，流经热交换器时被加热，并由出风口导出，进入车内实现取暖或为挡风玻璃除霜。

暖风形成示意见图 4-16。

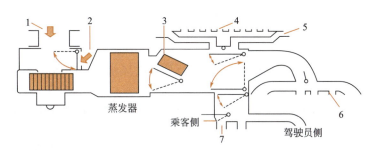

图 4-16　暖风形成示意

1—新鲜空气进口；2—再循环空气进口；3—热交换器芯；4—除霜空气出口；
5—侧除霜空气出口；6—通风口；7—地板暖风出口

37. 汽车空调配气系统是怎样工作的？

汽车空调配气系统一般分为空气进入段、空气混合段和空气分配段。

当调温门处于全开位置状态时冷空气经过加热器，当调温门处于全闭位置状态时冷空气不经过加热器。这样只要调温门处于全开或全闭位置，就可将温度调到最高或最低。

❶ 分配段的除霜门、中风门、下风门，可调节空调风吹向挡风玻璃、乘员的中上部或脚部。

❷ 控制空调器内风机转速，调节空调风的流量，改变人体感觉的温度。

汽车空调配气系统工作示意见图4-17。

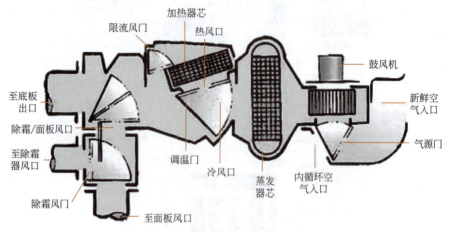

图4-17 空调配气系统工作示意

38. 自动空调主要组成部件有哪些？

自动空调系统使用一般空调系统的基础部件。自动空调系统能保持预先设置室内的温度，它利用传感器确定当前温度，然后系统能够按需要调节暖风和冷风。系统用执行机构的开闭调整混合气流以达到适宜的车内温度，使温度符合驾驶员的要求。

自动空调控制系统可分为传感器、操纵控制面板、空调ECU（空调控制单元或者电脑）和执行器4部分。

（1）传感器　自动空调系统的传感器一般有驾驶员设定和功能选择信号、环境状态信号、空调风门位置信号、空调保护装置信号4种类型。

（2）操纵控制面板　是驾驶员向自动空调ECU读入的设备。

（3）空调ECU　空调ECU与控制面板制成一体，对输入的各种传感器信号和功能选择键的输入指令进行计算、分析、比较后发出指令，控制各个执行元件（进气伺服电机、空气混合伺服电机和气流方式伺服电机）动作，从而控制压缩机的电磁离合器工作，暖风加热器热水阀工作，将模式门放到适当位置等。

（4）执行器　自动空调系统的执行器主要包括鼓风机、电磁离合器、空气混合门、真空执行机构等。

自动空调系统一般采用控制配气风门、控制鼓风机转速、控制压缩机开停及信号显示4种执行器。

39. 自动空调系统有哪两种类型？两者有何差别？

自动空调系统分半自动空调系统和全自动空调系统，两者的主要差别在于是否有自诊断功能，半自动空调系统没有提供故障码的存储器，全自动空调系统具有监控系统，监控系统的随机存储器可以存储诊断码。

40. 自动空调系统是怎样工作的？

自动空调系统工作时，根据驾驶员的预设温度，自动开启空调压缩机或暖风装置，调整鼓风机的风速、空气的内外循环，以达到室内舒适的温度。自动空调系统的核心部件是空调ECU（控制器总成），它接收空调系统的相关信息，如室内外温度、蒸发箱温度、系统压力。根据这些信息来控制空调执行器的动作，以满足车内的设定温度。

41. 什么是有效出气温度？其温度控制系统有哪些组成部件？

有效出气温度（TAO）是使车内温度保持在设定温度所必要的鼓风机空气温度。它是空调ECU根据温度控制开关或控制杆的状态，以及来自传感器（即车内温度传感器、车外温度传感器、光照传感器）的信号计算出来的。

空调ECU根据这个TAO，使自动空调器放大器输出驱动信号至伺服电机和鼓风机电机，实现自动控制系统（除压缩机控制外）运行。

温度控制系统包括车内温度传感器、车外温度传感器、光照传感器、蒸发器传感器、温度设定电阻器、空气混合控制伺服电机、空气混合控制伺服电机放大器等部件。

42. 出风气流是怎么控制的？

ECU控制自动空调器的气流方式与放大器控制自动空调器的方式基本一样，是由自动空调器放大器传送信号至伺服电机，伺服电机正向或反向转动，经连杆使气流控制方式风挡位置改变。

43. 内循环模式（进气模式）控制系统有哪些组成部件？

进气模式控制系统包括空调ECU、进气模式伺服电机、温度选择键、车内温度传感器、车外温度传感器、光照传感器等。

44. 鼓风机电机控制模块是怎样工作的？

鼓风机电机控制模块是暖风、通风与空调系统控制模块和鼓风机电机之间的接口。来自暖风、通风与空调系统控制模块信号，蓄电池正极和搭铁电路的鼓风机电机转速信号，控制鼓风机电机的启动和运转。

暖风、通风与空调系统控制模块向鼓风机电机控制模块提供脉宽调制（PWM）信号以指令鼓风机电机转速。鼓风机电机控制模块将脉宽调制信号转换成相应的鼓风机电机电压，电压处于2～13V之间，并且线性变化至脉宽调制信号的脉冲高度。

45. 空气质量传感器是怎样工作的？

暖风、通风与空调系统控制模块通过空气质量传感器检测废气。空气质量传感器是一个三线传感器，带有一个点火电压电路、一个搭铁电路和一个信号电路。

信息是输出针脚产生的脉宽调制（PWM）信号。在自动模式下，一旦污染物浓度超过预设值时，暖风、通风与空调系统控制模块便评估空气质量传感器的信息，并关闭内循环风门。

46. 自动空调系统的结构组成和控制特点是怎样的？

自动空调系统由制冷、暖风、送风、操纵控制等分系统组成。自动空调电子控制系统主要由传感器、执行元件和空调电控单元（ECU）三部分构成。

（1）结构特点　大众宝来轿车双区自动空调除了具有一个空气循环翻板之外，还有一个单独的新鲜空气翻板，当车速超过100km/h时，此翻板将关闭。这样可以保证在不同的车速时有相对稳定的气流进入车内（图4-18）。

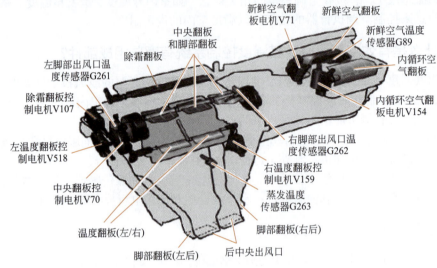

图4-18　大众宝来双区自动空调系统

（2）气流分配　例如大众宝来轿车，所有气流通道的横截面积都扩大了；A柱设有专门的出风口以防止前挡风玻璃结霜；后排乘客设立了专门的出风口；仪表板上部中央配有间接出风口。

（3）控制系统　如图4-19所示。

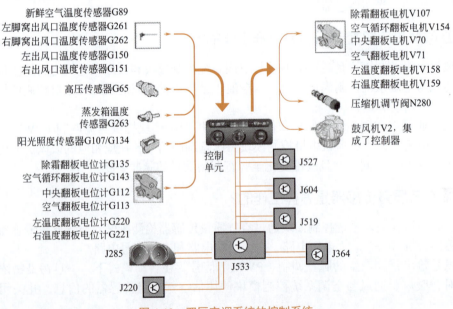

图4-19　双区空调系统的控制系统

47. 自动空调系统暖风和冷气的调节及控制是怎样的?

（1）自动调节

❶ 左右两侧可以通过两个温度翻板分别调节。

❷ 温度可在 16～29.5℃之间任意调节，具有六个控制电机，并都带有电位计。

❸ 按压"AUTO"按键超过 2s，则左右两侧将由驾驶员侧同时控制。

❹ 如果压缩机被关闭，同时雨刮被激活，自动空调会自动加大除霜翻板角度，以增加气流量，防止前挡风玻璃结霜（雾）。

❺ 当车速增加时，自动空调会自动降低鼓风机风速，以降低气流噪声。此时为了能够依然保持车内温度舒适，当设定制冷时，则降低出风口空气温度；当设定制热时，则提高出风口空气温度。

（2）加热和通风系统（图 4-20） 对于加热和通风系统，温度不能自动控制，由两个机械把手操纵：温度调整的旋转把手由拉丝连接，而空气分配的旋转把手由软轴连接。新鲜空气循环翻板由一个按键手动地选择并由一个电机驱动。所有的输入和输出信号都被转换成模拟信号。

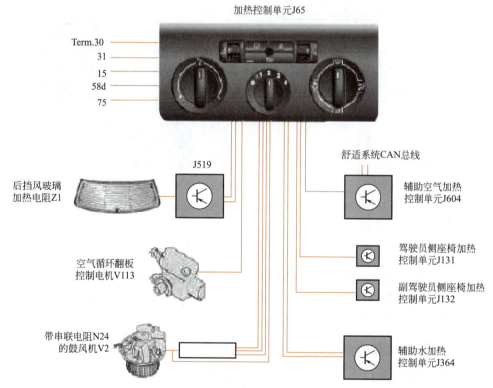

图 4-20 加热和通风系统

后风窗加热的命令被传递到 J519，由 J519 根据用电负荷来控制后风窗加热。工作的同时按键上的 LED 指示灯点亮。辅助水加热的工作过程也类似于此，辅助水加热系统由一个直接的加热键激活，当辅助水加热系统工作时，LED 指示灯点亮以用来反馈系统工作与否。

加热及通风系统有单独的地址码：7D。

(3) 传感器和执行器

❶ 室内传感器。免通风室内温度传感器代替了过去的通风式室内温度传感器 G56，用来测量以下数据：表面温度、控制单元温度、阳光强度。

室内传感器实际上是一个集成了光电二极管和负温度系数电阻的光热传感器，它既可以测量温度，又可以测量太阳光的热辐射强度。传感器将温度和光强信号传递给控制单元，控制单元对信号进行评估，准确计算出驾驶室的实际温度。这样即使传感器表面受光照影响变得很热，控制单元也可以准确地计算出车内实际温度。

❷ 执行元件。J255 通过一个脉宽调制信号来控制鼓风机，而鼓风机控制则将一个自诊断信号反馈给 J255。

例如图 4-21，当反馈信号中有一个脉冲时，表明没有故障；当有两个脉冲时，表明电流被限制；当有三个脉冲时，表明温度太高，可能导致输出效率的降低甚至鼓风机不工作。

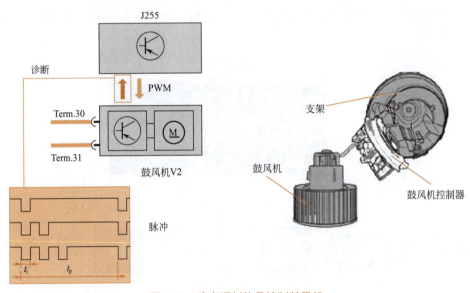

图 4-21 脉宽调制信号控制鼓风机

❸ 蒸发器温度传感器 G308。蒸发器下游通风口温度由蒸发器温度传感 G308 进行检测。它确保在 0℃ 时关闭制冷功能，并与外部调节式压缩机一起，使蒸发器下游通风口温度在 0～12℃之间进行自适应控制。

48. 什么是定排量空调系统？

定排量空调系统也称循环离合器系统，当蒸发器温度下降到一定水平时，该系统需截断离合器电路，使压缩机停转即停止制冷；当蒸发器温度上升到一定值时再接通离合器，让压缩机运转，开始制冷，如此往复循环。也就是说，定排量空调系统是通过离合器的循环工作来调节温度的。定排量空调系统中因为压缩机排量是固定的，所以在制冷系统中加了许多保护装置，尤其是减压安全阀和易熔塞。

定排量空调系统有两种温度控制方法，即使用恒温控制器或者压力控制器进行控制。恒温控制器用温控开关使压缩机离合器在预定的温度水平开、关。压力控制器用对系统压力敏感的压力开关在预定的压力水平使压缩机离合器开、关。

49. 什么是变排量空调系统？

变排量空调系统也称非循环离合器系统，该系统采用的是可变排量（VD）压缩机，它依靠可变排量压缩机的自身调节来控制温度。当系统的环境温度（蒸发器温度）高时，压缩机增加活塞行程来增加制冷剂量，以达到增加吸热和降温的作用；反之，当蒸发器温度低时，压缩机则减小活塞行程，从而减少通过蒸发器的制冷剂量，由于制冷剂量少，吸收的热量也少，使蒸发器的温度得到回升。离合器的唯一作用就是当不需要空调时脱离压缩机，当需要空调时连接压缩机。

变排量压缩机虽然按其控制排量的方式有机械式变排量压缩机和电子式变排量压缩机之分，但是变排量空调压缩机对制冷系统没有特殊要求，即用什么制冷剂和节流装置都可以。由于变排量空调压缩机能够在每次工作循环过程中根据吸入制冷剂和压缩后从排气阀排出制冷剂的压力变化（由发动机转速、运行状况、日照条件和环境温度等决定）而自行优化调节压缩气体的容积，即排出制冷剂的量，所以它可实现取消压缩机间歇式的工作方式，避免对发动机的冲击，并保持温度与压力的稳定性，提高压缩机的使用寿命。因此，它能达到节能、降噪、防止蒸发器与低压管结霜以及实现车厢环境最优化控制的目的。目前新生产的乘用车空调系统中大多采用变排量压缩机。

50. 汽车空调系统为什么采用变排量压缩机？

汽车空调压缩机是通过带轮由发动机直接驱动的，所以汽车高速行驶时，排量随发动机转速的增加而增加，功耗也随之增加。这一方面影响汽车的驾驶性能；另一方面，使压缩机制冷量过剩，造成蒸发压力降低，蒸发器结霜，制冷系数降低。为此，对压缩机容量进行控制，可实现压缩机容量变化与制冷负荷相匹配，使其在低速时具有高制冷能力和高效率，高速时能节约多余的制冷能力，降低功耗。

因此采用变排量压缩机，更能满足人们对汽车安全性和舒适性的要求。变排量压缩机目前在汽车上使用逐渐增多，这种类型的压缩机可以根据空调的工况需要使其排量在一定范围内无级变化，只需要改变活塞的行程即可。

51. 变排量压缩机主要优点有哪些？

❶ 消除了由于电磁离合器吸合、脱开动作而引起的发动机转速的波动。
❷ 在某些工况下（如低速、爬坡）可防止发动机熄火。
❸ 减少了空调系统制冷温度的波动。
❹ 功率消耗减少，最大可减少25%。
❺ 大大改善低温环境中的舒适性。

52. 压力调节式变排量压缩机的工作原理是怎样的？

压力调节式变排量压缩机是大众系列轿车采用的一种连续变容量空调压缩机，它通过改变单向工作斜盘的倾斜度（活塞的工作行程）来改变排量，调节范围为5%～100%。斜盘的倾斜度取决于每个活塞两侧的压力差，活塞右侧的压力受压力箱内压力的影响，压力箱内的压力由调节阀和节流管道控制，压缩机的调节阀通过波纹管的伸缩具有输出稳压作用。压力调节式变排量压缩机的旋转运动由输入轴传递给驱动连杆机构，驱动连杆机构通过斜盘将旋转运动转换成5个连杆的轴向运动。滑轨保证斜盘沿轴向运动。

这种压缩机活塞的工作行程可以根据高、低压压力比率而改变。活塞行程的改变直接影响压缩机的压缩比率,从而调节制冷剂的输出功率,改变制冷效率。在正常工作情况下,压缩机是持续运转的,不发生离合动作。

旋转斜盘的倾斜度决定了活塞的行程。旋转斜盘的倾斜度取决于腔内压力、活塞顶部和底部的压力以及斜盘前后的弹簧力。腔内的压力取决于调节阀两侧的高低压力和节流管道的大小。

53. 压力调节式变排量压缩机的工作过程是怎样的?

(1)汽车空调接通 刚接通汽车空调时,高、低压及腔内的压力是相等的,旋转斜盘前后弹簧对斜盘的调节范围为 0~40%。此时压缩机开始的输出功率为40%,即以较小的输出功率工作,以减小对发动机的冲击负荷。

(2)高制冷率 高、低压管的相对压力较高时,调节阀打开,从节流管流入的高压经调节阀流回低压端,腔内的压力下降。活塞顶部的压力与弹簧1的压力的和大于活塞底部的压力(腔内压力)与弹簧2的压力的和,旋转斜盘的倾斜角度增大,活塞的行程增大,输出功率提高。

(3)低制冷率 高、低压管的相对压力较低时,调节阀关闭,从节流管流入的高压无法经调节阀流回低压端,腔内的压力上升。活塞顶部的压力与弹簧1的压力的和小于活塞底部的压力(腔内压力)与弹簧2的压力的和,旋转斜盘的倾斜角度减小,活塞的行程减小,输出功率降低。

54. 什么是斜盘式压缩机?

斜盘式压缩机是目前汽车空调的主要机型,经过不断的技术改进,该压缩机已具有尺寸小、重量轻和功耗小等优点。斜盘式压缩机是轴向往复活塞式,活塞的往复直线运动是依靠主轴带动斜盘或楔块转动时产生位置变化而产生的,它的活塞作用是双向作用,因此斜盘式压缩机的往复惯性力能完全自然地得到平衡,往复惯性力矩也能得到平衡。

55. 斜盘式压缩机的工作原理是什么?

当主动轴转动时,斜盘便随着旋转,通过滑板推动双活塞往复运动。活塞一次往复运动就完成了压缩机吸气、压缩、排气过程。若斜板转动一周,前后两个活塞各完成吸气、压缩、排气、膨胀过程,相当于两个气缸作用。如缸体截面均布三个气缸和三个双向作用的活塞,主轴旋转一周,相当于六个气缸作用,因此,称这种压缩机为六缸斜板式压缩机。同理,缸体截面若均布五个气缸和五个双向作用的活塞,则称这种压缩机为十缸斜板式压缩机。

56. 摇板式压缩机的工作原理是什么?

摇板式压缩机也是一种轴向运动的往复活塞式压缩机,它的工作原理与斜板式压缩机有一定的相似性。摇板式压缩机的工作原理如下。

❶ 主轴旋转时,带动楔形块随之旋转,楔形块的旋转又推动摇板摆动,摇板的摆动牵连活塞做往复运动,完成吸气、压缩、排气工作过程。

❷ 由于摇板式压缩机像曲轴连杆式一样,装有吸、排气阀片,其工作循环也具有压缩、排气、膨胀、吸气四个过程。当活塞向左运动时,处于压缩、排气阶段;当活塞向右运动时,处于膨胀、吸气阶段。主轴转动一周,一个气缸就完成膨胀、吸气、压缩、排气一个循环。如果一个摇板上装有五个活塞,对应的五个气缸在主轴转动一周时就

有五次吸、排气过程。

❸ 摇板式压缩机是可变容积式的，它的容积的改变是通过控制阀改变斜板的角度，来改变每个活塞的有效行程，达到改进压缩机输出压力与流量的变化（图4-22）。

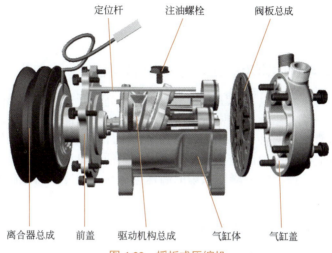

图 4-22　摇板式压缩机

57. 什么是旋叶式压缩机？

旋叶式压缩机也称为刮片式压缩机，其特点是结构紧凑、外形尺寸小、重量轻、容积效率高、平衡性好、易损件少，汽车空调中使用也较多。旋叶式压缩机由缸体、转子、滑片和泵室组成。其缸体有圆形与椭圆形之分，叶片数有2、3、4、5几种。旋叶式压缩机是回转式压缩机、容积式压缩机，其主要零件转子在气缸内旋转运动，转子每旋转一周，分别有若干个相同的工作容积依次进行相同的工作过程。

58. 旋叶式压缩机的工作原理是什么？

❶ 旋叶式压缩机的转子偏心安置在气缸内，转子上一般开有2～5个纵向开口槽，槽内装有能径向滑动的滑片。当旋叶式压缩机工作时，转子在缸体内旋转，滑片在离心力或油压的作用下滑出，并紧贴缸内壁。这样，转子外表面、气缸内壁、滑片及压缩机两端盖共同形成一个封闭的月牙形容积，另外在压缩机缸体适当位置上设置吸气口及排气口。随着转子的旋转，月牙容积不断由大到小、由小到大地变化，实现了旋叶式压缩机的吸气、压缩、排气的工作过程。

❷ 一般情况下，转子槽中的滑片不是通过转子中心的径向运动，而是斜置叶片自由滑动。转子槽不沿径向开设，而是按一定方向偏离某一角度设槽，叶片在槽中斜置。斜置的目的是尽量减少叶片式顶部摩擦力对叶片沿转子槽运动的阻碍，从而改善叶片在转子槽中的运动状况。

59. 涡旋式压缩机是怎样工作的？

涡旋式压缩机由涡旋定子、涡旋转子、曲轴、机座及防自转机构组成。压缩机的涡旋定子和涡旋转子的涡卷之间与涡卷的端板之间组成了气缸的工作容积。转子和定子的涡卷呈渐开线，两线基本相同。涡旋转子和涡旋定子两者中心相距旋转半径保持相位差

180°，也相切。相对运动时，形成了由外围向涡旋定子和涡旋转子中心移动的空间。工作时，气体制冷剂从涡旋定子涡卷的外部被吸入，在涡旋定子与涡旋转子的涡卷所形成的空间中被压缩，压缩后的高压气体制冷剂从涡旋定子端板中心排出。涡旋转子随偏心轴进行公转。

由于涡卷的加工精度，特别是涡旋的形位公差有很高的要求，这是制约它广泛应用的因素。

60. 汽车空调系统中常用的压力开关有哪些类型？

压力开关也称为压力继电器或压力控制器，分为高压开关、低压开关和高低压双向复合开关（三位压力开关）三种，安装在制冷系统高压管路或低压管路上。高压开关又分为触点常闭型和触点常开型两种。高低压开关的结构与外形大同小异。当制冷系统由于某种原因而导致管路内制冷剂压力出现异常时，压力开关便会自动切断压缩机电磁离合器电路而使压缩机停止工作，或控制冷凝器风扇的高速挡运转，使冷凝器强制散热，保护制冷系统不损坏。

61. 高压压力开关是怎样工作的？

压力开关又称为制冷系统的压力继电器，一般安装在制冷系统的高压管路或储液干燥器上。其功用是当制冷系统工作压力异常（过高）时，自动切断电磁离合器线圈电路，使压缩机停止运转或接通冷凝风扇高速挡使冷凝风扇高速运转，从而防止制冷系统压力过高或过低而损坏压缩机和制冷部件。

62. 触点常开型压力开关是怎么工作的？

触点常开（动合）型压力开关是当制冷系统压力升高到一定值时，接通冷凝风扇高速挡电路，增强冷凝器的散热效果，降低制冷剂温度与压力。

63. 触点常闭型压力开关是怎么工作的？

触点常闭（动断）型压力开关，其常闭触点串联在空调压缩机电磁离合器线圈电路中，当制冷系统压力升高到一定值时，作用在膜片上的制冷剂压力推动推杆使触点断开，切断电磁离合器线圈电路，从而使压缩机停止运转，避免制冷剂压力进一步升高而损坏压缩机或制冷部件。

当高压管路的压力恢复到正常值时，触点在复位弹簧的作用下恢复闭合状态，压缩机又可以正常工作。

64. 低压开关是怎么工作的？

低压开关又称为制冷剂泄漏检测开关，其触点为常闭触点，并与空调压缩机电磁离合器线圈电路串联。低压开关的功用是在制冷系统严重缺少制冷剂时，导致高压侧压力低于一定值，触点断开，切断电磁离合器线圈电路使压缩机无法运转，防止压缩机在没有润滑保障的情况下运转而损坏。

低压开关有两种。一种设在高压回路中，其主要目的是保护压缩机在缺少制冷剂的情况下不空转，以免压缩机因缺乏润滑油而磨损。同时，也起到低温环境保护作用，以免在过低温度的环境下使制冷系统工作而造成蒸发器表面结冰，增加功耗。还有一种低压开关设在低压回路中,通过感受吸气压力,用来控制高压旁通阀的除霜作用。即当低压压力低到某一规定值时,接通高压旁通阀(电磁阀),让部分高压蒸气直接进入蒸发器,以达到除霜的目的。这种低压开关一般用于大客车空调。

65. 三位压力开关的作用是什么?

三位压力开关一般安装在储液干燥器上,感受制冷剂高压回路的压力信号。很多汽车空调倾向于采用设在高压回路中的三位压力开关。

三位压力开关内部由隔膜、碟形弹簧、轴和接点组成。接点可分为低压及高压异常时会动作的接点和用于控制冷凝器风扇或发动机散热器风扇的接点。

三位压力开关的作用如下。

❶ 防止因制冷剂泄漏而损坏压缩机。
❷ 当系统内制冷剂高压异常时,保护系统不受损坏。
❸ 在正常工作状况下,冷凝器风扇低速运转,实现低噪声,节省动力;当系统内压力升高时,风扇高速运转,以改善冷凝器的散热条件,实现风扇的两级变速。

66. 车内外温度传感器的作用是什么?

车内外温度传感器都是负温度系数热敏电阻传感器,分别用来感受车内及车外温度。当温度发生变化时,热敏电阻的阻值改变,从而向空调电控单元(ECU)输送温度信号。

67. 蒸发器温度传感器的作用是什么?

蒸发器温度传感器用来检测通过蒸发器的空气温度或者蒸发器表面的温度变化,并依此来控制压缩机电磁离合器的接合或断开。

68. 冷却液温度传感器的作用是什么?

冷却液温度传感器直接安装在热交换器底部的水道上,用来检测冷却液温度,产生的冷却液温度信号输送给空调电控单元,控制低温时鼓风机的转速。

69. 日照传感器的作用是什么?

日照传感器是一个光敏二极管,利用光电效应,把阳光照射量的变化转换为电流值的变化并输送给空调电控单元,用来调整空调吹出的风量与温度。

70. 日照传感器和雾气传感器是怎么工作的?

日照传感器和雾气传感器是汽车空调传感器(雨水/线/日照/雾气)的组成部分。日照传感器有助于自动空调系统参考阳光照射量。日照传感器测量车辆的阳光照射量,这时,将分开记录驾驶员侧和前乘客侧的阳光照射情况。与阳光照射的匹配仅在自动程序中激活。

雾气传感器可以使自动空调系统比驾驶员早发现车窗水雾,可以尽早获得对策(避免车窗水雾的程序),无需驾驶员进行干预。雾气传感器提供下列信息:挡风玻璃内侧温度和挡风玻璃内侧的空气湿度。

传感器数据在雨水/光线/日照/雾气传感器的电子分析装置中进行处理。雨水/光线/日照/雾气传感器通过LIN总线提供数据。接线盒电子装置将信号收入相应CAN信息中并发送这些信号。控制单元是 K-CAN 上的总线部件。在雨水 / 光线 / 日照 / 雾气传感器失灵时，在接线盒电子装置中出现一条故障码存储记录。

71. 制冷剂压力传感器是怎么工作的？

制冷剂压力传感器安装在冷凝器和蒸发器之间的高压管路内。根据传感器信号，在制冷剂压力过高时通过自动恒温空调控制单元限制空调压缩机的转速。接线盒为制冷剂压力传感器供电。在接线盒电子装置中对数据进行分析。处理过的数据通过车身 CAN （K-CAN）传送至自动空调系统控制单元。

72. 车内空气循环控制系统传感器（AUC 传感器）是怎么工作的？

AUC 传感器是一种金属氧化物传感器，该传感器对于交通中的各种典型气味和有害物质具有高灵敏度。

AUC 传感器安装在微尘滤清器箱上。AUC 传感器分析吸入的新鲜空气中一氧化碳和氮氧化合物的浓度，并将所记录到的空气质量（也称为空气品质）转换为电信号。为了简化信息处理，因此将空气质量分为 0～10 级（从干净到严重污染）。

AUC 传感器将相应的级别作为数字信号通过 LIN 总线发送至接线盒电子装置（JBE）。接线盒电子装置将这一数字信号通过 CAN 总线发送至空调控制单元。如果 AUC 传感器测量出一个过高的排放值，将通过自动恒温空调控制单元切换至循环空气模式。

73. 暖风热交换器传感器的任务是什么？

在自动恒温空调上安装了 2 个传感器，分别探测驾驶员和前乘客侧暖风热交换器的鼓风温度。这 2 个传感器直接与 IHKA 控制单元连接。

74. 通风温度传感器是怎么工作的？

在自动恒温空调上安装了 2 个传感器，在中央控制台的副仪表盘中的后座区出风口上装有 1 个传感器（在后座上没有左右分离装置），这 3 个传感器与控制单元连接。

在带后座区自动空调系统的高级车型上，由于具有左右分离功能，中央控制台中的后座区出风口上会安装 2 个传感器（分别在右侧和左侧后座区出风口上）。这些传感器与 FKA 控制单元连接。FKA 控制单元分析传感器的信号，该信号被作为信息发送到 CAN 总线上。IHKA 控制单元根据该信息调节相应的风门电机。

75. 后座区脚部空间温度传感器是怎么工作的？

在后座区自动空调（FKA）上，安装了 2 个具有左右分区功能的传感器，其中在左侧和右侧脚部空间出风口上分别安装 1 个。这 2 个传感器直接与后座区自动空调控制单元连接。后座区自动空调控制单元分析传感器的信号，该信号被作为信息发送到 CAN 总线上。IHKA 控制单元根据该信息调节相应的后座区脚部空间风门电机。

76. 顶部出风口温度传感器是怎么工作的？

2 个顶部出风口仅与尾部空调器配合安装。由于具有左右分区功能，在每个顶部出风口上安装有 1 个顶部出风口温度传感器。

在尾部空调器右侧操作面板中采集这 2 个传感器的信号并进行数字化处理。该操作面板将信号通过 LIN 总线发送至 HKA 控制单元。尾部空调控制单元分析该信息，并控制空气分配风门电机和混合空气风门电机。

77. 双水阀是怎么工作的？

双水阀以电磁方式工作，并根据需要向具有左右分区功能的暖风热交换器提供冷却液流量，这样就确定了用于加热车厢内部的空气温度。接线盒电子装置控制双水阀。

78. 前部和后部制冷剂单向阀是怎么工作的？

尾部自动空调连接在自动恒温空调的制冷剂循环回路上，并由同一个空调压缩机提供制冷剂。2 个制冷循环回路的分离通过 2 个仅与尾部自动空调一起安装的制冷剂单向阀（前部和后部）实现。

前制冷剂单向阀集成在自动空调系统的膨胀阀中，用于阻断通向前蒸发器的高压管路。后制冷剂单向阀集成在 HKA 的膨胀阀中，用于阻断通向后蒸发器的高压管路。尾部自动空调调节与自动恒温空调制冷剂循环回路的连接原则是，两者能够相互独立地运行。当 2 个装置都运行时，可以通过 2 个制冷剂单向阀的同步，对 2 个装置相互独立地进行功率调节。但是，必须始终有 1 个制冷剂单向阀打开。

尾部自动空调控制单元控制制冷剂单向阀（前部和后部）。制冷剂单向阀在失电时关闭。

79. 自动空调系统有哪些主要执行元件？

（1）汽车空调送风系统的执行器　包括空气循环风门伺服电机、混合风门伺服电机、出风模式伺服电机、除霜风门伺服电机。这些电机均为永磁直流电机，工作电压为 12V，功率为 3W 左右。

（2）空调系统的执行器　包括压缩机电磁离合器、送风鼓风机、冷凝风扇。其中鼓风机功率较大，约为 200W，冷凝风扇功率约为 60W。

各个风门执行电机接收空调控制器的输出信号，实现汽车空调风量配送控制、出风模式控制、出风温度控制、进气模式控制以及风量控制。

80. 自动空调电控单元（ECU）的作用是怎样的？

自动空调电控单元又称空调控制器。控制器总成上的键是控制器的输入装置。控制器首先接收来自车内温度和车外温度传感器的输入信号，然后根据来自传感器和控制器总成上各键的输入，输出用于控制压缩机、电磁离合器、暖风加热器、热水阀以及模式门等的工作信号。

81. 自动空调控制单元（ECU）怎么控制空调系统？

自动空调控制单元（ECU）根据设定温度和车内温度传感器、车外温度传感器及阳光传感器等信号，自动调节混合风门的位置。车内和车外温度越高、阳光越强，车内温度就越朝向最大的冷风方向调节。ECU 根据车内温度和车外温度控制空气混合风门的位置。例如，如果车内温度为 35℃，则混合风门处于最冷位置；若车内温度为 25℃，则混合风门处于 50% 的位置。

82. 自动空调中为什么要设置鼓风机转速控制？

自动空调的鼓风机转速控制的目的是为了调节降温或升温速率，稳定车内温度。鼓风机转速控制系统主要由冷却液温度传感器、蒸发器温度传感器、鼓风机电阻器、功率晶体管、ECU、鼓风机电机和控制面板等组成。其中功率晶体管的作用是根据ECU输出的鼓风机驱动信号，改变流至鼓风机电机的电流，从而改变鼓风机的转速。

83. 空调电气控制系统起什么作用？怎么执行工作？

空调电气控制系统的组成主要分为三个部分，分别为空调控制器、传感器单元（包括开关）和执行单元。

当空调开关、暖风开关同时开启时，控制系统收到空调请求的信号。而空调系统的电气控制，实际上是指ECU通过所检测的各种信息数据，按设定的程序进行计算、处理，并输出相应的控制信号使压缩机的电磁离合器接通或断开（压缩机工作或停止）。

空调开启后，ECU自动将发动机怠速提高。在急加速时系统能自动切断压缩机并延时接通，出现某种故障时自动保护电路会切断压缩机电磁离合器线圈的电流，压缩机停止工作。

84. 空调压力传感器的作用是什么？怎么执行工作？

空调压力传感器的作用是防止制冷系统在极限制冷剂管路压力下工作，并帮助控制发动机冷却风扇的转速。

空调压力传感器安装在发动机舱内空调高压管路上，向发动机ECM或空调控制单元输出压力信号，当检测到空调制冷管路压力过低或过高时，控制系统停止对空调压缩机离合器供电，压缩机停止运转，以免对空调系统造成损坏。当制冷剂压力达到中等压力值时，散热器风扇高速运转，降低空调制冷剂压力。

85. 车外温度传感器的作用是什么？怎么执行工作？

车外温度传感器也叫环境温度传感器，一般安装在前保险杠安装支架上，也是一个热敏电阻。其作用是检测车外环境温度的高低，控制系统将根据车外温度与车内温度的差值来决定控制方式。例如，当环境温度低于5℃时，空调控制系统将断开压缩机离合器电源，使空调制冷系统停止工作。

86. 车内温度传感器的作用是什么？怎么执行工作？

车内温度传感器一般安装在仪表板下端，是一个具有负温度系数的热敏电阻，热敏电阻的阻值会随温度值升高而逐渐减小。它的作用是检测车内温度是否达到设定值，以控制空调系统的工作。

87. 蒸发器温度传感器的作用是什么？怎么执行工作？

蒸发器温度传感器安装在空调总成中的蒸发器金属翅片上。它的作用是检测蒸发器表面的温度，将检测结果输入自动空调控制单元。该传感器是一个负温度系数传感器，其随着温度的升高而变小，随着温度的降低而增大。

当蒸发器温度低于2℃时，空调停止运转，防止蒸发器结霜、结冰。当蒸发器温度高于5℃时，空调系统才能重新接通。蒸发器温度传感器是空调电气控制系统的一个保护性传感组件。

88. 日照传感器的作用是什么？怎么执行工作？

日照传感器又叫阳光传感器，一般安装在汽车前挡风玻璃下面，位于乘客侧除霜器格栅上，利用光电二极管来探测通过挡风玻璃进入的日光量。日照传感器将日光量转换成电流值，然后输入自动空调控制单元中。

阳光照进汽车驾驶室内时，将会使车内温度较平常高，空调系统需要增加制冷量来调节到设定的室内温度。

89. 什么是空调温度保护？

空调温度保护是为了保护空调的制冷循环系统，使空调系统正常工作。为防止蒸发器表面结霜，空调控制系统使用具有负温度特性的蒸发器温度传感器检测蒸发器表面温度。当蒸发器的温度低于2℃时，空调控制系统自动切断压缩机；当蒸发器的温度高于5℃时，又自动启动压缩机。

90. 什么是空调压缩机过热保护？

空调压缩机过热保护也是为了保护空调的制冷循环系统，使空调系统正常工作。当压缩机外壳的温度异常高，例如在150℃时，压缩机上的热保护开关断开，使压缩机停止工作；当压缩机外壳的温度降至130℃时，热保护开关闭合，压缩机又开始工作。

91. 怎样检测膨胀阀？

通过蒸发器出口处的温度高低来判断膨胀阀的工作情况。

膨胀阀作为制冷剂循环回路中高压和低压部分的一个分隔点安装在蒸发器前。为了使蒸发器达到最佳制冷能力，系统根据温度和压力调节经过膨胀阀的制冷剂流量。

如果蒸发器出口处的温度降低，隔膜腔内的探测气体收缩，阀针向上移动并减少至蒸发器的制冷剂流量。

如果蒸发器出口处的温度升高，则这个流量增加。蒸发器出口处压力升高时将为关闭阀门提供支持；压力降低时将为打开阀门提供支持。只要空调系统处于运行状态，这个调节过程就会不断进行。

膨胀阀检测示意见图 4-23。

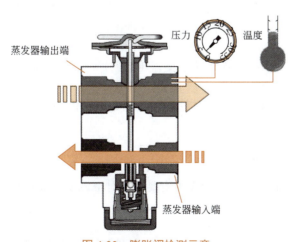

图 4-23　膨胀阀检测示意

92. 怎样检修冷凝器?

检查冷凝器是否泄漏；检查冷凝器管路是否堵塞。

（1）目视检查冷凝器是否泄漏　目视冷凝器接口处是否有油腻，如果有说明泄漏。视情况维修或更换。

（2）要定期清洗冷凝器　拆卸冷凝器后用压缩气体和低压水进行清洗，除去冷凝器上的污垢和堵塞的杂质，保证冷凝器的正常工作。冷凝器见图4-24。

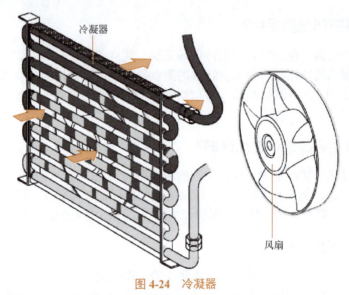

图4-24　冷凝器

93. 汽车空调压缩机常见故障有哪些?

汽车空调系统的大多数运动部件都在压缩机上，因此压缩机的检修量最大。一般压缩机常见的故障有卡住、泄漏、运转不良和异响四种。

（1）卡住　卡住是指压缩机卡住时不能转动。卡住的原因通常是润滑不良或者没有润滑。如果发现离合器或传动带打滑，在排除不是离合器和传动带的故障后，一般都是由压缩机卡住所致。

（2）泄漏　泄漏也是压缩机常见的故障。压缩机泄漏有漏油和漏气两种情况，泄漏轻微，只泄漏制冷剂，严重时，既泄漏制冷剂又泄漏冷冻油。如果压缩机的缸体上出现裂纹，产生泄漏，则应更换压缩机。

（3）运转不良　压缩机出现运转不良，压缩时产生温度更高的蒸气，这样来回循环，会把冷冻油烧焦，造成压缩机报废。

（4）异响　主要由离合器结合时打滑发出或者由于传动带过松或磨损引起。传动带轮轴承润滑不良，也会引起异响。

94. 怎样使用歧管压力表?

歧管压力表（空调制冷回路压力表）主要用于对空调系统抽真空、充入时放出制冷剂以及判定空调系统故障等。

歧管压力表的使用方法如下。

❶ 低压手动阀开启，高压手动阀关闭，此时可以从低压侧向制冷系统充注气态制冷剂。

❷ 低压手动阀关闭，高压手动阀开启，此时可使系统放空，排出制冷剂，也可以从高压侧向制冷系统充注液态制冷剂。
❸ 两个手动阀均关闭，可用于检测高压侧和低压侧的压力。
❹ 两个手动阀均开启，内部通道全部相通。如果接上真空泵，就可以对系统抽真空。

95. 怎样从高压端充注制冷剂？

❶ 当系统抽真空后，关闭歧管压力表上的高、低压手动阀。
❷ 将中间软管的一端与制冷剂罐注入阀的接头连接起来，打开制冷剂罐开启阀，再拧开歧管压力表软管一端的螺母，让气体溢出几分钟，把空气赶走，然后拧紧螺母。
❸ 打开高压侧手动阀至全开位置，将制冷剂罐倒立，以便从高压侧充注液态制冷剂。
❹ 从高压侧注入规定量的液态制冷剂。关闭制冷剂罐注入阀及歧管压力表上的手动高压阀，然后将仪表卸下。特别要注意，从高压侧向系统充注制冷剂时，发动机处于不启动状态（压缩机停转），更不可拧开歧管压力表上的手动低压阀，以防止产生液压冲击。

96. 怎样从低压端充注制冷剂？

❶ 将歧管压力表与压缩机和制冷剂罐连接好。
❷ 打开制冷剂罐，拧松中间注入软管在歧管压力表上的螺母，有气流动的声音，然后拧紧螺母，目的是排出软管中的空气。
❸ 打开手动低压阀，让制冷剂进入制冷系统。当系统的压力值达到 0.4MPa 时，关闭手动低压阀。
❹ 启动发动机，将空调开关接通，并将鼓风机开关和温控开关都调至最大。
❺ 再打开歧管压力表上的手动阀，让制冷剂继续进入制冷系统，直至充注量达到规定值。
❻ 在向系统中充注规定量制冷剂之后，确定加注制冷剂正常，无过量。随后将发动机转速调至 2000r/min，冷风机风量开到最高挡，若气温为 30～35℃，则系统内低侧压力为 0.15～0.20MPa，高压侧压力为 1.40～1.6MPa。
❼ 充注完毕后，关闭歧管压力表上的手动低压阀，关闭装在制冷剂罐上的注入阀，使发动机停止运转，将歧管压力表从压缩机上卸下。卸下时动作要迅速，以免过多制冷剂排出。

97. 怎样使用歧管压力表排放制冷剂？

慢慢地打开高压阀进行降压，高压表显示约为 0.35MPa 以下时再打开低压阀，至无压力为止。

98. 怎么抽空调制冷系统真空？

抽真空时，由于压力越来越低，水逐渐汽化成蒸汽而被抽出，这个过程比较慢，因而抽真空最少需要 30min 以上。

由于维修或者更换空调制冷回路中的部件时，系统内会进入空气，空调制冷回路中是不能有空气的，因此必须将空气彻底抽出。

❶ 将歧管压力表的高、低压软管分别接在高、低压侧气门阀上，将中间软管与真空泵相连接。
❷ 打开歧管压力表上的高、低压手动阀，启动真空泵，观察低压表（过程表）的指针，应该有真空显示。
❸ 连续抽真空 5min 后，低压应达到 0.03MPa（真空度），高压略低于零。如果高压表

不能低于零刻度，表明系统内有堵塞，应停止抽真空，修复后，再抽真空。

❹ 真空泵工作 15min 后，低压表指针应在 0.001 ～ 0.02MPa 之间。如果达不到此数值，应关闭高、低压手动阀，观察低压表的指针。如果指针上升，说明真空有损失，系统有漏点，应停止抽真空，修复后才能继续抽真空。

❺ 系统压力接近于真空时，关闭高、低压手动阀，保压 5 ～ 10min。如低压表指针不动，则打开高、低压手动阀，开启真空泵，继续抽真空，抽真空的时间不得少于 30min。

❻ 抽真空结束时，先关闭高、低压手动阀，再关闭真空阀系统，这样可以向系统中加注冷冻油或充注制冷剂。

99. 怎么检查和排除日照传感器故障？

（1）诊断依据　日照传感器通过暖风、通风与空调系统控制模块连接到搭铁和一个 12V 的计时电源上。计时电源向传感器电子装置供电，用作日照传感器微型控制器的时钟发生器。传感器使用脉冲信号识别数据，并传输日照强度的测量值。每次遇到计时电源输入的上升沿时，日照传感器微型控制器将改变通道，使信号上新的强度测量值输出到暖风、通风与空调系统控制模块。信号电压在 0 ～ 4V 之间变动。

乘客舱温度传感器为负温度系数热敏电阻。传感器依靠信号和低电平参考电压电路进行工作。当空气温度升高时，传感器电阻减小。传感器信号电压在 0 ～ 5V 之间变动。

明亮或高强度的光照导致车内空气温度升高。暖风、通风与空调系统通过将额外的冷气送入车内来补偿所升高的温度。

（2）诊断程序　见表 4-1。

表 4-1　日照传感器故障诊断

项目	内容/诊断技能		
故障信息	故障码	故障说明	
	DTC B016305	乘客舱温度传感器电路对蓄电池短路或开路	
	DTC B018302	日照传感器电路对搭铁短路	
	DTC B018305	日照传感器电路对蓄电池短路或开路	
	DTC B140502	控制模块参考电压输出 2 电路对搭铁短路	
	DTC B140505	控制模块参考电压输出 2 电路对蓄电池短路或开路	
	步骤	诊断程序/排除方法	
电路/系统检验	1	检查并确认 DTC B140502 或 B140505 没有出现 如果出现故障码，执行"环境光照/日照传感器电源故障"诊断	
	2	检查并确认 DTC B016302 或 B016305 没有出现 如果出现故障码，执行"乘客舱温度传感器电路故障"诊断	
	3	检查并确认 DTC B018302 或 B018305 没有出现 如果出现故障码，执行"日照传感器电路故障"诊断	
	4	用温度计测量实际车内空气温度。将这一数值与故障诊断仪"乘客舱空气温度"参数进行比较。测量温度与参数值的差应该不超过 5℃。 如果不在规定的范围内，则更换 B10B（环境光照/日照传感器）	

续表

项目		内容 / 诊断技能
环境光照 / 日照传感器 电源故障	1	将点火开关置于"OFF"位置，断开 B10B（环境光照 / 日照传感器）的线束连接器和 K33（暖风、通风与空调系统控制模块）的 X1（线束连接器）
	2	测试 B10B（环境光照 / 日照传感器）搭铁电路端子 6 和搭铁之间的电阻是否小于 5Ω 如果大于规定范围，则测试搭铁电路是否开路 / 电阻过大
	3	点火开关置于"ON"位置，测试参考电压电路端子 2 和搭铁之间的电压是否低于 0.3 V 如果高于规定范围，则测试参考电压电路是否对电压短路
	4	将点火开关置于"OFF"位置，测试参考电压电路端子 2 和搭铁之间的电阻是否为无穷大 如果小于规定值，测试参考电压电路是否对搭铁短路
	5	测试 K33（暖风、通风与空调系统控制模块）线束连接器上的 B10B（环境光照 / 日照传感器）参考电压电路端子 2 和控制电路端子 20（X1）之间的电阻是否小于 5Ω 如果大于规定值，则测试参考电压电路是否开路 / 电阻过大
	6	如果所有电路测试都正常，更换 B10B（环境光照 / 日照传感器）并确认故障码没有再次设置 如果再次设置了故障码，则更换 K33（暖风、通风与空调系统控制模块）
乘客舱温度 传感器电路 故障	1	将点火开关置于"OFF"位置，断开 B10B（环境光照 / 日照传感器）上的线束连接器
	2	将点火开关置于"ON"位置，测试信号电路端子 3 和搭铁之间的电压是否为 4.8～5.2V 如果低于规定范围，则测试信号电路端子是否对搭铁短路或开路 / 电阻过大。如果电路测试正常，则更换 K33（暖风、通风与空调系统控制模块） 如果高于规定范围，则测试信号电路端子是否对蓄电池短路；如果电路测试正常，则更换 K33（暖风、通风与空调系统控制模块）
	3	如果所有电路测试都正常，更换 B10B（环境光照 / 日照传感器）并确认故障码没有再次设置 如果再次设置了故障码，则更换 K33（暖风、通风与空调系统控制模块）
日照传感器 电路故障	1	将点火开关置于"OFF"位置，断开 B10B（环境光照 / 日照传感器）上的线束连接器
	2	断开 K33（暖风、通风与空调系统控制模块）上的线束连接器
	3	点火开关置于"ON"位置，测试信号电路端子 4 和搭铁之间的电压是否低于 0.3V 如果高于规定范围，则测试信号电路是否对电压短路
	4	点火开关置于"OFF"位置，测试信号电路端子 4 和搭铁之间的电阻是否为无穷大 如果小于规定值，则测试信号电路是否对搭铁短路
	5	测试 K33（暖风、通风与空调系统控制模块）线束连接器上的 B10B（环境光照 / 日照传感器）信号电路端子 4 和控制电路端子 13（X1）之间的电阻是否小于 5Ω 如果高于规定值，则测试信号电路是否开路 / 电阻过大
	6	如果所有电路测试都正常，则更换 B10B（环境光照 / 日照传感器）并确认故障码没有再次设置 如果再次设置了故障诊断码，则更换 K33（暖风、通风与空调系统控制模块）

100. 怎么检查和排除空气温度传感器故障？

（1）诊断依据 空气温度传感器为两线负温度系数热敏电阻。车辆使用以下空气温度传感器：左上空气温度传感器、左下空气温度传感器、右上空气温度传感器、右下空气温度传感器、蒸发器温度传感器。

传感器依靠信号和低电平参考电压电路进行工作。当传感器周围的空气温度升高时，传感器电阻降低。传感器信号电压随电阻值下降而下降。传感器在-40～+85℃的温度范围内工作。传感器信号在0～5V之间变动。暖风、通风与空调系统控制模块将信号转换成0～255范围内的计数。随着空气温度的升高，计数值将减小。如果暖风、通风与空调系统控制模块检测到传感器故障，那么控制模块软件将使用默认的空气温度值。默认操作确保暖风、通风与空调系统能够调整车内空气温度接近期望的温度值，直到故障已被排除。

（2）诊断程序　见表4-2。

表4-2　空气温度传感器故障诊断

项目		内容 / 诊断技能	
故障信息		故障码	故障说明
		DTC B017302	左上出风口空气温度传感器电路对搭铁短路
		DTC B017305	左上出风口空气温度传感器电路对蓄电池短路或开路
		DTC B017802	左下出风口空气温度传感器电路对搭铁短路
		DTC B017805	左下出风口空气温度传感器电路对蓄电池短路或开路
		DTC B050902	右上出风口空气温度传感器电路对搭铁短路
		DTC B050905	右上出风口空气温度传感器电路对蓄电池短路或开路
		DTC B051402	右下出风口空气温度传感器电路对搭铁短路
		DTC B051405	右下出风口空气温度传感器电路对蓄电池短路或开路
		DTC B393302	空调蒸发器温度传感器电路对搭铁短路
		DTC B393305	空调蒸发器温度传感器电路对蓄电池短路或开路
	步骤	诊断程序 / 排除方法	
电路 / 系统检验	1	检查并确认故障码不存在 如果存在故障码，见本表"电路 / 系统测试"	
	2	使用温度计在每个管道温度传感器上测量实际的温度。比较该值和相应的故障诊断仪管道实际的参数。测量温度与相应的风管实际参数值的差应该不超过5℃ 如果不在规定范围内，则更换相应的风管温度传感器	
	3	用温度计测量实际蒸发器温度。将该值与故障诊断仪的"空调蒸发器温度传感器"参数进行比较。测量温度与参数值的差应该不超过5℃ 如果不在规定范围内，则更换B39（蒸发器温度传感器）	
电路 / 系统测试	1	将点火开关置于"OFF"位置，断开相应温度传感器的线束连接器	
	2	测试温度传感器搭铁电路端子1和搭铁之间的电阻是否小于5Ω 如果大于规定值，测试搭铁电路是否开路 / 电阻过大	
	3	将点火开关置于"ON"位置，测试信号电路端子2和搭铁之间的电压是否为4.8～5.2V 如果低于规定范围，则测试信号电路是否对搭铁短路或开路 / 电阻过大；如果电路测试正常，则更换K33（暖风、通风与空调系统控制模块） 如果高于规定范围，则测试信号电路是否对电压短路；如果电路测试正常，则更换K33（暖风、通风与空调系统控制模块）	
	4	如果所有电路测试都正常，则更换温度传感器并确认故障码没有再次设置 如果再次设置了故障码，则更换K33（暖风、通风与空调系统控制模块）	

101. 怎么检测压缩机不工作？

在制冷系统中不能产生压力和使制冷剂运动的动力；在低压管侧不能产生低压，在高压侧也不能产生高压。可判断压缩机未工作。当发动机加速时，高压侧的压力是否会上升；对压缩机加入一定的冷冻油再看高压侧压力是否上升，如没有则问题出现在压缩机，对压缩机进行更换维修。

102. 怎么检测压缩机产生噪声？

压缩机的噪声包括皮带轮打滑、压缩机叶轮产生噪声，压缩机电磁离合器的噪声等。皮带轮打滑的噪声是带有嘎嘎声或嗡嗡声；压缩机叶轮产生的是吱吱、嘭嘭、乓乓等声音；电磁离合器产生的是咔嗒声。对压缩机进行进一步检查，如确实是压缩机所产生的噪声，则对压缩机进行维修或更换。

103. 怎么检测冷冻油不够？

冷冻油有润滑、密封、冷却和降低噪声等作用。冷冻油不够时，会产生压缩机噪声，压缩机的功效下降，压缩机的寿命也缩短。对压缩机进行添加冷冻油，情况有明显改进，则是由于缺乏冷冻油导致的，可进行相应的维修。

104. 怎么检测压缩机内部泄漏？

产生压缩机内部泄漏的原因主要由于压缩机一些密封部件出现的磨损或破坏。对于压缩机的内部泄漏测试就是在压缩机的吸、排气检修阀上装上歧管压力计，并关闭手动高、低压阀，再用手转动压缩机主轴，每秒转动一圈，共转十圈，高压表的压力应大于一定值，低压表的压力应低于一定的值。如不满足要求，则说明压缩机有内部的泄漏。当制冷系统运转时，低压端压力太高，而高压端压力过低，也表明压缩机内部有泄漏，应对压缩机进行更换。

105. 怎么检测压缩机外部泄漏？

检测压缩机外部泄漏主要是指检测制冷剂在轴封、端盖、吸排气阀口等处有无泄漏，如果有，则对压缩机进行维修或更换。

106. 怎么检测蒸发器？

蒸发器直接与车厢内的空气进行热交换，它传热能量的强弱对制冷有很大的影响。必须对蒸发器进行严格的检测。蒸发器的检测有如下内容。
❶ 蒸发器是否损坏。
❷ 用检测仪检查其是否泄漏。
❸ 观察排泄管道是否通畅。
❹ 观察蒸发器外表是否有积垢、异物等。
❺ 检查肋板有无弯曲，如有，则用平口螺丝刀将弯曲部位弄平。
蒸发器如有损坏、裂纹和漏油，应对其进行更换。

107. 怎么更换蒸发器？

蒸发器的拆卸与安装是一个逆过程，其拆装和检测程序如下。

❶ 断开蓄电池上负极电缆的连接。
❷ 将制冷剂从系统中排出。
❸ 拆下杂物箱和盖。
❹ 将进气拉线断开。
❺ 断开鼓风机电机插头和电阻插头的连接。
❻ 按顺序进行拆卸，不要让冷冻油流出。
❼ 按与拆卸相反的顺序进行安装。
❽ 调整进气拉线。
❾ 进行制冷系统的相关检测。

108. 怎么使用电子检漏仪对空调系统进行检漏？

电子检漏仪是应用比较多的一种设备。电子检漏仪的工作原理是：在它的内部有一对电极，阳极由白金做成；当制冷剂流过两极之间时，两极之间的电流会增大，以此为信号就可检测出制冷系统的泄漏情况。

109. 怎么利用压力对空调系统进行检漏？

采用的方法是向制冷系统充入空气（最好为氮气，因为氮气无水分），然后用肥皂水检漏，如果有泄漏，泄漏处会出现肥皂泡。这也是一种传统的、比较有效的检测方法。

加压测试泄漏时，首先应正确连接歧管压力计。在正确地把软管接到压缩机的高低压检修阀上之后，打开高低压检修阀，向系统中充入干燥氮气，其压力在1.5MPa左右。当系统达到规定压力后，用肥皂液涂抹在系统各个连接处和焊接处，仔细观察有无泄漏，泄漏大的地方有微小的声音，并出现大的泡沫；泄漏小的地方则间断出现小的泡沫，所以检漏必须仔细，并反复检查几次，发现泄漏处要应做出记号并及时加以修复，然后再去试其他接头处，直至泄漏彻底消除。

110. 怎么检修压缩机反复吸合故障？

（1）故障表现　开空调后空调压缩机反复吸合，没有制冷效果。

（2）诊断检查　连接压力表，打开空调开关，高压压力急剧升高，空调压缩机被切断，当压力降下后空调压缩机又被吸合。

（3）确定原因　通过现象分析故障的根本原因是空调压力开关起保护造成的。一种是冷凝器堵塞、不能正常散热就会导致该故障；另一种是风扇故障导致冷凝器散热出问题。

111. 怎么检修空调制冷效果差？

（1）故障现象　以帕萨特B5轿车为例，怠速时空调制冷效果很差，正常行驶中制冷效果比怠速时候明显改善。

（2）检查分析　连接压力表，检查高低压侧管路内的压力，发现低压侧和高压侧的压力都高，造成压力高的原因可能是制冷剂过多或散热不好。

❶ 该车冷凝器为更换新的，可排除。
❷ 检查发现电子小风扇在高速运转，而且是向后抽风，这表明电子小风扇运转正常。
❸ 检查大风扇，发现其运转时往后抽的风很小，说明风扇存在问题。

（3）故障排除　更换风扇，检查空调系统的压力，低压侧为2.1bar（1bar=10^{5}Pa）高压侧为13.5bar，空调工作正常。

112. 怎么检修空调系统不制冷？

（1）故障现象　以雪佛兰科鲁兹轿车为例，没有冷风。
（2）故障检查　空调压缩机离合器不工作有以下原因。
❶ 环境温度低于1℃。
❷ 发动机温度高于124℃。
❸ 空调高压侧压力超出安全范围。
❹ 蒸发器温度低于3℃。
❺ 发动机怠速时，发动机控制单元检测到节气门位置信号超出设定范围。
❻ 发动机控制单元检测到怠速转速超出设定范围。

利用诊断仪进入该车系统查看相关数据，发现蒸发器温度传感器显示温度为106℃，不在正常范围内，其他相关数据都正常。故障为蒸发器温度传感器回路，故障码为B3933，说明蒸发器温度传感器已经损坏。

（3）故障排除　更换蒸发器温度传感器后，清除故障码。启动发动机，打开空调开关，压缩机离合器正常工作。用温度计测试出风口温度为6℃，在正常范围内。

113. 空调系统高、低压均低是什么问题？

空调系统高、低压表的指示都比正常值低，这可能是因为制冷剂不足导致的。检查时，可发现高压管微热、低压管微冷，但温差不大，从视镜中可以观察到每隔1～2s就有气泡出现。这时应先检查有无泄漏点，若有，则补漏后再补足制冷剂。如果低压表指示比正常值低很多，这时视镜内可见模糊雾流，高、低压管无温差，冷气不冷，说明制冷剂严重泄漏。

114. 空调系统低压表指示接近零、高压低是什么问题？

低压表指示接近零，高压表指示比正常值低。这时，空调系统常表现为出风不冷、膨胀阀前后的管路上结霜。其原因，一方面可能是膨胀阀结霜堵塞，使得制冷剂在系统中无法循环，此时应反复抽真空，重新添加制冷剂；另一方面可能是膨胀阀感温包损坏，造成膨胀阀未开启，此时应检查感温包。高、低压表指示都过低，这可能是压缩机的内部故障，如阀板垫、阀片损坏，需要更换压缩机。

115. 空调系统高、低压均高是什么问题？

空调系统高、低压表指示都比正常值要高。压缩机吸气管表面温度比正常情况下低，出现潮湿冰冷现象。由于空调系统膨胀阀开度过大，蒸发器内制冷剂已经剩余，这样就严重影响蒸发，吸热量相应地就会减少，造成空调凉度不够。这种情况更换膨胀阀即可排除。

116. 空调系统高、低压两侧的压力均过高是什么问题？

空调系统高、低压两侧的压力均过高。这种情况一般是制冷剂过多导致的。关闭空调系统压缩机后，车辆处于怠速工况，20min后，如果视液镜内仍然清晰，无气泡流过，可以断定制冷剂过多，应排出多余的制冷剂。

117. 空调系统低压过高、高压稍高是什么问题？

空调系统低压表指示过高，高压表指示稍高。这种情况一般是冷凝器冷却不足，可以用自来水将冷凝器冷却，冷却后如果压力逐渐正常，就可以判定是冷凝器冷却不足。清洗冷凝器外表，必要时更换冷凝器。

118. 空调系统低压负压、高压异常是什么问题？

空调系统低压表指示为零或负压，高压表指示偏高。冷风效果很差，但有时候又正常。这种情况一般是制冷系统中有水分，水分进入制冷循环系统，在膨胀阀小孔处冻结，融化后恢复正常状态。更换干燥管即可解决问题。

空调系统低压表指示较低，高压表指示过高。这种情况一般是制冷系统堵塞，堵塞的部件一般在制冷系统的高压侧，如干燥过滤器、膨胀阀。同样，堵塞现象一般是由制冷剂含有的水分、尘杂等导致。

119. 空调系统低压过高、高压过低是什么问题？

空调系统低压表指示过高，高压表指示压力过低。这种情况一般是压缩机内部有泄漏，一般只能更换压缩机来解决。

120. 怎么检修制冷剂或冷冻油导致的空调效果差？

❶ 维修时过多地加入冷冻油，也会使制冷系统的散热量下降。如果是加注的冷冻油过多，那么当空调系统正常运转时，能从视液镜中看到较为浑浊的气泡。

❷ 制冷剂注入是否过多，可以从干燥罐上方的视液镜中观察到。如果汽车空调在运转时，从视液镜中看不到一点气泡，压缩机停转后也无气泡，那么肯定是制冷剂过多。

121. 怎么检修制冷剂与冷冻油内有杂质导致的制冷效果差？

❶ 如果制冷剂和冷冻油内脏物过多，必然导致系统或者部件出现堵塞，造成制冷剂通过能力下降，阻力加大，流向膨胀阀的制冷剂也会相对减少，导致制冷效果差。

❷ 在相邻制冷管道及部件中如果有非常明显的热冷情况，原因也是堵塞，导致制冷效果差。

122. 怎么检查冷凝器散热问题导致的空调效果差？

❶ 行车中，汽车发动机前方的冷凝器表面上会覆盖有油污泥、土或杂物，从而使其散热能力下降。

❷ 冷却风扇的故障，如驱动带过松、冷却风扇转速下降或冷却风扇高速等问题，都会导致冷凝器的散热能力下降，要经常清洗散热器。

123. 怎么检修压缩机皮带过松导致空调系统冷却效果下降？

❶ 如果压缩机皮带过松会使压缩机工作时打滑，这样就导致传动效率下降，使压缩机转速下降，压缩制冷剂的输送量下降，从而直接使空调系统制的制冷能力下降。

❷ 空调压缩机驱动带的检查方法是，在发动机停转时，在驱动带中间位置用手拨动、翻

动驱动带,以能转 90°为宜,如果转动角度过多,则为驱动带松弛,应该调整;如果用手翻转不动,说明驱动带过紧,这样也有损于压缩机轴承,应该调整。

124. 怎么检查和排除压缩机故障导致的空调不工作?

(1)故障信息　空调不工作,副厂空调压缩机过载导致驱动盘故障。
(2)检查和分析
❶ 连接空调系统压力表测量高低压管路压力,发现制冷剂的压力已经符合压力标准。
❷ 连接故障诊断仪,发现故障码 01232:空调压缩机调节阀(N280)开路或对正极短路,为永久性故障,无法清除。
❸ 读取测量数据块,从显示的数据来看,空调压缩机上的调节阀已经有电流流过,从数据流看出调节压缩机调节阀的脉冲占空比为 70%。根据数据流的数值,可以判断空调压缩机已经工作,但貌似空调压缩机功率不足。因为该车之前为此更换过压缩机,所以怀疑压缩机质量不过关。
(3)故障排除　检查空调压缩机带轮,发现在启动的时候,空调压缩机带轮运转,但空调压缩机的轴不转。将其拆下后发现,空调压缩机驱动轮与空调压缩机轴所连接的驱动盘发生断裂。
更换新的原厂压缩机驱动盘,重新灌注制冷剂,试机发现空调制冷效果非常好,故障彻底排除。

125. 为什么压缩机驱动盘因过载而导致内部故障?

奥迪 A6 轿车的空调采用变排量压缩机,功率可以实现无级调节。该压缩机具有 2 种保护装置:过载保护装置和制冷剂泄漏保护装置。
空调压缩机带轮内部置有过载保护装置,它与驱动盘之间靠橡胶块连接,橡胶块具有缓冲效应。一旦发生过载,橡胶缓冲块先损坏,从而切断空调压缩机带轮与驱动盘的连接,带轮将会无阻碍地运转,避免了传动带及发动机部件的损坏。
空调控制单元 J255 根据制冷剂压力和温度传感器 G395 的信号来检测可能会发生的制冷剂泄漏现象,如果发生泄漏,制冷功能将被关闭,避免因无制冷剂而造成压缩机损坏。副厂压缩机,会造成空调压缩机驱动盘因过载而导致内部故障(发生断裂)。

126. 怎么检修温度传感器故障导致的空调制冷效果差?

(1)故障信息　奥迪 A6 轿车,空调系统运行时,压缩机工作数秒电磁离合器就分离,再过几秒后,电磁离合器又接合,制冷效果极差。
(2)检查和分析
❶ 首先进行常规检测,用万用表测量电磁离合器线圈电阻,正常。
❷ 用外接 12V 电源强行使压缩机工作,同时用歧管压力计测量高、低压侧的压力,测量结果高压侧压力为 1520kPa,低压侧压力为 189kPa,均正常。
❸ 检查恒温器,正常。
❹ 检测冷却液温度传感器。在压缩机运行过程中测量离合器刚分离时发动机冷却液的温度,测量结果是冷却液温度为 110℃,发现冷却液温度传感器失灵。
(3)故障排除　更换新的冷却液温度传感器后,故障排除。

127. 怎么检修和排除空调压缩机反复吸合故障（一）？

（1）故障信息　开空调后空调压缩机反复吸合/断开，几乎没有制冷效果。

（2）检查和分析

❶ 连接空调压力表，静态时候空调高、低压侧的压力都正常。

❷ 启动发动机后打开空调开关，可以看见高压侧的压力急剧升高，瞬间升高到4000kPa，空调压缩机被切断；当压力降到3000kPa左右，空调压缩机又被吸合。这样可以初步判断故障的原因是空调压力开关起保护造成的。

❸ 当用自来水冲洗冷凝器时，高压侧的压力恢复正常，出风口效果相对好了许多，空调压缩机也不断开了。

❹ 经检查空调内循环正常，因此断定是冷凝器不好导致散热不良。

（3）排除过程　经检查，散热电子风扇的风向是从发动机吹向冷凝器，这样一定是在维修过程中维修工将风扇电机两根线接反了，散热风扇将发动机的热量传给冷凝器，高温高压的制冷剂不能得到有效冷却，反而被升温，导致高压开关处压力过高，空调压缩机就被反复断开。

128. 怎么检修和排除空调压缩机反复吸合故障（二）？

（1）故障信息　某宝来轿车，开启空调制冷系统制后，感觉制冷量不足。

启动发动机，开启空调制冷功能，风速开至2挡，风向选择为中部出风，用温度计测量出风口温度，5min后温度计显示17.5℃，大大高于"出风口温度<11℃"的标准值。

（2）检查和分析　该款车的空调系统由制冷系统、供暖系统、送风系统、电子控制系统组成。因为报修的是制冷问题，所以这里可以不考虑供暖系统。

❶ 连接压力表，高低压侧的压力值都在正常的范围内。

❷ 检查冷凝器，干净，无脏污。

❸ 目测低压管上有露水，用手触摸管路，感觉很凉。

❹ 如果蒸发器制冷不足，也会造成通过蒸发器的空气不能被充分冷却，这样从出风口送出的空气温度也会变高。于是拆下鼓风机，用手触摸鼓风箱内的蒸发器外壳，发现其外壳温度明显高于空调低压管的温度，只是微微凉，不像低压管那样冰手，明显不正常，由此判断蒸发器内部堵塞，造成热交换不良。

（3）故障排除　拆下鼓风箱，更换蒸发器后装复试车。经过测试，出风口温度降低到4℃，符合出风口温度的标准，空调制冷量不足故障排除。

129. 怎么检修空调冷风出风口温度高故障？

蒸发器内部堵塞会导致通过蒸发器的空气不能被充分冷却，同时送风系统的冷热风门也存在关闭不严，造成本来就温度偏高的空气再与热空气混合后送出，使得出风口送风温度过高。

对于空调系统的故障，在诊断时最好根据空调系统的组成，按照制冷系统、供暖系统、送风系统、电子控制系统，采用分系统诊断，这样可以大大地简化诊断流程和提高诊断效率。

130. 怎么检修冷却液温度传感器导致的空调故障？

（1）故障现象　某奥迪A6轿车，压缩机工作电磁离合器时而啮合，时而分离，制冷效果很差。

（2）检查和排除　执行故障诊断仪检测数据流，冷却液温度为110℃。更换新的冷却液温度传感器后，故障现象消失。

奥迪 A6 轿车发动机冷却液温度超过 120℃或冷却液温度传感器失灵报警时，空调电控单元会使空调自动停止工作，待冷却液温度为 115℃时，压缩机又会重新恢复工作，从而造成该车空调制冷效果差的故障现象。

131. 怎么检修和排除空调出风口吹热风故障？

（1）故障信息　某奥迪 A8 轿车，打开空调不一会，左前出风口会吹出热风。

（2）检查分析　该车空调系统采用 4 区控制，车内乘驾人员均可以将车内的温度调节到各自需要的温度。这项功能的实现与各区出风口作为反馈信号的温度传感器和各区作为执行元件的空调翻板伺服电机有关。

本例中左前单一出热风故障，很可能是以下两个原因造成的：一是左侧伺服电机（V158）有时调节失灵；二是左侧出风口温度传感器（G150）信号有时错误。

检查左侧伺服电机 V158，排除了其出现故障的可能。接着检测左侧出风口温度传感器的信号值。把 4 个区的空调温度设为 22℃，并将空调设在 AUTO 挡，用 VAS 5051 读数据流，结果发现 017 数据块中温度传感器的信号值有差别，左侧出风口温度传感器（G150）的显示值在 13℃不变，右侧出风口温度传感器（G151）的显示值是 21℃，中间出风口温度传感器（G191）的显示值是 23℃。

根据数据块的显示，2 区和 3 区的温度传感器的信号值显示属于正常，都接近空调开关的设定值。1 区显示的左侧出风口温度值是 13℃，明显偏低。该信号传给空调控制单元后，空调控制单元认为该出风口的温度调节过低，就会调节 V158，让左侧的出风口温度升高，于是左侧出风口便吹出热风，而实际上左侧出风口的温度并不高。

（3）故障排除　更换左侧出风口温度传感器（G150），试车，空调出风口出风正常，故障排除。

132. 怎么检修和排除低压管导致的空调不制冷故障？

（1）故障信息　某宝马 745Li 轿车，前后独立空调系统出现空调系统不制冷的现象。

（2）检查分析　执行故障诊断仪检测，无故障码。

一般通过高低压侧压力就可以基本上判断故障所在，接上制冷剂加注机查看高低压管路的压力。启动发动机，将空调调至最冷，风量最低，观察高低压侧压力，发现高压正常，为 1350kPa；低压从 200kPa 慢慢降低到 0，而且一直保持在 0 的位置。正常的压力应该是，低压应在 100～200kPa 之间，高压应在 1000～1500kPa 之间。读取空调系统的数据流，发现蒸发器温度为 30℃，而正常的温度在 2～8℃之间；读取空调压缩机功率，为 100%，而正常的功率一般在 84% 左右，种种现象都类似发生冰堵。于是将发动机熄火，将空调系统重新按标准抽空加注，启动，故障依旧。

在发动机关闭的瞬间，低压侧压力又回到了正常的位置，如果是空调系统里面有水造成冰堵的话，不可能在瞬间压力又恢复正常。根据经验，可能是由于前后电磁阀堵塞造成的，对于很多宝马车，如果低压为零，高压正常的话，很多都是由于电磁阀的原因造成的，将前后电磁阀阀芯取掉，并对空调系统重新抽空加氟，故障现象依然没有改变。

根据前后独立空调系统的结构，制冷剂循环如图 4-25 所示。

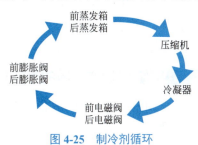

图 4-25　制冷剂循环

因为空调系统前后独立，可以独立关闭前后空调来判断是前空调或者后空调出问题，结果不管单独开前空调还是后空调，故障现象都出现，表明问题出在空调系统的公共部分，也就是至少是冷凝器、高压管路、低压管路和压缩机其中之一出问题。

高压正常，表明从压缩机出来一直到进入电磁阀这些部件都正常。而低压不正常，则有可能是低压管或者压缩机异常，也就是说，要么是压缩机坏了，要么是低压管堵塞。着重检查低压管，将低压管从防火墙处断开，用压缩空气吹，没有从里面吹出什么，很顺畅。

（3）故障排除　用替换法更换该车的低压管，制冷正常。读取蒸发器温度为5℃。说明故障就是低压管造成的，为了彻底找到原因，将低压管划开，发现有一段内部弹性体与尼龙套脱开，挡住了一半的低压管通道。更换低压管后，故障排除。

133. 水蒸气进入空调系统会导致什么故障？

我们都知道水在0℃时会结冰。

❶ 如果空调压缩机气门结冰，压缩机就不能正常工作；如果膨胀阀结冰，膨胀阀就不能打开，导致故障，不能使空调系统正常工作。

❷ 另外，水和制冷剂起化学反应，会生成盐酸和硝酸等多种酸类。系统内水分越多，形成腐蚀性酸液的浓度越高，腐蚀性越强，会造成零件严重腐蚀、生锈。

❸ 冷冻油如果遇到水，会变质生成胶状物，导致压缩机活塞、活塞环和轴承等主要零件损坏，破坏压缩机的正常工作。

134. 空气进入空调系统会导致什么故障？

❶ 如果空气存留在压缩机的管道中，压缩机就不能顺利输送制冷剂，导致压缩机做无用功，造成压缩机过热等不良后果。同时，压缩机里的冷冻油吸收了空气，空气中的氧和冷冻油发生化学变化，形成胶状物质，导致冷冻油变质，使压缩机轴承磨损，影响压缩机寿命。

❷ 冷冻油中如果渗入了空气，当冷冻油与制冷剂离开压缩机到蒸发器之后，由于空气有弹性，致使冷冻油不能与制冷剂一起回到压缩机。这样，冷冻油只出不进，使压缩机里出现严重缺少冷冻油的现象，损坏压缩机。

❸ 压缩机装好后，需用真空泵抽出里面的空气。抽完真空后，要停几分钟，查看真空吸力是否有变化。检查整个系统是否漏气，如不漏气，则说明空气和水蒸气没有侵入。

135. 制冷系统的高温高压有什么影响？

空调系统在正常的运转情况下，压缩机的温度是不会太高的。如果冷凝器堵塞，压缩机的温度会越来越高，温度高使气体发生膨胀，产生高压，高温和高压两个因素互为因果，形成恶性循环。此外，如果冷凝器由于某种原因通风不好，热量不良，也会增加压缩机的负荷，使压缩机温度升高。

高温会使制冷剂橡胶软管变脆，压缩机磨损加剧，使腐蚀机器的化学反应加速，机器容易损坏。同时，高温的气体压力变大，被高温引起变脆的软管很容易爆破。由于压缩机内部压力超过正常范围，压缩机的气门容易产生变形而影响密封。

136. 空调变频器的系统电路是怎样的？

空调压缩机驱动电机变频器，其功能是控制空调的三相驱动电机运作，其内部各电路见图4-26。

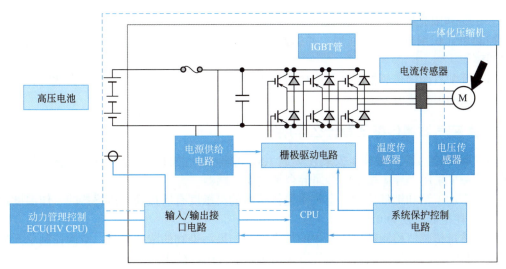

图 4-26　空调压缩机驱动电机变频器的系统电路

（1）栅极驱动电路　栅极驱动电路对各 IGBT 管的栅极进行控制，它接收处理器 CPU 的信号，当它给各栅极进行 PWM 脉冲调制时，将使输出电路得到正弦波的电压。通过 IGBT 管的通断频率还可控制空调压缩机的变速，同时它还受保护电路的监控。

（2）系统保护控制电路　系统保护控制电路接收输出电流、电压和空调温度等传感信号，不让其在过流、过压及超温状态下工作，用于对整个系统的运行保护。

（3）中央处理器（CPU）　中央处理器根据空调的目标温度和蒸发器实际温度，计算压缩机的目标转速，控制空调变频器栅极驱动电路的工作。而空调蒸发器的目标温度是由驾驶员设定温度、车外温度传感器、车内温度传感器、日照传感器以及 PTC 温度传感器决定的。另外，车内湿度传感器产生 CPU 的校正信号，可提高乘座的舒适性。

（4）输入/输出接口电路　输入/输出接口电路负责对外部电路（如对动力管理系统电路）进行通信信号的联系。

（5）电源供给电路　电源供给电路负责向 CPU 和栅极电路进行供电。

137. 新鲜空气温度传感器有什么作用？

新鲜空气温度传感器（G89）安装于新鲜空气进气管内，为实际环境温度的第二测量点。控制单元根据温度调节温度调节阀和新鲜空气鼓风机。

当信号失效时，控制单元将使用位于汽车前端的第一个环境温度传感器的感测值进行计算，温度传感器具有自诊断功能。两个温度传感器均读取最低温度值。

138. 阳光传感器有什么作用？

空调温度利用光电传感器进行调节。阳光传感器（G107）记录车中乘员所受到的阳光直射量。根据空调型号的不同，可通过一个传感器，或分别安装在车辆左侧和右侧的两个传感器测量射入车内的阳光强度。

阳光透过滤镜照射光电二极管上的光学器件。滤镜的功能与太阳镜类似，避免光学器件因受紫外线照射而受损。

光电二极管是一种光敏半导体器件。当没有光线照射时，只有少量电流能通过光电二极管。在受到阳光照射时，电流量开始增加。入射光线越强，电流越大。当电流增大时，空调控制单元识别出阳光更强烈，并据此调节车内温度。温度调节阀和新鲜空气鼓风机也随之调整。

当系统配有两个传感器时，阳光照射更强烈的一侧制冷强度更大。信号失效时，控制单元采用默认的阳光透射设定值。

139. 空气质量传感器有什么作用？

空气质量传感器（G238）安装在奥迪 A8L 轿车上，它的运行原理与氧传感器类似。计量元件是一个采用半导体技术的金属混合氧化物传感器。

因为添加了铂和钯催化剂，空气质量传感器的灵敏度有所提高。传感器的工作温度约为 350℃。功耗很低，仅为 0.5W。

空气质量传感器检测环境空气中的污染物。如果污染物的浓度较高，空调控制单元响应气体传感器发出的信号，从新鲜空气模式切换到空气循环模式。

如果污染物浓度降到规定阈值以下，则新鲜空气模式重新启动，系统恢复对车内补充新鲜空气。

140. 足部通风口温度传感器有什么作用？

足部通风口温度传感器（G192）感测从暖风/空调装置流出的空气及外部进入车内的空气的温度，温度通过一个热敏电阻进行记录。当温度降低时，电阻增加。

信号被送至控制单元进行计算，用来控制除霜器/足部空气流量分配及新鲜空气鼓风机空气流量。

当信号失效时，控制单元将对替代值 80℃ 进行计算，系统仍继续运行。传感器具有自诊断功能。

141. 定位电机有什么作用？

在自动空调中，所有的阀均由电控定位电机操控，空气循环调节阀同样由定位电机操控。安装定位电机时，其通常与暖风/空调装置上的阀轴线在同一水平线上。

温度调节阀、中央调节阀、足部/除霜器调节阀都有一台定位电机，所有定位电机均接收空调控制单元发出的相应的控制信号。每台定位电机都配有电位计，电位计将阀开度信号反馈给控制单元，输出的电子信号通过定位电机被转换为机械量。

142. 怎么检修空调电子风扇不转故障？

（1）故障信息　某 2003 年产别克君威轿车，开空调时电子风扇不转，但冷却液温度高时运转正常。

（2）检查分析　检查左风扇的熔丝 6 和 12 号继电器、右风扇的熔丝 21 和 11 号继电器、空调开关及线路均良好。启动车辆，打开空调，利用故障诊断仪进行检测，发现空调压力开关数据异常，经检查发现空调开关的信号电压只有 0.11V。经检测，此时空调系统的压力为 1.57MPa，而对应空调开关的信号电压应该为 2.4V 左右，实际信号电压明显低于正常值。

在空调刚打开时，正常的信号电压应为 0.12V，随着空调系统压力的增加，信号电压也应随之增大。当冷却液温度达到 50℃，且空调系统的压力达到 1.30MPa 时，信号电压应为 2V，电子风扇开始低速工作；当压力达到 1.65MPa 以上时，空调开关的信号电压应该为 2.5V，电子风扇开始高速运转。

（3）故障确定和排除　根据上述检查，可以判断是空调压力开关工作失常，输出信号电压过低，导致出现空调电子风扇不工作的故障现象。更换空调压力开关后试车，电子风扇运转正常，故障排除。

143. 怎么检修空调不制冷、有时候吹热风故障？

（1）故障信息　某别克君威轿车，空调制冷不好，有时会吹热风。

（2）检查分析与排除　打开 A/C 开关后，压缩机工作时间很短，系统内部压力超高，高压达到 2.5MPa，并且压缩机工作时有"咯咯"的异响。

根据故障现象和初步检测，原因可能有如下几个方面：系统堵塞或存在冰堵、制冷剂加注过量或者刚更换的冷凝器存在质量问题，导致系统散热不良。

故障点集中在空调散热器上。打开空调时试着用自来水冷却空调散热器，空调制冷效果有所好转。将散热器拆下后仔细观察发现，散热器本身是严重的伪劣产品，散热性能较差。

更换质量合格的空调散热器并加注制冷剂后试车，故障现象排除。

第五章
照明和信号系统

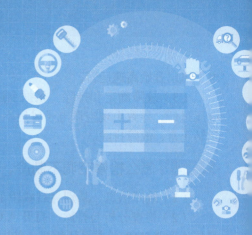

1. 远光灯是怎么控制的？

前照灯远光继电器始终由蓄电池电压供电。按下转向信号/多功能开关，使转向信号/多功能开关信号电路搭铁。车身控制模块（BCM）通过向前照灯远光继电器控制电路提供搭铁，使前照灯远光继电器通电。当前照灯远光继电器通电时，继电器开关触点闭合，蓄电池电压通过远光灯熔丝供至远光灯电源电压电路，从而点亮远光灯。

2. 怎样检修远光灯控制电路故障？

使用故障诊断仪，指令远光灯点亮和熄灭。在指令状态之间切换时，测试灯应点亮和熄灭。

如果测试灯始终点亮，则测试控制电路是否对搭铁短路。如果电路测试正常，则更换车身控制模块。

如果测试灯始终熄灭，则测试控制电路是否对电压短路或开路/电阻过大。如果电路测试正常，则更换车身控制模块。

3. 驻车灯是怎么控制的？

车身控制模块通过向驻车灯控制电路提供电压，使驻车灯通电。当驻车灯控制电路通电时，驻车灯点亮。

4. 怎样检修驻车灯控制电路故障？

使用故障诊断仪，指令相应尾灯点亮和熄灭以进行测试。在指令状态之间切换时，测试灯应点亮和熄灭。

如果测试灯始终点亮，则测试控制电路是否对电压短路。如果电路测试正常，则更换车身控制模块。

如果测试灯始终熄灭，则测试控制电路是否对搭铁短路或开路/电阻过大。如果电路测试正常，则更换车身控制模块。

如果所有电路测试正常，则更换相应的不工作尾灯。

5. 乘客舱变光电路是怎么控制的？

车身控制模块通过仪表板组合仪表变光参考电压电路向仪表灯变光器开关提供一个参考电压，仪表板组合仪表灯变光器开关是前照灯开关的一部分。当变光器开关置于期望的亮度位置时，参考电压通过变光器开关可变电阻器和仪表板组合仪表灯变光器开关信号电路施加至车身控制模块。车身控制模块解释该电压信号，然后通过仪表板灯控制电路、背景灯控制电路和发光二极管变光控制电路，施加一个脉宽调制（PWM）电压，以点亮发光二极管、仪表板组合仪表灯和部件。

6. 怎样检修乘客舱变光控制电路故障？

❶ 将点火开关置于"OFF"位置，断开相应的不工作背景灯部件的线束连接器。
❷ 测试相应部件的黑色导线和搭铁之间的电阻是否小于5Ω。如果大于规定范围，则测试搭铁电路是否开路/电阻过大。
❸ 在相应部件的控制电路和搭铁之间连接一个测试灯。
❹ 用故障诊断仪指令发光二极管背景灯变光测试启用/停止。
❺ 如果所有电路测试正常，则测试或更换相应的不工作背景灯部件。

如果测试灯始终点亮，则测试控制电路是否对电压短路。如果电路测试正常，则更换车身控制模块。

如果测试灯始终熄灭，则测试控制电路是否开路/电阻过大或对搭铁短路。如果电路测试正常，则更换车身控制模块。

7. 前雾灯电路怎么控制的？

前雾灯继电器始终由蓄电池电压供电。通过按下前雾灯开关，使前雾灯开关信号电路通过电阻器瞬时搭铁。车身控制模块通过向前雾灯继电器控制电路提供搭铁，使前雾灯继电器通电。当前雾灯继电器通电时，继电器开关触点闭合，蓄电池电压通过前雾灯熔丝提供至前雾灯电源电压电路，从而点亮前雾灯。

8. 怎样检修前雾灯控制电路故障？

测试车身控制模块12V参考电压电路线束连接器相关的2个端子和车身控制模块信号电路线束连接器相关的2个端子之间的电阻是否为2.5～3.0kΩ。

如果不在规定范围内，则测试12V参考电压电路和信号电路是否开路/电阻过大。如果电路测试正常，则更换前照灯开关。如果所有电路测试正常，则更换车身控制模块。

9. 制动灯电路是怎么控制的？

制动踏板位置传感器用于感测驾驶员操作制动踏板的动作。制动踏板位置传感器向车身控制模块提供一个模拟电压信号。车身控制模块将向左、右和中央停车灯控制电路提供蓄电池电压。

10. 怎样检修制动灯控制电路故障？

❶ 将点火开关置于"OFF"位置，断开左侧尾灯/制动灯及右侧尾灯/制动灯上相应的线束连接器。

❷ 测试左侧尾灯／制动灯线束连接器相应端子及右侧尾灯／制动灯线束连接器相应端子的搭铁电路线束连接器端子和搭铁之间的电阻是否小于5Ω。

如果大于规定值，则测试相应的搭铁电路是否开路／电阻过大。

❸ 在左侧尾灯／制动灯线束连接器相应端子及右侧尾灯／制动灯线束连接器相应端子的控制电路线束连接器端子和搭铁之间连接一个测试灯。

❹ 使用故障诊断仪，指令制动灯测试。在指令状态之间切换时，测试灯应点亮／熄灭。

如果测试灯始终点亮，则测试相应的控制电路是否对电压短路。如果电路测试正常，则更换车身控制模块。

如果测试灯始终熄灭，则测试相应的控制电路是否对搭铁短路或开路／电阻过大。如果电路测试正常，则更换车身控制模块。

11. 牌照灯电路是怎么控制的？

当前照灯开关置于驻车灯或近光灯位置时，通过牌照灯信号电路向车身控制模块提供搭铁。车身控制模块通过向牌照灯控制电路提供蓄电池电压做出反应，使左侧和右侧牌照灯通电。

将点火开关置于"ON"位置，执行牌照灯测试，牌照灯应点亮／熄灭。

12. 怎样检修牌照灯控制电路故障？

❶ 将点火开关置于"OFF"位置，断开牌照灯的线束连接器。

❷ 测试牌照灯搭铁电路线束连接器相关端子和搭铁之间的电阻是否小于5Ω。

如果大于规定值，则测试搭铁电路是否开路／电阻过大。

❸ 在牌照灯控制电路线束连接器相关端子和搭铁之间连接一个测试灯。

❹ 使用故障诊断仪，指令牌照灯测试。在指令状态之间切换时，测试灯应点亮／熄灭。

如果测试灯始终点亮，则测试控制电路是否对电压短路。如果电路测试正常，则更换车身控制模块。

如果测试灯始终熄灭，则测试控制电路是否对搭铁短路或开路／电阻过大。如果电路测试正常，则更换车身控制模块。

❺ 如果所有电路测试都正常，则更换牌照灯。

13. 中央高位制动灯电路是怎么控制的？

制动踏板位置传感器用于感测驾驶员踩踏制动踏板的动作。制动踏板位置传感器向车身控制模块提供一个模拟电压信号。车身控制模块将向左、右和中央制动灯控制电路提供蓄电池电压。将点火开关置于"ON"位置，执行牌照灯测试，牌照灯应点亮／熄灭。

14. 怎样检修中央高位制动灯控制电路故障？

❶ 将点火开关置于"OFF"位置，断开中央高位制动灯的线束连接器。

❷ 测试中央高位制动灯搭铁电路线束连接器端子B和搭铁之间的电阻是否小于5Ω。

如果大于规定值，则测试搭铁电路是否开路／电阻过大。

❸ 在中央高位制动灯控制电路线束连接器相关端子和搭铁之间连接一个测试灯。

❹ 使用故障诊断仪，指令中央制动灯测试。在指令状态之间切换时，测试灯应点亮／熄灭。

如果测试灯始终点亮，则测试控制电路是否对电压短路。如果电路测试正常，则更换车身控制模块。

如果测试灯始终熄灭，则测试控制电路是否对搭铁短路或开路/电阻过大。如果电路测试正常，则更换车身控制模块。

❺ 如果所有电路测试都正常，则更换中央高位制动灯。

15. 前转向信号电路是怎么控制的？

当转向信号/多功能开关置于"右转"或"左转"位置时，通过右转或左转信号开关电路向车身控制模块提供搭铁。随后，车身控制模块通过相应的电源电压电路向前转向、侧转向和后转向信号灯提供电压。将点火开关置于"ON"位置，执行中央制动灯测试，中央制动灯应点亮/熄灭。

将点火开关置于"ON"位置，指令左前转向信号灯测试，左前转向信号灯和转向信号复示灯应点亮/熄灭。

将点火开关置于"ON"位置，指令右前转向信号灯测试，右前转向信号灯和转向信号复示灯应点亮/熄灭。

16. 怎样检修前转向信号控制电路故障？

❶ 将点火开关置于"OFF"位置，断开相应转向信号灯的线束连接器。
❷ 测试下列相应的转向信号灯搭铁电路线束连接器和搭铁之间的电阻是否小于5Ω。
a. 左前转向信号灯搭铁电路线束连接器相应端子。
b. 左侧转向信号复示灯搭铁电路线束连接器相应端子。
c. 右前转向信号灯搭铁电路线束连接器相应端子。
d. 右侧转向信号复示灯搭铁电路线束连接器相应端子。
e. 如果大于规定值，则测试搭铁电路是否开路/电阻过大。
❸ 在下列相应的转向信号灯控制电路线束连接器和搭铁之间连接一个测试灯。
a. 左前转向信号灯电路线束连接器相应端子。
b. 左侧转向信号复示灯电路线束连接器相应端子。
c. 右前转向信号灯电路线束连接器相应端子。
d. 右侧转向信号复示灯电路线束连接器相应端子。
❹ 使用故障诊断仪，指令相应转向信号灯点亮和熄灭以进行测试。在指令状态之间切换时，测试灯应点亮和熄灭。

如果测试灯始终点亮，则测试信号电路是否对电压短路。如果电路测试正常，则更换车身控制模块。

如果测试灯始终熄灭，则测试信号电路是否对搭铁短路或开路/电阻过大。如果电路测试正常，则更换车身控制模块。

❺ 如果所有电路测试都正常，则更换相应的转向信号灯。

17. 怎样检修转向信号电路对蓄电池短路？

使用故障诊断仪，指令相应转向信号灯点亮和熄灭以进行测试。在指令状态之间切换时，测试灯应点亮和熄灭。

如果测试灯始终点亮，则测试信号电路是否对电压短路。如果电路测试正常，则更换相应的控制模块。

如果测试灯始终熄灭，则测试信号电路是否对搭铁短路或开路/电阻过大。如果电路测试正常，则更换相应的控制模块。

如果所有电路测试都正常，则更换相应的尾灯/举升门尾灯。

18. 怎样控制和调节氙气灯？

在氙气灯上装有动态照程调节装置，该装置使用了水平传感器，该传感器将车辆的水平信息（一个脉冲宽度调制信号）传给照程调节控制单元（J431）。车辆的前桥和后桥个装一个这种传感器，另外大灯还有动态转弯灯光调节功能。

使用的水平传感器与氙气灯动态调节用的传感器是相同的，该传感器将一个脉冲宽度调制信号发送到大灯照程调节控制单元上。

大灯照程调节控制单元（J431）与大灯左、右功率模块（J667和J668）之间的数据交换通过一根500kBaud（波特）的CAN总线来完成。氙气灯调节控制电路如图5-1所示。

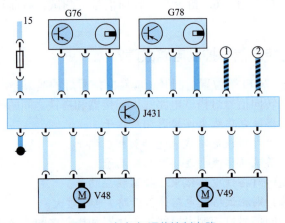

图5-1　氙气灯调节控制电路

19. 氙气灯自适应大灯作用范围是什么？

氙气灯自适应大灯可以在转弯时对灯光进行动态调节，这种大灯的投射模块内装有一个电机，该电机可在车辆转弯时在水平方向上改变灯光照射方向。

大灯透镜和支架并不转动。灯光转动的角度在转弯方向的内侧可达约15°，在外侧可达7.5°。

这个角度变化可使车辆在转弯时得到更好的照明效果。这时灯光转弯内模块的转动角是外模块的2倍，这样就可在相同灯光强度的情况下，得到最大的照亮范围。

当车辆静止和车速>6km/h时，大灯内的投射模块不会回转；当车速超过10km/h时，回转的角度主要取决于方向盘转动的角度。

这样就可以满足在车辆静止时不得摆动大灯灯光的法律规定。同时，当车辆在这种低速状态进行加速时，在转向角度不变的情况下，可以使大灯的偏转均匀过渡。

20. 氙气灯自适应调节装置内部结构是怎样的？

氙气灯自适应调节装置见图5-2。

回转角度由回转模块内的一个电感式传感器来监控，传感器值作为脉冲宽度调制信号直接用于大灯功率模块。

如果调节电机或传感器失效,功率模块会将故障信息发送到大灯照程调节控制单元 J431,然后组合仪表 J285 的显示屏会显示相应的内容来通知驾驶员。

图 5-2　氙气灯自适应调节装置

21. 怎样设定奥迪氙气大灯系统?

(1) 前照灯照程调节控制单元的作用　配备氙气灯的奥迪车辆由于其高亮度可能会对迎面驶来的驾驶员视线有所影响,因此必须配备高度自动调节功能,即氙气灯出厂时要调整好标准高度,之后前照灯的高低要随着车辆载荷分布自动进行调整。如果车辆前部高、后部低则前照灯要向上抬,保证驾驶员足够的视野;如果车辆后部低、前部高(后排座太沉或后备厢重物太多),则必须自动将灯光下调以防止影响对面车辆。因此配备氙气灯的车辆增加了前照灯照程调节控制单元(J431),地址码为 55,位置在副驾驶员侧杂物箱后方。

(2) 基本设定和匹配　奥迪 A6 轿车在出厂时 J431 存储了当前的前后水平位置传感器位置,并视为默认水平位置。当前后车身倾斜角度改变时,系统会根据前后传感器(G76、G78)的电压,判定车身倾斜角度,并指令左右前照灯电机 V48、V49 做出相应调节。在更换过前照灯、前后传感器或断开相应插头后,仪表会出现报警,前照灯调节控制单元中存储含义为"基本设定未完成"的故障码,即控制单元需要重新学习默认水平位置。打开点火开关,将车辆停置于水平地面,前照灯打开或关闭均可。55-04-001(基本设定),即相当于告知车辆控制单元,车辆已水平,当前位置为默认水平位置,此时可以通过前照灯调节螺钉来将灯高调节至符合法规的高度。55-04-002(存储设定),即相当于告知车辆控制单元灯光默认高度已调节好,将当前车身倾斜传感器位置及对应的电机位置存储下来,此时可看到车辆前照灯会自低到高运转一遍并回到原位完成存储。此时基本设定完成,故障码自动清除,报警消失。

(3) 判断车辆是否水平设定　系统进行前照灯基本设定的前提条件是"车身水平",也就是说如果系统根据前后倾斜传感器判定车辆目前不是水平的,则不允许进行下一步操作。也许通过肉眼观察车身已经水平了,但由于传感器安装位置、悬架老化等原因使得传感器反馈给控制单元的结论是不水平的。可以读取 55-08-002(判断车辆是否水平设定)来进行检查,Ⅰ区为前部传感器电压,Ⅱ区为后部传感器电压,在水平时两者均应在 2.5V 左右,如果升高悬架则该电压值升高,若车身降低则该电压下降。如果前后差值超过 0.5V,则系统认为车身存在俯仰。

执行设定方法如下。

❶ 举升车辆，检查传感器安装位置及固定连接装置。

❷ 执行 05-08-002 的同时，抬起或压下偏离 2.5V 的那个悬架，使两个电压都在 2.5V 左右时，进行基本设定。

22. 怎么检修大众途锐照明距离调节装置警告灯点亮？

大众途锐装备了前照灯射程自动调节装置，在前后桥上各设置了一个车辆高度传感器，用来感知车辆高度的变化，根据整车载荷分配不同，自动调节前照灯射程。同时在该系统出现故障的时候，会点亮仪表上的灯光系统故障警告灯。

（1）故障现象　某 2008 年款 3.6L 大众途锐，发生事故后在修理厂更换了左前照灯，进行相关匹配后，仍然不能排除前照灯照明距离调节装置警告灯点亮的故障。

（2）故障分析　首先用仪器读取前照灯照明距离调节装置 55 的故障码，可以判断出故障范围为高度传感器故障和基本设定未完成。在配备空气悬架的车型上，车辆高度信号由车辆高度调节系统 34 提供，而不是由传感器单独供给前照灯照明距离调节装置 55。

（3）故障排除　通过仪器查询全车电控系统发现，该车已经配备了车辆高度控制系统 34。

由引导性功能查询得知，编码 1286531 为不带车辆高度调节系统 34；编码 1288195 为带车辆高度调节系统 34。重新执行控制单元编码，编码的过程是 55（前照灯照明距离调节装置）→ 007（编码）→ 1288195，编码成功后再进行前照灯系统的基本设定：55 → 04 → 1。

该案例是由于对控制单元的编码错误，导致大灯照明距离调节装置 55 的配置错误。在该系统中，根据车辆配置的不同，采用车辆高度的数据来源也不同，所以才会误报高度传感器故障。重新编码后，该系统所需要的车辆高度数据由车辆高度调节系统 34 提供，因此不会再报车辆高度传感器故障。最后执行大灯系统基本设定，故障排除。

23. 怎么操控转向信号灯和远光灯开关？

转向信号灯和远光灯通过转向柱开关中心上的转向信号灯开关操纵，见图 5-3。

转向信号灯开关的信号由转向柱开关中心发送。脚部空间模块或前部车身电子模块或车身域控制器经由中央网关模块获取转向信号灯开关的信号。

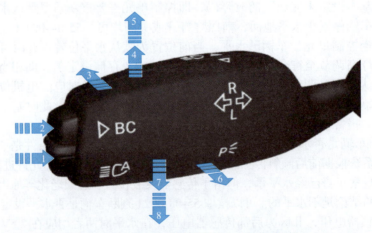

图 5-3　组合开关（转向信号灯 - 远光灯开关）

1—无眩目远光灯辅助按钮；2—车载电脑按钮；3—远光灯功能；4—右侧点动闪烁；
5—持续闪烁（右）；6—大灯变光功能；7—左侧点动闪烁；8—持续闪烁（左）

24. 无眩目的远光灯辅助系统有什么作用？

外部照明用于明确地识别车辆，以及在白天和晚上发出行驶操纵信号。通过车辆照明系统，车辆的驾驶区域被照亮。

围绕通过不同的交通状况和道路类型计算得出的要求，采用光分布可变的大灯。这样，即使有迎面来车或前车，也能通过提高照明范围来改善车道照明效果。

无眩目的远光灯辅助系统可以在整个夜间行驶期间保持打开，及时识别迎面来车或前车，并从光束中"隐去"。在夜间更加集约地使用远光灯可改善对危险情况的辨别力。由此，外部照明有助于提高在道路行驶中的主动安全性。

25. 动态大灯光线水平调整装置是怎么控制的？

动态大灯光线水平调整装置是为补偿制动和加速过程产生的俯仰运动而开发的。

动态大灯光线水平调整装置可防止迎面而来的车辆产生的眩目。动态大灯光线水平调整装置包括两个高度传感器，分别位于车辆的前桥以及后桥上。高度传感器直接由一体式底盘管理系统进行分析。脚部空间模块或前部车身电子模块或车身域控制器从一体式底盘管理系统获得信号。

26. 自适应转向大灯是怎么控制的？

自适应转向大灯的电子装置使系统可以对当前的行车状况做出快速反应。此外，还可通过电子装置激活紧急程序。

自适应转向灯以水平和垂直可摆动的大灯为基础，可在近光灯和远光灯功能中工作。自动转向大灯可随车辆在弯道行驶时摆动。通过纳入自动大灯光线水平调整，可在所有行驶状况下实现最佳的匹配。大灯摆动会持续与弯道行驶相匹配，由此，弯道行驶时的照明功能将改善驾驶员的视野。

27. 可变光是怎样分布的？

（1）市区光分布　市区光分布是指车道左侧的灯光亮度更亮。改善车道照明效果是通过脚部空间模块或前部车身电子模块或车身域控制器采用降低左侧大灯和左侧大灯向左摆动来实现的。

（2）公路光分布　公路光分布相当于至今用于行车灯的灯光分布，照明功能在总线接通后可用。公路光分布显示大灯的基本设置，总线系统出现故障时，基本设置接受公路光分布。

当行驶速度超过45km/h时，由市区光分布切换到公路光分布。当行驶速度低于40km/h时，再次复位到市区光分布。脚部空间模块或前部车身电子模块或车身域控制器经由中央网关模块获取速度信号以及发动机运行信号。

（3）高速公路光分布　高速公路光分布在特定条件下扩大行车灯的照明范围。

脚部空间模块或前部车身电子模块或车身域控制器在以下情况下将大灯切换至高速公路光分布。

❶ 在超过30s的时间，车速快于110km/h。

❷ 车速超过140km/h。

❸ 当行驶速度降低到110km/h以下时，大灯降低（照明范围减小），是自110km/h起逐步进行的：110km/h；100km/h；90km/h；80km/h。自80km/h起重新由高速公路光分布完全复位至公路光分布。

28. 大灯模块是怎么工作的？

大灯模块，也称大灯控制单元，有些车辆还称为主灯模块。以宝马 F01 为例，如图 5-4 所示为主灯模块。LED 主灯模块安装在大灯的底面上。

LED 主灯模块控制以下功能：近光灯；转弯照明灯；远光灯；大灯变光功能。

LED 主灯模块还可控制大灯中的温度调节装置。LED 大灯中多个温度传感器的值以及通过 K-CAN 传输的行驶速度和车外温度信号均可作为输入信号。

根据需要控制风扇，照明功能和总线端关闭后，风扇可能滞后运行至 LED 主灯控制模块达到静止状态（睡眠模式），以避免 LED 大灯因露水导致潮湿。

如果某一个温度传感器发生故障，就会提前以较大功率接通风扇，以保护 LED 大灯中的部件。

脚部空间模块是外部照明的主控制单元。也就是说，所有灯光功能都由脚部空间模块控制。

LED 大灯控制模块根据脚部空间模块的请求控制相应的灯光功能。脚部空间模块将请求作为信息输送到 K-CAN 上。中央网关模块将信息输送到连接左侧主灯模块和右侧主灯模块的 K-CAN 上。

图 5-4　主灯模块

1—大灯；2—LED 主灯模块；3—插头连接

第六章
防盗和中控门锁系统

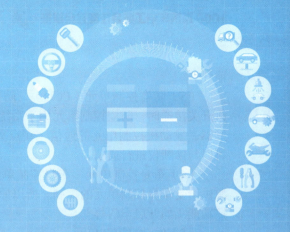

1. 什么是防盗系统？

❶ 狭义的防盗系统主要是指一些防盗设备，如各种防盗锁和各类报警器，广义的防盗系统应包括中控门锁、发动机控制单元和报警系统。特别是汽车的门锁控制系统和发动机控制单元是先进的防盗系统不可或缺的一部分。

❷ 防盗系统包括三个部分：报警启动/解除操作部分、控制电路部分、执行机构部分。

2. 基本的电子防盗系统有什么功能？

汽车电子防盗系统是在原有的防盗装置基础上加设了防盗系统的控制电路，以控制汽车移动的同时并报警。

电子防盗是目前较为理想的防盗装置。如果有行窃者盗窃汽车或汽车上的物品，防盗系统不仅具有切断启动电路、点火电路、喷油电路、供油电路和变速电路、将制动锁死等功能，同时，还会发出不同的求救声光信号进行报警。

电子装置具有以下功能。

❶ 遥控功能，包括遥控启动发动机、遥控开关车门及遥控寻车等。

❷ 提示报警功能。

❸ 防盗功能，任何非法操作都将导致汽车断油及变速器锁止控制。

3. 防盗系统有哪些基本组成部件？

防盗系统基本组成包括带转发器的钥匙、识读线圈、防盗控制单元（ECU）、车身控制单元、发动机控制单元等。

（1）带转发器的钥匙　每把钥匙都有棒状转发器，内含运算芯片和一个细小的电磁线圈，系统工作期间，该线圈与点火锁中的识读线圈以感应方式进行通信，以便在转发器运算芯片与防盗控制单元之间传输各种信息。

（2）识读线圈　识读线圈也叫收发线圈，安装在点火锁芯上，通过导线与防盗控制单元相连。作为防盗控制单元的负载，担负着防盗控制单元与转发器之间信号及能量的传输任务。

（3）防盗控制单元（ECU）　防盗控制单元是一个包括微处理器的电子控制器，在点火开关接通时，防盗控制单元用于系统密码运算、比较，并控制整个系统的通信，包括与转发器、发动机控制单元的通信，在点火开关置于"ON"位置时，激活脉冲转发器，同时还可以与诊断仪进行通信。

（4）车身控制单元　车身控制单元控制整个车身电气系统，收发器钥匙控制单元的电源供给受车身控制单元的控制。所以原则上更换车身控制单元后必须匹配，否则无法执行遥控功能（如开启车门等）。

（5）发动机控制单元

❶ 发动机控制单元控制来自防盗控制单元是否允许执行发动机运转的指令。如果发动机正常启动后 5s 内没有收到允许的指令，则会断火或断油，禁止发动机启动。

❷ 如果防盗控制单元与发动机控制单元的通信不相匹配，则发动机在 5s 内熄火，同时储存故障码，通过诊断仪可读出相关故障码，进行诊断。

4. 防盗系统基本原理是什么？

防盗控制单元存储了该车发动机控制单元的识别密码以及钥匙中转发器的识别密码，同时每个转发器也存储了相应的防盗控制单元的有关信息。将钥匙插入点火锁芯并接通点火开关时，防盗控制单元首先通过锁芯上的识读线圈将随机数据传输给钥匙中的转发器，经特定运算后，转发器将结果反馈回控制器，控制器将其与控制单元中存储的识别密码相比较，若密码吻合，系统即认定该钥匙为合法钥匙。防盗控制单元还要对发动机控制单元进行识别。只有钥匙(转发器)、发动机控制单元的密码都吻合时，防盗控制单元才允许发动机控制单元工作。

防盗控制单元通过一根串行通信线（W 线）将经过编码的工作指令传到发动机控制单元，发动机控制单元根据防盗控制单元的数据来决定是否启动汽车。同时，诊断仪可通过串行通信接口（K 线）对系统进行故障诊断、编码等操作。在识别密码的过程（2s）中，防盗指示灯会保持点亮状态。如果有任何错误发生，发动机控制单元都将停止工作，同时指示灯会以一定频率闪动。防盗基本控制原理如图 6-1 所示。

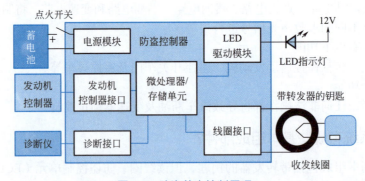

图 6-1　防盗基本控制原理

工作过程中如果发生错误，指示灯会以相应的频率闪动以提醒操作者；同时防盗控制器会将相应的故障信息存储起来，通过指定的诊断仪可以对防盗系统进行故障诊断以及修复。

❶ 系统可以记录的故障有以下几类。

a. 是否试图用非法钥匙启动。

b. 发动机控制器是否经过正确匹配。
c. 钥匙中是否有专用的转发器。
d. 学习过程是否完全正确。
❷ 防盗控制器内还记录有当前系统状态信息,可以查询以下状态。
a. 防盗控制器是否允许发动机控制器启动。
b. 发动机控制器是否向防盗控制器发出了请求信号。
c. 当前钥匙中的转发器是否是专用的转发器。
d. 共有几把钥匙可以合法启动该车。

5. 防盗系统控制有什么特性?

❶ 防盗器脉冲转发器的码由一个固定码和一个可变码组成,可变码在每次启动(发动机)时都会变化(类似一个银行取款的动态编码器),这样可以防止他人复制脉冲转发器。

❷ 每个防盗器还有一套可变码的计算规则,在匹配车钥匙时防盗器将规则写入钥匙脉冲转发器中,同时学习相应的脉冲转发器的固定码。

❸ 固定码可以识别每个不同的钥匙,因此丢失的钥匙可以被锁止。每次启动时防盗器识读线圈读取钥匙脉冲转发器的固定码,紧接着又读取可变码,检查钥匙是否是合法钥匙。如果有钥匙丢失,其他钥匙将与下一把钥匙重新匹配,这样丢失的钥匙就是非法钥匙,不可启动发动机。

6. 大众第三代防盗系统是怎样的?

奥迪A6轿车最初配置的是第二代防盗系统,从2000年第23周开始配备第三代防盗系统,这种防盗系统的控制单元是与仪表板集成在一起的。

第三代电子防盗系统由下列部件组成。
❶ 防盗器控制单元(与组合仪表一体)。
❷ 点火锁上的一个识读线圈。
❸ 已配好的点火钥匙(带脉冲转发器)。

电子防盗器控制单元与组合仪表一体,也就是说,如果电子防盗器控制单元损坏,必须更换组合仪表。

脉冲转发器编码由一个固定码(与以前系统相同)和一个可变码组合。该码在每次启动时都变化,这样可防止他人复制脉冲转发器。

每个防盗器还另有一套可变码的计算规则,该规则在使用寿命内保持不变。在适配车钥匙时,防盗器将规则写入钥匙的脉冲转发器中,同时学习相应的脉冲转发器的固定码。

固定码可识别各个不同的钥匙,因此丢失的钥匙可被锁止,每次启动点火开关时,防盗器读出线圈读取钥匙中的脉冲转发器固定码,紧接着又读取可变码,并检查这把钥匙是否有资格来启动发动机。

在使用已适配的钥匙时,警报灯短时亮(最长3s),然后熄灭。如果使用未适配的钥匙或系统有故障时,若打开点火开关,则警报灯一直点亮。

电子防盗器自诊断功能很强,如系统部件发生故障,故障码将存入防盗器的故障存储器内,用VAS 5051或者VAG 1552可读出这些故障信息。

只有使用已适配的钥匙才能启动发动机,即钥匙必须与防盗器进行适配。适配钥匙时,所有钥匙,包括备用和应急钥匙必须与防盗器适配。如需使用新钥匙或附加钥匙,也必须进行所有钥匙的适配。如由于某种原因，适配钥匙时并非所有钥匙都在手（如丢失一把），那么必须通知用户，日后全套钥匙必须适配一次。如钥匙丢失，应将其余的钥匙适配一次，这样丢失的钥匙就不能再启动发动机了。

7. 丢失钥匙怎么处理？

大众第三代防盗系统，钥匙丢失后的处理如下。

❶ 按钥匙号制作或订购备用点火钥匙。

❷ 适配所有钥匙。如果车上有无线电遥控装置，须将所有钥匙与中央门锁控制单元适配。

❸ 确定密码。如果不知道四位数的密码，手头也没有带码的钥匙标牌，那么服务站可借助防盗器的 14 位识别码通过直接查询系统来确定密码（就像直接查询收音机密码一样）。另外，也可在销售商和进口商处索取密码。

防盗器控制单元识别码可通过用户钥匙标牌上的不干胶标签获取，也可通过自诊断读取。注意密码只能内部使用，不要告知用户。

8. 更换组合仪表后怎么处理？

大众第三代防盗系统，更换组合仪表后应进行钥匙适配。备件组合仪表无标签，必须借助防盗器的 14 位识别码通过直接查询系统来确定密码（就像直接查询收音机密码一样）。另外，也可在销售商和进口商处索取密码。

注意新的密码只供内部使用，不要告知用户。请将用户钥匙标牌上的旧密码抹去，使之不可识别。

9. 大众第四代防盗系统是怎样的？

2003 年款的奥迪 A8 轿车采用了第四代防盗系统（WFS 防盗系统），使系统安全性得到更高的保障。大众第四代防盗系统见图 6-2。

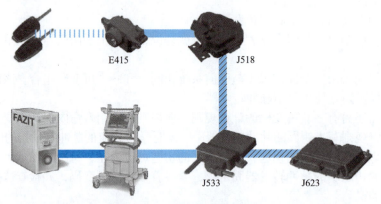

图 6-2　大众第四代防盗系统

与第三代防盗系统不同，第四代防盗系统的控制单元不集成在仪表中，而是作为一个独立的控制单元（进入启动授权许可控制）J518 出现。

第四代防盗系统包括车辆钥匙和内装的答应器、进入及启动许可开关中的识读线圈 E415（点火开关）、驾驶员识别系统控制单元 J589、转向柱联锁执行单元 N360（电子方向盘联锁）、发动机控制单元。

第四代防盗系统的 FAZIT 中央数据库,存储了防盗系统相关的控制单元参数,是第四代防盗系统的核心部。FAZIT 为"车辆信息和核心识别工具"的缩写,集成在防盗系统控制单元中的防盗信息存储在其中,除非在线,否则无法完成防盗系统匹配。

10. 大众第四代防盗系统控制单元是怎样的?

防盗系统控制单元内集成有机电式转向柱锁止机构。

(1)接线柱控制 使用和启动授权控制单元将接线柱 15、75x、50、S 和 P 的信息发送到 CAN 舒适总线上,然后控制单元操纵接线柱 15 和 75x 的继电器并将启动请求信号发送给发动机控制单元。

(2)锁止转向柱 在使用和启动授权控制单元内集成有用于锁止转向柱的电机和传动机构。有两个集成的微开关用于检查锁止位置,只有当转向系统完全开锁时,15 号接线柱才接通。

(3)防盗锁和元件保护 控制单元 J518 是上述这些功能的主控单元(图 6-3),包括"部件保护功能"。"部件保护功能"需要上网在线进行解除,不能依靠简单的密码解除方法。

图 6-3 防盗系统控制单元

11. 转向柱锁执行元件 N360 是怎么工作的?

大众第四代防盗系统采用转向柱锁执行元件 N360。使用和启动授权控制单元通过一根双向总线来控制转向柱锁执行元件,以便锁止及松开转向柱。只有当 15 号接线柱关闭时,使用和启动授权控制单元才会给转向柱锁执行元件供电。集成的电子装置会起动机开始工作,这时锁止销就被蜗杆和旋转斜盘沿直线方向推动。于是锁止销就与带有锥形内花键的矩形滑块紧靠在一起,内花键通过这个直线移动就锁住了转向柱。

转向柱锁通过安全螺栓与转向柱相连,所以无法单独更换。

12. 后备厢盖控制单元 J605 的结构和功能是怎样的?

后备厢盖控制单元提高了后备厢盖开、关的操纵舒适性。

(1)结构 机电式驱动机构带有一个电机和一个电磁离合器,该机构由电子装置控制,并根据舒适系统中央控制单元的要求进行工作。

当前的位置状态和后备厢盖关闭按钮的工作状态信息都会发送给舒适系统中央控制单元。

(2)功能 电磁离合器接通,电机启动,以便开、关行后备厢。

在运动过程中,电位计会识别出后备厢盖当前的位置,并与以前的值进行对比,如无故障,后备厢盖就会运动到所希望的终点位置,这时驱动机构就关闭了。

如果在开、关过程中出现故障或遇到阻力,那么电磁离合器就会脱开,于是运动停止,电机也不转。

在关闭过程中,后备厢盖又重新开启(卡滞保护)。

(3)后备厢盖控制单元接收来自关闭按钮 E406 的输入信号 如图 6-4 所示。

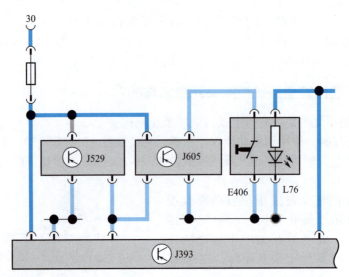

图 6-4　后备厢盖控制单元接收来自关闭按钮 E406 的输入信号

E406—后备厢盖关闭按钮，在后备厢内；J393—舒适系统中央控制单元；J529—自水平/防盗系统控制单元（J529）；J605—后备厢盖控制单元；L76—按钮照明

13. 大众第五代防盗系统是怎样的？

作为第四代防盗系统的升级版，第五代防盗系统从维修服务的角度来看与第四代防盗系统基本一致。只是在使用诊断仪进行有关防盗器方面的工作程序极大地简化，如更换防盗器元件以后的匹配。大众第五代防盗系统见图 6-5。

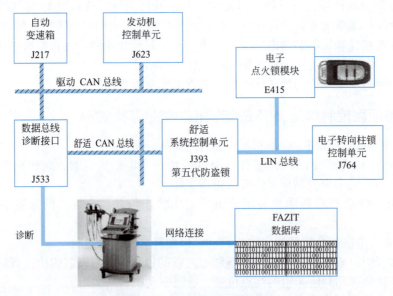

图 6-5　大众第五代防盗系统

舒适系统控制单元 J393 是防盗系统的主控单元，在该控制单元内集成了智能进入启动控制单元 J518。配置了第五代防盗系统的车辆，在防盗系统执行任何操作之前必须先通过

诊断仪与 FAZIT 中央数据库建立在线连接。

14. 朗逸 Kessy 无钥匙系统的特点是什么？

利用 Kessy 无钥匙系统可以在不操作遥控钥匙的情况下，解锁或锁止汽车，同时只要轻轻按下启动按键即可实现车辆的启动或熄火。如有一把有效遥控钥匙在汽车的接近范围内，同时触摸车门拉手上的传感区或按压后备厢盖上的按钮，就能打开车门，不再需要钥匙。在启动方面，车主开门进入车内后，无需拿出钥匙，只要踩住刹车踏板，轻按一下一键启动按钮，发动机即被启动。

Kessy 无钥匙系统是由发射器、接收器、遥控中央锁控制模块、无钥匙系统控制模块及相关线束组成的控制系统。其基本原理是，当有一把有效遥控钥匙在接近范围内，则无钥匙系统 Kessy 会将访问权限授予该钥匙，紧接着就可以在不主动操作遥控钥匙的情况下执行以下功能。

（1）无钥匙解锁　通过前门拉手或后备厢盖上的按钮将汽车解锁。
（2）无钥匙启动　启动发动机并行驶，为此在车内必须有一把有效的遥控钥匙。
（3）无钥匙闭锁　通过前门某一拉手，将汽车锁止。

15. 怎样诊断无钥匙系统？

任意一根天线出现故障时，无钥匙进入及无钥匙打开后备厢功能都将失效；除排挡杆下方天线故障外，其他天线故障并不影响车辆启动。

天线出现故障时，Kessy 各功能工作状态见表 6-1。

❶ 发动机控制单元、仪表、钥匙锁芯、ELV 都能单独更换，仪表和 ELV 可以一起更换，其他部件都只能全套一起更换。另外，Kessy 控制单元不是防盗部件。

❷ 对于带 Kessy 控制器的无钥匙系统，在完成钥匙的在线防盗匹配后，遥控匹配也自动完成，无需在车身控制器中单独匹配遥控。

❸ 当钥匙的防盗信息或者钥匙丢失时，车门将无法打开，此时，可以使用 VAS 诊断仪进入引导性功能，防盗器对钥匙进行在线防盗匹配，继而正常启动车辆。

表 6-1　Kessy 各功能工作状态

故障（如果）	无钥匙进入	无钥匙启动	后备厢打开
车门把手天线	否	是	否
排挡杆下方天线	否	否	否
后座椅下方天线	否	是	否
后备厢内天线	否	是	否
后保险杠内天线	否	是	否

16. 奥迪 A5 高级钥匙无钥匙工作流程是怎样的？

❶ 用手触摸驾驶侧车门把手(左前车门)，外拉手接触式传感器(G605)就会将"手指放入"这个信息发送给车上舒适系统中央控制单元(J393)。

❷ 舒适系统中央控制单元(J393)通过驾驶员侧的智能进入启动装置天线(R200)将一

个唤醒信号发送到车钥匙上，同时也向所有智能进入启动天线钥匙发送一个信号。

❸ 车钥匙根据这些信号来确定钥匙在车上的位置，并将这个信息发送到中央门锁和防盗警报装置天线（R47）。

❹ 中央门锁和防盗警报装置天线（R47）将这个信息发送给舒适系统中央控制单元（J393）。

❺ 舒适系统中央控制单元（J393）将"打开车门"这个信息发送给车门控制单元（指门把手已经触发过的车门）。

❻ 收到舒适系统中央控制单元（J393）命令的车门控制单元再操纵相应的锁芯，这样就打开车门了。

❼ 正常的开门过程包括停用安全装置、开门、确认闪光及接通车内灯。除了确认闪光外，舒适系统中央控制单元 J393 和中央门锁/防盗警报装置天线（R47）将车辆状态信息发送到车钥匙内。

17. 什么情况下防盗系统进入警戒状态？

在关闭点火开关、拔下点火钥匙、关闭四个车门、关闭后备厢盖、关闭发动机罩的情况下，按下遥控器上的"锁闭"按钮，门锁电机动作使车门锁闭，转向灯闪烁一次，报警扬声器鸣响一声，防盗指示灯闪烁（亮0.1s、熄灭0.7s），防盗系统进入警戒状态。如果车门、后备厢盖、发动机罩未关闭，或某个报警开关未断开搭铁，在按遥控器设防后，仅能够执行锁闭门锁动作，防盗系统不能进入警戒状态。

18. 防盗系统的触发报警条件是什么？

在防盗系统处于警戒状态时，如果非法开启车门、后备厢盖、发动机罩，使相关的报警开关接通时，防盗系统立即报警，使扬声器鸣响，使转向灯闪烁。

19. 怎么解除防盗系统报警？

以凯越轿车防盗报警解除为例，用遥控器执行开锁、用钥匙打开左前门锁、用钥匙打开右前门锁或用钥匙打开后备厢盖都能够使防盗系统退出警戒和报警状态。

当按下遥控器上的"开锁"按钮时，门锁电机动作使车门开锁，扬声器不响，转向灯闪烁两次，防盗指示灯闪烁后熄灭，防盗系统退出警戒或报警状态。如果用遥控器开锁后，在30s内未进行任何操作（打开车门、打开发动机罩、打开后备厢盖、打开点火开关），系统将自动锁闭车门，并进入警戒状态。在停车场操作遥控器，可以帮助驾驶人快速找到自己的车。

当用钥匙打开门锁或后备厢盖时，防盗系统也能够退出警戒或报警状态，但转向灯不闪烁。

20. 遥控钥匙失灵是什么原因？

遥控钥匙失灵主要有以下几种情况。

（1）遥控钥匙失效 遥控钥匙失效主要是电池电压低或钥匙芯片内部短路，检查过程是首先测量电池电量，如果更换电池后电压再次低于2.5V，那么属于快速放电。在电池没有质量问题前提下，就是钥匙芯片内部短路，导致快速消耗电池电量。

（2）车辆天线接收系统故障 车辆天线接收系统发生故障，钥匙就发出信号，如果车辆没有接收信号，也起不到遥控作用。

（3）车载电网控制单元不发出执行命令 当关闭点火开关并取出钥匙时，按压遥控器解锁/锁止按键，解锁/锁止信号通过中央门锁控制天线传递至车载电网控制单元，同时，点火开关将 S 触点关闭信号和 P 触点接通信号传递给车载电网控制单元。车载电网控制单元会向舒适 CAN 总线发送解锁/锁止信号，车门控制单元会接收命令，执行解锁/锁止动作。

21. 怎么检修防盗系统导致的发动机不能启动？

（1）故障信息　某荣威 550 轿车，发现起动机没有任何反应，仪表盘上显示"发动机不工作"，且防盗指示灯点亮。遥控钥匙能开启或锁上车门。

（2）分析原因　按下遥控钥匙后，起动机没有反应，将该钥匙禁用后再次进行激活，故障检测仪上显示"损坏的点火钥匙线圈"，于是断定该钥匙内部已经损坏。将遥控钥匙分解后发现，该钥匙上的防盗线圈已经脱落。

钥匙内部的防盗线圈脱落，遥控钥匙插入点火开关内部后，防盗信号不能传递和识别，导致发动机不能启动，而用另一把遥控钥匙，发动机一次性启动成功。

22. 怎么检修发动机无法启动，防盗指示灯闪烁故障？

（1）故障信息　某雪佛兰景程 1.8L 轿车，配置 6 速手自一体变速器，高速行驶中仪表防盗指示灯点亮，将车辆停靠在路边。再次启动车辆，发动机无法启动，防盗指示灯闪烁。

（2）诊断分析与排除

❶ 对故障车辆进行测试，用万用表测量启动电压为 10.8V，正常，但无点火现象。

❷ 执行故障诊断仪检测，读取故障码，显示防盗系统故障。分析车辆是由于防盗系统故障导致无点火、无喷油，防盗指示灯点亮。检查发现车窗升降无反应，车身电气系统（BCM）不工作。

❸ 检查车身电气系统（BCM）上的熔丝，已断路。更换新的熔丝，再次测试转向灯及车窗升降，正常，仪表防盗指示灯熄灭，发动机可以启动。

（3）故障原因确定　导致熔丝熔断的原因：一是线路故障；二是电器元件故障。本案例中，故障原因特殊但也很典型。无意发现喷水壶里面结冰了（顿时，茅塞顿开），由于水已结冰，导致喷水电机无法运转，使线路中负载过大，使上游熔丝熔断。由于车身电器系统（BCM）与喷水电机共用一个熔丝，导致车身电气系统（BCM）处于防盗状态，使发动机接收防盗信号，无点火信号与喷油脉宽导致发动机无法启动。

23. 什么情况下需要设定遥控器？

以大众途锐为例，在以下 2 种情况下需要执行遥控器同步化设定。
❶ 在遥控器作用距离以外反复按动遥控器的按键导致系统无法工作。
❷ 更换遥控器电池后。
遥控器同步化设置只能使用故障诊断仪完成。

24. 怎么设定大众途观遥控器？

设定遥控器时要在 1min 内完成下述步骤。
❶ 按下遥控器上的开锁按键。
❷ 用钥匙插入门锁将车门打开。
当系统发生故障或需要增加或更换遥控器时，必须执行遥控器编程设定功能，该项操作只可使用故障诊断仪完成。

1000项汽车电工必会技能完全掌握

25. 怎么设定甲壳虫遥控器？

当系统发生故障或需要增加或更换遥控器时，必须按照以下步骤执行遥控器编程设定。
❶ 将点火开关设置到"ON"位置。
❷ 将需要执行编程设定的遥控器钥匙插入驾驶员车门门锁中。
❸ 转动钥匙锁上车门。
❹ 按下遥控器上的上锁或开锁按键，保持按压状态持续1s以上。
❺ 再次按下遥控器上的上锁或开锁按键。
❻ 汽车喇叭会鸣叫一声，表示编程设定成功完成。

26. 怎么设定大众途安遥控器？

遥控器失灵或对遥控器更换电池后，要使用故障诊断仪执行遥控器同步化设定。当系统发生故障或需要增加或更换遥控器时，必须执行遥控器编程设定功能，该项操作只可使用故障诊断仪完成。

27. 怎么设定帕萨特遥控器？

当系统发生故障或需要增加或更换遥控器时，必须按照以下步骤执行遥控器编程设定功能。
❶ 将点火开关设置到"ON"位置。
❷ 将需要执行编程设定的遥控器钥匙插入驾驶员侧车门门锁中。
❸ 转动钥匙锁上车门。
❹ 按下遥控器上的上锁或开锁按键，保持按压状态持续1s以上。
❺ 再次按下遥控器上的上锁或开锁按键。
❻ 汽车喇叭会鸣叫一声，表示编程设定成功完成。
新一代遥控器编程设定只能使用故障诊断仪执行编程设定操作。

28. 怎么设定奥迪Q5遥控器？

当遥控防盗系统发生故障或需要增加或更换遥控器时，必须用故障诊断仪执行遥控器编程设定。遥控器编程设定完毕后，要按动遥控器上的各个按键，确认各个按键工作正常。

29. 怎么设定奥迪Q7遥控器？

（1）同步化设定　更换遥控器内的电池后，按照以下步骤执行遥控器同步化设定。
❶ 把遥控器插入点火开关。
❷ 接通点火开关。
❸ 关闭点火开关。
❹ 从点火开关中拔出遥控器。
❺ 遥控器的功能即可重新恢复。按动遥控器上的按键，确认各个按键工作正常。
（2）编程设定　当遥控防盗系统发生故障或需要增加或更换遥控器时，必须用故障诊断仪执行遥控器编程设定。

30. 怎么设定奥迪A6和A8遥控器？

遥控器编程设定：当需要添加遥控器或更换遥控器时需要按照以下步骤执行操作

（图 6-6），一次最多只能编程 4 把遥控器钥匙。

❶ 将点火开关转至"ON"位置。
❷ 采用不带遥控功能的钥匙将车门锁上。
❸ 在 5s 内按下第一把钥匙上的开锁按键 1 次（编程记忆位置 1）。
❹ 指示灯会闪烁一次，表示接收到信号。
❺ 等待 5s，再次按下开锁按键 1 次，确认编程。
❻ 车辆解锁，退出编程设定模式。
❼ 将点火开关转至"OFF"位置，拔下钥匙，第一把钥匙编程设定即完成。
❽ 对其余 3 把钥匙进行编程设定。

a. 将点火开关转至"ON"位置。
b. 采用不带遥控功能的钥匙将车门锁上。
c. 在 5s 内以 1s 的间隔按下钥匙上的开锁按键。
d. 按下上锁或开锁按键 2 次，系统设定钥匙记忆位置 2（第二把钥匙）。
e. 按下上锁或开锁按键 3 次，系统设定钥匙记忆位置 3（第三把钥匙）。
f. 按下上锁或开锁按键 4 次，系统设定钥匙记忆位置 4（第四把钥匙）。
g. 每次按下上锁或开锁按键时，指示灯都会闪烁，表示接收到信号。
h. 等待 5s，再次按下开锁按键 1 次，确认编程。

❾ 车辆解锁，退出编程设定模式。
❿ 将点火开关转至"OFF"位置，拔下钥匙。

有些遥控器编程设定必须通过专门的诊断设备才能完成。

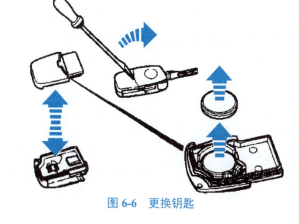

图 6-6　更换钥匙

31. 怎么检修防盗系统导致的发动机启动异常？

防盗继电器插接器接触不良，导致起动机有时异常（不转动）。

（1）故障信息　某车冷车时起动机工作正常，而热车时有时出现起动机不转的现象。

（2）诊断与排除　启动没有反应，这样很可能是控制线路无电压。拔下启动继电器，将其端子 1、5 短接至点火开关 ST2 端子，将启动继电器端子 2 搭铁，而端子 3 接至起动机控制线路。

❶ 将点火开关转至 ST2 位置，测量继电器端子 1、5 处电压，电压为 12V，这样说明继电器至点火开关的线路正常。

❷ 将点火开关转至 ST2 位置，且短接启动器端子 3、5，起动机工作，说明起动机控制线路和起动机正常。

❸ 进一步分析，可能为搭铁线路故障引起的。用欧姆表测量继电器端子 2 的电阻，测量结果为无穷大，说明端子 2 与搭铁间有断路。经检查，发现防盗继电器插接器松动，导致搭铁不良。将插接器连接好，故障排除。

第七章
电动车窗和天窗

1. 车窗系统是怎样控制的？

在带有前电动车窗及后电动车窗的车辆上，每个车门的内饰板上都有一个翘板开关，控制该车门上的车窗的升降。驾驶员侧车门组合开关（DDM）上有4个开关，以便驾驶员能控制每个车窗的升降。DDM上还有一个隔离开关，以防止后车门电动车窗开关意外启动使车窗升降。

在点火开关位于AUX或IGN位置时，或点火开关转动到关闭位置40s后，电动车窗仍可以升降。如果车门在这40s的时间内被打开或当点火开关转到关闭位置时，车门已经打开，则40s的定时取消。该功能也适用于天窗的运行。车窗系统控制见图7-1。

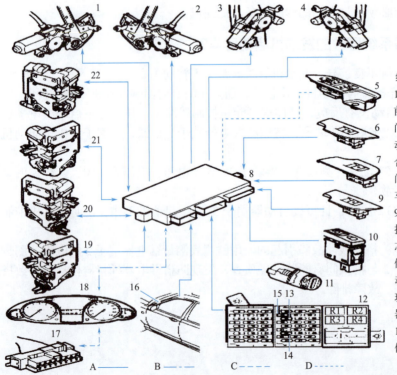

图7-1 车窗系统控制

A—硬线；B—K总线；C—诊断总线；D—驾驶员侧车门组合开关总线 1—左前车门电动玻璃升降器；2—右前车门电动玻璃升降器；3—左后车门电动玻璃升降器；4—右后车门电动玻璃升降器；5—驾驶员侧车门组合开关（DDM）；6—前排乘客侧车门电动车窗开关；7—左后车门电动车窗开关；8—车身控制单元（BCU）；9—右后车门电动车窗开关；10—中控门锁开关；11—驾驶员侧车门锁芯；12—乘客舱熔丝盒；13—驾驶员侧车门组合开关熔丝；14—后车门电动玻璃升降器熔丝；15—前车门电动玻璃升降器熔丝；16—车窗防夹传感器；17—诊断连接器；18—组合仪表；19—右后车门锁体；20—左后车门锁体；21—前排乘客侧车门锁体；22—驾驶员侧车门锁体

2. 电动车窗是怎么控制的？

当点火开关位于 AUX 或 IGN 位置时，或在 BCU 接收到来自位于组合仪表上的 K 总线上的点火关闭信息 40s 后，电动车窗在任何时候都可运行。

当 40s 定时器处于运行状态时，定时功能可以通过打开任意一个前车门的方式取消，或当 BCU 接收到点火关闭信息时，一个车门已经打开，此时定时功能也被取消。当定时功能取消后，BCU 同时在 K 总线上，向天窗 ECU 发送一个信息，使天窗不能运行。

3. 电动玻璃升降器电机是怎么控制的？

升降器电机直接由位于 BCU 内的电子继电器提供电源。BCU 接收来自开关的信号，并向相应的电动玻璃升降器电机提供电源，使车窗上升或下降。车窗的上升或下降也由 BCU 控制，BCU 颠倒提供的电源极性，使车窗上升或下降。

4. 电动车窗防夹功能是怎样控制的？

系统安装的防夹传感器中有两个用橡胶密封好的触点，该橡胶密封沿车门上框饰条顶部全长布置。当玻璃顶部与车门上框之间夹入物体时，该物体压迫传感器，使传感器内的两个触点接触在一起，形成一个完整的电路回路。BCU 探测到该完整的电路回路后，立即使车窗向下，直到完全打开的位置。

5. 本田雅阁电动车窗是怎么控制的？

本田雅阁电动车窗主控开关中装有车门多路控制装置，电动车窗主控开关通过多路控制装置控制 4 个车门的电动摇窗机。电动车窗电路图如图 7-2 所示。

电动车窗控制原理：电动车窗系统由主控开关、各门控制开关、各门玻璃升降电机、电动车窗继电器（位于多路控制系统单元中，该单元在仪表台左下方）和线路构成。主控开关对除左前门外的其余三个电动车窗的集中控制，是通过主控开关控制电动车窗继电器的工作与否来实现的。电动车窗继电器的作用是给其余三个电动摇窗机提供工作电源。接通主控开关上的主开关，电动车窗继电器工作，主控开关和各门开关均可操作其余三个电动车窗，切断电源的情况下各开关均不可操作。在各个电动车窗开关里集成了两个继电器，这两个继电器均由电动车窗继电器提供工作电源。

6. 怎么检修和排除本田电动车窗故障？

（1）故障信息　某 2006 年生产的本田雅阁，左前门上的车窗主控制开关不能控制其余三个车窗，同时其余三个车窗也不能单独工作。

（2）检查分析

❶ 初步断定故障。接到故障车辆后，用左前门的主升降开关操作，除左前门外其余三个门的电动摇窗机都不工作。分别按其余各车门上的电动摇窗机开关，摇窗机均无反应。利用解码器进入动作测试，各电动摇窗机均能工作，证明故障出在控制电路。

❷ 结合电路图分析问题。

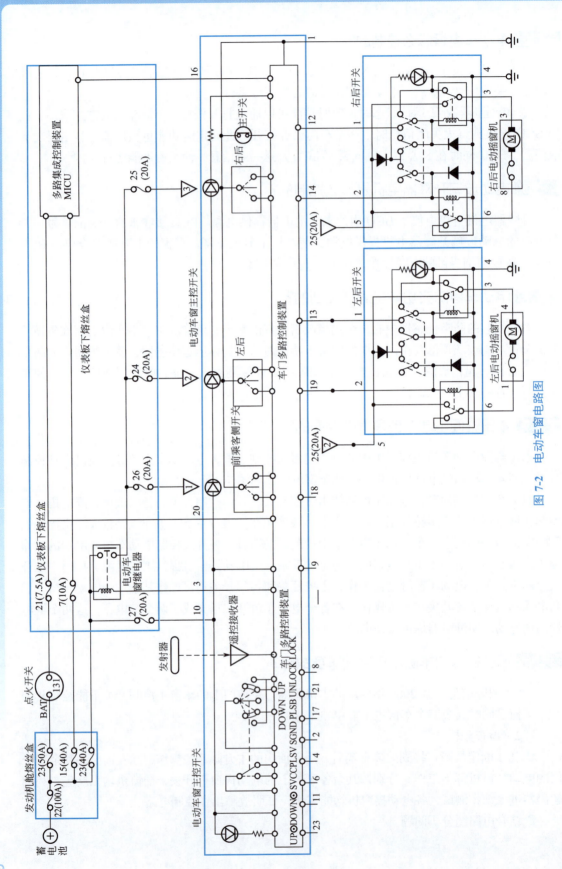

图 7-2 电动车窗电路图

a. 各车窗单独控制开关电路。结合电路图分析,该线路是从主控开关内部到外部搭铁的。除驾驶员侧车门外,其余三门开关的中间接线通过导线连接在一起,还连接主控开关,然后通过主控开关的 1 号脚外部搭铁。这三门开关的构造相同,都有三个触点、一条搭铁线、一条上升信号线和一条下降信号线,各开关通过控制这两条信号线与搭铁的导通给车门多路控制装置一个请求信号,车门多路控制装置通过控制线输出一个控制电源到相应的车门开关内的继电器。

b. 车窗控制开关电路。车窗控制开关也是通过这条线与搭铁的通断给车门多路控制装置一个接通电动车窗继电器的请求信号。由于断路造成车门多路控制装置接收不到主开关的通断请求信号,而不会控制电动摇窗机继电器搭铁工作,致使其余三门得不到继电器提供的工作电源,导致操作各开关均不能正常工作。

(3)故障排除　车门主控开关存在故障,必须更换带车门多路控制装置的电动车窗主控开关总成。

如果线路板损坏较轻,视情况可以对线路板进行修复后再使用。可对断路的部位用电烙铁重新焊接或用导线跨接。

7. 怎么检修和排除电动车窗不能升降故障?

(1)故障信息　某大众朗逸轿车,右前电动车窗不能升降。接通点火开关,操纵左前车门上的右前玻璃升降器开关 E81,右前玻璃升降器不能升降,操纵右前车门上的玻璃升降器开关 E107,右前玻璃升降器也不能升降,故障确实与客户描述一致。经检查,除右前车门玻璃升降器不能升降外,其他 3 个车门玻璃升降器均能正常升降。

(2)检查和排除　执行故障诊断,进入网关安装列表检查故障,发现电子中央电气系统存在故障码 01332——乘客侧车门控制单元 J387 无信号 / 通信。

根据故障码含义,初步分析造成该故障的原因可能是右前车门控制单元的供电、接地或 LIN 总线断路。

拆下仪表板左侧熔丝盖,测量 SC36 号针脚两端对地的电压,约为蓄电池电压。然后拆下右前车门饰板,拔下 J386 的插头,测量 T6d/3 号针脚与 T6d/4 号针脚的电压,约为蓄电池电压,这说明控制单元的供电及接地正常。

左前车门控制单元的 LIN 总线也连接 T73b/17 号针脚,而左前玻璃升降器能正常升降,右前玻璃升降器不能升降,可能是连接右前车门控制单元的 LIN 总线断路。测量 T73b/17 号针脚与 J387 的 T6d/5 号针脚之间的通断,结果这根线处于断路。这样就可以确定是 LIN 总线断路,经过检查,在靠近右前车门的中间位置发现 LIN 总线断开。修复 LIN 总线,玻璃升降器恢复正常工作。

8. 怎么检修和排除右前车门玻璃升降器不能升降故障?

(1)故障信息　某 2012 年生产的大众 POLO 轿车,右前车门玻璃升降器不能升降。

(2)检查和排除　玻璃升降器开关的状态是通过 LIN 总线连接 BCM,通过 BCM 读取到玻璃升降器开关的状态,如果右前车门控制单元的供电、接地或 LIN 总线连接不正常,则玻璃升降器开关的状态不可能通过 BCM 读出。既然玻璃升降器开关的数据能读出,就表明以上连接都正常,故障可能是右前车门玻璃升降器控制单元损坏。更换右前车门玻璃升降器控制单元,检查玻璃升降器能正常升降。

9. 怎么检修和排除天窗故障?

(1)故障信息　某新帕萨特轿车,天窗不能关闭。接通点火开关,旋转天窗开关,发现天窗没有任何反应。

执行故障诊断仪检测，发现存在不可进入天窗控制单元的故障信息，该故障的原因最大可能是天窗开关、带有电机的控制单元 J245 及相关的线束存在故障。

（2）检查和排除　尝试使用引导性故障查询检查故障，发现天窗控制器存在 1 个故障码 02071，含义为数据总线电路中有电器故障。经过查看天窗系统的电路图发现，天窗控制单元 J245 通过数据总线连接数据总线诊断接口（网关）J533，数据总线用于向 J245 传递接通点火开关的信号及便捷关闭天窗的信号。根据故障码的含义，初步分析该故障的原因可能是数据总线存在短路。该车天窗不能关闭的故障不是由 J245 损坏引起的。

J245 的数据总线连接 J533 的 T20c/2 号针脚，该针脚的数据总线还连接仪表板中间的时钟。当调节组合仪表的时间时，仪表板中间的时钟是通过数据总线同时自动调整的。当该数据总线存在故障时，调节组合仪表的时间，仪表板中间的时钟不能同时自动调整。尝试调节组合仪表的时间，发现仪表板中间的时钟的确不能同时自动调整，这说明数据总线确实存在故障。

该车的 J533 安装位置在制动踏板支架的右侧，拔下 J533 的插头，发现插头的针脚有进过水的现象，故障点已经找到。对进过水的插头进行处理，将插头装回，故障排除。

10. 怎么检修和排除玻璃升降器不能正常工作故障？

（1）故障信息　某 POLO 轿车，玻璃升降器不能正常工作，用玻璃升降器组合开关不能操控其他 3 个车门玻璃，各门单个开关能正常执行升降。

（2）诊断分析与排除　该款车舒适系统内部通信用的是 LIN-Bus 总线单线衔接，如果 LIN-Bus 总线断路，舒适系统的操控信号将会受到影响。各个车门相互之间及与舒适系统操控单元之间的信息交流，依靠 LIN-Bus 总线，所以该车故障有可能出现在这条线路上。

单个车门的开关能够操控各自玻璃升降器的升降，说明正、负电源没有问题，故障很可能出在总开关、线路或舒适系统操控单元上。

用万用表测量线路，发现驾驶员侧车门操控单元与其他车门操控单元、舒适系统操控单元之间的 LIN-Bus 不通，测量其电阻值为无穷大，而舒适系统及其他三个车门之间的 LIN-Bus 正常，这样就基本可以判定故障在这条通信线路上。

经检查，左前车门与 A 柱衔接插头处发现插头已经严重锈蚀。插头上的防尘罩破损，密封不良，这样就有外部的雨水或洗车等原因致使此处插头进水，时间久了，氧化严重，导致左前门操控单元与舒适系统及其他操控单元之间的通信中止。修复线束，做好包扎处理，故障排除。

11. 活动天窗是怎样工作的？

活动天窗驱动装置安装在车顶功能中心附近活动天窗框架下方。全景玻璃天窗驱动装置由一个带减速器的电机构成。

如果活动天窗开关位于车顶功能中心中，控制单元收到活动天窗的控制请求，则会控制电机，通过车顶功能中心集成的继电器为电机供电。

在活动天窗的电机中集成了 2 个霍尔传感器，用于探测电机的转动圈数。霍尔传感器信号被传递至车顶功能中心控制单元。控制单元通过霍尔传感器信号识别活动天窗的位置。

此外，在车顶功能中心控制单元中，还将根据活动天窗的关闭速度，计算出闭合力。闭合力随着环境温度和密封件老化情况而改变。因此，在每个关闭过程中都重新匹配所需的闭合力乃至防夹功能。

12. 玻璃升降器开关有哪些？

玻璃升降器通过驾驶员侧车门开关组中的玻璃升降器开关和相应车门中的另外3个玻璃升降器开关来（前乘客车门玻璃升降器开关、前乘客侧后部玻璃升降器开关以及驾驶员侧后部车窗升降器开关）操作。

视车型系列和车辆装备而定，可为后窗玻璃或后部侧窗玻璃（驾驶员侧后部和前乘客侧后部）安装遮阳卷帘。

为车辆的后部侧窗玻璃安装遮阳卷帘后，在前乘客侧后部和驾驶员侧后部的玻璃升降器开关处仍有下列按钮：后窗玻璃遮阳卷帘按钮、驾驶员侧后部遮阳卷帘按钮以及前乘客侧后部遮阳卷帘按钮。

13. 驾驶员侧车门组合开关是怎样工作的？

集成在驾驶员侧车门开关组的玻璃升降器开关，以及后窗玻璃遮阳卷帘按钮的功能在"驾驶员侧车门开关组"功能中有相关描述。

便捷进入及启动系统（CAS）或前部车身电子模块（FEM）或车身域控制器（BDC）具有电动打开或关闭电动玻璃升降器的中央控制功能。也就是说，便捷进入及启动系统或前部车身电子模块（FEM）或车身域控制器（BDC）将发出电动打开和关闭车窗的许可。

利用玻璃升降器开关可以自总线端KL.15接通起操作玻璃升降器。总线端KL.15断开后，还可以操作玻璃升降器1min。

14. 未装备遮阳卷帘的玻璃升降器开关是怎样工作的？

玻璃升降器开关（图7-3）分别通过一根信号线将开关状态通知接线盒电子装置（JBE）或前部车身电子模块（FEM）以及车尾电子模块（REM）或车身域控制器（BDC）。

这些控制单元接收到玻璃升降器开关的按钮信号后，对其进行如下分析。

（1）前乘客侧后部玻璃升降器开关和驾驶员侧后部玻璃升降器开关的按钮信号　接线盒电子装置（JBE）或车尾电子模块（REM）或车身域控制器（BDC）根据信号分析控制后部电动玻璃升降器。

（2）前乘客侧玻璃升降器开关的按钮信号

❶ 接线盒电子装置将玻璃升降器开关的要求作为信息通过K-CAN2发送至脚部空间模块（FRM）。

图7-3　玻璃升降器开关和4芯插头连接
1—玻璃升降器开关；2—4芯插头连接

❷ 脚部空间模块根据信号分析结果对前乘客玻璃升降器驱动装置进行电动控制。

❸ 脚部空间模块（FRM）或前部车身电子模块（FEM）或车身域控制器（BDC）同时控制玻璃升降器开关的查寻照明（总线端KL.58g）。

❹ 所有玻璃升降器开关都有两个开关挡，用于两个操作方向（开和关）。

（3）打开车窗

❶ 开关挡1：将玻璃升降器开关按压至压力点。只要按住玻璃升降器开关，车窗就一直打开。

❷开关挡2：将玻璃升降器开关按压超过压力点。

车窗自动打开（自动运行模式）：在自动运行模式中玻璃升降器驱动装置将一直受到控制，直到车窗完全打开为止；如果正在执行玻璃升降器功能时重新操作（按压或拉起）玻璃升降器开关，则自动运行模式停止。

（4）关闭窗口

❶开关挡1：将玻璃升降器开关拉起至压力点。

只要按住玻璃升降器开关，车窗就一直关闭。

❷开关挡2：将玻璃升降器开关拉起超过压力点。

车窗自动关闭（自动运行模式）：在自动运行模式中玻璃升降器驱动装置将一直受到控制，直到车窗完全关闭为止；如果正在执行玻璃升降器功能时重新操作（按压或拉起）玻璃升降器开关，则自动运行模式停止。

15. 装有遮阳卷帘的玻璃升降器开关是怎样工作的？

侧窗玻璃（只在前乘客侧后部和驾驶员侧后部）装备有遮阳卷帘的玻璃升降器开关。

遮阳卷帘开关通过局域互联网总线与接线盒电子装置（JBE）连接。接线盒电子装置或车身域控制器获取按钮信号并进行分析。

根据信号分析，接线盒电子装置通过各开关组的电子单元控制遮阳卷帘的电机。驾驶员侧后部和前乘客侧后部遮阳卷帘电机的供电电压位于电子单元上。

从总线端 KL.15 接通开始，便可将遮阳卷帘拉出或缩回。如果在遮阳卷帘拉出或缩回的过程中总线端状态发生变化（总线端 KL.15 断开），则当前功能将执行到结束。也就是说，遮阳卷帘应始终完全打开或关闭。

遮阳卷帘的所有按钮在两个操作方向上（拉出和缩回）都只有一个开关挡。通过短按相应按钮可以将所选的遮阳卷帘完全拉上或拉下。如果在拉上或拉下遮阳卷帘的过程中重新按压按钮，运转方向会立即改变。

如果在遮阳卷帘已拉下时打开后侧窗，遮阳卷帘也会自动拉上。

16. 未装备遮阳卷帘的玻璃升降器开关电路结构是怎样的？

玻璃升降器开关（前乘客侧玻璃升降器开关、前乘客侧后部玻璃升降器开关、驾驶员侧后部玻璃升降器开关）通过一个4芯插头与车载网络相连（图7-4）。

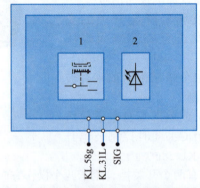

图 7-4 未装备遮阳卷帘的玻璃升降器开关电路

1—玻璃升降器开关；2—查寻照明

KL.58g—总线端 Kl.58g，查寻照明（从脚部空间模块或前部车身电子模块引出）；KL.31L—总线端 KL.31 功率管接地；SIG—至接线盒电子装置（JBE）、前部车身电子模块（FEM）或车尾电子模块（REM）的信号线，1个线脚 Pin 未使用

17. 有遮阳卷帘的玻璃升降器开关电路结构是怎样的？

后侧窗玻璃装备有遮阳卷帘的玻璃升降器开关，包括玻璃升降器开关和遮阳卷帘按钮的开关组，通过一个8芯插头与车载网络和局域互联网总线相连。

脚部空间模块（FRM）或前部车身电子模块（FEM）或车身域控制器（BDC）通过局域互联网总线控制玻璃升降器开关以及遮阳卷帘按钮的查寻照明（总线端KL.58g）（图7-5）。

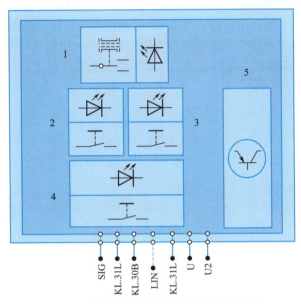

图7-5　有遮阳卷帘的玻璃升降器开关电路

1—玻璃升降器开关；2—驾驶员侧后部遮阳卷帘按钮及查询照明；3—前乘客侧后部遮阳卷帘按钮及查询照明；4—后窗玻璃遮阳卷帘按钮及查询照明；5—电子单元

KL.30B—总线端KL.30B基本运行模式，来自后部配电器的供电；KL.31L—总线端KL.31功率管接地（玻璃升降器开关）；KL.31L—总线端KL.31功率管接地（遮阳卷帘按钮）；LIN—局域互联网总线连接到接线盒电子装置（JBE）或前部车身电子模块（FEM）或车身域控制器（BDC）上；SIG—信号线从玻璃升降器开关至接线盒电子装置（JBE）或前部车身电子模块（FEM）或车身域控制器（BDC）；U—驾驶员侧后部遮阳卷帘电机的供电电压（功能：拉下遮阳卷帘）；U2—驾驶员侧后部遮阳卷帘电机的供电电压（功能：拉上遮阳卷帘），1个线脚Pin未使用

18. 玻璃升降器开关失灵时系统怎么控制？

玻璃升降器开关失灵时接线盒电子装置（JBE）或前部车身电子模块（FEM）或车身域控制器（BDC）中将记录故障码。部件的功能可以利用诊断系统对玻璃升降器开关及遮阳卷帘按钮进行功能检查。

（1）对地短路或开关卡住　对地短路造成与长时间操作玻璃升降器开关相同的效果（开关卡住）。一直控制玻璃升降器驱动装置，直到车窗完全打开或关闭为止。随后，正在进行的操作将被忽略。只能在开关状态变化（信号由低向高切换）后，通过玻璃升降器开关的按钮信号重新打开或关闭车窗。

玻璃升降器可随时从其他操作点进行操作（例如通过驾驶员侧车门开关组内的玻璃升降器开关或利用识别传感器通过"便捷关闭"或"便捷开启"）。

（2）断路　无法再通过此玻璃升降器开关电动打开或关闭车窗。

19. 遮阳卷帘按钮失灵时系统怎么控制？

遮阳卷帘按钮失灵时接线盒电子装置（JBE）或前部车身电子模块（FEM）或车身域控制器（BDC）中将记录故障码。部件的功能可以利用诊断系统对玻璃升降器开关及遮阳卷帘按钮进行功能检查。

（1）对地短路　对地短路造成与长时间操纵玻璃升降器按钮相同的效果（按钮卡住）。一直控制遮阳卷帘电机，直到遮阳卷帘完全拉下或拉上为止。随后，正在进行的操作将被忽略。只有在按钮状态变化后（信号由低切换到高），可通过按动按钮重新将遮阳卷帘拉出或缩回。

遮阳卷帘可随时从其他操作点进行操作（例如通过驾驶员侧车门开关组内的按钮）。

（2）断路（供电或局域互联网总线）　遮阳卷帘不能再拉下或拉上。供电断路时，遮阳卷帘停在其当前所处的位置上。

第八章
刮水 / 洗涤系统

1. 刮水器有几种运行方式？

刮水器通常有下列几种运行方式。

（1）间歇运行　间歇时间取决于设置的周期和车辆行驶速度。接线盒电子装置分析设置的周期挡并控制刮水器模块。

（2）自动刮水器运行　如果选择自动刮水器运行，则开始一次刮水，接着晴雨传感器探测雨量的大小，接线盒电子装置每 20ms 分析一次晴雨传感器的信号，根据信号分析接线盒电子装置，控制刮水器模块。

（3）刮水器挡位 1 持续刮水　如果选择刮水器挡位 1 持续刮水，刮水器电机以每分钟 41 次刮水循环的频率持续刮水。如果行驶速度被大大降低，致使车辆停止，则刮水器从持续刮水运行方式切换至间歇运行方式。如果行驶速度超过 4km/h，则刮水器挡位 1 持续刮水重新接通。

（4）刮水器挡位 2 持续刮水　如果选择刮水器挡位 2 持续刮水，刮水器电机以每分钟 57 次刮水循环的频率持续刮水；如果行驶速度被大大降低，致使车辆停止，则刮水器从刮水器挡位 2 持续刮水运行方式切换至刮水器挡位 1 持续刮水运行方式；如果行驶速度超过 4km/h，则刮水器挡位 2 持续刮水重新接通；行驶速度约超过 210km/h 后将切换回刮水器挡位 1 持续刮水。行驶速度约低于 205km/h 时重新切换至刮水器挡位 2 持续刮水；如果在刮水器挡位 2 持续刮水运行方式下刮水器模块识别到负荷增加，则会切换回刮水器挡位 1 持续刮水。

（5）点动刮水　持续操作开关（刮水清洗开关）后执行点动刮水。

2. 刮水器是怎么工作的？

刮水器模块包括刮水器电机的电子控制装置。根据接线盒电子装置（JBE）的请求，电子控制装置控制刮水器电机。

刮水器电机由一个集成有减速器的电刷电机构成，可反转控制刮水器（图 8-1）。也就是说，当刮水臂到达转向位置时，通过改变刮水器电机的极性可以重新返回刮水臂。

通过预规定的电流方向识别刮水器电机的旋转方向。

刮水器位置和刮水器速度通过一个磁场传感器测定，该传感器根据 AMR 原理（AMR 表示各向异性磁阻）工作。磁铁位于减速器中的齿轮上。

刮水频率分为 4 挡。刮水频率的最小值为每分钟 35 次刮水循环，刮水频率的最大值为每分钟 61 次刮水循环。

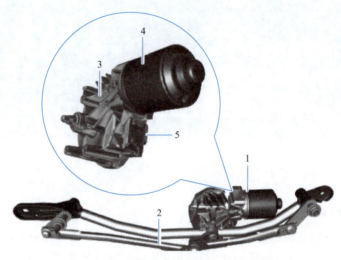

图 8-1　刮水器

1—刮水器模块；2—刮水器连杆；3—减速器；4—直流电机；5—4 芯插头连接

（1）交替的刮水器静态位置　刮水器关闭时刮水器刮片位于刮水器静态位置。为了提高刮水器刮片的耐久性，有两个不同的刮水器静态位置，因此刮水器刮片既可以指向上方，也可以指向下方。

切换刮水器静态位置的方式：刮水器模块每间隔 17 次过渡至静止状态。

（2）锁止保护　如果由于运转困难或锁死，则电子控制装置无法清洗规定的玻璃区域，锁止保护触发。

如果识别到锁止，则电子控制装置会关闭刮水器驱动装置约 1s。接着尝试接通 3 次，接通尝试的间隔时间为 0.75s。如果仍然锁止，则刮水臂停留在当前位置。

锁止保护激活时挡风玻璃清洗泵和大灯清洗装置的清洗泵被锁止。

（3）过热保护　为了防止直流电机过热，在刮水器模块的电子控制装置中有一个专用的过热保护装置。

根据运转时数（运行时间和休眠阶段），在电子控制装置中通过热模型传感器持续计算直流电机的升温。超过一定温度界限后首先会将刮水频率限制到每分钟 41 次的刮水循环。如果温度继续上升，则持续刮水运行方式会被切换回间歇运行方式（刮水频率为 41 次刮水循环，间隔时间为 2s）。如果温度还继续上升，则不再控制刮水器电机。

如果超过一定温度界限且速度很快，则电子控制装置会立即切换回间歇运行（刮水频率为 41 次刮水循环，间隔时间为 4s）。

如果过热保护失灵，则会使用替代值。电子控制装置报告接线盒电子装置故障。

（4）不灵活时的操作　如果电子控制装置根据刮水器速度和电压脉冲等参数识别出负荷增加：10 次刮水循环后，刮水频率降低 1 个刮水循环，直至达到最低刮水频率，即每分钟 33 次刮水循环。

刮水器速度信号产生变化或低于规定的负荷信号时功能会被复位。

（5）雪天的刮水器运行　如果挡风玻璃上有雪，则在挡风玻璃上下部会形成"楔形的雪堆"，从而可能阻挡刮水器。为了避免阻挡刮水器，在这种情况下会缩小刮水区（在允许的极限内）。电子控制装置继续尝试重新扩大刮水区。

（6）弯折位置　在弯折位置可能变换刮水器刮片。弯折位置激活的方式如下。

❶ 关闭点火开关。

❷ 通过压力点向上按压刮水器杆，并按住约 3s，直到刮水器静止在大概垂直的位置上。接着必须再次操作刮水清洗开关，以此使刮水器重新进入静态位置。

3. 刮水器模块失效有什么故障？

（1）刮水器模块失效时将出现的情况

❶ 接线盒电子装置（JBE）中出现故障记录。

❷ 刮水器的检查控制图标亮起。

❸ 组合仪表上出现检查控制信息。

（2）刮水器模块失效时的系统控制

❶ 通过局域互联网总线的通信失灵时的紧急运行。

刮水器运行关闭时，刮水器模块与接线盒电子装置之间通过局域互联网总线的通信失灵后，刮水器切换至静止状态。

刮水器运行接通时，刮水器模块与接线盒电子装置之间通过局域互联网总线的通信失灵后，刮水器切换至紧急运行状态。也就是说，刮水器以当前的刮水频率运行 5min，然后进入刮水器挡位 1 以持续刮水方式运行。

❷ 转向柱开关中心失灵时的紧急运行。

转向柱开关中心与接线盒电子装置之间的通信失灵后，无法再接通刮水器使其运行。接线盒电子装置将刮水器切换至紧急运行状态。也就是说，进入刮水器挡位 1 以持续刮水方式运行。

❸ 雨天/行车灯/雾气/光照传感器失灵时的紧急运行。

如果晴雨传感器失灵，接线盒电子装置将刮水器切换至紧急运行状态。也就是说，进入间歇运行方式，取决于车辆行驶速度。

4. 凯越轿车无雨量传感器的刮水系统是怎样控制的？

通过刮水器/洗涤器开关可以实现刮水器的高速、低速或间歇动作，除刮水器关闭和洗涤功能外，在刮水器/洗涤器开关关闭时，还可以实现刮水片的自动复位功能。通过间歇开关还可以实现刮水器动作时间间隔的调节。当挡风玻璃刮水系统处于工作状态，且自动空调系统处于自动控制时，自动空调系统能够自动切换至除雾模式。

5. 凯越轿车自动空调除雾模式的控制电路路径是怎样的？

凯越轿车雨刷系统控制电路如图 8-2 所示。

（1）刮水器的高速控制和电路走向　刮水器/洗涤器开关切换至高速位置时，即可实现刮水器的高速动作。

刮水器的高速控制电路为 15 号线→连接器 C201 的 30 号端子→熔丝 F16→连接器 C201

的 1 号端子→刮水器/洗涤器开关的 A8 号端子→刮水器/洗涤器开关的 A9 号端子→连接器 C202 的 67 号端子→刮水器电机的 5 号端子→刮水器电机→刮水器电机的 3 号端子→搭铁点 G303。

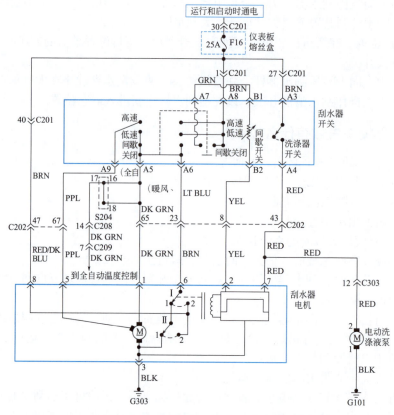

图 8-2 凯越轿车雨刷系统控制电路

（2）刮水器的低速控制和电路走向　刮水器/洗涤器开关切换至低速位置时，即可实现刮水器的低速动作。

刮水器的低速控制电路为 15 号线→连接器 C201 的 30 号端子→熔丝 F16→连接器 C201 的 1 号端子→刮水器/洗涤器开关的 A8 号端子→刮水器/洗涤器开关的 A5 号端子→连接器 C202 的 65 号端子→刮水器电机的 1 号端子→刮水器电机→刮水器电机的 3 号端子→搭铁点 G03。

（3）刮水器的间歇动作控制和电路走向　刮水器/洗涤器开关切换至间歇位置时，即可实现刮水器的间歇动作。

刮水器的间歇动作控制电路为 15 号线→连接器 C201 的 30 号端子→熔丝 F16→连接器 C201 的 1 号端子→刮水器/洗涤器开关的 A8 号端子→刮水器/洗涤器开关的 A7 号端子→刮水器/洗涤器开关的 B1 号端子→间歇开关→刮水器/洗涤器开关的 B2 号端子→连接器 C202 的 8 号端子→刮水器电机的 2 号端子→间歇控制器→刮水器电机的 3 号端子→搭铁点 G303。

间歇控制器通电动作，使刮水器电机内的开关 I 从位置 1 切换至位置 2，刮水器电机开始间歇动作。

其控制电路为 15 号线→连接器 C201 的 30 号端子→熔丝 F16→连接器 C201 的 40 号端子→连接器 C202 的 47 号端子→刮水器电机的 8 号端子→开关Ⅰ的 2 号端子→刮水器电机的 6 号端子→连接器 C202 的 23 号端子→刮水器/洗涤器开关的 A6 号端子→刮水器/洗涤器开关的 A5 号端子→连接器 C202 的 65 号端子→刮水器电机的 1 号端子→刮水器电机→刮水器电机的 3 号端子→搭铁点 G03。

当改变间歇开关的电阻时，间歇控制器可以改变刮水器动作的时间间隔。

（4）刮水片自动复位的控制和电路走向　刮水器/洗涤器开关切换至关闭位置时，如果刮水片没有复位，则刮水器电机内的开关Ⅱ从位置1切换至位置2。刮水器电机将继续动作，直至刮水片复位。

此时刮水器电机的控制电路为 15 号线→连接器 C201 的 30 号端子→熔丝 F16→连接器 0201 的 40 号端子→连接器 0202 的 47 号端子→刮水器电机的 8 号端子→开关Ⅱ的 2 号端子→开关Ⅰ的 1 号端子→刮水器电机的 6 号端子→连接器 C202 的 23 号端子→刮水器/洗涤器开关的 A6 号端子→刮水器/洗涤器开关的 A5 号端子→连接器 C202 的 65 号端子→刮水器电机的 1 号端子→刮水器电机→刮水器电机的 3 号端子→搭铁点 G303。

（5）电动洗涤液泵的控制和电路走向　刮水器/洗涤器开关切换至洗涤位置时，电动洗涤液泵动作，同时刮水器动作。

电动洗涤液泵的控制电路为 15 号线→连接器 C201 的 30 号端子→熔丝 F16→连接器 C201 的 27 号端子→刮水器/洗涤器开关的 A3 号端子→刮水器/洗涤器开关的 A4 号端子→连接器 C202 的 43 号端子→连接器 C303 的 12 号端子→电动洗涤液泵→搭铁点 G101。

电动洗涤液泵动作的同时，刮水器电机内的间歇控制器通电动作。

（6）自动空调除雾模式的控制和电路走向　在自动空调系统处于"AUTO"模式，且自动空调系统控制器接收到刮水信号 1min 后，自动空调系统控制器即自动切换至除雾模式（空调压缩机工作，空气循环处于外循环状态）。

此时刮水信号电路为 15 号线→连接器 C201 的 30 号端子→熔丝 F16→连接器 C201 的 40 号端子→连接器 C202 的 47 号端子→刮水电机的 8 号端子→开关Ⅱ的 2 号端子→开关Ⅰ的 1 号端子→刮水电机的 6 号端子→连接器 C202 的 23 号端子→刮水器/洗涤器开关的 A6 号端子→刮水器/洗涤器开关的 A5 号端子→连接器 C208 的 14 号端子→连接器 C209 的 7 号端子→自动空调系统控制面板的 B7 号端子。

由于刮水器的动作，使开关Ⅱ有规律地在位置1与2之间切换。刮水信号电压也在 0～12V 之间有规律地变化。在刮水器停止动作 20s 后，自动空调系统回到原来状态。

6. 怎么检修刮水器系统不工作？

❶ 熔丝 F16 是否熔断。

❷ 刮水器/洗涤器开关的 A8 号端子与电源间的电路是否有故障。检查方法：用一端搭铁良好的测试灯，另一端接到刮水器/洗涤器开关的 A8 号端子，点火开关转至接通位置时，测试灯若不亮，则表明此电路有故障（包括断路、电路中电阻过大、接触不良或对搭铁短路）。

❸ 刮水器/洗涤器开关是否有故障。检查方法：把刮水器/洗涤器开关置于高速挡位置，用一端搭铁良好的测试灯，另一端接到刮水器/洗涤器开关的 A9 号端子，点火开关转至接通位置时，测试灯若不亮，则表明刮水器/洗涤器开关有故障。

❹ 刮水器电机是否有故障。检查方法：脱开刮水器电机导线侧连接器，将测试灯一端接

到刮水器电机导线侧连接器的 5 号端子，另一端接到刮水器电机导线侧连接器的 3 号端子。把点火开关转至接通位置时，若测试灯亮，则表明刮水器电机有故障。

❺ 刮水器电机的 3 号端子与搭铁间电路是否有故障。检查方法：断开刮水器电机导线侧连接器，用一端接蓄电池正极的测试灯，另一端接到刮水器电机导线侧连接器的 3 号端子，若测试灯不亮，则表明此电路有故障。

7. 怎么检修刮水器系统无高速挡？

检查刮水器/洗涤器开关的 A9 号端子与刮水器电机的 5 号端子之间电路是否有故障。
检查方法：用一端搭铁良好的测试灯，另一端接至刮水器电机的 5 号端子；当点火开关接通，且把刮水器/洗涤器开关置于高速挡位置时，如果测试灯不亮，则检查断路、电路中电阻过大、接触不良或对搭铁短路。

8. 怎么检修刮水器系统无低速挡？

❶ 刮水器/洗涤器开关是否有故障。检查方法：用一端搭铁良好的测试灯，另一端接至刮水器/洗涤器开关的 A5 号端子，当点火开关接通时，若测试灯不亮，则刮水器/洗涤器开关有故障。

❷ 刮水器/洗涤器开关的 A5 号端子与刮水器电机的 1 号端子之间电路是否有故障。检查方法：用一端搭铁良好的测试灯，另一端接至刮水器电机的 1 号端子，当点火开关接通，且刮水器/洗涤器开关置于低速挡位置时，若测试灯不亮，则此电路有故障（包括断路、电路中电阻过大、接触不良或对搭铁短路）。

❸ 刮水器电机是否有故障。检查方法：断开刮水器电机导线侧连接器，将测试灯一端接到刮水器电机导线侧连接器的 1 号端子，另一端接到刮水器电机导线侧连接器的 3 号端子。点火开关转至接通位置时，若测试灯亮，则刮水器电机有故障。

9. 怎么检修刮水器系统无间歇挡？

❶ 刮水器/洗涤器开关是否有故障。
❷ 刮水器/洗涤器开关的 A7 号端子与 B1 号（B2 号）端子间电路是否有故障。
❸ 刮水器/洗涤器开关的 B2 号（B1 号）端子与刮水器电机的 2 号端子间电路是否有故障。
❹ 熔丝 F16 与刮水器电机 8 号端子间电路是否有故障。
❺ 刮水器电机是否有故障。

10. 怎么排除凯越轿车的雨刷器故障？

（1）故障信息　某别克凯越轿车，车主报修打开点火开关后，雨刷开关在关闭的情况下，雨刷器依然工作。

（2）分析与排除　接车后首先确认故障现象，此车的雨刷电机和模块是一体的。拔下雨刷电机插头后雨刷停止工作。

凯越轿车的雨刷电机是由模块控制的，而控制模块和雨刷电机集成在一起作为一个总成。根据电控系统的组成分类：输入-电子控制单元-输出。利用排除法输入信号，经测量后正常，雨刷电机运转正常，说明执行器正常。因此，输出部分正常，所以只要检查电子控制单元即可。

第九章
自动变速器电控系统

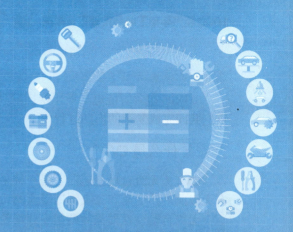

1. 什么是AMT？

AMT是英文Automated Mechanical Transmission的缩写，中文译为自动机械式变速器。AMT是在传统的手动齿轮式变速器基础上改进而来的，它是综合了AT和MT两者优点的机电液一体化自动变速器。它将手动变速器的离合器分离及换挡拨叉等靠人力操作的部件实现了自动操纵，即通过电动或液压动力实现。驾驶员操作起来感觉和自动变速器是一样的，这样就实现了手动变速器的自动化。

AMT电控系统组成如下。

❶ 执行机构。包括电机（步进电机和直流电机）、电磁阀（普通电磁阀和高速电磁阀）、液压缸（离合器动缸和选挡油缸、换挡油缸）等。

❷ 传感器。包括速度传感器（发动机转速传感器、输入轴转速传感器、车速传感器）、油门开度传感器、挡位传感器等。

❸ 电子控制单元（ECU）。

2. 什么是DCT？

DCT（Double-clutch Gearbox）即双离合变速器，在大众车系中也称直接换挡自动变速器（DSG）。

DSG可以形象地设想为将两台变速器的功能合二为一，并建立在单一的系统内。DSG内含两台自动控制的离合器，由电子控制及液压推动，能同时控制两组离合器的运作。当变速器运作时，一组齿轮啮合，而接近换挡之时，下一组挡段的齿轮已被预选，但离合器仍处于分离状态；当换挡时一个离合器将使用中的齿轮分离，同时另一个离合器啮合已被预选的齿轮，在整个换挡期间能确保最少有一组齿轮在输出动力，令动力不出现间断的状况。

❶ 双离合器变速器仍然像手动变速器一样是由众多齿轮、同步器、液压控制单元、电子控制单元和各轴等部件组成的，速比变化靠计算机控制来实现，而且各挡速比是固定不变的。

❷ 无论6挡DSG还是7挡DSG，它们的基本原理是一致的。简单地说，就是将两套变

速系统合二为一。

❸ DSG包含智能电子液压换挡控制系统、双离合器、双输入轴和三个驱动轴等核心环节，它们共同完成复杂的换挡过程。

3. 什么是CVT？

CVT（无级自动变速器）是一种采用主动与从动带轮以及钢带的电控自动变速器，它具有无级前进挡变速和二级倒挡变速的功能，装置总成与发动机直列布置。

无级自动变速器只需两组变速滑轮就能现实无数个前进挡位的速比变化，允许其在最大速比点到最小速比点之间做无级调节，它的速比变速是连续性的，不是固定不变的，只有倒挡的传动比是固定不变的。

无级自动变速器采用传动带和工作直径可变的主、从动轮相配合传递动力。没有传统变速器换挡时那种"停顿"的感觉，从而得到传动系统与发动机工况的最佳匹配。

奥迪 Multitronic 01J 无级变速器介绍如下。

为消除发动机与变速器之间的摩擦损耗，发动机与无级自动变速器之间以飞轮减振装置代替一般液力自动变速器的液力变矩器，其动力输出采用行星齿轮系统及两组湿式可变压力油冷式离合器，压力可随发动机输出转矩大小而改变。可变压力油冷式离合器具有软连接的功能，能满足车辆起步、停车和换挡的需要。

当前进离合器结合时，行星齿轮系统太阳轮的钢片与行星架的摩擦片结合成一体，与发动机同步，由行星架将动力输出至辅助减速机构。

当倒车离合器结合时，齿圈的摩擦片与变速器壳体的钢片结合，齿圈被固定，太阳轮将动力传递给行星架。

4. 什么是AT？

电子液压式多挡位自动变速器（AT）是目前应用最广泛、技术成熟的自动变速器。按照控制方式的不同，液力自动变速器可以分为液控液力自动变速器和电控液力自动变速器，目前轿车上都采用电控液力自动变速器。

自动变速器由复杂的行星齿轮组和诸多的换挡执行元件组成，自动变速器虽然速比变化是自动实现的，但各挡速比也是固定不变的。

（1）自动变速器的组成

❶ 动力传递系统：动力传递系统（液力变矩器）起到连接发动机与自动变速器的作用。

❷ 齿轮变速系统：齿轮变速系统（行星齿轮机构）主要用来改变汽车的行驶速度和行驶方向。

❸ 液压控制系统：液压控制系统则是把油泵输出的压力油调节出不同的压力并输送至不同的部位以达到不同的液压控制目的。

❹ 电子控制系统：电子控制系统通过监控汽车的整体运行工况实现自动变速器不同功能的控制。

❺ 冷却控制系统：冷却控制系统是为了使自动变速器始终保持在一个合理的工作温度。

（2）自动变速器的控制

❶ 自动变速器通过各种传感器、开关，将发动机转速、节气门开度、车速、发动机冷却液温度、自动变速器油温度等参数转变为电信号并传递给控制单元。

❷ 控制单元根据这些信号，按照设定好的换挡规律、锁止规律及其他控制规律等，向换

挡电磁阀、TCC 电磁阀、油压电磁阀等发出电子指令信号。

❸ 换挡电磁阀、TCC 电磁阀、油压电磁阀再将控制单元的电子控制指令信号转变为液压控制信号，液压控制阀体中的各个控制阀根据这些液压控制信号，控制换挡执行机构、闭锁离合器执行机构的动作，从而实现自动换挡、自动闭锁和自动油压调节控制。

5. 自动变速器驻车制动装置的结构和作用是怎样的？如何操作？

（1）结构　驻车制动装置用于固定停泊的车辆，使车轮不再滚动，它是变速杆通过变速杆拉索、换挡轴、带销子的连杆机构和压缩弹簧进行机械操作的机构。驻车制动轮与中间轴的从动轮连成一体，它同时也是变速器输出转速传感器 G195 的传感器轮。

（2）作用

❶ 锁止棘爪与驻车制动轮的齿结合，以便锁住主减速器。当车轮要调整，其轴部分抬高时，采用驻车制动，可防止局部抬高的前轴旋转。

❷ 当在陡峭的斜坡上停车时，变速杆换到 P 位之前，必须先拉起驻车制动，以保护变速杆拉索，并使变速杆易于操作。

（3）重要操作事项　锁止棘爪和驻车制动轮之间有张力，开始驾驶车辆以前，变速杆必须首先离开 P 位，然后松开驻车制动。

6. 阀体的作用是什么？包括哪些组件？

除了控制换挡元件之外，阀体还控制变矩器锁止离合器和变速器油（ATF）压力，例如主油压、控制油压、变矩器油压、润滑油压。

阀体包含以下组成元件。

❶ 机械操作的手动阀。

❷ 液压控制电磁阀。

❸ 六个电控压力控制阀。

❹ 变速器油温传感器 G93。

7. 滑阀的作用和故障影响是什么？

（1）作用　其主要作用是对来自主调压阀的主油压进行调控，利用此受调控的油压控制电磁阀供油。在每个电磁阀控制的自动变速器内都有类似功能的滑阀，只是名称不同而已。该滑阀在通用系列产品中被称为 AFL 阀，而在如大众 01M/01N 变速器中被称为电磁调节阀。

（2）故障影响　AFL 阀的运动频率较高，在一定里程数后由于偏磨和润滑的问题，阀孔往往磨损导致漏油，使电磁阀不能正常工作。

8. 电磁阀供油限压阀（AFL 阀）容易出现哪些问题？

AFL 阀将调制主油压送到 EPC 油压电磁阀和 1-2 挡、3-4 挡信号油路中。在 4T65-E 中，当 AFL 阀孔出现磨损时，扭矩信号压会降低，或者 1-2 挡、3-4 挡挡电磁阀和换挡信号油压会降低，并产生故障码 1811、换挡时间过长、TCC 锁止打滑以及错误的挡位启动等问题。AFL 阀孔的磨损还会使 EPC 控制变差，导致主油压过高和 TCC 锁止活塞损坏，到一定时间就会使变扭器报废。

9. 大众 01M/01N 阀体中的电磁调节阀有什么作用？

大众 01M/01N 阀体中的电磁调节阀起着和上述 4T65-E 中 AFL 阀类似的功能，但在大众车系阀体内，这个阀有两个作用。

❶ 它控制着所有电磁阀的供油，如果该阀孔发生严重磨损而导致漏油，电磁调节阀的供油压力就会降低，还会影响到其他一些控制换挡时间的阀，从而产生一系列的换挡问题。

❷ 电磁调节阀对主油压的调节也起到一定作用。它控制的电磁阀调节信号直接作用在主调压阀上，如果电磁调节阀孔出现漏油，增压信号和主油压会从这里泄漏，引起基线平衡油压的降低。此阀一般不会磨损，但是它的阀孔经常磨损。

10. 主调压阀（阀体内部）有什么作用？

调节主油路的压力和变矩器及润滑油路的供油。

自动变速器内的基准油路压力是由主调压阀控制的。它的一端是一个弹簧，而另一端则与平衡油路相连，主调压阀的位置就是由弹簧力和平衡油路压力来平衡的。在弹簧的另一端是增压阀，增压阀受到 EPC 压力以及倒挡油路压力的作用，将增大的压力作用在弹簧上，从而推动及调节主调压阀的位置，以达到调节压力的作用。

当主油压阀处于正常的平衡位置时，弹簧力和主油压相平衡，油从油泵进入主调压阀，一部分用来供给变矩器和润滑油路，多余的油则从泄油孔排出，重新回到油泵。一旦由于某种操作而导致主油压突然下降，这时主调压阀就会被弹簧推动往右移动，主调压阀进入非平衡位置。这时变矩器/润滑油路被切断，泄油孔也会被主调压阀堵上，由于油泵的运转，主油压很快回升，于是主油压又将主调压阀朝弹簧方向顶回它的平衡位置。这样主调压阀就完成了主油压的调节工作，同时变矩器/润滑油路和泄油孔又重新打开；反之，如果主油压突然增大，主调压阀就会被推向弹簧一端，同时变矩器/润滑油路和泄油孔会打开得更大，更多的油被排出以使主油压降低，这时主调压阀会重新回到其平衡位置。

主调压阀首先满足调压的功能，只有在调压功能满足后才开始对变矩器和润滑油路正常供油。

11. 增压阀的作用是什么？

增压阀在压力调节上具有很重要的作用，它推动主调压阀进行主油压调节。

阀体中主调压阀通过位置的变化来控制主油压，但是真正指导主调压阀运动进行油压调节的是增压阀。一般来说，增压阀都和主调压阀处于同一阀孔中，并且由弹簧连接。增压阀与弹簧一起对主调压阀施加压力。

增压阀在压力调节上具有很重要的作用，它推动主调压阀进行主油压调节。如果增压阀运行不正常，主调压阀就不能及时对主油压进行调节，从而出现很多与主油压有关的故障。增压阀更多的与换挡故障有关系，比如倒挡冲击、换挡疲软、前进挡增压不足等，如果在每一个换挡上都发现有问题，则需要查看一下这个增压阀。此外，在变矩器的锁止控制上，锁止油压是经调制的主油压，所以这个增压阀也会影响变矩器的锁止油压，导致 TCC 的打滑问题和变矩器锁止活塞的受损。

12. 扭矩信号阀的作用和故障影响是什么？

（1）作用　扭矩信号阀位于 EPC 电磁阀的旁边，直接受这个电磁阀的控制。主油压在经过扭矩信号阀的调节后就变成了扭矩信号，扭矩信号影响着换挡和锁止两个油路。

（2）影响扭矩信号的因素
❶ 主油压。
❷ 压力控制电磁阀。
❸ 扭矩信号阀。

（3）故障影响　扭矩信号压力不足会导致主油压增压和蓄压器油压不足，使换挡时间延长，引起换挡疲软、离合器打滑等问题。同时，由于主油路增压还影响到 TCC 油路，因此扭矩信号压不正常还会导致 TCC 打滑，产生 P1811、P0741、P0742 等锁止故障码，并且伴有主油压不稳、发动机颤抖或锁止打滑等故障现象。

13. 换挡控制策略包括哪些方面？

为体现换挡时的响应速度、换挡舒适程度、安全性能以及更趋于人性化的控制等电子控制方面，从多个角度来改变其换挡策略。

换挡策略主要体现在自动变速器控制软件上。控制软件是自动变速器电子控制单元组成整个控制功能的核心，它在产品开发周期、产品控制的先进性、灵活性等方面都具有举足轻重的作用。控制软件一般包括信号输入的处理程序、换挡执行元件的控制程序、通信以及信息输出处理程序等模块。另外控制软件中一般还包括重要的控制参数表，控制参数表随换挡控制策略的不同而不同，有些则是作为系统监测用的。

计算机可以识别和认识不同类型的人群的驾驶习惯来完成其最佳时刻的换挡过程，而其中最重要的还是在于"特殊行驶情况"的换挡控制策略方面。

14. 市区行驶换挡策略是什么？

主要考虑燃油经济性和换挡舒适性。由于城市道路交通拥挤，因此汽车只需发出很低的行驶功率，减少低速范围内的换挡次数以改善行驶舒适性并降低油耗。

15. 上坡路行驶换挡策略是什么？

主要考虑发动机的输出。提高低速挡使用范围、避免使用高速挡，在一般坡度下不会进入超速挡。当坡度较大时禁止使用直接挡，同时通过增大延迟换挡时间来避免频繁地换挡循环，目的是使发动机在较高转速下有较大功率用来克服坡路带来的阻力。

16. 下坡路行驶换挡策略是什么？

主要考虑安全性。下坡松油门踏板行驶时，为了提高发动机的制动效果而禁止升挡，如果施加制动还会降挡。降挡时应注意不能使发动机超速，因此降挡应在发动机转速小于一定数值时进行。当驾驶员再次加大油门时终止此控制。

17. 弯路行驶换挡策略是什么？

主要考虑安全性。向心加速度超过一定数值时禁止升挡控制，向心加速度特别大时禁止降挡。

18. 冰雪路面行驶换挡策略是什么？

主要考虑安全和变速器使用性能。一般情况下自动变速器会以二挡起步来限制过大驱动转矩。通过提前升挡延迟降挡来降低驱动转矩，同时还禁止连续降挡，避免过大的转矩跳跃，增大换挡延迟来减少换挡次数。

19. 高原地区行驶换挡策略是什么？

主要考虑发动机输出。海拔高，空气稀薄，进气压力低，发动机转矩下降，此时通过改变换挡曲线（换挡车速高）的方式来维持发动机的转矩。

20. 换挡点力矩平衡（重叠控制）控制策略是什么？

主要考虑动力中断情况。重叠换挡的目的是为了避免变速器打滑。力矩平衡方面，为避免重叠带来的干涉，降挡期间通过发动机来平衡力矩的输出。

21. 减扭矩控制策略是什么？

主要考虑换挡舒适性。为改善换挡品质，通过改变发动机输出力矩来维持换挡过渡的平顺性。

22. 后坐力控制（N-D 缓冲控制）策略是什么？

主要考虑换挡舒适性。为改善换挡接合感觉，防止后坐力过大，电脑通过改变不同挡位传动比来减小后坐力。

23. 停车回空挡控制策略是什么？

主要考虑发动机的燃油经济性。为降低发动机负荷，改善燃油经济性，同时考虑变速器的动力损失而采取的相关措施。

24. 自动变速器过热保护控制策略是什么？

主要依据变速器的温度进行控制。当 TCC 完全接合后变速器温度仍不能降低到其限制范围，TCM 便采取不换挡、限制发动机输出力矩或不能行驶的措施来保护变速器。

25. 直接换挡控制策略是什么？

主要考虑换挡响应速度和换挡舒适性。直接通过线性电磁阀控制离合器的油压，使变速时形成理想的离合器油压，从而在实现高品质的换挡同时也增进了换挡响应时间。

26. 双离合器扭矩传递路线是怎样的？

从动轴的扭矩传递路线和大众车系以往的手动变速器的传递路线基本一致，但要注意的是，双离合器使得从动轴上的同步器可以实现提前换挡。

❶ 双离合器安装在变速器壳体内，由两个传统离合器结合在一起，构成一个双离合器，称作 K_1 和 K_2。离合器 K_1 通过花键将扭矩传递给输入轴 1，输入轴 1 将 1 挡和 3 挡的扭矩继续传递给输出轴 1，将 5 挡和 7 挡的扭矩传递给输出轴 2。离合器 K_2 通过花键将扭矩传递给输入轴 2，后者将 2 挡和 4 挡的扭矩继续传递给输出轴 1；将 6 挡和倒挡的扭矩传递给输出轴 2。此后，扭矩通过倒挡中间齿轮 R_1 继续传递给输出轴 3 的倒挡齿轮 R_2。所有三个输出轴都与差速器的主减速器齿轮连接。

❷ 双离合器主动轮支撑环将扭矩传递给双离合器内的主动轮。支撑环与主动轮彼此固定连接在一起。主动轮以浮动轮方式支撑在输入轴 2 上。如果操作了其中一个离合器，则扭矩会通过主动轮传递给相应的离合器从动盘，然后继续传递给相应的输出轴。

27. 双离合器（干式离合器）是怎样工作的？

双离合器中有两个独立的干式离合器，这些离合器分别将扭矩传递给一个子变速器。离合器可以处于两个位置：发动机停机和怠速运转时，两个离合器分离；行驶状态时，两个离合器中始终只有一个离合器接合。

离合器 K_1 将 1 挡、3 挡、5 挡和 7 挡的扭矩传递给输入轴 1，离合器 K_2 未动作。离合器 K_1 动作时，接合杆将接合轴承压向盘形弹簧，这种压力运动在多个转向点处转换为拉力运动。因此，将离合器压盘拉向离合器从动盘以及主动轮，扭矩传递给输入轴。离合器 K_1 已动作。离合器 K_2 将 2 挡、4 挡、6 挡和 R 挡的扭矩传递给输入轴 2。操作离合器 K_2 接合杆时，接合轴承压向离合器压盘的盘形弹簧。由于盘形弹簧支撑在离合器壳体上，因此离合器压盘压向主动轮，扭矩传递给输入轴 2。离合器 K_2 已动作。

28. 双离合器（湿式离合器）是怎样工作的？

湿式双离合器，它将离合器片浸泡在机油之中来对其进行冷却。离合器可以将动力输送给 6 个挡位中的任何一个，由电脑控制的离合器根据汽车速度和发动机转速对驾驶者的换挡意图做出判断，可以预选择下一挡位从而实现挡位的快速切换。变速器可以设定在电脑控制的"自动"模式之下，或者利用方向盘上的拨片来实现手动换挡。

29. 常规 8 速自动变速器有什么特点？

（1）装配特点　德国采埃孚公司生产的 8 速自动变速器，根据发动机扭矩不同，配置了不同型号，有 8HP30、8HP45、8HP70 和 8HP90，使变速器的性能和节能特性有了大幅提高。

（2）齿轮特点　采埃孚 8HP 自动变速器配有 5 个换挡元件和 4 个行星齿轮组，转速比可达 7 级，速比间隔小而均匀（图 9-1）。与 6 挡自动变速器相比，1-2 挡间的转速比由 1.78 减少为 1.5，这样的设计使得 8 速自动变速器在降低油耗的同时，还提高了起步加速性能。此外，减小 1-2 挡间的转速比，更进一步改善了 1-2 挡间的换挡品质。

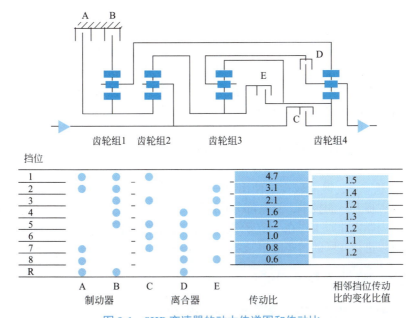

图 9-1　8HP 变速器的动力传递图和传动比

采用的单级行星齿轮传动带来了高传动效率及速度和扭矩的均匀分配。所有挡位的传动效率均超过98%，仅有2个换挡元件处于分离状态（功率损失最小化），因此有效地避免了各挡位传动效率的损失，从而降低了燃料的消耗。

（3）油泵特点　改进的油泵设计也是8HP自动变速器的一个特点。油泵是自动变速器内最耗能的部件之一，8HP自动变速器的油泵采用了链条的驱动方式，油泵在系统油压足够的情况下会自动停止转动，而在系统油压不足时会自行转动以提高油压，这样的设计也就大大降低了油耗。

30. 混合动力版8速自动变速器是怎样的？

乘用车的采埃孚8速自动变速器的混合动力版本8P70H已进入量产，这种变速器在常规液力变矩器的位置安装了一个电机。

混合动力版8P70H作为强混合变速器，它同样可以依靠纯电力驱动。与常规8速自动变速器相比，混合动力版可额外节约燃油高达25%。采埃孚乘用车混合动力自动变速器也可匹配四轮驱动车。

采埃孚将8P70H变速器设计成一个并联混合动力的概念系统。在这个混合动力方案中，内燃机动力和电动动力以并联的方式接入，既可单独传递内燃机动力或电动动力，又可同时传递内燃机动力和电动动力。该自动变速器的内部在常规变速器液力变矩器的位置安装了紧凑型电机、离合器、扭转减振器和液压元件，在两种动力之间用一个分离离合器隔断，通过这个离合器，内燃机可以完全与动力总成断开。它采用了一种叫集成启动元件（ILE）的设计，在启动时取代了变矩器，以达到最好的可操纵性和变矩器的启动舒适性。由此汽车不仅可以由纯电力驱动，而且可以通过再生能量（回收制动能量）避免内燃机的高拖曳转矩来进行驱动，对减少能耗产生了积极的作用。

这款混合动力变速器的扭转减振器的设计也很新颖。它用来减弱各种高频率的振动（比如气体力和内燃机产生的集合力等）以及各种低频率的振动（比如载荷变化产生的冲击，或启动时产生的共振等），它还需要用来补偿发动机与变速器之间的对准偏差。

它采用了双质量飞轮的设计，减振器的分离质量取决于弹性系数（转矩与转角之间的关系），因此弹簧刚度的特性在这里至关重要。此减振器通过多个弹簧组以及随着速度增加的滑动摩擦对特征曲线进行调整优化。该款混合动力自动变速器的操作控制是通过功能网络化得到一个高效的全系统混合动力的管理来实现的，它可灵活调节智能双发动机的功率分配。电机Dynastart模块可根据整车厂要求和混合规格来进行定型。采埃孚混合动力自动变速器基于常规采埃孚8速自动变速器（8HP），它模块化的构造已为混合动力版进行了预设，因此强混合版本仅需和常规8速自动变速器规格一样的安装空间。它优异的驾驶动力特性，如直接与发动机连接的敏捷性，精确的换挡质量和舒适的操控性，通过混合动力化还将得到更多的提升。

为了在行驶状态下，既能较少地使用内燃机，又能达到较高的效率，该自动变速器采用了被称为"载荷点提升"的技术，只有部分转矩用于推进。与此同时，电机作为发电机运行，给电池组充电，内燃机此时工作在一个显然更为经济的转矩范围内。而在"Boosting"模式下，两种动力集合可以进行并联的转矩输出，显著提升功率。因此，该驱动方式也适合于运动型车辆。

31. 9速自动变速器是怎样的？

9速自动变速器，以求达到显著提高燃油经济性的效果，辅以特有的平顺换挡设计，此款变速器也能充分满足驾驶者追求舒适的要求。

全世界约有 70% 以上的乘用车使用横置发动机，针对此种广泛使用的乘用车发动机布置方式，采埃孚开发了 9 速自动变速器，以求达到显著提高燃油经济性的效果。这种最新的 9 速自动变速器已正式进入批量生产。

新型 9 速自动变速器与目前前驱车型广泛使用的 6 挡自动变速器相比，显著提升了车辆的行驶表现和燃油经济性。液压变矩器中先进的减振系统能够快速闭锁离合器，从而提升燃油经济性并降低 CO_2 排放。

这款新型 9 速自动变速器与后驱车型（纵置发动机）使用的 8 速自动变速器类似，所需的反应时间极短，在驾驶者毫无顿挫感的同时增加换挡次数。也就是说，这款变速器同时具备了双离合和多级变速的功能。

32. 变速器多功能挡位（TR）开关 F125 的作用和功能是什么？

（1）信号控制　变速杆电缆把多功能挡位开关连接到变速杆上。多功能挡位开关把变速杆的机械运动转换为电信号，并把这些电信号传送到变速器控制模块（TCM）J217。

（2）由六个有滑动触点的机械开关组合而成
❶ 四个开关用于变速杆的滑动触点位置。
❷ 一个开关用于 P 位或 N 位，可以控制启动。
❸ 一个开关用于倒挡的倒车灯开关 F41。

（3）控制功能　变速器控制模块（TCM）J217 触发自动换挡程序，确认多功能开关的位置，控制以下功能。
❶ 起动机联锁。
❷ 倒车灯。
❸ 变速杆锁止 P/N。

变速器控制模块（TCM）J217 在控制器局域网（CAN）总线上储存目前变速杆的位置，以便其他控制模块使用。

33. 变速器多功能挡位（TR）开关 F125 出现故障怎么办？

如果能够判断前进挡和倒挡之间的差别，不影响换挡程序，就不需要调节多功能开关。如果倒挡信号发生错误，变速器就进入紧急运行模式。

如果发生下列情况，必须调节多功能开关。
❶ 更换多功能开关。
❷ 安装新变速器。
❸ 仪表板上的挡位指示灯显示不正确。

34. 变速器输入转速传感器 G182 的功能原理是怎样的？有什么作用？有什么故障影响？

（1）功能原理　变速器输入转速传感器 G182 记录位于多片式离合器 K_2 外行星架处的变速器输入转速，它根据霍尔原理工作（图 9-2）。

（2）信号利用　对于下列功能，变速器控制模块（TCM）J217 需要精确的变速器输入转速。
❶ 换挡的控制、适应和监测。
❷ 变矩器锁止离合器的调节和监测。

❸ 诊断换挡元件，检查发动机转速和变速器输出转速的可信度。

（3）信号故障的影响　变矩器锁止离合器闭合。发动机转速用来替换变速器输入转速。

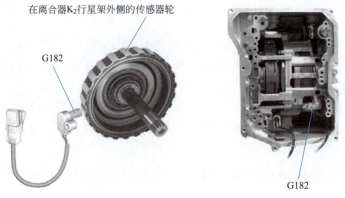

图 9-2　变速器输入转速传感器

35. 变速器输出转速传感器 G195 的功能原理是怎样的？有什么作用？有什么故障影响？

（1）功能原理　变速器输出转速传感器 G195 记录驻车锁止轮处的变速器输出转速，它也是根据霍尔原理工作的。

驻车锁止轮与中间轴的从动轮一体。由于输出行星轮和中间轴之间有两种传动比，因此有两种转速分别按各自的比例运转。根据变速器的编程传动比，变速器控制模块（TCM）J217 计算出实际变速器输出转速。

输出转速传感器 G195 见图 9-3。

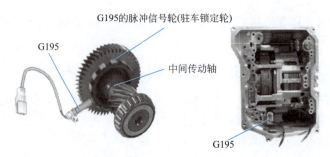

图 9-3　输出转速传感器 G195

（2）信号利用　对电子控制变速器而言，变速器输出转速是最重要的信号之一。下列功能需要这个参数。

❶ 选择换挡点。

❷ 驾驶工况评估等到动态换挡程序 DSP 功能。

❸ 诊断换挡元件，检查发动机转速和变速器输出转速的可信度。

（3）信号故障的影响　ABS 控制模块 J104 的转速信号替换变速器输出转速。

36. 变速器油温传感器 G93 有什么作用？有什么故障影响？

（1）结构和功用　变速器油温传感器 G93 位于阀体内，浸没在变速器油中。它用来测量变速器油温，并把油温测量值传送到变速器控制模块（TCM）J217。

变速器油温传感器 G93 由一块安装板固定，它是阀体总成的一个部件，作为一个热敏电阻工作。

（2）信号利用　下列功能需要变速器油温。

❶ 适应系统换挡压力和换挡过程中建立压力及释放压力。

❷ 激活或解除暖机程序和变矩器锁止离合器等的温度依赖功能。

❸ 在热车模式，变速器油温高时，激活变速器的保护功能。

（3）信号故障的影响

❶ 变矩器锁止离合器没有调节操作，只能打开或闭合；没有适应的换挡压力，这通常会导致难以换挡。

❷ 变速器油温传感器 G93 的负温度系数（NTC）与热敏电阻特性有关。

❸ 温度升高时，传感器阻力减小。

❹ 为了防止变速器过热，超出定义的变速器油温范围时，触发相应的对策。

❺ 对策 1（约 127℃）：利用动态换挡程序（DSP）功能，根据换挡特性曲线在更高转速下换挡。变矩器锁止离合器较早闭合，不再进行调整。

❻ 对策 2（约 150℃）：发动机转矩减少。

37. 节气门位置传感器和加速踏板位置传感器对变速器有什么作用？

节气门位置（TP）传感器 G79 和加速踏板位置传感器 G185，都位于踏板总成的加速踏板模块内。

强制降挡信息如下。

❶ 单个开关不使用强制降挡信息。在加速踏板的压缩缓冲件上，有一个功率元件。功率元件产生一个机械压力点，告知驾驶员正处于强制降挡的阶段。

如果驾驶员主动激活强制降挡，通过强制降挡开关，就会发出一个超出节气门位置传感器 G79 和加速踏板位置传感器 G185 全开（WOT）位置的电压值给 ECM，使 ECM 控制强制降挡。

❷ 发动机控制模块（ECM）J220 收到这个电压值后，ECM 就认为是强制降挡，将通过动力系统 CAN 总线给变速器控制模块（TCM）J217 传递信息。

38. 09G 型六挡自动变速器控制单元的安全功能是怎样的？

如果出现个别或者多个零件或传感器损坏，则控制单元 J217 会启动替代功能及应急工作程序，这样就能保证自动变速器仍能正常工作。

如果出现严重故障且控制单元 J217 有效时，变速器保持当前挡位，只要变速器和行驶安全性允许，控制单元 J217 就激活"控制单元有效的机械应急工作状态"。

39. 09G 型六挡自动变速器控制单元有效的机械应急状态是怎样的？

如果控制单元 J217 中断（例如断电或者插头连接掉了），则变速器马上切换到"控制单元无效的机械应急状态"工作。

❶ 变速器从所有前进挡位中脱离开，进入液压四挡，变矩器耦合器打开，所有电磁阀断电。

❷ 能量传递单元保持最大操作压力。

❸倒车挡能够挂上，变速杆锁死有效（在"P"和"N"位置）。
❹仪表板上的所有挡位显示都亮。

40. 09G 型六挡自动变速器控制单元无效的机械应急状态是怎样的？

❶变速器从所有前进挡中脱离开，进入液压四挡，变矩器耦合器打开，所有电磁阀断电。
❷能量传递单元上保持最大操作压力。
❸倒车挡能挂，变速杆锁死无效（在"P"和"N"位置）。
❹所有挡位显示都不亮。
❺整个控制单元 J217 停止工作，即不能进行自诊断。

41. 宝马 6HP-26 自动变速器电子控制装置主要包括哪些元件？

（1）电子装置模块
❶电子装置模块是液压换挡机构和电子变速箱控制单元的组合（EGS），它安装在油底壳里。
❷电子装置模块包含了变速箱控制系统的机械组件，如电磁阀和减振器，它们作为执行元件。
❸电子变速箱控制系统包含了整个变速箱电子控制单元，它采用了焊接密封。电子变速箱控制系统的功能在 140℃ 以下可得到保证。

（2）行驶挡开关
❶行驶挡开关在机械电子模块里，它由选挡杆通过拉线动作。
❷行驶挡开关的滑块嵌入在液压选择滑阀上。
❸行驶挡开关和液压选择滑阀一起由选挡杆通过拉线动作。行驶挡开关由一个带固定磁铁和 4 个用于行驶挡的霍尔传感器的滑块组成。行驶挡开关的电信号在机械电子装置模块里进行分析处理并用于控制电磁阀和燃油压力调节器。顺序换挡在电气上则通过选挡杆机构上的开关进行。

（3）变速箱控制单元　变速箱控制单元所需要的换挡数据，例如喷射时间、发动机转速、节气门角度、发动机温度和发动机干预，由 PT-CAN 总线传输到变速箱控制单元内。电磁阀和压力调节器的控制直接由机械电子装置模块完成。

42. 宝马 6HP-26 自动变速器驻车锁止装置是怎样的？

驻车锁止器的操作在 E60 里通过中间托架上的选挡杆实现。通过拉线建立与变速箱的连接（如 E46 和 E39）。

（1）选挡杆锁（换挡自锁功能）　它防止了在未踩下制动器时选挡杆在 P 挡和 N 挡的动作，该功能通过选挡杆上的电磁锁实现。

（2）拔出锁定装置（互锁）　在选挡杆和点火开关之间有一根拉线，这里只有当选挡杆在 P 位置时才能拔出点火钥匙（功能如同 E38）。

（3）在手动换挡模式下选挡杆位置的选择　通过将选挡杆从位置 D 转到手动换挡槽手动切换到 S 程序。组合仪表上显示切换到 DS。通过向前或向后点动选挡杆激活手动换挡模式并向高一挡或低一挡换挡。组合仪表上显示切换到 M1～M6。在手动换挡模式下当时的挡位一直保持到快要到达限定转速，然后自动切换到高一挡。自动换低挡通过强制降挡加速开关或根据速度降到第 3 挡和第 2 挡。如果由于发动机转速和车速不允许换挡，则在组合仪表上首先显示要想换的挡位，然后显示实际挡位。想要换的挡位只有在达到了发动机允许的转速或车速后才能进行。由此可以防止发动机运转超速。通过多次点动选挡杆并保持在点动位置可储存所需的挡位。按顺序直至切换到组合仪表上显示的挡位。选挡杆必须保持住直至到达所需挡位。

43. 4F27E 型自动变速器电子控制系统的组成是什么？

（1）元件　福克斯 4F27E 型自动变速器电子控制系统主要由涡轮轴转速传感器、输出轴转速传感器、变速器油温传感器、挡位开关、制动开关、手动模式开关、增/减挡开关、换挡电磁阀、压力控制电磁阀和变速器控制模块等组成。

（2）信号　如节气门位置信号、空气流量信号、发动机温度信号、发动机冷却液温度信号等都是通过网路线从发动机控制模块取得的。

44. 涡轮轴转速传感器（TSS）的作用是什么？有什么故障影响？

（1）作用　涡轮轴转速传感器位于变速器外壳上，用于感知变速器涡轮轴的转速。

（2）故障影响　涡轮轴转速传感器的类型是电磁感应式，其电阻值为 330～390Ω（在 21℃时），如果它出现故障，变速器控制模块将用输出轴转速传感器的信号取代它，车载诊断系统会记录相应的故障码，并点亮故障指示灯。

45. 输出轴转速传感器（OSS）的作用是什么？有什么故障影响？

（1）作用　输出轴转速传感器位于差速器处的变速器壳体上，用于感知变速器的输出轴转速。此信号不作为车辆速度信号使用，车辆速度信号来自轮速传感器。

（2）故障影响　输出轴转速传感器的类型是电磁感应式，其电阻值为 800～900Ω（在 21℃时），如果它出现故障，变速器控制模块将用涡轮轴转速传感器的信号取代它，车载诊断系统会记录相应的故障码，并点亮故障指示灯。

46. 变速器油温传感器（TFT）的作用是什么？

变速器油温传感器位于变速器内，用于感知变速器油液温度。在极冷和极热的变速器油温下，变速器控制模块根据此信号控制管路压力、换挡和变矩器锁止离合器。

47. 挡位开关（TR）的作用是什么？

挡位开关位于变速器外壳的手动轴上，用于感知变速器的挡位。

48. 手动模式开关、增/减挡开关的作用是什么？

手动模式开关、增/减挡开关位于排挡杆处，变速器控制模块根据此信号和车速信号确定是否按操作者的意愿执行换挡。

49. 制动开关的作用是什么？

制动开关用于控制排挡杆从驻车挡位置的移出。

50. 换挡电磁阀的作用是什么？

换挡电磁阀分为开关型和占空比型，换挡电磁阀 SSA 和 SSB 为开关型电磁阀，通过电流的通断控制液压施加到不同的油道,从而控制离合器或制动器等执行部件的动作,在电磁阀关闭状态下无液压油流经。换挡电磁阀 SSC、SSD 和 SSE 为占空比型电磁阀,通过调整控制电磁阀的占空比来控制各执行器的油压,在电磁阀关闭状态下为最大液压油流经。电磁阀 SSA、SSB 和 SSC 的电阻为 1.0～4.2Ω,电磁阀 SSD 和 SSE 的电阻为 10.9～26.2Ω。

51. 压力控制电磁阀(EPC)的作用是什么?

压力控制电磁阀控制主油路压力,以确保在所有的操作状况下油路中都有合适的油压。在电磁阀关闭状态下油路油压最大,其电阻为 2.4～7.3Ω。

52. 0BK/0BL 变速器包括哪些元件?

0BK/0BL 变速器是德国 ZF 公司为奥迪 A8 研发的一款八速自动变速器。该自动变速器动力传递路线如图 9-4 所示,它采用 4 个行星齿轮组,5 个换挡元件(包括 2 个制动器 A、B 和 3 个多片式离合器 C～E),而且每次换挡时关闭 3 个执行元件,将动力损失降到最低。0BK/0BL 变速器实现了 8 个前进挡和倒车挡,驱动比范围达到 7,从而使换挡冲击很小,启动时驱动比较大,并且在车速较高时,发动机转速仍维持在较低水平。

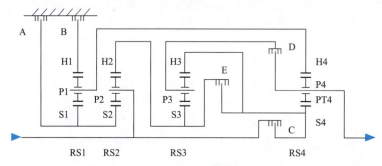

图 9-4　0BK/0BL 自动变速器动力传递路线

53. 0BK/0BL 变速器 1 挡是怎样传递动力的?

1 挡时,制动器 A、B 和离合器 C 接合,动力传递路线如图 9-5 所示。

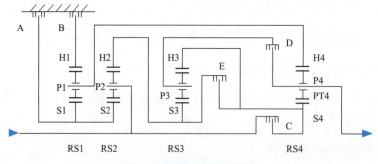

图 9-5　1 挡动力传递路线

(1)行星排 1　1 挡时,制动器 A 接合,固定行星排一半的共用太阳轮;制动器 B 接合,固定行星排 1 的内齿圈,此时行星排 1 被整体固定,不能转动。

（2）行星排 4　离合器 C 接合，连接输入轴与行星排 4 的太阳轮，由于行星排 4 的内齿圈与行星排 1 的行星架是一体的，且行星排 1 被整体固定，所以行星排 4 的内齿圈被固定，同时行星排 4 的行星架同向减速旋转。

54. 0BK/0BL 变速器 2 挡是怎样传递动力的？

2 挡时，制动器 A、B 和离合器 E 接合，动力传递路线如图 9-6 所示。

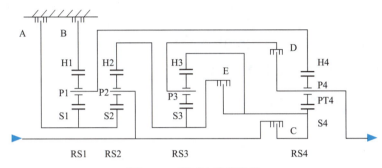

图 9-6　2 挡动力传递路线

（1）行星排 1　2 挡时，制动器 A 和 B 仍然接合，接合情况与 1 挡相同，行星排 1 被整体固定，不能转动。

（2）行星排 2　行星排 2 的行星架由输入轴直接驱动。因为行星排 2 的太阳轮与行星排 1 的太阳轮相连而被固定，所以行星排 2 的内齿圈同向增速旋转。

（3）行星排 3　离合器 E 接合，行星排 3 的太阳轮和内齿圈连接，此时行星排 3 以一个整体旋转，转速与行星排 2 的内齿圈相同。

（4）行星排 4　行星排 4 的太阳轮与行星排 3 的内齿圈相连，其转速与行星排 2 的内齿圈转速相同，并为同向增速旋转。行星排 4 的内齿圈与行星排 1 的行星架是一体的，因此行星排 4 的行星架同向减速旋转，且转速比 1 挡时要快。

55. 0BK/0BL 变速器 3 挡是怎样传递动力的？

3 挡时，制动器 B 和离合器 C、E 接合，动力传递路线如图 9-7 所示。

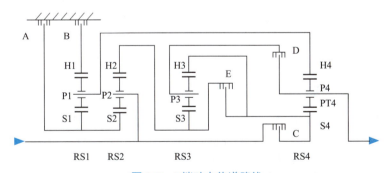

图 9-7　3 挡动力传递路线

（1）行星排 3　3 挡时，离合器 C 接合，行星排 3 的内齿圈由输入轴直接驱动，与离合器 E 接合，连接行星排 3 的太阳轮与内齿圈。此时行星排 3 以一个整体旋转，转速与输入轴相同。

（2）行星排2　行星排2的行星架与输入轴直接相连，行星排2的内齿圈与行星排3的太阳轮为一体，其转速与输入轴的速度相同。此时行星排2也以一个整体旋转，且转速与输入轴相同。

（3）行星排1　行星排1的太阳轮与行星排2的太阳轮是一体的，均以输入轴速度旋转，与制动器B接合，固定行星排1的内齿圈，此时行星排1的行星架同向减速旋转。

（4）行星排4　行星排4的内齿圈与行星排1的行星架是一体的，为同向减速旋转。离合器C接合，行星排4的太阳轮和输入轴连接，此时行星排4的行星架同向减速旋转。因为内齿圈的齿数比太阳轮要多，所以内齿圈旋转后，行星架的转速比2挡时要快。

56. 0BK/0BL变速器4挡是怎样传递动力的？

4挡时，制动器B和离合器D、E接合，动力传递路线如图9-8所示。

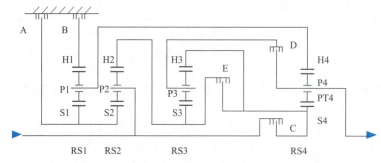

图9-8　4挡动力传递路线

（1）行星排3　4挡时，离合器E接合，连接行星排3的太阳轮与行星架，此时行星排3以一个整体旋转。

（2）行星排4　离合器D接合，连接行星排3的行星架和行星排4的行星架，由于行星排3的内齿圈和行星排4的太阳轮是一体的，所以行星排3和行星排4作为一个整体旋转。

（3）行星排2　行星排2的行星架与输入轴直接相连，由于行星排2的内齿圈与行星排3的太阳轮为一体，相当于输出轴，因而阻力较大，可以暂时视为不动，此时行星排2的太阳轮同向增速旋转。

（4）行星排1　行星排1的太阳轮与行星排2的太阳轮是一体的，为同向增速旋转。制动器B接合，固定行星排1的内齿圈，此时行星排1的行星架同向减速旋转。又由于行星排1的行星架与行星排4的内齿圈是一体的，因此，行星排4作为一个整体同向减速旋转。

57. 0BK/0BL变速器5挡是怎样传递动力的？

5挡时，制动器B和离合器C、D接合，动力传递路线如图9-9所示。

（1）行星排3　离合器C接合，行星排3的内齿圈由输入轴直接驱动。离合器D接合，由于连接行星排3的行星架与行星排4的行星架相当于输出轴，因而阻力较大，可以暂时视为不动，此时行星排3的太阳轮反向减速旋转。

（2）行星排2　行星排2的行星架与输入轴直接相连，由于行星排2的内齿圈与行星排3的太阳轮为一体，为逆时针减速旋转，因此行星排2是两个输入、一个输出的接合情况，此时行星排2的太阳轮同向增速输出。

（3）行星排 1　行星排 1 的太阳轮与行星排 2 的太阳轮是一体的，为同向增速旋转，制动器 B 接合，固定行星排 1 的内齿圈，此时行星排 1 的行星架同向减速旋转。

（4）行星排 4　离合器 C 接合，行星排 4 的太阳轮和输入轴相连，由于行星排 4 的内齿圈与行星排 1 的行星架是一体的，为同向减速旋转，因此，行星排 4 的行星架也为同向减速旋转。

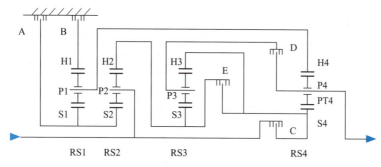

图 9-9　5 挡动力传递路线

58. 0BK/0BL 变速器 6 挡是怎样传递动力的？

6 挡时，离合器 C、D、E 接合，动力传递路线如图 9-10 所示。

（1）行星排 3　离合器 C 接合，行星排 3 的内齿圈由输入轴直接驱动，离合器 E 接合，由于行星排 3 的太阳轮和内齿圈相连，因此，行星排 3 以一个整体旋转，转速与输入轴相同。

（2）行星排 4　离合器 C 接合，行星排 4 的太阳轮和输入轴相连。离合器 D 接合，由于行星排 4 的行星架与行星排 3 的行星架相连，因此，行星排 4 作为一个整体旋转，转速与输入轴速度相同，该挡位为直接驱动。

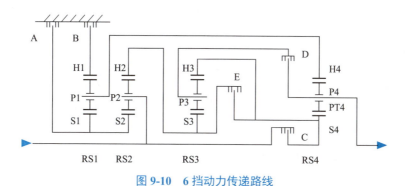

图 9-10　6 挡动力传递路线

59. 0BK/0BL 变速器 7 挡是怎样传递动力的？

7 挡时，制动器 A 和离合器 C、D 接合，动力传递路线如图 9-11 所示。

（1）行星排 2　行星排 2 的行星架与输入轴直接相连，制动器 A 接合，行星排 2 的太阳轮被固定，内齿圈同向增速旋转。

（2）行星排 3　离合器 C 接合，行星排 3 的内齿圈由输入轴直接驱动。由于行星排 3 的太阳轮和行星排 2 的内齿圈是一体的，且是同向增速旋转，所以，行星排 3 的行星架同向增速旋转。同时，离合器 D 接合，此时行星排 4 的行星架与行星排 3 的行星架相连，相当于输出轴，所以同向增速输出。

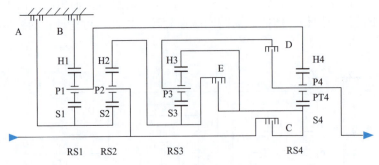

图 9-11　7 挡动力传递路线

60. 0BK/0BL 变速器 8 挡是怎样传递动力的？

8 挡时，制动器 A 和离合器 D、E 接合，动力传递路线如图 9-12 所示。

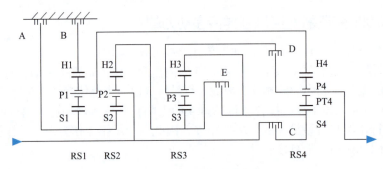

图 9-12　8 挡动力传递路线

（1）行星排 2　行星排 2 的行星架与输入轴直接相连，制动器 A 接合，行星排 2 的太阳轮被固定，行星排 2 的内齿圈同向增速旋转。

（2）行星排 3　行星排 3 的太阳轮和行星排 2 的内齿圈是一体的，离合器 E 接合，从而连接行星排 3 的太阳轮和内齿圈，使得行星排 3 以一个整体旋转，并同向增速输出。离合器 D 接合，由于行星排 4 的行星架与行星排 3 的行星架相连，相当于输出轴，因此同向增速输出。

61. 0BK/0BL 变速器 R 挡是怎样传递动力的？

R 挡时，制动器 A、B 和离合器 D 接合，动力传递路线如图 9-13 所示。

（1）行星排 1　R 挡时，制动器 A 接合，固定行星排一半的共用太阳轮。制动器 B 接合，固定行星排 1 的内齿圈，使得行星排 1 被整体固定，不能转动。

（2）行星排 2　行星排 2 的行星架由输入轴直接驱动。由于行星排 2 的太阳轮与行星排 1 的太阳轮相连而被固定，因此，行星排 2 的内齿圈同向增速旋转。

（3）行星排 3　行星排 3 的太阳轮与行星排 2 的内齿圈是一体的，为同向增速旋转，离合器 D 接合，由于行星排 3 的行星架与行星排 4 的行星架相连，相当于输出轴，因而阻力较大，可以暂时视为不动，因此，行星排 3 的内齿圈反向减速旋转。

（4）行星排4 行星排3的内齿圈与行星排4的太阳轮是一体的，反向减速旋转。行星排4的内齿圈与行星排1的行星架是一体的，因为行星排1被整体固定，所以行星排4的内齿圈被固定，此时行星排4的行星架反向减速旋转。

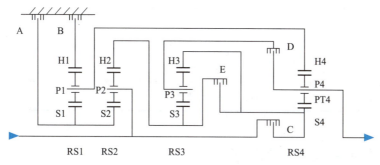

图9-13 R挡动力传递路线

62. 怎样检查变速器油油位？

在对变速器进行检查前或故障诊断前，首先要对变速器油油位和油质进行检查。

把选挡手柄放在P位，将发动机在怠速时至少运转数分钟，油液达到正常工作温度，汽车必须停放在水平路面上，这样才能确保在差速器和变速器之间的油位高度正常、稳定。

带油位标尺的自动变速器油位检查的具体方法如下。

❶将汽车停放在水平地面上，并拉紧手制动。

❷让发动机怠速运转数分钟以上。

❸踩住制动踏板，将操纵手柄拨至倒挡（R）、前进挡（D）等位置，并在每个挡位上停留几秒钟，使液力变矩器和所有换挡执行元件中都充满液压油。最后将操纵手柄拨至停车挡（P）位置。

❹从加油管内拔出自动变速器油尺，擦干净，将油尺全部插入加油管后再拔出，检查油尺上的油位高度。

油位高度应在油尺刻线的上限附近（图9-14）。

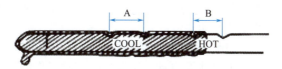

图9-14 自动变速器油油位高度的检查

63. 怎样检查变速器油油质？

如变速器油呈棕色或有焦味，说明已变质。

油质与故障原因见表9-1。

表9-1 油质与故障原因

油液状态	变质原因
油液变为深褐色或深红色	（1）没有及时更换油液 （2）长期重载荷运转，某些部件打滑或损坏引起变速器过热

续表

油液状态	变质原因
油液中有金属屑	离合器盘、制动器盘或单向离合器严重磨损
油尺上黏附胶质油膏	油油温过高
油液有烧焦气味	（1）油温过高、油位过低 （2）油冷却器或管路堵塞
油液从加油管溢出	油位过高或通气孔堵塞

64. 怎样检查和调整挡位开关？

将操纵手柄拨至各个挡位，检查挡位指示灯与操纵手柄位置是否一致，如有异常，应调节空挡启动开关螺栓和开关电路。

将操纵手柄拨至各个挡位，检查挡位指示灯与操纵手柄位置是否一致，P 位和 N 位时发动机能否启动，R 位时倒挡灯是否亮起。发动机应只能在空挡（N 位）和驻车挡（P 位）启动，其他挡位不能启动，若有异常，应调节空挡启动开关螺栓和开关电路。

❶ 松开挡位开关的固定螺钉，将操纵手柄放到 N 位。

❷ 将槽口对准空挡基准线。有些自动变速器的挡位开关外壳上刻有一条基准线，调整时应将基准线和手动阀摇臂轴上的槽口对齐，也有一些自动变速器的挡位开关上有一个定位孔，调整时应使摇臂上的定位孔和挡位开关上的定位孔对准。

❸ 挡位开关的位置调好后进行固定。

65. 自动变速器油压过高或过低有什么影响？测试油压目的是什么？

（1）故障影响　油压过高，会造成自动变速器换挡时冲击过大，液压系统也容易损坏；油压过低，会使离合器、制动器等换挡执行元件打滑，影响自动变速器的正常工作，且加速离合器和制动器摩擦片的磨损，严重时会导致摩擦片烧坏。

（2）测试目的　目的是检测液压控制系统的故障。通过测试油压可以判断油泵、主调压阀、节气门阀、速控阀等工作是否正常。

（3）油压试验的准备　在做油压试验之前应做好以下准备工作。

❶ 汽车行驶一段时间，让发动机及自动变速器达到正常工作温度。

❷ 将车辆停放在水平地面上，检查发动机怠速和自动变速器液压油的油位高度。如不正常，应予以调整。

❸ 准备一个量程为 2MPa 的压力表。

❹ 找出自动变速器各个油路测压孔的位置。

通常在自动变速器外壳上有几个用方头螺塞堵住的用于测量不同油路油压的测压孔。

❶ 无论操纵手柄位于前进挡或倒挡时都有压力油流出，则为主油路测压孔。

❷ 只有在操纵手柄位于前进挡时才有压力油流出，则为前进挡油路测压孔。

❸ 只有在操纵手柄位于倒挡时才有压力油流出，则为倒挡油路测压孔。

❹ 只有在操纵手柄位于前进挡，并且在驱动轮转动后才有压力油流出，则为调速器油路的测压孔。

66. 前进挡位油压测试有什么条件？有什么故障影响？

大部分液力控制变速器都可以做这项测试，在进行挡位油压测试时，要升起车辆，视情况也可以接上压力表进行路试。

（1）挡位油压测试条件

❶ 挡位油压测试要求在变速器运转的条件下测出。

❷ 挡位油压和主油压的测试口位置不一样，通常主油压测试孔靠前或靠上。

❸ 挡位油压测试根据检测的对象不同而在不同车速下提取数值。

（2）测试结果的故障影响

❶ 检测执行器的安全缓冲系统。离合器、片式制动器的安全缓冲系统是蓄压器。

❷ 检测工作油路是否发生泄漏。汽车行驶中如发动机在某一速度区域内发生空转、车速下降现象，则说明该速度区域内的施力装置有打滑现象。

67. 时间滞后测试目的是什么？怎样进行测试？

（1）时间滞后测试的目的　时间滞后测试的目的是判断主油路油压、离合器和制动器等换挡执行元件的工作是否正常。利用升挡和降挡的时间差来分析故障。

（2）试验方法

❶ 将自动变速器油液温度升至 80℃。

❷ 拉紧驻车制动器。

❸ 使发动机保持标准怠速运转，将操纵手柄位置分别从 N 位换入 D 位和 R 位，用秒表测量从 N 位换入 D 位或 R 位后，直至有振动感时所经历的时间。

每次试验间隔时间为 1min，取 3 次试验时间的平均值。标准值：N-D 位时间滞后不大于 1.0～1.2s；N-R 位时间滞后不大于 1.2～1.5s。

❹ 每次从 D 位或 R 位回到 N 位时，要怠速运转 1～2min，再挂挡，以便使施力装置分离彻底，并使油液得到冷却。

68. 连续升挡试验的目的是什么？

如果自动变速器不能升入高挡或超速挡，表明电液控制系统或换挡执行元件的离合器或制动器有故障。

自动变速器升挡，发动机转速会瞬时下降，同时车身轻微闯动。试验者凭此现象可判定自动变速器是否升挡。试验时将变速杆置于 D 位，打开 O/D 挡开关，踩下加速踏板使节气门开度保持在 50% 左右。试验自动变速器由汽车起步加速连续升挡情况。

自动变速器正常时，起步后随着车速的升高，试验者应能感觉到自动变速器顺利地逐级由 1 挡升 2 挡，2 挡升 3 挡，3 挡升 4 挡。

69. 怎么进行升挡车速试验？

升挡车速试验是指在汽车道路试验中，变速杆在 D 位，节气门保持在某一固定开度时，测定各挡位的升挡和降挡时的车速是否正确。换挡点的试验是道路试验的重要内容。

（1）升挡车速的试验内容

❶ 升挡车速是否正常，是否出现换挡提前或换挡滞后。

❷ 换挡时是否平顺，是否出现冲击、打滑或异响。

（2）升挡车速试验的方法　将变速杆置于 D 位，打开 O/D 挡开关，踩下加速踏板，将节气门稳定在某一开度，使汽车起步加速。当觉察到自动变速器换挡（车身有轻微地冲动感）时，记录下各升挡时的车速，然后与被测车辆自动变速器换挡图中的有关数据对照，看其是否在规定的范围内。

（3）升挡试验测试结果的故障影响

❶ 一般4挡自动变速器在节气门开度保持50%时，由1挡升至2挡的升挡车速为25～35km/h，2挡升至3挡的升挡车速为55～70km/h，3挡升至4挡（超速挡）的升挡车速为90～120km/h。只要升挡车速基本保持在上述范围内，而且试车行驶中加速良好，无明显的换挡冲击，就可认为其升挡车速基本正常，则可初步判定节气门位置传感器、节气门阀拉索、车速传感器及控制系统基本正常。

如果升挡车速过低，一般是控制系统的故障所致；而升挡车速过高，则可能是控制系统或换挡执行机构的故障所致，应重点检查节气门位置传感器、车速传感器、节气门阀拉索和控制阀中的节气门压阀、速控阀和主油路调压阀。

❷ 电控自动变速器的换挡冲击十分微弱，如果感觉换挡冲击过大，表明自动变速器的控制系统或换挡执行机构有故障，其原因可能是主油路油压过高或换挡执行机构打滑。

❸ 升、降挡点车速是不一样的，降挡点的车速比升挡点的车速低，但自动变速器发生故障时不易观察，所以在道路试验中无法检验降挡车速，一般只通过升挡车速判断自动变速器有无故障。

70. 怎么进行锁止离合器工作状况的试验？

道路试验中可以对液力变矩器的锁止离合器工作质量进行检查。将汽车加速至超速挡并以高于80km/h的速度行驶，节气门保持在低于50%开度的位置，使液力变矩器进入锁止状态。此时快速将加速踏板踩下，使节气门至2/3开度，同时检查发动机转速的变化情况。

如果发动机转速没有太大变化，表明锁止离合器处于接合状态；若发动机转速升高很多，表明锁止离合器没有接合，其原因是锁止控制系统有故障。

71. 怎么进行发动机制动性能试验？

汽车在下坡时，因自身惯性而加快滑行速度，为稳定车速，需要长时间利用行车制动器制动减速，这样制动器容易发生热衰退，而使制动性能下降，利用发动机运转的惯性进行反拖制动，可以在汽车下长坡时减轻制动器的负担。自动变速器的2挡和1挡设置有这种功能。试验时将车速提高，然后将变速换挡杆置于2挡或1挡位置，观察汽车的速度是否下降很快，如无发动机制动，则应检查单向离合器的作用是否正常。

72. 怎么进行强制降挡试验？

检查自动变速器强制降挡功能时，应将变速杆置于D挡，保持节气门开度为30%左右，在以2挡、3挡或者超速挡行驶时突然将加速踏板完全踩到底，节气门全开，检查自动变速器是否被强制降低一个挡位。在强制降挡时，发动机转速突然会升到4000r/min左右，并随着加速升挡，转速逐渐下降。

如果踩下加速踏板后没有出现强制降挡，说明强制降挡功能失效。如果强制降挡时发动机转速升高异常，并在升挡时出现换挡冲击，说明换挡执行元件打滑，需要拆解变速器进行检修。

73. 怎样检测电磁阀供油限压阀阀孔？

（1）故障判断　AFL 油路主油压是经过 AFL 阀进行调控的，而平衡油路用来决定 AFL 阀的位置（AFL 油路开口的大小）。如果 AFL 阀右端的阀孔部分磨损，从平衡油路来的油压就会从右边的泄油孔漏出。如果 AFL 阀中部的阀孔部分磨损，平衡油路的油就会从主油路孔漏出。

（2）检测方法　可以在 AFL 阀的平衡油路上进行"湿气测试"来对阀孔进行检测，具体操作如下。

先将 ATF 油注满油路的某个区域，然后用气压较低的压缩空气吹 ATF 油，保持阀在不被移动的情况下将 ATF 油挤出油路。如果液体无延迟地立即从阀孔和阀之间的间隙排出，说明此处的阀孔与阀的间隙已出现问题。这里的关键点是，压缩空气的压力必须被调节至小于 $2.1kg/cm^2$（$1kg/cm^2=0.098MPa$），并且液体的渗漏量应该是最小的（这个测试需要利用经验和判断）。

对于 4T65-E 的 AFL 阀孔，将少量 ATF 油放入 AFL 平衡油路孔，然后使用低压力的压缩空气往孔里吹，同时保持阀的位置不被吹动。如果有过量的空气或油从阀漏出到泄油孔或主油压孔，说明这里的磨损已经超过正常范围，需要对这个阀孔进行修复。

74. 通用 4T65-E 变速器中增压阀的常见故障有哪些？

常见故障一般为磨损导致。

❶ 通用 4T65-E 变速器增压阀套的内壁由于增压阀的偏磨而导致磨损，使增压阀被卡在阀套内，或者过度的磨损导致漏油。根据增压阀套内的磨损情况不同，既会产生主油压过低，也会产生主油压过高的现象。

❷ 当增压阀磨损时，有两种情况会导致主油压不足。

a. 由于增压阀磨损导致漏油，以致增压阀不能推动弹簧到正常位置。磨损而导致的漏油就会减弱增压信号的强度，使增压不足。

b. 由于增压阀磨损或磨屑的因素，导致增压阀被卡在其低增压的位置。

❸ 增压阀的磨损也会导致另一种看似完全相反的现象——主油压过高。同样是增压阀的磨损，有两种情况会导致增压阀产生过高的主油压。

a. 增压阀被卡在了其高增压的位置而不能恢复到正常位置。

b. 出现交叉渗漏。

ⓐ 增压阀的渗漏导致扭矩信号油漏到倒挡增压油路中，使压力同时作用在增压阀芯表面和倒挡增压阀芯表面，从而产生额外的推力推动主调压阀，导致过高的主油压。

ⓑ 如果在倒挡时产生交叉渗漏，主油压不仅会作用在倒挡增压阀的作用面上，而且会漏到另一端，作用在增压阀芯左边大的作用面上，较高的主油压作用在较大的作用面积上，使之产生大的额外推力，主调压阀因此被推到极限，导致主油压升至油泵所能允许的极限，这就是所谓的"主油压增压失控"。

电控的自动变速器内，由于电磁阀产生的高频脉冲信号（PWM），增压阀在高频率的液压信号作用下运动频繁，容易在阀套和阀芯之间造成磨损。在 4T65-E 变速器中，这个增压阀也成为易损元件。

75. 大众 01M/01N 变速器增压阀的常见故障有哪些？

增压阀在压力调节上具有很重要的作用，它推动主调压阀进行主油压调节。

大众 01M/01N 变速器的这个增压阀有一个弹簧,而一般的增压阀都是位于一个配套的增压阀套内而没有弹簧。由于弹簧的存在,使这个增压阀和一般的调压阀工作原理相似,因此它被称为增压调节阀。它的一端是弹簧力,另一端是 EPC 电磁阀信号和一个来自主油压的压力共同决定增压阀的平衡位置,而它的平衡位置则决定了输出的增压信号的大小。

由于增压阀上圆柱的作用面积不同,主油压作用在此阀上的两个作用力以及电磁阀信号都是向下推动弹簧的,这里真正与众不同的是这些作用力不是使主调压阀增压的,而是相反,起着降压作用。增压阀在没有油压作用时所处的位置位于阀孔的顶部,这是增压信号最大的位置。当油压开始作用时,它们推动增压阀往下运动,从而对增压信号进行调制。如果由于滑阀或阀孔磨损导致此处漏油,这些作用力在推动增压阀运动时效果就会打折扣,这时就会使增压信号过大,导致主油压过高,在倒挡时会产生倒挡压力过高和倒挡冲击。

由于增压阀和主调压阀是一起工作的,因此它们中任一个出现问题,都会出现相同的症状,比如主油压变化异常、入挡接合延迟、怠速时发动机熄火、主油路无增压以及倒挡冲击等。

76. 大众 09G 型六挡自动变速器控制单元的故障识别是怎样的?

❶ 控制单元带有一个故障存储器,如果一个电气 / 电子部件损坏或者其电路断路或短路,系统能很快查出故障原因。

❷ 控制单元用电气信号来识别故障。如果受监控的传感器及部件有故障出现,则故障地点信息会存入故障存储器中。

❸ 一个故障出现后,首先它会作为稳定故障存储,如果此故障不再出现,则此故障会作为偶然故障存储。

作为偶然故障存储,当进行故障查询时显示"偶然出现故障",同时在屏幕右侧显示"/SP",连上打印机将打出"偶然出现故障"。当发动机冷启动 40 次后,偶然故障自动清除(接着变速器预热)。

❹ 只能使用车辆诊断、测量和信息系统 VAS 5051 或者用故障读取仪。在工作方式 1"快速数据传输"状态才能进行自诊断。

77. 变速器机油(DSG 油)的作用是什么?怎么维护 DSG 油变速器?

(1)变速器机油的作用　变速器机油可以将细小的差速器粉末杂质输送到两个过滤器中,其目的是使差速器齿面上的润滑膜不会破裂并在下一个时刻使其作为压力媒质实现挡位设定器的任务。

此外它还将闸门封闭并在换挡时辅助同步环。它保存并传输热量,减小噪声。变速器机油的作用是多种多样的,无论是在炎热的赤道还是在寒冷的极地,对于变速器机油而言都是无足轻重的。

(2)变速器机油的维护　变速器机油质量对于变速器的功能具有决定性的意义。不要在变速器机油里混入添加剂,也不要添加其他变速器机油。为了能够达到该性能,应在维修中将变速器上的滤清器连同机油一起进行更换。

在下列情况下不必更换滤清器。

❶ 已经更换了机油冷却器。

❷ 已经更换了换挡轴的密封环。

❸ 已经更换了法兰轴或插接轴的密封环。

❹ 已经更换了直接换挡变速箱控制单元、多片式离合器或机油泵。

❺已经更换了带机油温度传感器 G509 的变速箱。
❻保养周期已达到 60000km。

78. 拆卸 DSG 变速器离合器有哪些重要步骤和要领?

❶为了拆卸和安装离合器,必须将变速器牢固地垂直固定在装配台上。
❷拆下离合器盖的卡环。
❸取下离合器盖。
❹拆下卡环(安装时必须重新测量和更换该卡环)。
❺取出离合器。
❻取出泵轴。
❼在安装新的离合器后,才安装泵轴。将轴放置在一边。

79. 安装 DSG 变速器离合器有哪些重要步骤和要领?

❶注意四个活塞环的正确位置。活塞环切口不得处于重叠状态。
❷将环平稳旋转一周,它必须活动自如并且不允许卡死。
❸检查离合器上是否有一个标记(图 9-15 中箭头位置)。如果没有标记,维修中要自己设置一个标记。之后应将盖子的凸缘重新安装在这个标记的位置上。

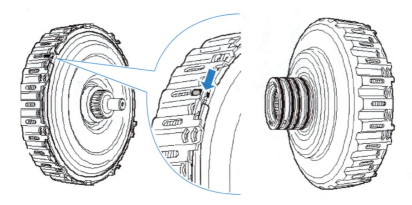

图 9-15 离合器上的标记

80. 测量和调整离合器有哪些重要步骤和要领?

(1) 第一次测量
❶将通用千分表支架拧到变速器法兰上。
❷将千分表按键放置在输入轴上。
❸用预紧力把千分表调到 0。
❹将离合器向上抬高至限位位置,然后记下测量结果。

(2) 第二次测量
❶将千分表按键放置在大的膜片支架的球形壳上,不得将按键放在卡环上。
❷再次用预紧力把千分表调到 0。
❸再次将离合器向上抬高至限位位置,然后再次记下该结果。
❹现在可以计算,剩余新卡环中的哪一个将被安装。计算公式:第二次测量结果减去第

一次测量结果加上 1.85mm 等于所要安装的卡环的厚度。
  a. 剩余的新卡环厚度相差均为 0.1mm 的倍数。
  b. 测量所有的卡环并找出最接近测量结果的卡环。
  c. 将厚度为 2mm 的卡环拆下并用测量过的卡环替换。
  d. 将所有剩余的 2mm 的卡环进行作废处理。
  e. 卡环原则上只能被安装一次。
❺ 安装泵轴。
❻ 安装合适的离合器盖，以致凸缘被标记盖住。
❼ 取出固定销，安装合适的封盖，在变速器安装之后，对直接换挡变速器控制单元 J743 进行基本检测。

81. 拆卸 DSG 变速器控制单元 J743 有哪些重要步骤和要领？

在变速器拆开的情况下不得有污物进入变速器内。特别是对于闲置的直接换挡变速器控制单元 J743 和（或）机油泵，污物的进入可能会导致变速器的故障。

（1）控制单元 J743 在变速器中的位置 见图 9-16。

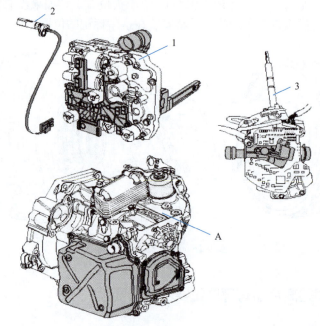

图 9-16 控制单元 J743

A—变速器总成；1—直接换挡变速箱控制单元 J743；2—变速器输入转速传感器 G182 和机油温度传感器 G509；3—选挡杆 E313

（2）拆卸控制单元 J743
❶ 选挡杆置于 P 位。
❷ 在关闭点火开关时，断开和连接蓄电池。
❸ 拆下隔音垫。
❹ 拆卸增压空气冷却器和增压空气管之间的连接软管。
❺ 将变速器盖的电缆夹拧下（2 个 M6 螺母）。

❻ 通过旋转将直接换挡变速器控制单元的插头锁止件解锁并拔下连接插头。

❼ 将变速器盖区域内的导线向上放置。

❽ 拧出摆动支承附近的螺栓。在该孔中有一个由塑料制成的溢流管（带有 8mm 内六角螺栓，拧紧力矩为 3N·m），其长度决定了变速器内的机油油位，拆下该油管。

❾ 用 3N·m 的力矩再次拧入溢流管。

❿ 以对角方式松开和旋出变速器盖的螺栓。

⓫ 取下变速器盖和密封件。

⓬ 拆卸机油泵盖。拆卸后将会接触控制单元。

这时一定要注意：在日常维修过程中如果接触到金属电器部件，可能会受到电击。其原因是人体上产生的静电，接触变速器控制单元时，静电可能会导致功能故障。所以，在接触变速器控制单元之前，请先接触接地物体，例如支撑车辆的举升机。

⓭ 用一把小螺丝刀小心松开带膜片式离合器的油温传感器 G509 和变速箱输入转速传感器 G182 的插头，同时用第二把螺丝刀将其小心地撬出。拔下插头，从固定凸耳中取出导线。

⓮ 以规定的顺序松开并旋出紧固螺栓 1～10。为了方便拆卸，在取出直接换挡变速器控制单元时获取活动空间，可以拆下摆动支承，接着将变速器稍微向后倾斜。

⓯ 从变速器壳体中拔出直接换挡变速器控制单元，直至背面的传感器臂不再处于变速器壳体内。

⓰ 小心地向下摇出直接换挡变速器控制单元 J743，并正确放置好（图 9-17）。

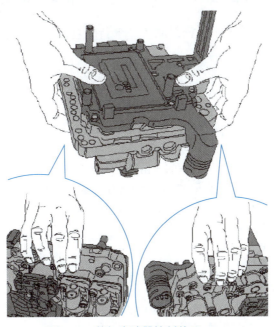

图 9-17　拆卸变速器控制单元 J743

82. 安装 DSG 变速器控制单元 J743 有哪些重要步骤和要领？

安装程序完毕后，更换直接换挡变速器的机油和滤清器；进行直接换挡变速器控制单元 J743 的基本检测。

❶ 要注意固定销在变速器壳体（图9-18中箭头a）中的正确位置和传感器臂在变速器壳体上的导向件（图9-18中箭头b）中的正确位置，不得夹住导线。

❷ 用手拧入新螺栓1~10（图9-18）。以规定的顺序用5N·m+90°（1/4圈）拧紧螺栓。

❸ 将导线A挂在上面的固定凸耳上，然后挂在下面的固定凸耳（箭头）中（图9-18）。

❹ 插入并卡紧插头。

❺ 如果重新安装"旧的"直接换挡变速器控制单元，那么应更换两个密封环（图9-19）。

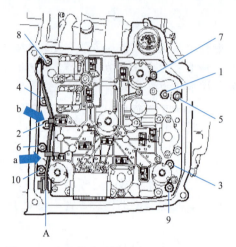

图9-18 安装变速器控制单元J743（一）

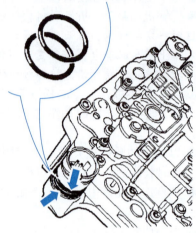

图9-19 安装变速器控制单元J743（二）

❻ 用直接换挡齿轮油浸润圆形密封圈（一个新的直接换挡变速器控制单元自然也已经包含了新的密封圈）。

❼ 清洁盖子的密封件和变速器上的密封面，注意密封件的正确位置。

❽ 在直接换挡变速器控制单元上放置盖子，同时不要夹住导线。

❾ 旋入新螺栓并以对角方式用10N·m的力矩分多次拧紧。

❿ 装上新的机油泵盖并将螺栓（图9-19中箭头）以对角方式用8N·m的力矩分多次拧紧。

⓫ 将电缆夹装在大的盖子上并用10N·m的力矩拧紧螺母。

⓬ 插上直接换挡变速器控制单元J743的插头并且通过转动来锁住锁止件。

⓭ 安装增压空气冷却器和增压空气管之间的连接软管。

⓮ 重新安装有可能被拆卸的汽车部件。

⓯ 连接蓄电池接地线。

83. 拆卸DSG变速器油泵有哪些重要步骤和要领？

可以尝试在无需拆卸变速器的情况下进行机油泵的更换。必须升起汽车并且拆卸前下部可能配有的全部盖板，不必分开控制臂与减振支柱的连接。

❶ 拆下左车轮罩内板的下部件。

❷ 拧出摆动支承附近的螺栓。

❸ 拆下溢流管，排放机油。

❹ 再次以3N·m的力矩用手拧入溢流管。

❺ 更换螺栓的密封件。

❻ 旋出螺栓，然后取下机油泵盖。
❼ 从固定销上拔出机油泵，并且拔出机油泵的传动轴。

84. 安装 DSG 变速器油泵有哪些重要步骤和要领？

❶ 将机油泵驱动轴推入变速器内直至限位位置，同时略微旋转传动轴。每次都应使用由金属制成的新密封件。
❷ 当机油泵安装在传动轴花键上时，应注意在固定销上的正确位置。
❸ 注意，3 个平头螺栓及最上面的埋头螺栓。
力矩：埋头螺栓为 8N·m（无转角）；平头螺栓为 8N·m+90°（1/4 圈）。
❹ 装上新的机油泵盖并以对角方式用 8 N·m 的力矩分多次拧紧新螺栓。
❺ 此时必须加注"新的"机油并调整正确的油位。更换直接换挡变速器的机油和滤清器。
❻ 安装左轮罩内板及其他相关部件。

85. 换挡冲击过大故障表现是什么？是什么原因导致的？如何检查和排除？

（1）故障表现 在起步时，由停车挡或空挡挂入倒挡或前进挡时，汽车振动较严重；行驶中，在自动变速器升挡的瞬间汽车有较明显的闯动。
（2）分析思路/可能的故障原因
❶ 发动机怠速过高。节气门拉索或节气门位置传感器调整不当，使主油路油压过高。
❷ 升挡过迟。真空式节气门阀的真空软管破裂或松脱。
❸ 主油路调压阀有故障，使主油路油压过高。
❹ 单向阀钢球漏装，换挡执行元件（离合器或制动器）接合过快。
❺ 换挡执行元件打滑；油压电磁阀不工作；电子控制单元故障。
（3）检查和排除
❶ 检查发动机怠速。
❷ 检查真空式节气门阀的真空软管。如有破裂，应更换；如有松脱，应重新连接。
❸ 路试，如果有升挡过迟的现象，则说明换挡冲击大的故障是升挡过迟所致。如果在升挡之前发动机转速异常升高，导致在升挡的瞬间有较大的换挡冲击，则说明离合器或制动器打滑。

86. 升挡过迟故障表现是什么？是什么原因导致的？

（1）故障表现 在汽车行驶中，升挡车速明显高，升挡前发动机转速偏高；必须采用松油门提前升挡的操作方法，才能使自动变速器升入高挡或超速挡。
（2）分析思路/可能的故障原因
❶ 节气门拉索或节气门位置传感器调整不当；节气门位置传感器损坏。
❷ 主油路油压或节气门油压太高。
❸ 强制降挡开关短路。
❹ 控制单元或传感器有故障。

87. 不能升挡故障表现是什么？是什么原因导致的？

（1）故障表现 汽车行驶中自动变速器始终保持在 1 挡，不能升入 2 挡和高速挡；行驶中自动变速器可以升入 2 挡，但不能升入 3 挡和超速挡。

（2）分析思路 / 可能的故障原因

❶ 节气门拉索或节气门位置传感器调整不当；节气门位置传感器损坏。

❷ 调速器有故障。

❸ 车速传感器有故障。

❹ 2 挡制动器或高挡离合器有故障。

❺ 换挡阀卡滞。

❻ 挡位开关有故障。

（3）检查和排除

❶ 对于电子控制自动变速器，应先进行故障自诊断。影响换挡控制的传感器有节气门位置传感器、车速传感器等。按所显示的故障码查找故障原因。

❷ 检查挡位开关的信号。如有异常，应予以调整或更换。

88. 无超速挡故障表现是什么？是什么原因导致的？如何检查和排除？

（1）故障表现　在汽车行驶中，车速已升高至超速挡工作范围，但自动变速器不能从 3 挡换入超速挡；在车速已达到超速挡工作范围后，采用提前升挡（即松开油门踏板几秒后再踩下）的方法也不能使自动变速器升入超速挡。

（2）分析思路 / 可能的故障原因

❶ 超速挡开关或其他超速电子控制元件有故障。

❷ 超速行星排上的直接离合器或直接单向超越离合器卡死。

❸ 超速制动器打滑。

❹ 挡位开关有故障。

❺ 液压油温度传感器有故障。

❻ 节气门位置传感器有故障。

❼ 换挡阀卡滞。

（3）检查和排除

❶ 检查液压油温度传感器在不同温度下的电阻值，并与标准值进行比较。如有异常，应更换液压油温度传感器。

❷ 检查挡位开关和节气门位置传感器的信号。挡位开关的信号应和操纵手柄的位置相符。节气门位置传感器的电阻或输出电压应能随节气门的开大而上升，并与标准相符。如有异常，应予以调整。若调整无效，应更换挡位开关或节气位置传感器。

❸ 检查自动变速器的升挡情况。如果不能正常升挡，可能为超速制动器打滑，不能实现超速挡。如果能升入超速挡，但升挡后车速不能提高，发动机转速下降，说明超速行星排中的直接离合器或直接单向超越离合器卡死，使超速行星排在超速挡状态下出现运动干涉，加大了发动机运转阻力。如果在无负荷状态下仍不能升入超速挡，则检查控制系统故障。

89. 无前进挡故障表现是什么？是什么原因导致的？如何检查和排除？

（1）故障表现　汽车挂前进挡时不能行驶；操纵手柄在 D 位时不能起步，在 S 位、L 位（或 2 挡、1 挡）时可以起步。

（2）分析思路 / 可能的故障原因

❶ 前进离合器严重打滑。

❷ 前进单向超越离合器打滑或装反。
❸ 前进离合器油路严重泄漏。
❹ 操纵手柄调整不当。
（3）检查和排除
❶ 检查操纵手柄（挡位操纵机构）的调整情况。如果异常，应按规定程序重新调整。
❷ 测量前进挡主油路油压。若油压过低，说明主油路严重泄漏，应拆检自动变速器，更换前进挡油路上各处的密封圈和密封环。
❸ 若前进挡的主油路油压正常，应拆检前进离合器。如摩擦片表面粉末冶金有烧焦或磨损过甚，则更换摩擦片。

90. 无倒挡故障表现是什么？是什么原因导致的？如何检查和排除？

（1）故障表现　汽车挂前进挡能正常行驶，但在倒挡时不能行驶。
（2）分析思路/可能的故障原因
❶ 操纵手柄调整不当。
❷ 倒挡油路泄漏。
❸ 倒挡及高挡离合器或低挡及倒挡制动器打滑。
（3）检查和排除
❶ 检查操纵手柄的位置。如有异常，应按规定程序重新调整。
❷ 检查倒挡油路油压。若油压过低，则说明倒挡油路泄漏，应拆检自动变速器。
❸ 若倒挡油路油压正常，应拆检自动变速器，更换损坏的离合器片或制动器片。

91. 跳挡故障表现是什么？是什么原因导致的？如何检查和排除？

（1）故障表现　汽车挂前进挡行驶时，即使油门踏板保持不动，自动变速器仍会经常出现突然降挡现象；降挡后发动机转速异常升高，并产生换挡冲击。
（2）分析思路/可能的故障原因
❶ 节气门位置传感器有故障。
❷ 车速传感器有故障。
❸ 控制系统电路接地不良。
❹ 换挡电磁阀接触不良。
❺ 控制单元故障。
（3）检查和排除
❶ 对于电子控制自动变速器，应先进行故障自诊断。如有故障码出现，按所显示的故障码查找故障原因。
❷ 测量节气门位置传感器。如有异常，应更换。
❸ 测量车速传感器。如有异常，应更换。
❹ 阀板或控制单元故障。
❺ 检修控制系统相关线束。

92. 挂挡后发动机怠速易熄火是什么原因？

（1）故障表现　发动机怠速运转时将操纵手柄由 P 位或 N 位换入 R 位、D 位、S 位、L 位（或 2 位、1 位），发动机熄火；在前进挡或倒挡行驶中，踩下制动踏板停车时发动机熄火。

（2）分析思路 / 可能的故障原因

❶ 发动机怠速过低。

❷ 阀板中的锁止控制阀卡滞。

❸ 挡位开关有故障。

❹ 输入轴转速传感器有故障。

93. 无发动机制动是什么原因导致的？

（1）故障表现　在行驶中，当操纵手柄位于前进低挡（S、L 或 2、1）位置时，松开油门踏板，发动机转速降至怠速，但汽车没有明显减速；下坡时，操纵手柄位于前进低挡，但不能产生发动机制动作用。

（2）分析思路 / 可能的故障原因

❶ 挡位开关调整不当。

❷ 操纵手柄调整不当。

❸ 2 挡强制制动器打滑或低挡及倒挡制动器打滑。

❹ 控制发动机制动的电磁阀有故障，阀板有故障。

❺ 自动变速器打滑。

❻ 控制单元故障。

94. 不能强制降挡是什么原因？

（1）故障表现　当车辆以 3 挡或超速挡行驶时，突然将油门踏板踩到底，自动变速器不能立即降低一个挡位，致使汽车加速无力。

（2）分析思路 / 可能的故障原因

❶ 节气门拉索或节气门位置传感器调整不当。

❷ 强制降挡开关损坏或安装不当。

❸ 强制降挡电磁阀损坏或线路短路、断路。

❹ 阀板中的强制降挡控制阀卡滞。

95. 无锁止故障什么原因？

（1）故障表现　汽车行驶中，车速、挡位已满足锁止离合器起作用的条件，但锁止离合器仍没有产生锁止作用；汽车油耗升高比较明显。

（2）分析思路 / 可能的故障原因

❶ 液压油温度传感器有故障。

❷ 节气门故障。

❸ 锁止电磁阀有故障或线路短路、断路。

❹ 锁止控制阀有故障。

❺ 变矩器中的锁止离合器损坏。

（3）检查和排除

❶ 对于电子控制自动变速器，应先进行故障自诊断，检查与锁止控制有关的部件包括液压油温度传感器、节气门位置传感器、锁止电磁阀等。

❷ 如果控制系统无故障，则应更换变矩器。

96. 01M 自动变速器换挡电磁阀的作用是什么？变速器怎么进入应急状态？

❶ 电磁阀 N88、N89、N90、N92、N94 是开关阀，作用是打开或关闭某一油道；其中 N88、N89、N90 是换挡电磁阀，受控于控制单元，然后再控制液压开关阀而换入某个挡位；N92、N94 是换挡平顺阀，作用是保证换挡过程平顺。

电磁阀 N91、93 是油压调节阀，作用是调节油液的压力。N91 是锁止离合器油压调节阀，控制单元通过 N91 来调节锁止离合器的压力大小；N93 是离合器和制动器油压调节阀，控制单元通过 N93 来调节离合器和制动器油压大小。

❷ 电磁阀中任何一个出现故障，控制单元没有替代功能，但是变速器在机械设计上具有"回家功能"，当控制单元不工作、拔开电磁阀插头或多功能（挡位）开关插头、元件故障等，均进入应急运行，即变速杆置于"D、3、2"位置，无论起步、行驶均为 3 挡；变速杆置于"1"位置，以 1 挡行驶；变速杆置于"R"位置，以倒挡行驶。

97. 怎么检查和排除 01M 自动变速器换挡电磁阀故障？

（1）故障概述　某宝来轿车，配置 01M 4 速自动变速器，该车最高时速不能超 100km/h，行驶中无升挡和降挡。

（2）检查与排除　首先读取故障码。连接故障诊断仪，进入自动变速器控制单元查询故障码，储存有一个故障码。宝来轿车自动变速器控制单元 J217 的管理策略是，如果发生可造成自动变速器控制单元无法识别换挡时刻的传感器信号丢失或换挡电磁阀存储故障码时，自动变速器进入应急状态，将变速器固定在 3 挡行驶。

对连接各电磁阀的排线进行测量，拆下电磁阀，按照电路图将欧姆表红笔分别触 T10 各针脚，黑笔分别触各电磁阀插座相应插孔进行测量。对电磁阀排线做导通性检测，发现插接器到 N89 间导线断路。摇动导线时，产生时通时断现象。

自动变速器进入 3 挡应急运行，确定故障原因是电磁阀 N89 的正极与控制单元之间导线断路。阀体上的 7 个电磁阀与箱体插头采用印制电路（软塑料片上压入铜箔），由于振动、腐蚀、老化、过电流等原因，印制电路的铜箔会出现断裂。

更换自动变速器电磁阀排线总成，进行路试，清除故障码，行车正常，故障排除。

98. 怎么检查和排除 01M 自动变速器变扭器锁止离合器控制故障？

（1）故障表现　车辆在静止时，踩刹车踏板挂动力挡，发动机有时熄火，或挂动力挡发动机抖动严重，同时还表现出换挡冲击、自动变速器温度高、低速快停车时感觉车前行力量大、踩制动踏板车停不住、刹车制动力差等。

（2）故障分析和排除　更换 TCC 控制阀（阀体修理包）解决该问题。这一般都是由于 ATF 过脏或操作时部件清洗不够干净，液压控制阀体里的 TCC 锁止控制阀出现卡滞现象导致的，这是大众系列 AG401 系列自动变速器最常见的问题之一。主要原因是 TCC 锁止增压阀阀套是铝制的，特别容易磨损，磨损后会造成增压阀运动干涉或出现卡滞现象，从而出现踩刹车踏板时挂动力挡发动机熄火或挂动力挡发动机抖动的现象。

99. 怎么检查和排除 01M 自动变速器 2 挡升 3 挡打滑故障？

（1）如果是单纯打滑问题，比较容易解决，无非在于系统提供低油压、2 挡升 3 挡元件交替转换时出现了时间差（B2 制动器释放压力，K3 离合器建立压力）、K3 离合器本身问题以及摩擦材料的质量问题等。

（2）单纯打滑问题看似简单，但实际上它综合了自动变速器的电子控制问题、液压控制问题和机械传动控制问题。

　　❶ 电子控制问题。输入信息比较重要，执行器也比较重要，这是因为电脑只有接收到准确的输入信息才能计算出合适的工作压力，调节出的工作压力正常与否又取决于执行器主油压调节电磁阀的工作性能。

　　如果输入信息无误、控制单元本身没有问题，执行器工作性能变差也会导致出现低油压，形成打滑现象。

　　❷ 液压控制问题。如果负责换挡控制的电磁阀 N89 和 N90 在 2 挡升 3 挡时，阀芯动作迟缓，会使 B2 换挡阀、B2 协调阀和 K3 换挡阀动作不协调，从而出现 2 挡升 3 挡打滑。

　　❸ 机械传动控制。2 挡升 3 挡主要靠 K3 离合器工作来完成，因此如果 K3 离合器本身存在问题也会造成变速器在执行 2 挡换 3 挡时出现打滑现象。在宝来轿车 01M 变速器 2 挡升 3 挡打滑故障中，故障经常出在液压和机械方面。只有个别问题出在控制单元、主油压调节电磁阀和节气门位置传感器等。

100. 怎么检查和排除 01M 自动变速器 2 挡升 3 挡冲击故障？

　　2 挡升 3 挡冲击是个比较复杂的故障，分析这样的问题一定要综合、全面，然后逐一排查。01M 自动变速器控制单元具有自适应学习功能，因此在大修或者更换电子元件时必须长时间试车。2 挡升 3 挡冲击的问题同样要多运行一段时间来完成自适应学习功能。

　　（1）控制信息故障　当节气门位置传感器 TPS 或空气流量传感器 MAF 提供给控制单元错误信息时，例如节气门体过脏或空气流量传感器故障等，控制单元便调节出错误压力，特别是由低速挡转换直接挡时（2 挡升 3 挡）便出现打滑或冲击的问题。所以有时候更换一个空气流量传感器或者将节气门体清洗并匹配一下，或许问题解决了。

　　（2）液压控制系统　如果液压控制系统提供换挡油压过高（主油压调节电磁阀），影响换挡品质的 N92（其所控制的平顺阀）和 N94 电磁阀不能在 2 挡升 3 挡的换挡点上瞬间延缓油压建立的速度而实现减扭控制，或者 B2 和 K3 协调阀工作不稳定等，都会导致变速器在执行 2 挡升 3 挡时出现冲击感。

　　（3）维修工艺　在大修自动变速器时，由于 1～3 挡离合器 K1 和 3 挡 /4 挡离合器 K3 之间为花键紧配合连接，因此在分解时如果没有利用专用工具分解很容易导致 K1 或 K3 变形，因此如果 K3 变形，也会导致自动变速器在 2 挡升 3 挡时出现冲击现象。

101. 怎么检查和排除 01M 自动变速器超速挡打滑故障？

　　（1）故障表现　某帕萨特 B4 轿车配置 01M 自动变速器，在正常高速行驶时，出现发动机空转现象，3 挡升 4 挡打滑严重。

　　（2）检查与分析

　　❶ 执行故障诊断仪检测，发现只有故障码 01192，其含义是变矩器机械故障，同时进行动态数据流测试。清除故障码再次进行路试，结果故障码 01192 再次重现。

　　❷ 设置故障码 01192 的条件当变矩器锁止离合器滑差转速超出 ECU 内部设置的极限值。

　　根据变矩器锁止离合器的工作过程，车辆出现故障码 01192 时，不能单一去考虑变矩器锁止控制问题。

　　❸ 3 挡升 4 挡打滑应该是 4 挡执行元件工作不正常，或者是电控系统指令错误以及液压控制系统、换挡电磁阀、控制油路存在泄漏现象。超速挡执行元件为 K3（3 挡 /4 挡离合器）

和 B2（2 挡/4 挡制动器）。换挡电磁阀 N90 控制 K3 离合器，N89 控制 B2 制动器，B2 制动器为 2 挡与 4 挡公用元件，而变速器在执行 1 挡升 2 挡时没有打滑现象，应该说明 B2 制动器不会有问题，那么极有可能就是 K3 离合器本身或控制系统有问题，由于 K3 离合器是 3 挡与 4 挡共用元件，3 挡升 4 挡打滑严重，而 2 挡升 3 挡轻微打滑的原因是因为 3 挡为直接挡 K1（1 挡/3 挡离合器）离合器和 K3 离合器同时工作，而 4 挡为超速挡，K3 离合器这时必须作为主动元件出现。

（3）故障排除　分解变速器，发现 K3 离合器的确烧损严重，烧损 K3 离合器的原因应该在于液压控制阀体的供油压力上。清洗变矩器，更换 K3 总成，清洗液压控制阀体，并更换换挡电磁阀 N90 及所有密封元件，故障排除。

102. 怎么检查和排除 01M 自动变速器没有超速挡故障？

（1）故障表现　某帕萨特轿车，搭载 01N 型 4 速电控自动变速器，有时候没有超速挡。当节气门开度比较大时，3 挡无法换入超速挡，但 1 挡升 2 挡和 2 挡升 3 挡正常；在正常行驶情况下，当变速器进入超速挡后，这时突然深踩加速踏板，变速器降至 3 挡（强迫降挡开关接通），然后再平稳运行变速器就无法换入超速挡。该车为事故车，被撞伤过变速器，之前更换过阀体总成。

（2）检查与分析　执行故障诊断仪检测和数据流分析，发现只有故障码 00652，含义为挡位开关监控信号异常。

该变速器的机械或者电控均存在问题，因为只有在各输入信号都正常的情况下，ECU 才能对电磁阀发出相应的各挡换挡指令信号。如果换挡指令信号正常，而变速器运行异常，说明问题存在机械方面。几次路试发现故障码 00652 只有在 D 位才会出现，而在其他挡位均不会出现。

排除变速器车速传感器及其线路故障，由于阀体总成刚更换过不长时间，所以暂时不考虑阀体问题。

离合器和制动器可以通过变速器在没有装阀体的前提下，对其进行空气压力试验来确定它们的密封性能。

4 挡运行时总出现打滑现象，问题很可能是由于机械原因引起的。

（3）故障排除　解体变速器进行彻底检查。拆卸阀体总成时，发现维修工不是将手动阀操纵杆脱开，而是将一般情况下不用拆的手动阀操纵杆固定螺栓拆下来。由于手动阀装配位置不正确，造成变速器 4 挡执行元件的工作油压偏低，而引起 4 挡工作不正常的现象，最终致使 K3 离合器片烧损。更换 K3 离合器组件，重新调整手动阀位置，故障彻底排除。

在维修大众系列变速器时最好不要拆手动阀连动杆螺栓，在拆卸阀体时慢慢地将手动阀连动杆脱开即可。如果拆手动阀连动杆螺栓，应按规定调整好其位置。01N 自动变速器手动阀位置调整如图 9-20 所示。

图 9-20　01N 自动变速器手动阀位置调整

103. 什么情况下自动变速器执行升降挡位？

当汽车需要加速度的时候，变速器必须执行换高挡，这时变速器 ECU 会根据车速的加快以及节气门开度的变化指令换挡电磁阀执行高挡状态。通常变速器的降挡是在汽车滑行时由于地面阻力而车速下降时实现的，或者是通过施加制动使车速下降实现的，还有就是当汽车行驶阻力特别大，发动机动力不足时（爬坡）变速器会降低一个挡位。

因此，任何一款正常的变速器无论是 ECU 控制换挡，还是全液压控制换挡，它的升降挡曲线都不会重叠。

104. 怎么检查 01M 自动变速器升降挡重叠故障？

（1）故障表现　某帕萨特 B4 轿车，配置 AG401M 自动变速器，大修后出现 3 挡升 4 挡和 4 挡降 3 挡点重叠现象，也就是说在 60km/h 时变速器从 3 挡换入 4 挡，同时在 4 挡降至 3 挡也是 60km/h 的车速。

（2）检查与分析　该变速器 3-4 挡和 4-3 挡的油路转换主要是靠 ECU 通过接收两个主要信号实现的，即反映发动机负荷的节气门开度信号和反映实际车速的变速器输出转速信号。ECU 通过数据分析、计算以及和内部换挡程序对比，最终指令换挡电磁阀工作，换挡电磁阀通断工作就会改变 3-4 挡和 4-3 挡的油路转换，这样就实现了 3-4 挡的切换。

就该变速器故障现象，首先要考虑 TPS 信号和 VSS 信号。可以通过读取数据流的方式来进行故障检测，看 TPS 是否在 0.4～4.5V 范围变化以及 VSS 的电压信号变化。

105. 怎么检查帕萨特 01M 自动变速器挡位不正确故障？

（1）故障表现　某帕萨特轿车装配 01M 自动变速器，挂手动 2 挡却出现 3 挡的车速。该车在手动 2 挡上只要稍微加速，车速就能超过 90km/h。

（2）检查与分析　正常情况下变速器在手动 2 挡时最高车速不会超过 80km/h，大众系列变速器挂手动 2 挡却出现 3 挡的车速说明变速器控制单元进入失效保护模式。变速器在进入失效保护模式后，电控系统退出控制，除手动 1 挡和倒挡正常外，"D" 位和其他手动挡均为所有换挡电磁阀都不工作的挡。如奔驰系列为 2 挡，大众系列为 3 挡。即大众系列变速器控制单元进入失效保护模式后，手动 2 挡和 "D" 位上只有 1 个 3 挡，所以挂手动 2 挡出现 3 挡的车速。

（3）故障排除　检修时应围绕电控部分进行检查。因为该变速器之前进行过大修，经检查发现控制阀上电磁阀印制导线的压板装反，导致换挡电磁阀端子出现接触不良。重新安装印制导线的压板后，变速器挡位恢复正常，故障排除。

106. 怎么检查途胜不能自动换挡故障？

（1）故障表现　某现代途胜越野车使用的是和三菱帕杰罗越野车一样的 V4A51 自动变速器（辛普森式）。新车就发现在 "D" 位只有 1 个挡，无法换挡。

（2）故障分析　新车变速器进入失效保护后，在 "D" 位只有 1 个挡，无法换挡，通常应是电气方面故障，调取故障码，含义为输入轴转速传感器信号丢失。汽车行驶中变速器控制单元根据输入轴转速传感器和车速传感器信号，再参照挡位信号和其他传感器信号，监测变速器内离合器和制动器是否打滑，如发生打滑就会进入失效保护，留下故障码，含义为某挡位传动比不对。

分解变速器，发现输入轴转速传感器的转子安装在前进挡离合器鼓上，轴向位移量为 1.3mm，允许位移量为 0.70～1.20mm，分解其他同类自动变速器，离合器鼓轴向位移量都在 0.70mm 之内，因气隙过大，导致霍尔式输入轴转速传感器信号丢失。

（3）故障排除　更换一个新的离合器鼓，轴向位移量为 0.70mm，消除故障码后重新试车，"D"位上换挡恢复正常，故障排除。

107. 怎么检查和排除突然没有倒挡？

（1）故障表现　某凯迪拉克轿车使用 5L40E 自动变速器，突然没有倒挡，随后前进挡 1 挡升 2 挡时又出现换挡冲击。

（2）检查与分析　经检查发现该变速器由于真空调节器膜片破裂，导致自动变速器油被发动机进气管吸入，并进入燃烧室燃烧，使油液液面过低，造成油泵油压过低。虽然基本可保证前进挡的主油压，但却无法保证倒挡油压的需要，使倒挡油压过低，所以前进挡基本正常，没有倒挡。

油液液面过低造成油泵油压和主油压过低，而润滑油压是由主油压派生出来的，所以又导致润滑油压过低，使行星齿轮机构因润滑不良而磨损。而行星齿轮机构磨损掉下来的金属削又造成控制阀内 1-2 挡换挡阀卡滞，导致 1 挡升 2 挡时有换挡冲击。

（3）故障排除　更换 1-2 挡换挡阀，清洗变速器，更换新的行星齿轮机构，故障排除。

108. 变速器油温高会导致什么故障？

（1）故障表现　某宝马 740 轿车自动变速器油温上升很快，正常自动变速器油温应低于 100℃，但该车在路上行驶时间不长油温就超过 130℃。用手摸变速器散热器十分烫手，说明因变速器油温过高，自动变速器控制单元进入失效保护模式，退出了最高的 5 挡和变矩器锁止工况。

（2）检查和排除　检查发现散热器冷却水管堵塞、气胀，拆下变速器散热器冷却水管，水管口已经被白色沉淀物堵塞。彻底清洗发动机和变速器的冷却系统，更换新的冷却液后重新试车，变速器油温恢复正常，变速器也能正常升入 5 挡，故障排除。

109. 自动变速器内印制导线损坏会导致什么故障？

执行故障诊断仪检测，读取数据流，显示变速器油温达到 150℃，用万用表在变速器壳上的油温传感器端子针头上检查电阻值，如果变速器油温上升时传感器电阻值保持不动，则说明印制导线故障，需要更换印制导线。

❶ 拆卸大众变速器控制阀上的电磁阀和油温传感器的印制导线时必须使用专用工具，而且必须严格按照厂家规定只能往上撬动，否则很容易损坏。

❷ 印制导线出问题最常见的是变速器油温传感器的导线短路，短路后即使刚打开点火开关，读取数据流时也会显示变速器油温特别高，超过正常 100℃以上。

❸ 当变速器控制单元收到变速器油温过高的信号时，会进入失效保护模式，变速器 1 挡升 2 挡时间严重滞后，发动机转速达到 4000r/min 时才升入 2 挡，由于升挡点严重滞后，所以在升挡瞬间有明显的换挡冲击。

有些自动变速器油温超过 150℃时变矩器无法进入锁止工况，就没有超速挡。大众变速器除这些外还会自动降一个挡。

110. 怎样排除自动变速器内印制导线损坏会导致的故障？

（1）故障表现　某别克轿车使用 4T60E 自动变速器，突然发现没有倒挡，变速器油没有达到液面高度。

（2）检查与排除　认真路试，发现自动变速器不仅没有倒挡，而且低速加速不良。这是因变速器油液液面进一步降低后，使油泵油压低于前进挡正常时的主油压，除了没有倒挡外，还会出现汽车低速加速不良。不仅会造成负责低速挡的离合器和制动器烧蚀，而且还会造成由主油压派生出来的润滑油压过低，最终导致行星齿轮机构烧蚀。

检测主油压，如倒挡或怠速时主油压过低，发动机转速为2000r/min或失速时主油压正常，说明油泵早期磨损，应更换油泵。

111. 为什么换挡手柄不能从"P"位移出？

驾驶员离开车时必须挂"P"位，否则无法拔下钥匙。而重新起步时须打开点火开关，先踩下制动踏板，然后换挡手柄才能从"P"位移出。

换挡手柄下端有一个锁止电磁阀，该电磁阀由控制单元根据制动灯开关的信号进行控制。制动灯开关、制动灯开关继电器和换挡手柄锁止电磁阀中有一项发生故障，就会导致换挡手柄不能从"P"位移出。

112. 怎么检修和排除1挡到4挡时加速不良？

（1）故障表现　某凯美瑞轿车配置5速自动变速器，行驶中1挡到4挡时加速不良，上坡时尤其明显。

（2）检查与排除　凯美瑞的轿车U250变速器超速挡行星排中的超速挡制动器为过渡挡。在复合行星排分别输出1挡、2挡、3挡、4挡和倒挡时超速挡制动器负责将超速挡行星排以直接挡形式输出，以保证动力的传递。而超速挡单向离合器只是在1挡、2挡、3挡、4挡时辅助超速挡制动器工作，辛普森式变速器超速挡单向离合器打滑后不会造成缺挡，但会造成所负责的挡动力传递不足。

检查变速器油，正常，基本可以确定变速器内没有出现制动器和离合器打滑。

单向离合器打滑后变速器不会造成缺挡，在急加速、大负荷时会感觉动力不足。故障原因可以判定为超速挡单向离合器打滑。

113. 怎么检修和排除升挡不顺畅故障？

（1）故障表现　某帕萨特B5 1.8L轿车，配用大众公司生产的型号为AG4 01N 4速电子控制自动变速器，升挡不顺畅，有轻微冲击感。D位升挡时出现时有时无的冲击现象，全部升挡后一切正常。之前，变速器因烧摩擦片而进行过大修。

（2）检查与分析　试车时发现在节气门开度小的情况下，经济模式行驶时故障现象时有时无，但在深踩加速踏板，动力模式情况下，故障现象明显且经常出现，无故障码。

在01M自动变速器中，2挡执行元件是N88电磁阀断电控制K1机械阀，使1-3挡离合器K1进油，N89电磁阀通电控制B2机械阀，使2-4挡制动器B2进油；3挡执行元件是N88电磁阀断电即1-3挡离合器K1继续进油，N90电磁阀断电控制K3机械阀，使3-4挡离合器K3进油。

2-3挡切换的元件是N89、N90两个电磁阀，机械阀K1和K3动作后改变油路上的切换，即用油元件的切换就是B2与K3之间的切换。

（3）故障排除　在保证变速器内部机械元件没有问题的前提下，重点还应检查电磁阀和阀体。01M阀体不容易出现问题，但电磁阀却很容易出现问题。在7个电磁阀中，N91、N93两个线性电磁阀以及5个开关电磁阀中有2个是新的，另外3个是原车使用时间很长的，大修时候没有更换。这次更换电磁阀，路试，升降挡一切顺畅，故障排除。

114. 自动变速器无法挂挡是什么原因？

（1）故障信息　踩下制动踏板，无法挂挡，必须按压手动解锁才能挂挡。

（2）分析原因　很多车型具有换挡锁止和钥匙互锁功能，点火钥匙打开，踩下制动踏板，第一步可以先看一下制动灯是否亮起，如果亮起，说明制动信号供电基本正常。第二步检查挂挡杆不在 P 挡位置时，点火钥匙能否拔出，如果不能，说明换挡控制 ECU 供电、搭铁均正常，由此即可确定故障点，不是换挡锁止电磁阀出了问题，就是换挡锁止控制 ECU 出了问题。

115. 怎么诊断离合器压力控制电磁阀故障？

（1）故障码描述　压力控制电磁阀故障见表 9-2。

表 9-2　压力控制电磁阀故障

故障码（DTC）	故障码描述 / 说明
P0741	自动变速器离合器（TCC）系统卡在分离位置
P0742	自动变速器离合器（TCC）系统卡在接合位置

（2）诊断说明　自动变速器离合器（TCC）压力控制电磁阀是控制电磁阀总成的一部分，没有可维修零件。TCC 压力控制电磁阀是一个常低压力控制电磁阀。变矩器离合器（TCC）压力控制电磁阀调节流至下阀体内的变矩器离合器调节阀和油泵总成中的变速器油压力。当车辆工作条件满足接合变矩器离合器的条件后，变速器控制单元（TCM）将增加 TCC 压力控制电磁阀电流，从而提高压力，以便将 TCC 控制阀移动到接合位置。待变 TCC 完全接合后，发动机与变速器直接联动。TCM 通过降低电流松开 TCC。接合压力的降低使 TCC 控制阀移至解锁位置。TCM 根据来自输入轴转速传感器（ISS）的转速信号以及由发动机控制单元（ECM）提供的发动机转速来计算变矩器转差速度。

（3）故障码识别条件

❶ 故障码 P0741。

自动变速器离合器压力指令为 500kPa 或更高并持续 2s。

自动变速器控制单元检测到变矩器离合器滑差为 130r/min 或更高并持续 5s。

上述情况必须发生 2 次。

❷ 故障码 P0742。

当指令自动变速器离合器分离时，变速器控制单元检测到变矩器离合器滑差在 -50 ～ +30r/min 之间并持续 1s 或更长时间。

上述情况必须发生 8 次。

（4）自动变速器控制单元诊断出故障码时采取自诊断操作

❶ 故障码 P0741。

a. 变速器控制单元禁止挂 6 挡（6 挡自动变速器）。

b. 变速器控制单元开始"热模式"换挡模式。

c. 变速器控制单元指令变矩器离合器"分离"。

❷ 故障码 P0742。

a. 变速器控制单元开始"热模式"换挡模式。

b. 变速器控制单元冻结变速器自适应功能。
c. 变速器控制单元指令变矩器离合器接合。
d. 变速器控制单元禁用空挡怠速。

（5）故障原因

❶ 控制电磁阀总成故障。
❷ 自动变速器变矩器离合器压力控制阀卡在断开位置或泄漏。
❸ 自动变速器变矩器离合器压力控制阀卡在接通位置。
❹ 阀体过滤板总成开裂或衬垫密封件损坏，造成控制信号供油泄漏。

116. 怎么诊断换挡电磁阀故障？

（1）故障码描述　如果定位阀卡在供压位置，说明存在某个故障（表9-3）。在发动机启动时进行一次识别，此外必须满足总线端条件，且驻车锁止传感器或传感器供电不得存在电气故障。发动机转速必须能在CAN上无故障地接收到。

表 9-3　换挡电磁阀故障

故障码（DTC）	故障码描述/说明
P0751	换挡电磁阀1性能，卡在断开位置
P0752	换挡电磁阀1性能，卡在接通位置

（2）诊断说明　换挡电磁阀1是控制电磁阀总成的一部分，没有可维修部件。变速器控制模块（TCM）通过打开或关闭低电平侧驱动器来操作该电磁阀。换挡电磁阀1被指令断开时，柱塞促使测量球抵住执行器进油量限制座，从而阻挡油液流动并通过排气口排出现有压力。换挡电磁阀1被指令接通时，内部柱塞移动，使测量阀脱离执行器进油量限制座，进而抵住排气座，产生信号油压。信号油压作用于离合器选择阀2来克服阀弹簧力，使其移动至接合位置。根据离合器选择阀2的位置，R1/4-5-6挡调节阀的油压通过离合器选择阀2，流向低速挡和倒挡离合器或4-5-6挡离合器。

（3）故障码识别条件

❶ 故障码P0751。
a. 指令挡位为1挡。
b. 变速器控制模块检测到传动比为1.37～1.52。
c. 变速器挡位打滑速度等于或高于400r/min并持续2s。
上述情况必须发生8次。

❷ 故障码P0752。
a. 指令挡位是3挡。
b. 变速器已换至1挡或2挡。
c. 挡位打滑速度等于或高于400r/min并持续1.5s。
d. 如果存在上述情况，且检测到4.35～4.81的传动比并持续1.5s，则变速器控制模块指令4挡。
上述情况必须发生5次。

（4）自动变速器控制单元诊断出故障码时采取自诊断操作

❶ 故障码P0751。

a. 变速器控制模块禁止挂 1 挡。
b. 变速器控制模块禁用空挡怠速。
❷ 故障码 P0752。
a. 变速器控制模块将变速器限制为 2 挡和倒挡。
b. 变速器控制模块禁用触动式加挡/减挡功能。
c. 变速器控制模块禁用前进挡手动换挡。
d. 变速器控制模块停用空挡怠速。
e. 变速器控制模块冻结适应功能。
f. 变速器控制模块指令管路压力达到最大值。
g. 如果变速器置于前进挡且输出轴转速小于 1350r/min，则变速器控制模块指令 2 挡，或如果输出轴转速大于或等于 1350r/min，则指令空挡。

（5）可能的故障原因
❶ 机械电子控制系统损坏。
❷ 离合器选择阀孔塞较小。
❸ 单向球阀丢失、损坏或变形。
❹ 定位损坏或单向球阀泄漏。
❺ 离合器选择阀卡住（碎屑、沉淀物、黏结或孔划伤）。
❻ 低速挡和倒挡以及 4-5-6 挡离合器调节阀因碎屑、沉淀物、黏结或划伤孔而卡滞或卡住。
❼ 油道或节流孔被碎屑阻塞。
❽ 输出行星齿轮架小齿轮销过高或过低。
❾ 由于换挡电磁阀 1 卡在断开位置或泄漏而未加压。
❿ 由于换挡电磁阀 1 卡在接通位置而未释放压力。
⓫ 阀体过滤板总成开裂、阻塞或衬垫密封件损坏，造成控制信号供油泄漏。

117. 怎么诊断加减挡开关电路故障？

（1）故障码描述　见表 9-4。

表 9-4　加减挡开关电路故障

故障码（DTC）	故障码描述 / 说明
P0815	加挡开关电路故障
P0816	减挡开关电路故障
P0826	加挡和减挡开关电路故障

（2）诊断说明　换挡杆被移至行驶挡左侧时，变速器将进入运动模式。换挡杆在此位置时，如果向前或向后推换挡杆，变速器将进入手动模式。这允许操作者通过向前推换挡杆进行升挡，向后推换挡杆进行降挡。车身控制模块（BCM）向换挡控制器提供点火电路和信号电路。换挡控制器具有连接至电阻器列阵的霍尔效应开关。当换挡杆被置于行驶挡左侧时，电阻网络中产生电压降。向前或向后推换挡杆时，电阻网络中会产生相应的电压降。电压降由 BCM 监控。BCM 将该请求发送给自动变速器控制单元，以加挡或减挡。如果发动机受到超速影响，则发动机控制模块不允许减挡。

（3）故障码识别条件

❶ 故障码 P0815。

a. 换挡杆置于驻车挡（P）或空挡（N）时，自动变速器控制单元检测到加挡请求持续 1s。

b. 换挡杆置于前进挡位时，自动变速器控制单元检测到加挡请求持续 10min。

❷ 故障码 P0816。

a. 换挡杆置于驻车挡（P）或空挡（N）时，自动变速器控制单元检测到减挡请求持续 1s。

b. 换挡杆置于前进挡位时，自动变速器控制单元检测到减挡请求持续 10min。

❸ 故障码 P0826。自动变速器控制单元检测到触动式加挡/减挡信号电路上的无效电压持续 1min。

（4）自动变速器控制单元诊断出故障码时采取自诊断操作　自动变速器控制单元禁用触动式加挡/减挡功能。

（5）故障原因　主要的故障原因可能是变速器换挡杆和车身控制单元的问题。

具体电路检测如下。

❶ 将点火开关置于"OFF"（关闭）位置，断开变速器换挡杆处的线束连接器。

❷ 测试车辆线束连接器搭铁电路端子 2 和搭铁之间的电阻是否小于 10Ω。

如果等于或大于 10Ω，则测试搭铁电路端到端的电阻是否小于 2Ω。

如果为 2Ω 或更大，则被检修电路中的开路电阻过大。如果小于 2Ω，则被检修搭铁连接中的开路电阻过大。

如果小于 10Ω，则执行下一步。

❸ 将点火开关置于"ON"（打开）位置。

❹ 测试信号电路端子 3 和搭铁之间的车辆线束连接器的电压是否为 11～13V。

如果不在 11～13V 之间，则将点火开关置于"OFF"（关闭）位置，断开车身控制模块处的连接器。

❺ 测试信号电路和搭铁之间的电阻是否为∞。如果电阻不为∞，则检修电路对搭铁短路的故障。如果电阻为∞，测试信号电路的端到端电阻是否小于 2Ω。如果为 2Ω 或更大，则被检修电路中的开路电阻过大。如果小于 2Ω，则更换车身控制模块。

如果在 11～13V 之间，则执行下一步。

❻ 将点火开关置于"OFF"（关闭）位置，连接变速器换挡杆处的线束连接器，再将点火开关置于"ON"（打开）位置。

❼ 检测连接器对变速器换挡杆连接器信号电路端子 3 和搭铁之间的电压，按照下列条件进行测试。

2.0～4.6V，向前推换挡杆，将换挡杆置于行驶挡。

5.1～7.3V，向后推换挡杆，将换挡杆置于行驶挡。

8.0～10.6V，将换挡杆置于行驶挡。

11～13V，将换挡杆置于行驶挡。

如果电压值不正确，则更换变速器换挡杆。如果电压值正确，则更换车身控制模块。

118. 怎么诊断油压开关故障？

（1）故障码描述　由于变速器油中的碎屑导致变速器油压力开关故障诊断码间歇性设置，变速器油压力开关可能会产生故障（表 9-5）。由于开关输出是用于换挡自适应压力并且不会引起变速器症状，除非开关故障长时间持续存在，所以这类故障驾驶员不一定就马上能发现行车异常表现。

表 9-5 油压开关电路

故障码（DTC）	故障码描述 / 说明
P0842	变速器油压开关 1 电路电压过低
P0843	变速器油压开关 1 电路电压过高

（2）诊断说明　变速器油压力（TFP）开关 1 是控制电磁阀总成的一部分，没有可维修零件。变速器控制模块（TCM）向变速器油压力开关 1 提供电路信号。变速器油压力开关 1 存在内部壳体搭铁。变速器油压力开关 1 常闭或处于低电平。当变速器油压力开关 1 上存在油压时，该开关打开或处于高电平。离合器常高压力控制（PC）电磁阀 2 控制提供至 3-5 挡 - 倒挡离合器调节阀的压力。变速器控制模块监测变速器油压力开关 1，以确定 3-5 挡 - 倒挡离合器调节阀的位置。当 3-5 挡 - 倒挡离合器指令为分离时，变速器油压力开关 1 上存在压力。当 3-5 挡 - 倒挡离合器被指令接合时，3-5 挡 - 倒挡离合器调节阀移动，并且提供至变速器油压力开关 1 的压力通过 3-5 挡 - 倒挡离合器调节阀释放。

（3）故障码识别条件

❶ 故障码 P0842。当 3-5 挡 - 倒挡离合器从高压力状态转至低压力状态后，变速器控制模块检测到变速器油压力开关 1 信号电压保持低。变速器控制模块对每次事件进行计数。累计 42 次计数后，设置故障码。

❷ 故障码 P0843。当 3-5 挡 - 倒挡离合器从低压力状态转至高压力状态后，变速器控制模块检测到变速器油压力开关 1 信号电压保持高。变速器控制模块对每次事件进行计数。累计 57 次计数后，设置故障码。

（4）自动变速器控制单元诊断出故障码时采取自诊断操作　自动变速器控制单元冻结 3-5 挡 - 倒挡离合器的变速器自适应功能。

（5）故障处理措施

❶ 检查控制电磁阀总成、油路板和隔板，其上没有碎屑且节流孔未阻塞。

❷ 必要时进行清洁或更换。

❸ 更换控制电磁阀总成。

119. 怎么诊断驻车挡 / 空挡设置开关电路故障？

（1）故障码描述　见表 9-6。

表 9-6 驻车挡 / 空挡位置开关电路故障

故障码（DTC）	故障码描述 / 说明
P0850	驻车挡 / 空挡位置开关电路故障
P0851	驻车挡 / 空挡位置开关电路电压低
P0852	驻车挡 / 空挡位置开关电路电压高

（2）诊断说明　变速器手动换挡轴开关总成又称为内部模式开关（IMS），是一个滑动触点开关，安装在变速器壳体内的手动换挡轴上。驻车挡 / 空挡位置开关集成在内部模式

开关中，且通过短线束连接到变速器控制单元（TCM）引线框架上。驻车挡/空挡信号电路仅是将变速器控制模块作为经过的连接器使用。变速器控制单元向驻车挡/空挡开关提供低电平参考电压电路。

驻车挡/空挡信号从驻车挡/空挡开关直接发送至发动机控制单元（ECM），以启动发动机。

(3) 故障码识别条件

❶ 故障码 P0850、P0851。

a. 当内部模式开关报告挂前进挡时，发动机控制单元检测到驻车挡/空挡开关信号电压为 0（驻车挡/空挡）。

b. 节气门开度为 10% 或更大。

c. 发动机扭矩等于或大于 75N·m。

d. 车速大于或等于 10km/h。

上述情况必须持续 2s。

❷ 故障码 P0852。当内部模式开关报告挂驻车挡/空挡已持续 0.2s 时，发动机控制模块检测到驻车挡/空挡开关信号电压为 12V（挂挡）。

(4) 故障原因

❶ 控制电磁阀总成故障。

❷ 发动机控制单元故障。

❸ 自动变速器控制内部模式开关故障。

120. 怎么诊断管路压力控制电磁阀故障？

(1) 故障码描述　见表 9-7。

表 9-7　管路压力控制电磁阀故障

故障码（DTC）	故障码描述/说明
P0961	管路压力控制电磁阀性能异常
P0962	线路压力控制电磁阀控制电路电压过低
P0963	线路压力控制电磁阀控制电路电压过高

(2) 诊断说明　管路压力控制电磁阀是控制电磁阀总成的一部分，没有可维修部件。通常对管路压力控制电磁阀进行调节，并将管路压力控制电磁阀油压直接导入至压力调节阀。管路压力控制电磁阀压力增大，将使变速器管路压力增大。变速器控制单元（TCM）通过控制低电平侧驱动器的打开和关闭时间来改变至管路压力控制电磁阀的电流。缩短打开时间，降低至管路压力控制电磁阀的电流，这通过关闭电磁阀排放口提高了管路压力控制电磁阀油压。增加提供给管路压力控制电磁阀的电流，会通过打开电磁阀排气口来降低管路压力控制电磁阀油压。变速器控制单元通过高电平侧驱动器向管路压力控制电磁阀供电。高电平侧驱动器保护电路和部件不会出现过大电流。如果检测到过大的电流，则高电平侧驱动器会关闭。当故障被修复时，高电平侧驱动器将复位。

(3) 故障码识别条件

❶ 故障码 P0961

a. 如果测量到压力控制阀上的电流过大或过小，则记录该故障。一般来讲，自动变速器控制单元与低压侧的内部通信识别为错误，也会出现该故障。

b. 变速器控制单元检测到管路压力控制电磁阀电路的内部电气故障，测得的管路压力控制电磁阀电流与指令的管路压力控制电磁阀电流不相等，并持续 5s。

❷ 故障码 P0962。

a. 当压力控制器低压端识别出对地短路时，存在故障。如果识别到电子压力控制阀负极侧上的电压低于 2.4 V，也存在对地短路故障。

b. 变速器控制单元检测到管路压力控制电磁阀控制电路对搭铁短路，并持续 2s。

❸ 故障码 P0963。

a. 如果在压力调节器的低压端识别到对正极短路，则存在故障。如果识别到压力控制阀信号导线和蓄电池电压之间短路，也会记录该故障。

b. 变速器控制单元检测到管路压力控制电磁阀控制电路开路或对电压短路，并持续 5s。

（4）自动变速器控制单元诊断出故障码时采取自诊断操作

❶ 故障码 P0961 或 P0963。

a. 变速器控制模块冻结变速器自适应功能。

b. 变速器控制模块指令管路压力达到最大值。

❷ 故障码 P0962。

a. 自动变速器控制单元将变速器限制为倒挡和 4 挡。

b. 自动变速器控制单元禁用变矩器离合器（TCC）。

c. 自动变速器控制单元指令管路压力达到最大值。

d. 自动变速器控制单元冻结变速器自适应功能。

e. 自动变速器控制单元关闭高电平侧驱动器。

f. 自动变速器控制单元禁用空挡怠速。

g. 自动变速器控制单元禁用触动式加挡 / 减挡功能。

h. 自动变速器控制单元禁用前进挡手动换挡。

i. 自动变速器控制单元启用转矩管理。

（5）故障原因　机械电子控制系统或控制电磁阀故障。

第十章
电动助力转向和电控悬架系统

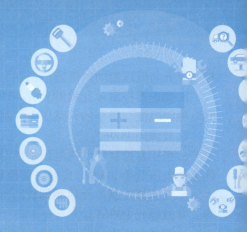

一、电动助力转向系统

1. 电动助力转向系统基本组成有哪些组件？特点是什么？

电动助力转向系统（EPS）由转向角速度传感器、转矩传感器、伺服电机、控制单元等组成。电动助力转向系统见图 10-1，其特点如下。

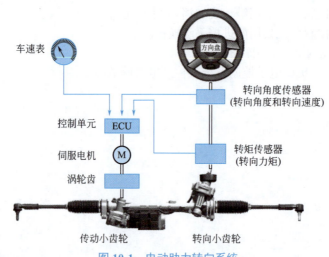

图 10-1　电动助力转向系统

❶ 仅在需要转向时才起动机产生助力，能减少发动机燃油消耗。

❷ 能在各种行驶工况下提供最佳助力，减小由路面不平所引起电机的输出转矩通过传动装置起作用，进而减小对电动助力转向系统的扰动，改善汽车的转向特性，提高汽车的主动安全性。

❸ 没有液压回路，调整和检测更容易，装配自动化程度更高，且可通过设置不同的程序，快速与不同车型匹配，缩短生产和开发周期。

❹良好的直线行驶模式（电动助力转向系统支持转向系统恢复到直线行驶位置）。

❺能够对转向命令进行应答（这样就确保了即使在凹凸不平路面行驶的情况下也能达到舒适的转向反应）。

2. 电动助力转向系统的结构是怎样的？

（1）扭矩传递　双小齿轮电动助力转向系统中，由转向小齿轮和传动小齿轮将必需的转向力传递给齿条。驾驶员施加的扭矩通过转向小齿轮来传递，而传动小齿轮则通过蜗杆传动装置传递电动助力转向系统电机的支持扭矩。

（2）转向器　转向器由转向扭矩传感器、扭转杆、转向小齿轮、传动小齿轮、蜗杆传动装置以及带控制单元的电机构成。电控机械助力转向机的核心部件就是转向器中带两个花键的齿条。

用于转向支持的电机带有控制单元和传感单元，它安装在第二个小齿轮上。这样就建立了方向盘和齿条之间的机械连接。因此，当伺服电机失灵时，车辆仍可以通过机械传动进行转向。

3. 转向角传感器的工作原理是怎样的？有何作用？

通过 CAN 数据总线将信号传递到转向柱电子系统控制单元 J527，转向柱电子系统控制单元中的电子装置分析转向角大小信号。

（1）转向角传感器 G85 的安装位置　转向角传感器 G85 位于复位环后侧，复位环上带有一个安全气囊滑环。传感器固定在转向齿轮和方向盘之间的转向柱上。它通过 CAN 数据总线将信号传递到转向柱电子系统控制单元 J527，由此控制单元获悉了转向角的大小。转向柱电子系统控制单元中的电子装置分析这个信号。

（2）失效影响　转向角传感器 G85 失效时，紧急运行程序启动，由一个备用值替代消失的传感器信号，转向支持功能仍能进行。指示灯 K161 接通，用于显示该故障。

（3）功能原理　转向角传感器主要由下列部件组成：带 2 个编码环的编码盘；带 1 个光源和 1 个光传感器的光栅组。编码盘由 2 个环构成，外侧为绝对环，内侧为增量环。

（4）角度的测量　角度的测量是根据光栅原理来进行的。每个绝对环光栅组形成一个信号电压顺序，由转向柱电子系统控制单元处理所有的信号电压顺序。

4. 转向力矩传感器的作用是什么？

通过 CAN 数据总线将信号传递到转向柱电子系统控制单元 J527，转向柱电子系统控制单元中的电子装置分析转向角信号大小。

转向力矩传感器 G269 的作用：在行车过程中，驾驶员通过转向力矩传感器 G269 来确定其所施加的转向力矩的大小，从而得到其需要的转向助力力矩。转向主动齿轮与转向轴通过一个扭力杆连接，与带有转向阀的普通液压转向系统是一样的。如果驾驶员转动方向盘，那么扭力杆和转向轴相对于转向主动齿轮的位置就发生了扭转，扭转程度取决于驾驶员所施加的转向力矩的大小。转向力矩传感器 G269 可以测量出扭转程度。

5. 转向力矩传感器信号是怎样产生的？

转向力矩传感器 G269 的信号产生原理：转向轴与带有 8 对极偶的环形磁铁、两个传感器靶轮（各有 8 个齿）及转向主动齿轮都是刚性连接的。两个传感器靶轮的齿是错开分布的，从上面沿着旋转轴方向看，一个传感器靶轮的齿处在另一个传感器靶轮的齿隙中。在两个传感器靶轮中间是两个霍尔传感器，传感器与壳体是刚性连接的。

6. 转向力矩传感器怎么判断转向？

转向力矩传感器 G269 的转向判断：如果没有转动方向盘，那么传感器靶轮与磁极的相对位置位于每个传感器靶轮齿的南北极的正中间。所以，这两个传感器靶轮被磁力线穿过的方式是一样的，两个传感器靶轮之间没有磁场，两个霍尔传感器输出的信号也相同。

7. 转向力矩传感器失效有什么影响？

如果转向力矩传感器损坏，必须更换。如果识别到故障，则转向支持系统关闭，但是关闭的过程不是突然的，而是"软的"。为了能够进行"软"关闭，控制单元必须根据电机转向角和电机转子转向角来计算出扭矩备用信号。控制灯 K161 为红色以显示有故障。

8. 转子位置传感器的结构是怎样的？有何作用？

转子位置传感器用于探知转子的位置。传感器的控制单元必须知道转子的准确位置，以便计算出环绕的定子磁场所需要的相电压（电子传感器控制的整流）。

转子位置传感器测得的相电压值也可以用于确定转向止点。为了避免出现"硬的"机械式止点，通过电动机械式转向系统可以实现"软的"止点。

转子位置传感器转子上有一个盘，是用透磁通的金属制成的。这个转子盘的形状像凸轮盘，该盘被一个固定在壳体上的电磁线圈环所包围，该电磁线圈环具有定子的作用，由三个单线圈构成，其中一个线圈具有励磁线圈的作用，另两个线圈作为接收线圈使用。

9. 转子位置传感器的工作原理是怎样的？

励磁线圈通入正弦曲线的励磁电压后，其周围产生的交变磁场作用在转子盘上，转子盘将交变磁场的磁通引向接收线圈，接收线圈将感应到一个交变电压，该电压与转子盘的位置成一定的比例，与励磁电压存在相位差。

10. 转向辅助控制单元 J500 的工作原理是怎样的？有何作用？

（1）安装位置　转向辅助控制单元 J500 直接固定在电机上，因此省去了和助力转向系统零件间复杂的导线敷设。

（2）信号控制　根据仪表板显示单元控制 J285 的输入信号，如转向角度传感器 G85 的信号，发动机转速传感器 G28 的信号，转向扭矩、转子转速和车速信号，以及说明已经识别点火钥匙的信号。

控制单元决定当前需要多少转向支持。控制单元计算出启动电流的大小并起动机 V187。

（3）传感器失灵时的影响　控制单元中集成了一个温度传感器，用这个传感器，控制单元可以获知转向装置的温度。如果温度超过 100℃，转向支持就会持续降低。

如果转向支持下降了 60%，电控机械助力转向系控制灯 K161 显示黄色，并且故障被存储。

转向辅助控制单元 J500 如果损坏，可以整体更换。但必须用车辆诊断、测试和信息系统 VAS 5051 激活控制单元永久程序存储器中相应的综合特性曲线。

电子控制功能示意见图 10-2。

（4）指示灯 K161 故障　指示灯 K161 出现故障时，可以有两种指示灯颜色。黄色代表轻度警报；指示灯显示红色时，还会发出三声响亮的警报音。只有当转向辅助控制单元信号到达，并说明系统工作状态正常时，指示灯才熄灭。这个自检过程大约需要 2s。发动机启动后，指示灯立刻熄灭。

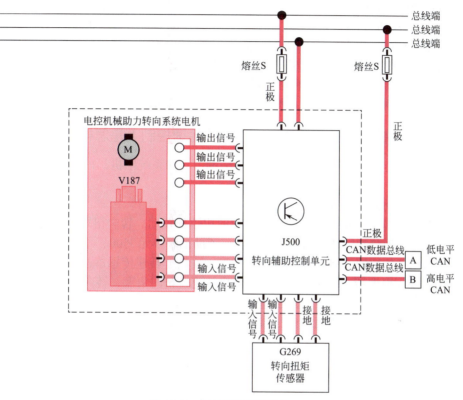

图 10-2　电子控制功能示意

11. 电动机械式助力转向电机 V187 的工作原理是怎样的？有何作用？

电动机械式助力转向电机 V187 用于产生转向助力所需要的力矩，其电机是永久励磁式三相交流同步电机，该电机的优点在于体积小、功率大。

电动机械式助力转向电机 V187 的结构：由于采用永久励磁式三相交流同步电机，所以省去了用于将励磁电流送往转子的滑环。控制单元会计算出所需要的相电压，并通过末级功放接通定子线圈，定子由 12 个励磁线圈构成，每 4 个励磁线圈串联在一起，接通正弦曲线的电流。

12. 电动机械式转向系统是怎样控制的？

电动机械式助力转向电机 V187 用于产生转向助力所需要的力矩。

❶ 打开驾驶员车门后，FlexRay 数据总线被唤醒，控制单元之间开始通信。转向辅助控制单元 J500 开始初始化，系统开始自检。

❷ 接通点火开关（15 号线接通），组合仪表控制单元 J285 短时激活指示灯进行检查。

如果确认系统无故障，指示灯点亮并会在几秒后熄灭。

❸ 启动发动机（15号线接通），如果发动机转速超过500r/min，那么转向助力系统处于激活状态。如果扭杆未被方向盘上的作用力扭动（由转向力矩传感器G269来感知），那么转向角度传感器G85的信号就会自动与转子位置传感器的信号进行同步，这两个测量值之间相互依赖的关系将作为特性曲线存储在转向辅助控制单元J500中。随后，在车辆行驶中，转向助力系统通过分析转子位置传感器的信号来感知转向运动。该控制单元会考虑奥迪驾驶模式选择系统中相应的设置选择，以便确定使用哪条助力转向特性曲线进行调节。

❹ 在车辆行驶过程中，转向助力的强度主要由转向力矩、转向角和车速来决定。电机的激活电流由控制单元计算，定子绕组由末级功放通入相应的电流。电机通过滚珠丝杠作用到齿条上的力增大驾驶员施加在方向盘上的转向力。

❺ 如果在车辆行驶的过程中关闭发动机，助力转向系统就会自动关闭。

13. 电控机械助力转向控制过程作用（随速控制）是怎样的？

为了能够进行转向支持，装配了电控机械助力转向系统电机，该电机可以根据需要启动助力转向系统。

❶ 驾驶员转动方向盘时，转向支持开始。

❷ 由于方向盘上扭矩的作用，转向器中的扭矩杆转动。转向扭矩传感器G269探测扭矩杆的转动，并将探测到的转向扭矩传递给转向辅助控制单元J500。

❸ 转向角度传感器G85通知当前转向角度，而转子转速传感器通知当前转向速度。

❹ 控制单元根据转向扭矩、车速、发动机转速、转向角度、转向速度和控制单元中的特性曲线计算出必需的支持扭矩，并且起动机。

❺ 由第二个平行作用于齿条的小齿轮来进行转向支持。小齿轮的传动由电机来进行，电机通过一个蜗轮传动装置和一个传动小齿轮将转向支持力传递到齿条上。

❻ 方向盘上的扭矩和支持扭矩的总和就是转向器上的有效扭矩，由该扭矩来传动齿条。

14. 驻车时的转向过程是怎样的？

❶ 驻车时，驾驶员用力转动方向盘。

❷ 扭转杆转动，转向扭矩传感器G269探测扭转杆的转动并通知转向辅助控制单元J500，方向盘上有一个很大的转向扭矩。

❸ 转向角度传感器G85通知大的转向角度，而转子转速传感器通知当前转向速度。

❹ 根据大的转向扭矩、0km/h的车速、发动机转速、大的转向角度、转向速度和控制单元中的特性曲线（车速为0km/h的特性曲线），控制单元获悉并发出必须产生一个大的支持扭矩的指令，继而起动机。

❺ 驻车时，通过第二个平行作用于齿条的小齿轮来达到最大转向支持。

❻ 方向盘上扭矩和最大支持扭矩的总和就是转向器上的有效扭矩，在该扭矩的作用下，齿条移动。

15. 市区行驶时的转向过程是怎样的？

❶ 市区行驶时，驾驶员在转弯时转动方向盘。

❷ 扭矩杆转动，转向扭矩传感器G269获悉扭转杆转动，并通知转向辅助控制单元J500，方向盘上有一个中等的转向扭矩。

❸ 转向角度传感器 G85 通知这个中等的转向扭矩，而转子转速传感器通知当前转向速度。

❹ 根据中等的转向扭矩、0km/h 的车速、发动机转速、中等的转向角度、转向速度以及控制单元中的特性曲线（车速为 0km/h 的特性曲线），控制单元获悉并发出必须产生一个中等的支持扭矩的指令，继而起动机。

❺ 转弯时，由第二个平行作用于齿条的小齿轮来进行中等的转向支持。

❻ 方向盘上扭矩和中等支持扭矩的总和就是转向器上的有效扭矩，通过该扭矩传动齿条（市区行驶转弯时）。

16. 高速公路行驶时的转向过程是怎样的？

❶ 换车道时，驾驶员轻轻转动方向盘。

❷ 扭转杆转动，转向扭矩传感器 G269 获悉扭转杆转动并通知转向辅助控制单元 J500，方向盘上产生一个小的扭矩。

❸ 转向角度传感器 G85 通知小转向角度，而转子转速传感器通知当前转向速度。

❹ 根据小的转向扭矩、0km/h 的车速、发动机转速、小的转向角度、转向速度及控制单元中的特性曲线（0km/h 车速的特性曲线），控制单元获悉并发出必须有一个小的支撑扭矩或无需支持扭矩的指令，继而起动机。

❺ 高速公路行驶时，由第二个平行作用于齿条的小齿轮来进行一个小的转向支持，或者不进行转向支持。

❻ 方向盘上扭矩加上最小支持扭矩就是换车道时的有效扭矩，该扭矩传动齿条。

17. 主动式复位过程是怎样的？

❶ 弯道行驶时，如果驾驶员降低了转向扭矩，扭转杆的张力松开。

❷ 根据降低的转向扭矩、转向角度和转向速度可以计算出一个理论复位速度。将这个理论复位速度与转向角速度进行比较，可以算出复位扭矩。

❸ 由于车桥的几何构造，转向车轮上产生复位力。由于转向系统和车桥中的摩擦，复位力常常太小，不足以使车轮重新回到直线行驶状态。

❹ 通过分析车速、发动机转速、转向角度、转向速度及控制单元中的特性曲线，控制单元计算出电机必须提供多大的扭矩，才能使车轮复位成功。

❺ 控制单元起动机，这样车轮就回到了直线行驶状态。

18. 直线行驶修正过程是怎样的？

直线行驶修正是一项功能，这个功能通过主动式复位而产生。这里会产生一个支持扭矩，在它的作用下，可以使车辆重新回到无需扭矩的直线行驶状态，可以通过下述两种方式进行。

（1）长期方式　长期方式是指对直线行驶中的长期偏差进行补偿修正，这种偏差可能会在用夏季轮胎更换已使用过的冬季轮胎时出现。

（2）短期方式　短期方式校正短期偏差，因此，驾驶员无需为了对抗侧风而"反向转向"，这样就减轻了驾驶员的负担。

直线行驶修正过程如下。

❶ 一个恒定的侧面力，例如侧风，会对车辆产生影响。

❷ 为了保持车辆能够直线行驶，驾驶员需转动方向盘。
❸ 通过分析车速、发动机转速、转向角度、转向速度和控制单元中的特性曲线，控制单元可以计算出电机需要产生多大的扭矩才能进行直线行驶校正。
❹ 起动机，车辆重新回到直线行驶状态。

19. 可变传动比转向系统控制过程是怎样的？

可变传动比转向系统（Variable Gear Ratio Steering，VGRS）转向机构的传动比可根据车辆行驶状况而动态变化，从而实现车速从低速到高速范围内良好的转向操作灵活性和车辆稳定性。

基本控制过程：VGRS改变了普通转向系统传动比恒定的缺点，由转向控制ECU根据转向角传感器信号和车速信号计算出转向执行器总成的目标转动角度，并且通过转向执行器总成的转动角度与驾驶员转动方向盘的角度相加来控制前轮的转向角。因此，其转向机构的传动比可根据车辆行驶状况而动态变化，从而实现车速从低速到高速范围内良好的转向操作灵活性和车辆稳定性。

20. 可变传动比转向系统的作用是什么？

可变齿比转向系统可确保车速越快，操控性越平稳顺畅。

可变传动比转向系统通过转向器调整到最适合当前车速的位置以发挥作用。低速行驶时，齿轮传动比位于最低值，以保证操控装置的快速反应能力和停车、急转及通过U形弯道时的易操控性。可变传动比转向系统的另一个关键优势在于，当操控汽车转向时，时常发生过度校正，然而通过一步步最小限度的辅助，系统能够有效消除过度校正的惯性。

21. 可变传动比转向系统转向电机是怎样的？

转向执行器总成由壳体、电机、减速机构、输出轴和锁止机构组成。

采用高功率、低噪声的直流无刷电机作为伺服电机，封装在转向执行器总成壳体内，由永磁铁、线圈和转子轴组成。转子轴与谐波齿轮减速器的波动发生器相连接，将电机的转矩传输到谐波齿轮减速机构。其由转向控制ECU发出的信号控制，并根据方向盘的转动方向进行顺时针或逆时针旋转。转角传感器的作用是检测电机的转子轴位置和旋转速度。

22. 可变传动比转向系统转向锁止机构是怎样的？

锁止机构安装在电机上，主要由固定在电机上的锁架、安装在壳体上的锁杆及使锁杆作用的电磁阀组成。在系统发生故障时，锁止机构可以机械锁止电机，使电机停止旋转。锁止机构激活时，转向ECU切断锁止电磁阀的电流，回位弹簧推动锁杆与锁架齿槽啮合，以机械锁止电机的转动。锁止解除时，转向控制ECU接通锁止电磁阀的电流，使锁杆与锁架脱开，电机转动。

23. 可变传动比转向系统减速机构是怎样的？

减速机构采用了结构紧凑、减速比大、高精度的谐波齿轮传动装置，它利用机械波控制柔性齿轮的弹性变形来实现运动和动力传递。

当刚性齿轮固定时，波动发生器凸轮由电机带动旋转，凸轮在柔性齿轮内转动，就迫使薄壁滚珠轴承及柔性齿轮发生弹性变形。这时柔性齿轮变形成椭圆形齿轮，随波动发生器凸轮旋转的相反方向转动，椭圆形长轴上的齿与刚性齿轮上的齿啮合，而短轴上的齿则脱开，形成"啮入 - 啮合 - 啮出 - 脱开"，使柔性齿轮相对刚性齿轮发生错齿位移。

波动发生器凸轮顺时针（逆时针）转动一周，柔性齿轮相对刚性齿轮逆时针（顺时针）转过 2 个齿。因为柔性齿轮比刚性齿轮少 2 个齿，而与柔性齿轮相啮合的驱动齿轮齿数与柔性齿轮齿数相等。因此，驱动齿轮输出轴也相对刚性齿轮转过 2 个齿。

谐波齿轮传动比 = 柔性齿轮齿数 /(刚性齿轮齿数 - 柔性齿轮齿数)

24. 可变传动比转向系统的工作原理是怎样的？

根据车辆行驶在低、中速范围要求转向响应灵敏性和高速范围要求转向响应无需过度灵敏，VGRS 系统通过转向执行器总成输出轴顺时针（正向）或逆时针（负向）的角位移来控制增大或减小前轮转向角。

25. 可变传动比转向系统在低、中速行驶时怎样工作？

低、中速行驶时，驾驶员顺时针（右转）转动方向盘，转向控制 ECU 根据目标转向角，使转向执行器总成内的电机逆时针旋转。

电机转动通过波动发生器输入到减速机构，电机与柔性齿轮传动比降为 50∶1。

转向执行器总成内的柔性齿轮带动驱动齿轮输出轴相对方向盘所连接的转向执行器总成内的刚性齿轮的顺时针角位移，因此输出轴顺时针转动角度要比方向盘转动角度大，其值等于方向盘实际转向角度加上转向执行器总成转角。这样前轮将增大偏右转向角，提高车辆低、中速转向的响应，防止车辆转向不足。

26. 可变传动比转向系统在高速行驶时怎样工作？

高速行驶时，驾驶员顺时针（右转）转动方向盘，转向控制 ECU 根据目标转向角，使转向执行器总成内的电机顺时针旋转。

电机的转动通过波动发生器输入减速机构，电机与柔性齿轮传动比降为 50∶1。

转向执行器总成内柔性齿轮带动驱动齿轮输出轴相对方向盘所连接的转向执行器内刚性齿轮发生少量的逆时针角位移，因此输出轴顺时针转动角度要比方向盘转动角度小，其值等于方向盘实际转角减去转向执行器总成转角。这样前轮将减小偏右转向角，迟缓车辆高速转向的响应，防止车辆转向过度。

27. 怎么进行电动机械式转向系统设定？

在编码结束后还要执行"转向止点自适应"功能。

（1）系统设定　如果系统有故障，除了附件外，其他的必须更换整个转向机构总成，新控制单元在安装后要在线进行编码。在车辆诊断仪上启动"给控制单元编码"功能后，首先要下载数据包，就是从中央数据库中将控制单元将要使用的必需的软件参数输入该控制单元中。随后的编码过程就是向控制单元输入有关车辆装备的信息。因为这个新控制单元尚未存储转向止点位置信息，所以，在编码结束后还要执行"转向止点自适应"这个功能。

（2）手动自适应设定　大部分电动助力转向系统的设定程序如下。

❶先将方向盘保持在中间位置，然后向左转到极限位置，并保持 3s，再将方向盘向右转到极限位置保持 3s。

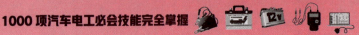

❷ 然后将方向盘转回中间位置。

❸ 进行路试，待车速超过 20km/h，电动助力转向系统故障灯自动熄灭后，即可完成对电动助力转向系统的设定。

维修举例： 大众途安汽车电动助力转向系统就是按上述方法进行设定的，但大众系统其他轿车电动助力转向系统的设定程序略有差别。

具体设定程序如下。

❶ 先将方向盘保持在中间位置，然后向左转 10°，停留 1～2s。

❷ 将方向盘转回中间位置，停留 1～2s；再将方向盘左转到极限位置，并保持 1～2s，将方向盘转回中间位置，停留 1～2s。

❸ 然后将方向盘向右转 10°，停留 1～2s，再转回中间位置，停留 1～2s；将方向盘向右转向极限位置，并保持 1～2s，然后将方向盘回正即可。

28. 更换转向机后无法进行基本设定怎么办？

按照功能引导中的功能选项提示进行匹配，如果不能成功匹配则进行进一步检查。

（1）故障现象　一辆迈腾轿车，转向机故障指示灯 K161 显示红色。

（2）故障诊断　读取电动转向机数据流发现，转向角度传感器 G85 信号、发动机转速信号、车速信号均正常，只有 44-11-01 显示的转向力矩传感器 G269 的转向力矩始终为 0，进一步检查 G269 的供电电压，44-11-02 转向力矩传感器的供电电压随着点火开关的转换在 0～0.3V 之间波动。

转向力矩传感器集成在转向机内部，由电动转向机控制单元为其提供工作电能，故障车的转向力矩传感器的供电电压远远低于实际工作时要求的 2.5V，控制单元不能识别当前转向力矩的大小，所以不能进行基本设定，说明转向机控制单元内部供电有问题。

（3）故障排除　控制单元与电机直接相连，出现损坏后整体更换，更换转向机总成，故障排除。

29. 电动助力转向系统操纵、维修诊断要注意什么？

使用电动助力转向系统的驾驶员，应注意避免打满转向。需要打满时，在止端停留时间要尽量控制在 3s 以内，否则会使电流过大，引起元器件损坏。

❶ 保持蓄电池电量充足。蓄电池亏电会使转向变沉重，也会使整车中其他电控系统正常工作受影响。

❷ 系统的所有端子必须接触良好。插接器应避免潮湿、接触高温，要保证其导电的良好性。控制器不能放置于潮湿、高温的地方。涉水时不仅要考虑排气尾管的高度，还要注意所有电器件必须高于水面。如传感器进水短路，就会造成电动转向熔丝断路，转向立即变得异常沉重。必须同时更换传感器和熔丝才能排除故障。

❸ 转向器转到止端时，助力电流达到最大值，此时电机和控制器容易发热。

30. 怎么检修电动助力转向系统变得特别沉重？

电动助力转向系统突然变得特别沉重，通常是由于电控系统进水短路，导致电控系统退出控制。应先检查电控系统线束插接线的接触是否良好，系统熔丝是否烧断，继电器是否损坏。控制器、电机或传感器是否进水（外表可以看见水迹）、损坏。

如果控制器、电机或传感器进水，必须更换。更换后需要对电动助力转向系统进行重新设定。

31. 怎么检修电控液压助力转向系统变得特别沉重？

电控液压助力转向系统中控制转向力矩大小的执行元件是动力转向伺服阀。该阀的作用是根据行驶速在 PSU（功率控制器）内调节动力转向伺服阀的电流，车速越快，伺服的电流越小，转向助力比越小；相反，车速越慢，伺服阀的电流越大，转向助力比越大。动力转向伺服阀短路或断路时，电控液压助力转向系统的电控系统都会退出控制，转向系统会突然变得特别沉重。所以，电控液压助力转向系统突然变得特别沉重时，应重点检查动力转向伺服阀的电阻值是否正确。

动力转向伺服阀一旦短路，会造成动力转向熔丝断路，导致转向突然变得异常沉重。

32. 助力转向系统转向沉重怎么排除？

主要检查转向机机械原因和油质、油量情况。
（1）故障现象　装有液压助力转向系统的汽车，在行驶中驾驶员突然感到转向沉重。
（2）故障原因
❶ 转向油罐缺油或油液高度低于规定要求。
❷ 液压回路中渗入了空气。
❸ 油泵驱动皮带过松或打滑。
❹ 各油管接头处密封不良，有泄漏现象。
❺ 油路堵塞或滤清器污物太多。
❻ 油泵磨损、内部泄漏严重。
❼ 油泵安全阀、溢流阀泄漏，弹簧弹力减弱或调整不当。
❽ 动力缸或转向控制阀密封损坏。
（3）故障诊断与排除
❶ 用手压下转向油泵的驱动皮带，检查皮带的松紧度，若皮带过松，应调整。
❷ 启动发动机，使发动机怠速运转，突然提高发动机的转速，检查转向油泵驱动皮带有无打滑现象，发现问题后应按规定更换性能不良的部件。
❸ 检查转向油罐内的油液质量和液面高度，若油液变质，则应重新更换规定油液。若只是液面低于规定高度，应加油使液面达到规定位置。
❹ 检查油路中是否渗入空气，如果发现油罐中的油液有气泡时，说明油路中有空气渗入，应检查各油管接头和接合面的螺栓是否松动，各密封件是否损坏，有无泄漏现象，油管是否破裂等。对于出现故障的部位应进行修整和更换，并进行排气操作，最后重新加入油液。
❺ 检查各油管接头等处有无泄漏，油路中是否有堵塞，查明故障后按规定力矩拧紧有关接头或清除污物。
❻ 对转向油泵进行输出油压检查，如果油泵输出压力不足，说明油泵有故障，此时应分解油泵，检查油泵是否磨损或内部泄漏严重，安全阀、溢流阀是否泄漏或卡滞，弹簧弹力是否减弱或调整不当，各轴承是否烧结或严重磨损等。对于叶片泵，应检查转子上的密封环或油封是否损坏；对于齿轮泵，应检查齿轮间隙是否过大等，查明故障原因后予以修理，必要时更换油泵。

33. 助力转向系统转向泵异响怎么排除？

主要检查转向机机械原因和油质、油量情况。

（1）故障现象　汽车转向时，助力转向系统有过大的异响，并影响汽车的转向性能。

（2）故障原因

❶ 转向油罐中液面太低，油泵在工作时容易渗入空气。

❷ 液压系统中渗入空气。

❸ 油罐滤网堵塞，或液压回路中有过多的沉积物。

❹ 油管接头松动或油管破裂。

❺ 油泵严重磨损或损坏。

❻ 转向控制阀性能不良。

（3）故障诊断与排除

❶ 当方向盘处于极限位置或原地慢慢转动方向盘时转向器发出"嘶嘶"声，如果这种异响严重，则可能为转向控制阀性能不良，应更换转向控制阀。

❷ 检查油罐液面高度，液面高度不够时应查明泄漏部位并修理，然后按规定加足油液。

❸ 检查转向油泵驱动皮带是否打滑，若打滑，应查明原因，更换皮带或调整皮带紧度。

❹ 察看油液中有无泡沫，若有泡沫，应查找漏气部位并予以修理，然后排除空气。若无漏气，则说明油路有堵塞处或油泵严重磨损及损坏，应予以修复或更换。

34. 转向柱锁集成开关故障怎么排除？

如果设置故障码，进行诊断和重新设定后无法排除故障，则更换转向柱锁定控制模块。

（1）诊断说明　车辆防盗子系统能够电动锁定或解锁转向系统。当电源模式转换为非关闭模式且存在已验证的驾驶员标识，则转向柱锁定控制模块可以解锁。一旦转向柱解锁，将允许启动请求。

（2）故障排除　清除所有故障码，在运行故障码的条件下，操作转向柱锁的集成开关，未设置故障码。

如果设置故障码，则更换转向柱锁定控制模块。

35. 转向柱锁止电机锁止电路故障怎么排除？

以通用科鲁兹轿车为例，执行转向柱锁止电机锁止电路故障排除（表10-1），其他车型遇到这样的故障同样按照表10-1中的故障诊断方法及诊断思路进行有序化排除。

表10-1　转向柱锁止电机锁止电路故障排除

项目	内容	
	显示故障码	故障说明
故障信息	DTC B289702	转向柱锁止电机锁止电路对搭铁短路
	DTC B289705	转向柱锁止电机锁止电路开路或对电压短路

续表

项目	步骤	诊断内容/排除方法
故障排除	1	点火开关置于"OFF"位置，断开 K60 转向柱锁止控制模块的线束连接器
	2	测试搭铁电路端子 6 和 7 与搭铁之间的电阻是否小于 5Ω 如果大于规定值，则测试搭铁电路是否开路/电阻过大
	3	测试"B+"电路端子 5 和搭铁之间的电压是否高于 11V 如果低于规定值，则测试转向柱解锁电路是否开路
	4	点火开关置于"ON"位置，测试控制电路端子 3 上的电压是否高于 11V 如果低于规定值，则测试控制电路是否开路
	5	测试控制电路端子 4 与搭铁之间的电阻是否小于 0.3Ω 如果高于规定值，则测试控制电路是否对电压短路
	6	断开 K77 遥控门锁接收器上的连接器
	7	测试 K60 转向柱锁止控制模块电路端子 4 和 K77 遥控门锁接收器电路端子 1 之间的电阻是否小于 5Ω 如果大于规定范围，则测试控制电路是否开路。
	8	如果所有电路测试正常，则测试或更换 K60 转向柱锁止控制模块或 K77 遥控门锁接收器
部件测试	1	点火开关置于"OFF"位置，断开 K60 转向柱锁止控制模块的连接器
	2	将点火开关置于"ON"位置，指令 K77 遥控门锁接收器解锁 K60 转向柱锁止控制模块。测试 K60 转向柱锁止控制模块电路端子 4 和搭铁之间的电阻是否小于 5Ω 如果不是规定值，则更换 K77 遥控门锁接收器
	3	测试转向锁止电路端子 4 和搭铁之间的电阻是否为无穷大 如果小于规定范围，则更换 K60 转向柱锁止控制模块

36. EPB 系统怎样调整制动蹄片间隙？

❶ 制动蹄片间隙调整在车辆静止时周期性进行。当行驶距离每超过 1000km，而且电子驻车制动没有被应用时，间隙调整自动进行。

❷ 调整时，制动蹄片从其开始位置被压向制动盘。

❸ 控制单元通过检测电机电流信号来判断蹄片行程，从而判断蹄片磨损情况，并对间隙进行补偿。

37. 怎么排除电子助力转向打转向沉？

（1）故障信息　一辆大众 CC2.0L 轿车，打转向时特别沉，仪表上助力转向指示灯亮，为红色。

（2）首诊过程　通过故障诊断仪执行助力转向系统检测，出现故障码 16344——控制单元电路电气故障，静态。后来检测线路，正常。决定更换方向机总成，更换后仪表上助力转向指示灯还亮，但是为黄色。检测 44 助力转向系统，故障码为 02546——转向锁止位无或错误的基本设置/匹配，静态。匹配后故障码 02546 消失，打转向也很轻，就让车主将车开走了。隔日，该车的自动泊车和车道保持辅助功能都失效了，而且仪表上的"车道保持辅助选项也不显示了，检测后发现车道保持辅助系统有故障码 03550——转向类型不兼容，静态，助力转向系统无故障。

（3）诊断分析　大众 CC 轿车更换方向机后存储故障码 03550——转向机型不兼容，说明新的方向机控制单元 J500 默认车道辅助功能是关闭的，打开即可。可以用引导功能进入地址动力转向（44），选择匹配车道辅助，通道 6 为方向稳定辅助控制单元通信，将 0 改为 1，重新打开一次点火开关就能清除故障。如感觉转向时手感轻或重，还可对方向机的助力曲线进行刷新。

自动泊车的实质就是将方向盘即方向机的指挥权从驾驶员手中接管过来，驾驶员只需控制加速踏板或制动踏板保持一个合理的车速，车辆就可以顺利停入车位。驾驶员辅助系统、电动助力转向控制单元、电动助力转向机、多功能方向盘、转向柱控制单元、道路偏离预警控制单元、仪表等均是其组成部分。

在实际检修过程中，更换了转向角传感器 G85、转向机总成（含方向机控制单元 J500）、转向开关总成（含控制单元 J527），做过一次车轮定位的调整，可能会出现故障码 00778，需要做转向零位（中间）的设定。

执行了转向零位（中间）设定后，可能会出现故障码 02546，需要按照如下操作进行转向极限位置的设定：前轮处于直线行驶状态，启动发动机；方向盘朝左转动 10°左右，停顿 1～2s，回正；再朝右转动 10°左右，停顿 1～2s，回正；手离开方向盘，停顿 1～2s；方向朝左打到底，停顿 1～2s；再朝右打到底，停顿 1～2s，方向盘再回正；关闭点火开关，6s 后生效。

二、电控空气悬架系统

38. 电控空气悬架的作用是什么？

❶ 电控空气悬架通过电子控制单元计算悬架的受力及感应路况，实时调整空气悬架减振器的刚度和阻尼系数。

❷ 电控空气悬架系统通过气压减振器上与活塞整合为一体的电磁阀，可以根据需要，在 15～20cm 内对每个压杆的阻尼进行调节，而减振器上的车轮加速传感器可以为方向操作性和稳定性提供最佳减振力。

39. 电控空气悬架减振器的结构原理是什么？

减振的阻尼力大小主要由该阀的液体流动阻力来决定的。

（1）减振支柱　为了能以最佳的承载宽度来达到后备厢的最大利用容积，后桥的空气弹簧直径被限制到最小的尺寸。而为了满足舒适要求，空气的体积又不能太小，为了解决这个矛盾，使用一个与减振器连在一起的储气罐，用于额外供应空气。

（2）减振器

❶ 结构。采用的是双管式充气减振器，该减振器具有电动连续可调功能，活塞中的主减振阀是通过弹簧来预张紧的，在该阀的上面有一个电磁线圈，连接电缆通过中空的活塞杆通往外部。

❷ 工作原理。减振的阻尼力大小主要由该阀的液体流动阻力来决定的。流过该阀的液压油的阻力越大，减振的阻尼力也就越大。

40. 电控空气悬架空气总成一般安装在什么位置？其结构是怎样的？

电控空气悬架空气总成通常安装在发动机舱内左前部（图10-3），这样就可避免在乘员舱内产生噪声，而且可以实现有效的冷却效果。因而这种布置可以延长压缩机的接通时间，从而提高调节的质量。

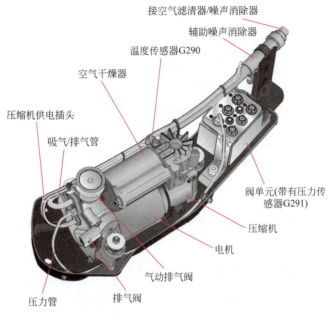

图10-3 电控空气悬架空气总成结构及组件

为了防止压缩机过热，在必要时（气缸盖温度太高）空气供给总成会被切断。最大静态系统压力为16bar（$1bar=10^5Pa$）。

电磁阀（图10-4）内包含压力传感器以及用于控制空气弹簧和蓄压器的阀。

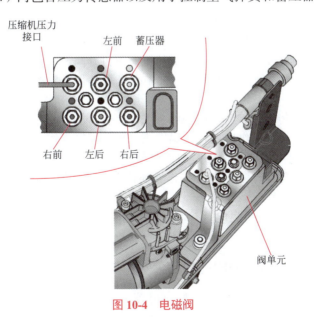

图10-4 电磁阀

41. 电控空气悬架压力传感器的结构原理是怎样的？作用是什么？

电控空气悬架压力传感器采用的是电容测量原理，进行信号输出。

（1）结构原理

❶ 奥迪压力传感器 G291，该传感器是浇铸在电磁阀体内的。

❷ 压力传感器测量的是前、后桥减振支柱的压力或蓄压器内的压力。

❸ 将要测量的压力会使得陶瓷膜片发生偏移，于是安装在这个膜片上的电极和固定在传感器壳体上的对应电极之间的距离就发生了变化。

（2）作用　这两个电极构成了一个电容器，两电极之间的距离越小，这个电容器的电容就越大。传感器内部集成的电子装置会测量出这个电容值并将它转换成一个线性输出信号。

42. 电控空气悬架车身速度传感器的结构是怎样的？作用是什么？

为了能使车辆在任何行驶状态都能获得最佳的减振效果，就需要知道在这段时间内车身的运动情况（悬挂质量）和车桥部件（非悬挂质量）的特性。车身的加速度由三个传感器来测量，这其中的两个传感器装在前桥减振支柱座上，第三个传感器位于右后车轮罩内。车桥部件（非悬挂质量）的加速度是通过分析车辆水平传感器信号而确定的。

这些传感器是通过支架用螺栓固定在车身上的。传感器和支架是通过卷曲折边的方式连在一起的。

43. 电控空气悬架车身水平传感器是怎样的？

大众奥迪车身每个轮侧悬架安装一个水平传感器，即 G76、G77、G78、G289。

车身水平传感器将接收叉形臂和车身之间的距离信息（也就是车身水平信息）。

传感器是以 800Hz（四轮驱动车是以 200Hz）的频率来工作的，这个频率足以确定非悬挂质量的加速度。

44. 电控空气悬架控制单元出现故障怎么办？

（1）例举故障现象　一辆奥迪 A8 轿车，由于电控空气悬架的空气泵经常退出控制，使汽车无法根据路况和行驶条件的变化变更车身的高度和硬度。修理后空气泵不再退出控制，但使用一段时间后车身高度总是停留在最低位置，不再升高。

（2）具体故障诊断与分析　车辆在行驶中空气泵是否退出控制，主要取决于空气泵工作温度是否过高。

空气泵上装有温度传感器，当温度达到130℃时，为了防止空气泵因过热而发生烧蚀现象，控制单元会自动断开空气泵的继电器，待温度正常后再恢复工作。

该车空气泵经常退出控制的原因是电控悬架控制单元内的 A/D 转换器转换错误，本来空气泵工作温度正常，但由于控制单元数据转换错误，误认为空气泵工作温度超过 130℃，所以经常让空气泵退出工作。

（3）执行故障排除　更换电控空气悬架的控制单元和空气泵，并清除故障码，故障排除。

45. 电控空气悬架传感器出现故障怎么办？

（1）例举故障现象　一辆奥迪 A8 轿车电控悬架始终在最低位置，不能进行高度自动调节，稍遇颠簸车轮上部就可能与翼子板相碰。

（2）具体故障诊断与分析　用故障诊断仪调取故障码，含义为左前垂直高度加速度传感器短路或断路。

垂直高度加速度传感器用来测量车身高度的垂直加速度的变化，以确定汽车行驶路面的状况，控制单元根据垂直加速度传感器提供的信息，计算出汽车在该路面行驶所需的最佳阻尼力。

（3）执行故障排除　更换左前垂直高度加速度传感器，并清除故障码，故障排除。

46. 电控空气悬架空气弹簧出现故障怎么办？

（1）例举故障现象　一辆奔驰轿车电控空气悬架有时在最低位置，不能进行高度自动调节。在不平路面行驶时必须小心翼翼，稍遇颠簸，车轮上部就可能与翼子板相碰，而有时又可以进行高度自动调节。不能进行高度自动调节时仪表显示"AIR SPRING VISIT WORKSHOP"，即空气弹簧系统故障。

（2）具体故障诊断与分析　用故障诊断仪读取故障码，含义为执行器中右前的一个电磁阀故障。

电控空气悬架控制的电磁阀输入或输出惰性气体氮气。如控制单元发现有电磁阀短路或断路故障，整个系统就会退出，电控空气悬架就停留在最低位置。如果是电磁阀短路或断路，在排除故障前电控空气悬架就始终在最低位置。维修人员在检测过程中发现在对端子进行电阻值检测时有时电阻是∞，有时在测量中晃动一下线束，电阻值又恢复正常。

根据上述诊断，初步确定是电磁阀线束出现断路故障。

（3）故障点确定　经检查发现一处可疑线段（比一般线软，好像内部无线丝），剥开发现此处断路。由于电磁阀线束外皮较粗，导线断开后在线束外皮的挤压下有时断开的导线还保持接触，所以有时检查电阻值正常。

（4）执行故障排除　更换电磁阀线束，清除故障码后，电控空气悬架可以进行高度自动调节，故障排除。

47. 主动车身稳定控制系统组成部件有哪些？

主动车身稳定控制系统（Active Body Control，ABC）是主动悬架系统先进技术的代表。

汽车主动悬架控制系统主要由前车身高度传感器、后车身高度传感器、方向盘转向与转向角度传感器、节气门位置传感器、车速传感器、控制开关、电子调节悬架电控单元和执行器等组成。

48. 主动悬架的基本特点是什么？

主动悬架控制系统的基本要求是，在汽车行驶路面、行驶速度和载荷变化时，自动调节车身高度、悬架刚度和减振器阻尼的大小，从而改善汽车的行驶平顺性。

49. 主动悬架控制系统主要有什么类型？

主动悬架控制系统主要有主动车身稳定控制系统、连续性阻尼控制系统等。

50. 主动车身稳定控制系统的特点是什么？

ABC系统使汽车对侧倾、俯仰、横摆、跳动和车身高度的控制都能更加迅速、精确。车身的侧倾小，车轮外倾角度变化也小，轮胎就能较好地保持与地面垂直接触，使轮胎对地面的附着力提高，以充分发挥轮胎的驱动、制动作用。汽车的载重量无论如何变化，汽车始终以悬架的几何形式保持车身高度不变。

51. 什么是连续性阻尼控制？

连续性阻尼控制（Continuous Damping Control，CDC）是一种智能识别道路状况的新型汽车减振系统。

CDC由电子控制单元、CAN、4个车轮垂直加速度传感器和4个阻尼器比例阀组成。CDC的工作原理是，电子控制单元根据传感器传来的信号和用户给予的控制模式，经过运算分析后向悬架发出指令，悬架可以根据电子控制单元给出的指令改变其刚度和阻尼系数，使车身在行驶过程中保持良好的稳定性能，并且将车身的震动响应控制在允许范围内。

52. 什么是底盘线控系统？

底盘线控系统的核心是线控驱动系统、线控转向系统和线控制动系统。线控驱动系统是电子控制器根据驾驶员指令来控制发动机的转速和方向，并且通过加速踏板来控制发动机输出扭矩的大小。线控转向系统由转向系统、电子控制系统和方向盘系统三部分组成，去除了转向轮与方向盘之间的机械连接装置，使得其自身与其他系统更加协调。线控制动系统由接收单元、踏板行程传感器和制动踏板等组成，经制动控制器接收车轮传感器信号、踏板信号与制动信号来控制车轮制动。

53. 什么是连续控制底盘系统？有什么作用特点？

连续控制底盘系统（Continuously Controlled Chassis Concept，4C）由电子控制全时四轮驱动系统和持续调校悬挂系统构成。

连续控制底盘系统可利用纵向、横向、滚动及倾斜感应器，加上车轮速度、方向盘角度、输出功率及制动力等数据，对动力分布及悬架做出调节。

54. 连续控制底盘系统的原理是什么？

分布在底盘的相应传感器可测量车身相对于道路的纵向、横向和垂直方向的加速度，并通过防抱死制动器和稳定控制系统来测量每个车轮的旋转运动、垂直运动，方向盘偏转角、速度、转向，发动机扭矩以及各种紧急障碍数据等，整个过程以电子线路的形式与轿车全轮驱动系统相连接。由传感器收集来的数据主动上传给微处理器，再由微处理器将这些信息反馈给减振器，并以500次/s的速度对其进行刷新。

55. 带有车身水平高度控制和高度调节功能的空气悬架系统有什么特点？

例如，保时捷Cayenne E2空气悬架系统是带有车身水平高度控制和高度调节功能的空气悬架系统，在配备该空气悬架系统的车辆上，驾驶员可以设置五种不同的水平高度，系统将自动调整到预先选定的水平高度，从而与车速达到匹配，在车辆装载的状态下，车辆的高度仍自动保持恒定。各个水平高度只能在发动机运转时设置，不允许车辆在一般地形或特殊地形设置下在公路上行驶。

56. 不同的水平高度是怎么设置的？

有一般地形高度、特殊地形高度、低位高度、装载高度。

例如，保时捷 Cayenne E2 空气悬架系统，标准水平高度设置下的离地间隙约为 190mm。

57. 一般地形高度是怎么设置的？

一般地形高度（加高高度Ⅰ）设置用于越野行驶、野外道路和丛林道路等，与标准高度相比，车辆升高约 28mm（前桥）和 25mm（后桥）。越野驾驶程序启用后，车辆自动升高到一般地形高度。一般地形高度只能在车速低于 80km/h 时手动选择，车速超过 80km/h（越野驾驶程序启用后为 100km/h）时，车辆将自动降至标准高度。

58. 特殊地形高度是怎么设置的？

特殊地形高度（加高高度Ⅱ）设置仅用于极其复杂、艰难、需要最大离地间隙的地形。与标准高度相比，车辆升高约 58mm（前桥）和 55mm（后桥）。特殊地形高度只能在车速低于 30km/h 时手动选择，车速超过 30km/h 时，车辆自动降至一般地形高度。

59. 低位高度是怎么设置的？

（1）低位高度Ⅰ　低位高度Ⅰ用于高速行驶，当车速超过 138km/h 时，车辆高度与标准高度相比自动降低约 22mm（前桥）和 25mm（后桥）。当车速下降到 80km/h 以下持续约 10s 或 40km/h 以下时，车辆自动升高到标准高度。如果使用中控台上的跷板开关手动设置了低位高度，在车速低于 40km/h 时低位高度仍然起作用。

（2）低位高度Ⅱ　低位高度Ⅱ用于高速行驶，当车速超过 210km/h 持续 40s 以上时，车辆高度与标准高度相比自动降低约 32mm（前桥）和 35mm（后桥）。当车速下降到 170km/h 以下持续 60s 或下降到 120km/h 以下时，车辆自动升高到低位高度Ⅰ。

60. 装载高度是怎么设置的？

装载高度设置便于向后备厢内装载物品，但是存在损坏底盘部件、总成和车身底部的风险，如果车辆在装载高度状态下的离地间隙不足，当车辆从路缘上驶下时可能会发生拖底，因此在起步之前务必切换到标准高度。装载高度下车辆与标准高度相比降低约 52mm（前桥）和 55mm（后桥），在车速超过 5km/h 时，车辆自动升高到标准高度。

第十一章
制动和稳定电子控制系统

1. 防抱死制动系统（ABS）的作用是什么？

ABS 的作用是控制实际制动过程接近于理想制动过程，防止车轮突然抱死。

（1）作用特点

❶ 制动时保持方向稳定性。

❷ 制动时保持转向控制能力。

❸ 制动时能降低制动距离。

❹ 制动时能使轮胎磨损下降。

（2）对比说明　在干燥道路上突然施加制动或在湿滑道路上正常施加制动时，制动力过大会严重影响车轮正常转向，这样车轮可能会抱死。当前轮抱死时转向系统不能控制车辆，当后轮抱死时车辆将进入自旋的情况。为了防止这种情况发生，所以车辆装备 ABS。

2. ABS 是怎么分类的？

ABS 一般按控制通道和控制方式分类。

（1）按控制通道分类　能够独立进行制动压力调节的制动管路称为控制通道。汽车防抱死制动控制主要有三通道和四通道两种型式。

（2）按控制方式分类

❶ 独立控制。如果一个车轮的制动压力占用一个控制通道，可以进行单独调节，称为独立控制。

❷ 一同控制。如果两个车轮的制动压力是一同调节的，称为一同控制。一同控制又可分为低选原则一同控制和高选原则一同控制。

（3）例举车型　某捷达轿车装备 MK20-I/E 型 ABS，硬件为四通道，软件为三通道调节回路，即前轮单独调节，后轮以两轮中地面附着系数低的一侧为依据进行统一调节。也就是说，四个轮速传感器、三个制动压力调节器，前轮独立控制，后轮按低选择方式控制。

3. ABS 组成有哪些？

ABS 由电子控制单元、传感器和执行元件组成。
（1）电子控制单元
❶ 电子控制单元是电控系统的核心控制元件，实际上是一个微机。
❷ 接收来自传感器的信号，完成对这些信息的处理。
❸ 发出相应的指令来控制执行元件的正确动作。
（2）传感器
❶ 传感器是感知信息的部件。
❷ 负责向电子控制单元提供系统的工作情况和运行状况，从而使电子控制单元正确地管理系统的运转。
（3）执行元件
❶ 执行元件是指令的完成者。
❷ 执行电子控制单元发出的各项指令。

4. 轮速传感器是怎么工作的？

轮毂上有齿圈随车轮旋转，齿圈切割磁场产生交变电压，其频率随车轮转速变化。交变电压作为车轮转速信号输送到电子控制单元（ECU）。
（1）作用　测出车轮的转速，并将信号送到 ECU。
（2）结构　该传感器由传感头和齿圈两部分组成，传感头由永磁铁、极轴、感应线圈等组成。
（3）工作原理　传感器与普通的交流发电机原理相同。永久磁铁产生一定强度的磁场，齿圈在磁场中旋转时，齿圈齿顶和电极之间的间隙就以一定的速度变化，这样就会使齿圈和电极组成的磁路中的磁阻发生变化。其结果使磁通量周期性增减，在线圈两端产生正比于磁通量增减速度的感应电压。

5. 怎样检查轮速传感器？

如果轮速传感器损坏，电子控制单元接收不到转速信号，ABS 将停止工作，并点亮 ABS 警告灯，此时车辆仅有常规制动。
轮速传感器的导线、插接器或传感头松动，电磁线圈等出现接触不良、断路、短路或脏污、间隙不正常，都会影响车轮转速传感器的工作，从而造成 ABS 工作异常。
轮速传感器的外观检查如下。
❶ 检查传感器安装有无松动。
❷ 传感头和齿圈是否吸有磁性物质和污垢。
❸ 传感器导线是否破损、老化。
❹ 插接器是否连接牢固和接触良好，如有锈蚀、脏污，应清除。

6. 怎样测试轮速传感器？怎样测试转子齿圈？怎样测试传感器输出信号？

（1）诊断测试　使点火开关处于"OFF"位置，将 ABS 电子控制单元插接器插头拆下，查出各传感器与电子控制单元连接的相应端子，在相应端子上用万用表电阻挡检测传感器线圈与其连接电路的电阻值是否正常。
如果阻值无穷大，表明传感器线圈或连接电路有断路故障。

如果电阻值很小，表明有短路故障。为了区分故障是在电磁线圈还是在连接电路，应拆下传感器插接器插头，用万用表电阻挡直接测试电磁线圈的阻值。

如果所测阻值正常，表明传感器连接电路或插接器有故障，应修复或更换。

（2）转子齿圈的检测　主要检查转子齿圈的齿数，转子齿圈有无裂纹，转子齿圈有无缺齿和断齿，转子齿圈的齿与齿之间是否吸附铁屑。传感器头部端面与齿圈凸起端面要保留约 1mm 的空气间隙，可用无磁性的厚薄规进行检查。

（3）传感器输出信号的检测　用故障诊断仪读取数据流，汽车以 20km/h 的速度行驶，检查车轮转速传感器输出。

7. ABS 电子控制单元是怎样的？

❶ 将液压控制单元（储液器、电动回液泵、电磁阀）与电子控制单元集成于一体，例如捷达轿车。

❷ 电子控制单元内部设有故障存储器，随车带有故障诊断接口，借助故障诊断仪调取故障码可以很方便地进行故障诊断。

❸ 电子控制单元（ECU）中具有两个完全相同的微处理器，它们按照同样的程序对输入信号进行计算处理，并将最终结果进行比较，一旦发现最终结果不一致，即判定自身存在故障，它会自动关闭 ABS，同时将仪表板上的 ABS 警告灯点亮。

8. ABS 警报灯的功能是什么？

ABS 警报灯的功能是在 ABS 出现故障时，由 ABS 电脑控制其点亮，向驾驶员发出警报信号，并可由 ABS 电脑控制闪烁显示故障码。

❶ 在仪表板及仪表板附加部件上装有两个故障警示灯，一个是 ABS 警示灯（K47）；另一个是制动装置警示灯（K118）。

❷ 打开点火开关后 ABS 警示灯亮约 2s 熄灭，说明自检结束的同时已启动 ABS。若 ABS 警示灯常亮，说明 ABS 出现故障。

9. ABS 控制过程是怎么样的？

❶ 在汽车以大于或等于 20km/h 的速度行驶过程中，紧急制动时，ABS 的控制单元接收到制动灯开关接通信号，车轮上的转速传感器采集 4 个车轮的转速信号，送到 ABS 控制单元判断车轮是否有抱死的趋势。

❷ ABS 工作过程可以分为建压阶段、保压阶段、降压阶段和升压阶段。

10. ABS 建压阶段是怎样工作的？

制动时，通过助力器和总泵建立制动压力。此时常开阀打开，常闭阀关闭，制动压力进入车轮制动器，车轮转速迅速降低，直到 ABS 电子控制单元通过转速传感器识别出车轮有抱死的倾向为止。

11. ABS 保压阶段是怎样工作的？

当轮速传感器发出抱死危险信号时，ECU 向电磁线圈通入一个较小的保持电流（约为最大电流的 1/2），电磁阀处于"保压"位置。此时主缸、轮缸和回油孔相互隔离密封，轮缸中的制动压力保持一定。

12. ABS 降压阶段是怎样工作的？

在制动压力保持不变后，ABS 电子控制单元还不断检测车轮转速信号，若判断出车轮仍有抱死倾向时，ABS 电子控制单元立即向液压控制单元发出控制信号打开常闭阀，启动液压泵工作，制动液从制动器经低压蓄能器被送回到制动总泵，制动压力降低，制动踏板微量顶起，车轮抱死程度降低，车轮转速开始提高。

13. ABS 升压阶段是怎样工作的？

为了取得最佳的制动效果，当车轮达到一定转速后，ABS 电子控制单元再次命令常开阀打开，常闭阀关闭。随着制动压力增加，车轮再次被制动和减速。

14. 什么是电子制动力分配（EBD）？

EBD 是 ABS 附加的软件功能，无需添加任何硬件。车辆轻微制动，车轮无抱死倾向时 EBD 起作用：自动调整不同路况下前后轴的制动力分配比例。

❶ 使用电子制动力分配功能可免装比例阀及减载阀。在车轮部分制动时，电子制动力分配（EBD）功能就起作用，转弯时尤其如此，转速传感器将按时发出 4 个车轮的转速信号，电子控制单元根据这些信号计算车轮的转速。

❷ 如果后轮滑移率大于某个设定值，则由液压控制单元调节后轮制动力，使后轮制动力降低，以保证后轮不会先于前轮抱死。

❸ 同传统的制动力分配方式（用比例阀）相比，电子制动力分配（EBD）功能保证了较高的车轮附着力以及合理的制动力分配。同时，电子制动力分配（EBD）并没有增加新的硬件，而是通过软件来实现制动力的合理分配，降低了成本。

❹ 当 ABS 起作用时，电子制动力分配系统（EBD）即停止工作。

❺ EBD 的升压及保压与 ABS 工作过程完全一样，但降压控制则不同。当后轮有抱死倾向时，后轮的常开阀关闭，常闭阀打开，车轮压力降低。与 ABS 不同的是，此时液压泵不工作，降压所排放出的制动液暂时存放在低压蓄能器中。

15. 什么是 ASR？

ASR 是汽车驱动防滑控制系统（Anti Slip Reguliation，ASR），是应用于车轮防滑的电子控制系统，可以说 ASR 是 ABS 的升级版产品。

车速传感器将行驶汽车驱动车轮转速及非驱动车轮转速转变为电信号，输送给电子控制单元（ECU）。ECU 根据车速传感器的信号计算驱动车轮的滑移率，若滑移率超限，控制器再综合考虑节气门开度信号、发动机转速信号、转向信号等因素确定控制方式，输出控制信号，使相应的执行器动作，将驱动车轮的滑移率控制在目标范围之内。

16. ASR 和 ABS 的相同点是什么？

❶ ASR 和 ABS 都是控制车轮的滑移率，以使车轮与地面的附着力不下降，因此两系统采用的是相同的技术，它们密切相关，常结合在一起使用，共享许多电子组件和共同的系统部件来控制车轮的运动，构成行驶安全系统。

❷ 车轮轮速传感器与 ABS 系统共享。

❸ 节气门开度传感器与发动机电控系统共享。

❹ ASR 的 ECU 也是以微处理器为核心，配以输入/输出电路及电源等组成。

❺ ASR 与 ABS 的一些信号输入和处理是相同的，为减少电子器件的应用数量，ASR 控制器与 ABS 电控单元常组合在一起。

17. ASR 和 ABS 区别是什么？

❶ ABS 可防止制动时车轮抱死滑移，提高制动效果，确保制动安全；ASR 则防止驱动车轮原地不动而不停地滑转，提高汽车起步、加速及在滑溜路面上行驶时的牵引力，确保行驶稳定性。

❷ ABS 对所有车轮起作用，控制其滑移率；而 ASR 只对驱动车轮起制动控制作用。

❸ ABS 是在制动时，车轮出现抱死的情况下起控制作用，在车速很低（小于 8km/h）时不起作用；而 ASR 则是在整个行驶过程中都工作，在车轮出现滑转时起作用，当车速很高（80～120km/h）时不起作用。

18. ASR 常用控制方式是什么？

发动机输出功率控制、驱动轮制动控制，同时控制发动机输出功率和驱动轮制动力。

（1）发动机输出功率控制　在汽车起步、加速时，ASR 控制器输出控制信号，控制发动机输出功率，以抑制驱动轮滑转。常用方法有辅助节气门控制、燃油喷射量控制和延迟点火控制。

（2）驱动轮制动控制　直接对发生空转的驱动轮加以制动，反应时间最短。普遍采用 ASR 与 ABS 组合的液压控制系统。

（3）同时控制发动机输出功率和驱动轮制动力　控制信号同时启动 ASR 制动压力调节器和辅助节气门调节器，在对驱动车轮施加制动力的同时减小发动机的输出功率，以达到理想的控制效果。

19. ABS 工作启动有什么表现？

❶ ABS 工作受制动踏板的控制，并且 ABS 投入工作时，在制动踏板上会产生一种液压脉动效应，紧急制动时使踏板连续跳动，感觉反弹踏板，且听到"嘣嘣"声音。

❷ 当汽车车速达到 25km/h 左右时，ABS 投入工作；当汽车减速且车速降到 20km/h 以下时，ABS 停止工作。

20. ABS 故障有什么表现？

❶ 如果汽车正常行驶时 ABS 警告灯点亮，或紧急制动时 ABS 不起作用，则说明 ABS 有故障。

❷ 如果在启动发动机之前，将点火开关旋至"ON"位置，ABS 警告灯不亮，或者将点火开关旋至"ON"位置，ABS 警告灯点亮 3s 后不熄灭，也表示 ABS 有故障。

21. 带 ABS 的车辆怎么进行液压制动系统排气？

第一步，预排气；第二步，正常排气；第三步，再次排气。

（1）预排气

❶ 连接制动液加注和排气装置（专用设备）。

❷排气顺序：将左前和右前的制动钳同时排气；将左后和右后的制动钳同时排气。

❸插上排气瓶软管后打开排气阀，直至排出的制动液无气泡为止。接着通过功能"基本设置"用检测仪 VAS 5051 再次对液压单元排气（以捷达轿车为例）。

（2）正常排气

❶连接制动液加注和排气装置（专用设备）。

❷以规定的顺序打开排气阀并对制动钳排气。

a. 左前制动钳。

b. 右前制动钳。

c. 左后制动钳。

d. 右后制动钳。

使用合适的排气软管，它必须紧固在排气阀上，以避免空气进入制动装置。

❸在插上排气瓶软管后打开制动钳排气阀，直至排出的制动液无气泡为止。

（3）再次排气

❶用力踩下制动踏板并踩住。

❷打开制动钳上的排气阀。

❸将制动踏板踩到底。

❹在踩下制动踏板时关闭排气阀。

❺慢慢松开制动踏板。

每个制动钳必须进行 5 次排气，排气顺序如下。

❶左前制动钳。

❷右前制动钳。

❸左后制动钳。

❹右后制动钳。

排气后必须进行试车，同时必须至少进行一次 ABS 调节。

22. 检修 ABS 前有哪些注意事项？

❶对 ABS 进行诊断时，首先使用故障检测仪读取故障码。

❷当需要拆卸 ABS ECU 上的插接器插头时必须关闭点火开关。

❸维修 ABS 液压控制装置时，首先进行泄压，以免高压油喷出伤人。关闭点火开关，连续踩下制动踏板 30～40 次，直至感觉制动踏板无阻力为止。

❹更换 ABS 轮速传感器时，注意不要碰伤传感器头，也不能将传感器齿圈当撬面，以免损坏。此外，检查确保 ABS 齿圈安装正确。

❺ABS 维修完成后应清除故障码，然后进行试车，检验 ABS 工作情况是否正常。

23. 怎样通过 ABS 自检判断系统是否正常？

❶将点火开关转到"ON"位置时，仪表上的 ABS 指示灯必须点亮，此时系统进行自检，若无故障，4s 后指示灯自动熄灭，否则说明 ABS 系统有故障。

❷将点火开关转至"ON"位置，ABS 指示灯应亮，当车速达到 10km/h 时，指示灯应自动熄灭，否则说明 ABS 有故障。

❸将点火开关转至"ON"位置时，ABS 液压泵应有短暂的响声，否则说明 ABS 液压泵失效。

24. 怎样进行 ABS 的初步检测？

❶ 检查驻车制动是否完全释放。
❷ 检查制动液液面高度。
❸ 检查 ABS 电子控制单元的导线插头、插座连接是否良好，插接器及导线是否损坏。
❹ 检查 ABS 传感器导线及插接件。
❺ 检查制动警告灯及 ABS 故障指示灯工作是否正常。

25. 怎样进行 ABS 的试车检测？

试车时，若踩下制动踏板感到有轻微的振动且反弹现象，表明 ABS 在工作，其踏板振动是因为 ABS 工作时，制动系统轮缸的油压"减压→保压→增压"的循环过程引起的，踏板反弹是因为 ABS 油泵运转时，储液器油液被压抽到制动主缸引起的。

如果感觉不到制动踏板的连续振动，说明 ABS 存在故障。ABS 工作时踏板会产生"嗡嗡"的声音。

26. 车轮转速传感器的结构与原理是怎样的？

（1）车轮转速传感器的结构　车轮转速传感器一般由磁感应传感头和齿圈组成。

（2）车轮转速传感器的原理　当齿圈的齿隙与传感器的铁芯端部相对时，铁芯端部与齿圈之间的空气间隙最大，传感器永磁性铁芯所产生的磁力线就不容易通过齿圈；感应线圈周围的磁场较弱。

当齿圈的齿顶与传感器的铁芯端部相对时，铁芯端部与齿圈的空气间隙最小，传感器永磁性铁芯所产生的磁力线就容易通过齿圈，感应线圈周围的磁场就较强。

当齿圈随同车轮转动时，齿圈的齿顶和齿隙就交替地与传感器铁芯端部相对，传感器感应线圈周围的磁场随之发生强弱交替变化，在感应线圈中就会产生交变电压。交变电压的频率与齿圈齿数和转速成正比。

27. 怎样简单地检测车轮转速传感器故障？

（1）故障诊断仪检测　车轮转速传感器出现故障，用故障诊断仪能检测和读取故障码。

（2）检查车轮转速传感器线圈电阻

❶ 拆下车轮转速传感器的连接插头，用万用表分别检查 2 个端子与车身的导通情况，正常时应不导通，否则表明传感器有搭铁故障。

❷ 用万用表测量传感器线圈电阻值，正常情况下电阻值应为 600～2300Ω，如果电阻值不在此范围，应更换。

（3）转子齿圈的检查

❶ 检查转子齿圈有无裂纹、缺齿和断齿，齿圈的齿与齿之间是否有的吸附铁屑或异物。
❷ 用塞尺检查传感器顶部端面与齿圈之间的间隙应为 1mm 左右。

28. 电子制动力辅助（EBA）作用是什么？

如果属于非常紧急的制动，EBA 此时就会指示制动系统产生更高的油压使 ABS 发挥作用，从而使制动力快速产生，减少制动距离。

EBA 利用传感器感应驾驶者对制动踏板踩踏的力度与速度大小，然后通过电脑判断驾驶者此次的刹车意图。

在车辆行驶过程中，制动辅助系统会全程监测刹车踏板，一般正常刹车时该系统并不会介入，会让驾驶者自行决定刹车时的力度大小。但当其侦测到驾驶者忽然以极快的速度和力量踩下刹车踏板时，会被判定为需要紧急制动，于是便会对刹车系统进行加压，以增强并产生最强大的刹车力度，让车辆及驾乘者能够迅速脱离险境。

29. TCS 与 ABS 有什么区别？TCS 是如何控制的？

（1）TCS 与 ABS 的区别

❶ ABS 利用传感器来检测轮胎何时要被抱死，再减少制动器制动压力以防被抱死，它会快速地改变制动压力，以保持该轮在即将被抱死的边缘。

❷ TCS 主要通过发动机点火的时间、变速器挡位和供油系统来控制驱动轮打滑。

（2）TCS 的控制

❶ 起步和低速加速时控制。在车辆起步和加速时通过 TCS 对驱动轮进行短暂制动使车辆的牵引力小于或等于附着力，降低车轮打滑。配置该系统的车辆，即使起步瞬间迅速将加速踏板完全踩到底，驱动轮也不会打滑。

❷ 高速行驶控制。在车辆高速行驶时发现车轮打滑，TCS 通过发动机控制单元指令来执行以下项目。

a. 减少喷油量。

b. 断缸，如果 6 缸发动机可以暂时关闭 3 个喷油器，降低发动机输出扭矩。

c. 推迟点火提前角。

d. 适当关闭电子节气门。

e. 升挡，通过增大负荷降速，使发动机输出有效功率下降，使车辆的牵引力小于或等于附着力，实现避免或减少车辆打滑。

30. 电控驻车制动系统的作用是什么？是怎样实现的？

电子驻车制动（EBP）系统就是取代传统拉杆手刹的电子手刹按钮，比传统的拉杆手刹更安全，不会因驾驶者的力度不同而改变制动效果。

❶ 电子驻车制动系统通过内置在其 ECU 中的纵向加速度传感器来测算坡度，从而可以算出车辆在斜坡上由于重力而产生的下滑力，ECU 通过电机对后轮施加制动力来平衡下滑力，使车辆能停在斜坡上。

❷ 当车辆起步时，ECU 通过离合器踏板上的位移传感器以及油门的大小来测算需要施加的制动力，同时通过高速 CAN 与发动机 ECU 通信来获知发动机牵引力的大小。ECU 自动计算发动机牵引力的增加，相应地减少制动力。当牵引力足够克服下滑力时，ECU 驱动电机解除制动，从而实现车辆顺畅起步。

31. EPB 系统主要组成部件有哪些？

EPB 系统的主要部件包括控制单元、液压单元及驻车制动电机。

EPB 系统的电控系统见图 11-1。

（1）控制单元 J540　该控制单元安装在后备厢右侧的蓄电池的下方。从蓄电池开始，驻车制动左、右电机 V282/V283 是单独控制的。在这个控制单元内装有两个处理器，驻车制动器松开的命令由这两个处理器共同执行。该控制单元内还有一个微型倾斜角传感器。

（2）液压单元　为了能在主动巡航控制的调节过程中降低噪声，就需要使用集成的抽吸式阻尼消音器。这些抽吸式阻尼消音器就是一些小腔，通过橡胶膜片来平息制动液的波动。这种经过改进的液压单元只用于带有主动巡航控制装置的车。

（3）驻车制动电机　驻车制动左、右电机V282/V283。

图11-1　EPB系统的电控系统

32. EPB系统驻车制动电机是怎么工作的？

要想实现驻车制动功能，必须得将驱动电机的旋转运动转换成制动活塞的一个非常小的直线往复运动，这就需要斜轴轮盘机构与螺杆驱动相结合才能实现这个功能。

（1）电机工作过程　这个运动转换过程分为三步来进行。

第一步，是"慢减速"（1∶3），这一步由电机-齿轮机构输入端上的齿形皮带来完成。

第二步，由斜轴轮盘机构来实现。齿轮机构的输出端减速系数可达147（与电机的转速相比）。

第三步，通过一个螺杆来驱动制动活塞，这样就将旋转运动转换成往复直线运动。

（2）执行工作　螺杆直接由斜轴轮盘机构来驱动。制动活塞内装有一个气缸，该气缸可在轴向滑动。两个平面可防止气缸转动。在气缸尾部加粗的部分上装有一个压紧螺母。螺杆的旋转运动会带动压紧螺母在螺杆上进行移动。

（3）驻车制动器拉紧　螺母在螺杆上向前运动，于是气缸与活塞接触，气缸和活塞都被压靠在制动盘上。

（4）驻车制动器松开　螺母在螺杆上向前运动并向回旋转，于是气缸卸荷，密封圈在恢复原状时会将活塞向回推，于是就松开了制动盘。

33. EPB系统后轮执行元件斜轴轮盘机构是怎么工作的？

输入齿轮上安装一个斜盘，该斜盘上带有圆锥形花键，斜盘与输入齿轮不是轴向平行的。因此在输入齿轮转动时，该斜盘会呈摆动运动状态。斜盘是通过键槽固定在减速器壳体内的，它不能自由转动。

❶ 斜盘上有 51 个齿，输出齿轮有 50 个齿。
❷ 通过这个所谓的"分度误差"，斜盘的齿总是与输出齿轮的齿面相接触，而绝不会进入齿槽。因此，输出齿轮就会多转动一个小角度。
❸ 输入齿轮转一圈，输出齿轮和斜盘上各有两个齿轮啮合在一起。
❹ 由于斜盘的摆动，第二对齿轮副（位置 2）在斜盘转了半圈后才啮合。输出齿轮在位置 1 会多转一点，这就使得在位置 2 时，斜盘的齿还是与输出齿轮的齿面相接触。这个运动一直进行下去的结果是，输出齿轮及与它相连的螺杆每转半圈时，就会多转半个齿宽。

34. 什么是车辆动态行驶平稳控制系统？其工作原理是什么？

车辆动态行驶平稳控制（VDC）系统主要配置在全时四轮驱动的车辆上，VDC 系统对转向行驶稳定性的控制主要是借助于对各车轮制动控制和发动机功率输出控制来实现的。例如汽车转弯时，若前轮因转向能力不足而趋于滑出弯道，VDC 系统即可获得预计车辆侧滑信息，这时就采取适当的制动右后轮的措施。左后轮产生的制动力可以帮助汽车转向，使汽车继续按照原来理想的路线行驶。

在弯道上，因后轮趋于侧向滑出而转向过多，VDC 系统即采取适当制动右前轮的办法，维持车辆的稳定行驶。在极端情况下，VDC 系统还可以采取降低发动机功率输出的办法降低行驶车速，减少对地面侧向附着能力的需求来维持车辆的稳定行驶。采用 VDC 系统后，汽车在紧急避让或弯道路面上的制动距离还可进一步缩短。

35. VDC 系统的主要传感器有哪些？

（1）轮速传感器　用来跟踪每个车轮的运动状态。
（2）方向盘转向角度传感器　用来传感方向盘的转角，在紧急避让和转向时提醒系统进入工作状态。
（3）横向偏摆率传感器　用来记录汽车转向行驶时偏摆角度，是过度转向，还是不足转向。
（4）横向加速度传感器　用来检测转向行驶时横向滑移距离。
（5）车轮位移传感器　用来测量车轮和车身相对位置的变化。

36. 轮胎压力监测系统的作用是什么？有哪些类型？

（1）作用　轮胎压力监测（TPM）系统可在汽车行驶过程中对轮胎气压进行实时自动监测，并对轮胎漏气和低气压进行报警，以确保行车安全。
（2）类型
❶ 轮胎压力监测显示。轮胎压力监测显示也称间接式轮胎压力监控系统。
a. 轮胎压力监测显示是 ABS 控制单元的一个软件功能，它通过计算 ABS 传来的数据，识别每个轮胎的胎压故障。
b. 驾驶员自己将气压充到标定的气压值，然后按压一个按钮使系统学习标定值。
❷ 带车轮位置识别的轮胎压力监测。
a. 这种系统由车轮电子控制单元、非接触式天线和控制单元构成。
b. 驾驶员将胎压充到正确值并且存储到系统内。
❸ 不带车轮位置识别的轮胎压力监测。

a. 不带车轮位置识别的轮胎压力监测系统集成在舒适系统控制单元内,中控锁和防盗警报天线用于接收来自车轮电子控制单元的信号。

b. 这种系统的轮胎标定压力是出厂时预设的。

37. 三种轮胎压力系统的主要区别是什么?

三种轮胎压力系统的主要区别见表11-1。

表11-1 三种轮胎压力系统的主要区别

项目	轮胎压力监测显示	带车轮位置识别的TPM	不带轮胎位置识别的TPM
软件	ABS控制单元中的软件模块	单独的轮胎压力监控单元J502	轮胎压力监控单元J502,位于舒适系统控制单元J393中
轮胎电子控制单元	无	每轮一个	每轮一个
天线	无	每个轮罩一个	无,信号由中控锁和防盗警报天线接收
标定轮胎压力	驾驶员自己充气并存储	驾驶员自己充气并存储	出厂预设
操作	按住按钮2s	通过信息系统	按住按钮2s
学习过程	在校准过程学习标定压力	轮胎重新充气后,需要开始学习	更换轮胎电子元件,标定压力不变

38. 轮胎压力监测显示(TPMD)的特点是什么? TPMD有哪些主要元件? TPMD是怎么进行监控的?

(1)工作特点 来自ABS的不同数据用于计算轮胎的滚动周长,滚动周长与其他相关参数进行比较。轮胎缺气会引起信号的变化,相关参数是系统根据自学习过程的驾驶状态计算出来的,此过程称为校准。

(2)主要元件

❶ J104 ABS控制单元。

❷ J285 组合仪表。

❸ J533 网关。

(3)系统控制 轮胎压力监测显示(TPMD)通过ABS系统的轮速传感器来比较轮胎之间的转速差别,以达到监测胎压的目的。

如图11-2所示,4个轮速传感器把各自的车轮转速信号传至J104,J104将信号再传至轮胎气压监控控制单元J793,J793进行数据处理,如果轮胎气压太低或漏气,轮胎气压监控控制单元J793通过网关J533传至仪表J285进行报警。

❶ 监控轮胎体积。轮胎气压损失时,体积变小。要行驶相同的路程,缺气车轮必须比没有气压损失的轮胎转得更快。车轮转速被ABS控制单元传递给J793。J793将进行车桥轴对称和单侧车轮滚动范围比较。

❷ 监控轮胎振动。由于行车道的不平整性,每个轮胎滚动时都会引起转动振动,分析车

轮转速可以测出该振动。如果气压降低,那么振动方式改变。因此监控轮胎振动程序可以同时安全识别各个轮胎上的气压损失,如轮胎上的慢漏气等。

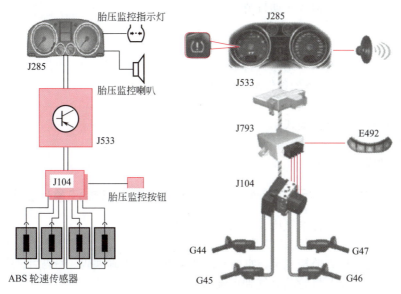

图 11-2　间接式轮胎压力监控系统

39. 轮胎压力监测显示(TPMD)怎样校准?

每次更换轮胎或轮胎重新充气后,都需要重新校准。

(1)按住胎压校准按钮 2s
❶ 仪表内的警报灯会亮起 2s。
❷ 伴有一声锣响报警。
❸ 系统校准开始进行。
❹ 校准后警报灯自动熄灭。

如果系统监控到胎压损失,位于组合仪表内的警报灯就会闪亮,并同时伴有一声锣声报警,以此来提示驾驶员。

只有当重新校准后,警报灯才可熄灭。若不重新校准,每次打开点火开关后,都会伴有一声锣声报警。

(2)参数变化　轮胎参数发生变化时,系统需要校准以确定新的参数,轮胎参数变化包括:
❶ 更换轮胎;
❷ 轮胎重新充气;
❸ 底盘维修。

校准:按住胎压校准按钮 2s,此时,仪表内的警报灯会亮起 2s 并伴有一声锣响报警。

在正常驾驶条件下,系统自动将轮胎标定压力校准到驾驶员的充气值。在校准过程中,数据是逐渐传递到胎压监控系统的。系统经过自学习后便可以进行胎压监控,整个过程需要几分钟时间。

40. 胎压监控终止条件是什么?

每次更换轮胎或轮胎重新充气后,都需要重新校准。

（1）因素影响　轮胎的滚动周长是胎压监控的基础，滚动周长除了受轮胎压力影响外，还会受到下列因素影响。

❶ 轮胎打滑（行驶打滑或制动打滑）。
❷ 转弯时轮胎的位置。
❸ 车辆负载。
❹ 路面状况（路面有雪、结冰、有水）。

（2）胎压监控终止　下列条件下，胎压监控将会终止。

❶ 路面不平坦或路面疏松。
❷ 驾驶员选择运动驾驶模式。
❸ 施加制动。
❹ 上坡行驶或下坡行驶。

41. 轮胎压力监测显示（TPMD）中更换 ABS 泵总成要注意什么？

编码前气压要调校至标准气压，编码后系统自动校准。
更换 ABS 总成时，需要注意以下几点。

❶ 是否带有轮胎压力监控系统，如果有，则 ABS 需要正确编码。编码后，系统自动校准。
❷ 正确编码前，需要将轮胎充气到正确值。
❸ 为了确保校准正确进行，需要按下胎压监控按钮 2s，此时仪表内警报灯亮起，系统校准再次进行。

42. 不带车轮位置识别的 TPM 系统的工作特点是什么？怎样操作？

（1）工作特点　轮胎压力传感器以固定的频率将数据向外传输，中控和防盗警报天线接收数据并将其传给轮胎压力监控系统控制单 J502（集成在舒适系统控制单元中）。

（2）操纵切换

❶ 标定的气压（监控气压）在出厂时已经存储。该气压与标注在油箱盖上的轮胎气压值是相同的。预设的满载气压和半载气压是不可改变的。
❷ 驾驶员可以通过中央扶手处的按钮在满载气压和半载气压间切换，检查轮胎气压状态，打开或关闭轮胎气压监控。

43. 不带车轮位置识别的 TPM 系统中怎么设定胎压？

如果车上装的轮胎气压值与油箱盖上规定的气压值不同，系统也可以用第二套气压设定值进行监控。

第二套气压值只能通过 VAS 5051/5052 设定，系统无法通过轮胎压力传感器自动识别和学习第二套轮胎气压值。

设定第二套轮胎气压值的步骤如下。

❶ 设定前读取轮胎传感器的识别码。
❷ 激活 TPM 的第二套设定值。
❸ 输入轮胎识别码和标定气压值。

44. 不带车轮位置识别的 TPM 系统中车轮压力电子装置元件有哪些？

车轮压力电子装置（传感器）见图 11-3，包括以下装置。

❶ 压力传感器。
❷ 温度传感器。
❸ 加速度传感器。
❹ 电池。
❺ 测量、传送和控制元件。

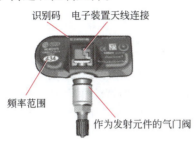

图 11-3 车轮压力电子装置（传感器）

45. 不带车轮位置识别的 TPM 系统中数据传输的作用有哪些？

有以下五种传输作用。
（1）轮胎气压　判断轮胎的压力变化。
（2）温度　用来计算当前的轮胎气压。
（3）加速度　车轮加速度用来比较当前的车速，通过比较可以防止胎压监控电源 J502 将其他车辆的车轮电子元件误当成自己的。
（4）控制位　用来判断是否是内部故障。
（5）状态信息　信息传递的模式及其原因。

46. 轮胎压力数据传输状态和条件是什么？

轮胎压力数据传输状态和条件有以下三种情况。
❶ 车辆静止或车速低于 25km/h 时，无数据传递。除非轮胎压力变化超过 0.2bar/min（$1bar=10^5Pa$）。
❷ 车辆静止时间超过 20min，之后车速高于 25km/h，则每隔 15s 传输 30 个信号（持续约 7.5min）。在正常行驶条件下，每分钟传输 1 个信号。
❸ 若轮胎压力缺失超过 0.2bar/min，则每 15s 传送一个信号。

47. TPM 系统中更换轮胎后怎么设定？

TMP 系统会自动识别出新传感器的识别码并自动读取数据。
❶ 更换轮胎后，当车速超过 25km/h 时，系统会自动识别出新传感器的识别码并自动读取数据，加速度信息用来判断车速，此过程需要约 7min。
❷ 在 TPM 系统自动学习新的传感器前，系统需要先学习静止模式，此时车辆需要静止 20min。当轮胎漏气时，需要 5min。
❸ 当车速超过 25km/h 的时间大于 7min 后，系统完成自学习。

48. TPM 系统中什么情况下故障报警灯点亮？

TMP 系统会自动识别出新传感器的识别码并自动读取数据。

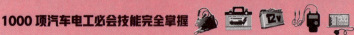

❶ 换上备胎后（备胎不带压力传感器）。
❷ 没有安装轮胎压力传感器。
❸ 利用修理包对轮胎进行修补后。
❹ 周围有电磁干扰。
❺ 更换轮胎后，静止时间不够。
❻ 轮胎压力确实过低。

49. 带车轮位置识别的 TPM 系统是怎么控制的？

带车轮位置识别的 TPM 系统也称直接式轮胎压力监控系统，该系统利用安装在每一个轮胎里的压力传感器来直接测量轮胎的气压，利用无线发射器将压力信息从轮胎内部发送到中央接收器模块上的系统，然后对各轮胎气压数据进行显示。当轮胎气压太低或漏气时，系统会自动报警。

该系统为双向单天线直接测量系统。轮胎压力控制单元 J502 连接在 CAN 舒适总线上，每个车轮罩内都安装了一个轮胎压力监控发射器 G431、G432、G433、G434；后部轮胎压力监控系统 R96 天线位于车顶上的车内灯和滑动车顶模块之间。发射器和天线都是通过 LIN 总线与控制单元相连的，每个车轮还有一个轮胎压力传感器 G222、G223、G224、G225。

50. 带车轮位置识别的 TPM 系统工作过程是怎样的？

当打开驾驶员侧车门或 15 号接线柱接通时，系统就开始初始化，控制单元 J502 给轮胎压力监控发射器 G431～G434 和天线 R96 各分配一个 LIN 地址。

初始化完成后，这几个发射器一个接一个从控制单元接收到一条信息，随后这些已经分配有地址的发射器发射出无线电信号（频率为 125kHz，只发射一次），由于这种无线电信号的作用半径很小，所以它们只会分别被相应的轮胎压力传感器所接收，传感器被所对应的无线电信号激活，会发送出测量到的轮胎当前压力和温度值，这些测量值被天线 R96 接收后再经 LIN 总线传送到控制单元。

轮胎压力传感器上装有离心力传感器，该传感器可以识别出车轮是否在转动。只要车辆处于停止状态，发送完一次信号后就不再进行任何通信。

车辆起步时，传感器约 2min 后开始与车轮位置进行匹配。当车速超过约 20km/h 时，每个传感器会自动发射当前的测量值，而不需等待来自各自发射器的信号。

发射出的无线电信号中包含有传感器的 ID，这样控制单元就可识别出是哪个传感器发出的信息及其位置。

正常情况下，发射器每隔约 30s 发射一次信号。如果传感器发现压力变化较快（>20kPa/min），那么传感器会自动切换到快速发送模式，这时每隔 1s 就发送一次当前测量值。

51. 怎样诊断胎压监控单元 J793 及四轮压力参数？

举例：奥迪于 2009 年 PA 版 A6L 车型之后推出的胎压监控系统采用的是间接测量方式。胎压监控单元 J793 位于动力 CAN 总线上，利用车轮速度传感器（EPS 传感器）比较各车轮的转动情况。

奥迪 A6L 车型胎压监控单元 J793 位于动力 CAN 总线上，利用车轮速度传感器（EPS

传感器）比较各车轮的转动情况，当一个或多个胎压失压时，其滚动周长变得越来越小。这样，行驶一定的路段该轮胎所需转动的圈数就增多了。通过车轮转速传感器采集到这个信息，然后胎压监控单元对其进行分析。控制单元识别出较大的失压时，通过仪表盘中的指示灯向驾驶员发出警报。在某些动态运行状态下，例如，快速曲线行驶、恶劣路段上行驶、起步和制动时，只在一定条件下才由控制单元分析测量值，在多数情况下，不分析轮胎压力损失。

❶ 四轮压力警告数据块阅读：4C-08-001、002（4C 为地址码）。

数据块 4C-08-001 第Ⅱ区：左前轮胎压力警告。第Ⅳ区：右前轮胎压力警告。

数据块 4C-08-002 第Ⅱ区：左后轮胎压力警告。第Ⅳ区：右后轮胎压力警告。

以上各区显示 0～255，当轮胎压力报警时为 0，存储轮胎压力值后为 255。

❷ 四轮转速阅读：4C-08-014。

数据块 4C-08-014 第Ⅰ区：左前轮转速。第Ⅱ区：右前轮转速。第Ⅲ区：左后轮转速。第Ⅳ区：右后轮转速。

由于 ESP 的自诊断功能在车速达到 15km/h 以上就自动退出了，所以这组数据非常实用，可以在车辆行驶时连续监控车轮转速，从而找出导致压力报警的车轮。

52. 自动辅助转向前照灯是怎么工作的？

自动辅助转向前照灯的任何部件都是固定不动的，但它能够在方向盘转过一定角度时，自动点亮一个照亮弯道方向的卤素灯泡，从而扩大弯道方向上的照明范围，扩大驾驶员的视野，增强转向时的安全性。

这种辅助灯光不仅不能转动，而且不能随着汽车前后重心的变化而上下随动，在转弯时汽车的前照灯一直是固定不动的，仍然直直地向下照在前方。相对来讲它不是真正的主动或随动转向前照灯，但这种辅助灯光的效果也不错，而且制造成本又低，维修费用也相应低不少，如迈腾装备的就是自动辅助转向灯。

53. 随动转向前照灯有什么好处？

随动转向前照灯系统在行驶过程中，当驾驶人转动方向盘的同时，前照灯也会跟着转动一定角度（一般为 15°）以消除照明死角。尤其是当弯道边上有行人或骑自行车者时，随动转向前照灯显得更为重要。

随动转向前照灯系统不仅可以使前照灯左右转动，它还会根据车身平衡度的变化而自动调节光柱的上下角度，例如当制动时，当上坡和下坡时，当前后乘坐人员不等时，车头下探或上仰的同时灯光也会自动调整上下角度，以维持光照的范围不变，从而提高行车的安全性能。

54. 什么是防眩目后视镜？

夜间行车最大的安全隐患就是视线问题，不仅是因为天黑光线不好，而且各向来车的大灯对行驶安全也有影响；遇上不规矩的驾驶人在后方长期开着远光灯行驶，车内后视镜直接将强光反射入眼睛，刺眼的强光直接影响到行车的安全，为了减小危险的发生，后视镜自动防眩目功能应运而生。后视镜自动防眩目一般分为内后视镜防眩目和外后视镜防眩目。

1000项汽车电工必会技能完全掌握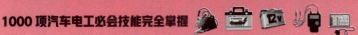

55. 防眩目后视镜的工作原理是什么？

防眩目后视镜由一面特殊镜子和两个光敏二极管及电子控制器组成。两个光敏二极管分别设置在后视镜的前面及背面，分别接收汽车前面及后面射来的光线。当车后面跟随车辆的前照灯照射在车内后视镜上时，此时后面的光强于前面的光，此反差被两个光敏二极管感知并向电子控制器输出一个电信号到后视镜导电层上，致使后视镜镜面电化层颜色变深，此时再强的光照射在车内后视镜上也不会使驾驶员眩目。

56. 什么是EBD？EBD是怎么工作的？

EBD是英文Electronic Brake Distribution（电子制动力分配）的缩写。

EBD具有ABS的辅助功能，它可以改善和提高ABS的功效，所以有些车辆配置参数上会写"ABS+EBD"。

在制动的时候，车辆四个车轮的制动卡钳均会动作，以使车辆停下。但由于路面状况可能会有所变化，加上减速时车辆重心的转移，四个车轮与地面间的抓地力将有所不同。传统的制动系统会平均地将制动主缸的制动力分配至四个车轮，从上述可知，这样的分配并不符合制动力的使用效益。配置有EBD系统的车辆，会自动检测各个车轮与地面间的抓地力状况，将制动系统所产生的制动力，适当地分配至四个车轮。在EBD系统的辅助之下，制动力可以得到最佳的效率，使得制动距离明显缩短，并在制动的时候保持车辆的平稳，提高行车的安全。而EBD系统在弯道之中进行制动的操作也具有维持车辆稳定的功能，增加弯道行驶的安全。

汽车在制动时，由于汽车重心前移，尤其是汽车负载时，此时后轮的地面附着力减小，制动力自然也减小，从而导致汽车的制动距离较长，严重的则会造成汽车摆尾等现象。如果此时能增大后轮的制动力，不仅可缩短制动距离，而且可以保证汽车制动时的稳定性。

另外，在制动时如果四个车轮附着地面的情况不一样，比如左前轮和右后轮附着在干燥地面上，而右前轮和左后轮却附着在水中或泥水中，这种情况也会导致汽车制动时四个车轮与地面的摩擦力不一样，制动时容易造成打滑、倾斜，甚至车辆侧翻事故。如果此时能根据四个车轮的情况分别施加不同的制动力，让四个车轮的制动力达到平衡，则可提高汽车制动时的稳定性。

57. 什么是TCS？TCS是怎么工作的？

TCS是英文Traction Control System的缩写，意为牵引力控制系统，也称为循迹控制系统。此外，它还有其他别名，如加速防滑控制系统（Acceleration Slip Regulation，ASR）、DTC（宝马）、TRC（丰田）、TRAC等，这都是同样系统的不同叫法。

TCS也是在ABS基础上发展而来的。在制动时，如能切断发动机施加给车轮的驱动力，也会有利于快速制动。

在汽车起步或加速中，当电脑监测到驱动轮的滑转差大于30%时，便向发动机发出指令，减小驱动力，发动机便会减少喷油量，从而减小发动机转矩输出，或者对此车轮实行制动，以使驱动轮的滑转差回到10%～30%之间，保证车轮始终拥有较大的附着力。同理，在制动时，除了完成防抱死和制动力自动分配外，还向发动机发出停止喷油的指令，从而切断发动机动力输出，帮助车轮快速制动。

58. 什么是EBA？

EBA是英文Electronic Brake Assist的缩写，中文名称是电子紧急制动辅助。当EBA发现驾驶员迅速大力地踩踏制动踏板时，便会认为是一个突发的紧急事件，马上自动地提供更大的制动压力，增大制动效果。不仅如此，其施压的速度也远远快于驾驶员，这能大大地缩短制动距离，增强安全性。尤其是对于脚力较差的女性及高龄驾驶员，在闪避紧急危险的制动时帮助更大。

59. 什么是动态稳定控制系统？

动态稳定控制（DSC）系统与一体式底盘管理（ICM）系统内的中央动态行驶调节和分动器（VTG）的控制相互配合使用。ICM 为 DSC 调节提供标准数据。VTG 控制驱动扭矩在前桥和后桥之间的分配，因此 VTG 也为 DSC 调节提供支持。

甚至动态行驶开关也会影响 DSC 的工作原理，根据所选的挡位（例如标准、SPORT+，相当于 DTC），还需要对 DSC 干预的阈值和特点进行匹配。除了调整阈值之外，动态稳定控制系统还有其他方面的更改，这些更改涉及安装位置、显示范围以及诊断和修理。

60. 动态稳定控制系统控制单元由哪些部件组成？

（1）动态稳定控制系统控制（DSC）单元 动态稳定控制系统控制（DSC）单元由 DSC 电子控制单元（集成块）和 DSC 液压单元等组成（图 11-4）。

（2）DSC 液压单元的组成

DSC 液压单元主要由阀体和泵电机组成。阀体包括带 2 个活塞的活塞泵、电磁阀、制动压力传感器。电磁阀线圈集成在控制单元内，机械部件（例如气门座、挺杆）压入在阀体内。

在每一个制动回路中都存在成对的电磁阀，一个进气门（不通电敞开）和一个排气门（不通电关闭）。通过相关的控制，制动压力将在前轮和后轮进行调整。

通过电气转换阀实现泵进气接口从低压蓄能器至串联式制动主缸的切换。制动压力传感器获取通过制动踏板和制动助力器产生的制动压力。制动压力传感器的测量范围为 0～250bar（1bar=10^5Pa）。

图 11-4　DSC 单元
1—DSC 电子控制单元；2—阀体；3—DSC 液压单元；4—泵电机；5—控制单元 47 芯插头连接

61. 什么是防翻滚稳定系统？

防翻滚稳定系统是一种能防止车辆倾翻的装置，它能够在车辆处于越野路面转弯时监控车辆的侧滑速度，通过车轮传感器发出的信号计算车辆的侧倾程度，对弯道中外侧车轮进行额外的控制。当车辆任何一侧出现严重侧倾时，防翻滚稳定系统都会迅速调整两侧车轮的制动力分配，同时降低发动机的转矩输出，从而在最短时间内恢复车辆的平衡，降低车身抖动翻滚的危险，确保车辆驾乘人员的安全。

62. 什么是自适应定速巡航系统？

自适应定速巡航系统比普通定速巡航系统要复杂得多，普通定速巡航系统只能控制节气门开度,也就是说发动机管理系统只能通过控制节气门的开度来达到控制车速的目的,主要是为了在高速公路上长时间匀速行驶时驾驶员不用踩油门踏板。但是,如果此时遇到前车突然减速,车间距迅速变短的话,普通定速巡航系统就帮不上什么忙了,驾驶员需要通过人为制动降低车速,保持车距。

而自适应定速巡航系统,通常在车头上装有高精度的测距雷达,ECU 可以通过雷达获得与前车的精确距离,那么在高速巡航的时候,一旦前车突然减速,或有车并线使得车间距迅速减小,ECU 就会做出判断,通过主动制动来保持与前车的距离。

63. 怎么检查随速转向系统?

奥迪 A6 轿车随速转向电磁阀 N119 是由供电控制单元 2(J520)来控制的。该控制单元的输入信号是来自 ESP 控制单元(J104)的速度信号,即根据不同的车速调整电磁阀上的电流,通过阀限制通过转向系统液压旁路的液压流量,从而实现在不同车速下不同大小的转向助力。

随速转向电磁阀 N119 通过两个螺钉安装在转向器总成上,如图 11-5 所示,可以单独进行更换。如果遇到低速转向沉重即随速功能失效时,可以检查数据块中电流值与用万用表测得的电磁阀上实际电流值是否相符。如两者相符,但转向沉重,则问题出在电磁阀本身;如不相符,则问题出在控制单元或电磁阀上。

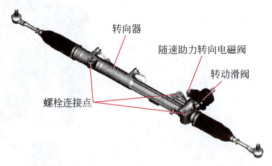

图 11-5　随速转向电磁阀 N119 安装在转向机上

64. 带有电子驻车制动系统的车辆怎么更换制动片?

带有电子驻车制动系统的车辆(奥迪 A6/A6L 车型),后刹车分泵带电子驻车制动电机,手工不能压缩,要通过故障诊断仪来操作。在更换后制动片时,按以下程序执行。

❶ 首先释放驻车制动,将点火开关置于"ON"挡位置,连接诊断仪器,输入 53,进入驻车制动系统;输入 04,选择基本调整功能;输入 07,按下确认键即可将后刹车分泵的电机复位。

❷ 拆下轮胎,更换两后轮制动片。

❸ 制动片换完后,还需使用仪器进行电机复位,在基本调整功能中输入 06,按下确认键即可将后制动分泵的电机释放进行复位。

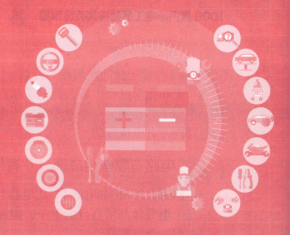

第十二章
汽车电子和电路

一、电工基础

1. 怎样测量电压？有哪些注意事项？

测量电学参数（电压、电流、电阻）时通常使用数字式万用表，它始终与用电器、元件或电源并联在一起。

为了不影响待测电路，电压表内阻应尽可能大。在电源上测量时测量的是瞬时电压。用电压表测量时要注意以下几点。

❶ 必须设置电压类型，即交流电压或直流电压（AC/DC）。
❷ 开始时应选择较大的测量范围（量程）。
❸ 测量直流电压时注意极性。
❹ 测量后要将电压表调到最大的交流电压量程。

2. 什么是直流电压？常用的直流电源有哪些？

电压值和极性保持不变的电压称为恒定（理想）直流电压。电压值变化但极性保持不变的电压称为直流电压。

最常用的直流电压电源包括原电池（蓄电池）、相应的发电机（部分接有整流器）、光电池（太阳能系统）和开关模式电源。在技术领域还通常组合使用变压器和整流器。

3. 什么是交流电压？常用的交流电源有哪些？

数值大小和极性不断变化的电压称为交流电压。交流电压电源的典型代表是家庭用电，如照明开关、电器插座等。

4. 什么是电荷载体？电流是怎样产生的?

电荷载体可以是电子（金属电荷载体）或离子（液态和气态电荷载体）。由于核外电子

（价电子）与原子核的距离相对较远，因此这些电子与原子核的连接较弱。原子吸收能量（例如热、光和化学过程）后，价电子从原子外侧壳体上脱离，形成所谓的自由电子。自由电子从一个原子移动到另一个原子时称为电子流动或电流。电压是产生电流的原因，只有在闭合的电路内才有电流流动。

5. 电路有哪些组成部分？有何作用？

电路由电源（例如电池）、用电器（例如灯泡）和导线组成，通过开关可使电路闭合或断开。

每个电导体都带有自由电子，电路闭合时，所施加的电压使导体和用电器的所有自由电子同时朝一个方向移动。

6. 什么是电流？什么是电流强度？

电流是指电荷载体（例如物质或真空中的自由电子或离子）的定向移动。

单位时间内流动的电子（电荷载体）数量就是电流强度。每秒钟内流经导体的电子数越多，电流强度就越大。电流强度用电流表测量。

7. 什么是直流电流？

最简单的情况是，电流流动不随时间而改变，这种电流称为直流电流（DC）。电流方向：从正极流向负极。

8. 什么是交流电流？

交流电流（AC）是指以周期方式改变其极性（方向）和电流值的电流。交流电流的特点是其电流方向呈周期性变化。电流变化频率（通常也称为电源频率）表示每秒钟内电流朝相同方向流动的次数。

9. 什么是脉动电流？

如果在一个电路中直流电源和交流电源可同时起作用，就会产生脉动电流。因此，周期电流是直流电流与交流电流叠加的结果。

10. 怎样测量电流？

（1）电流表测量电流　电流表始终与用电器串联在一起，为此必须断开电路导线，以将电流表加入电路中。测量时电流必须流经电流表。

电流表内阻应尽可能低，以免影响电路。

用电流表测量时要注意以下几点：

❶ 注意电流类型，即电路中流过的是交流电流还是直流电流（AC/DC）。

❷ 开始时应选择尽可能大的量程。

❸ 注意直流电流的极性。

❹ 测量后要将电流表调到最大交流电压量程。

（2）电流钳测量电流　如图 12-1 所示为使用电流钳测量电流。如果待测电流强度 >10A，那么用电流钳测量电流的优势非常突出。另一个优点是测量电流强度

图 12-1　电流钳测量电流
1—电流钳；2—蓄电池负极单线

时无需打开电路。

11. 电阻有什么作用？

简单地说，干扰电子流动的效应称作电阻。

该效应使电阻具有限制电路内电流的特点。在电子系统中，电阻的作用非常重要。除作为元件的标准电阻外，其他各部件都有一个可影响电路电压和电流的电阻值。

固定电阻器和可变电阻器在机动车电子系统内使用。固定电阻器分为线绕电阻器和金属膜电阻器。

12. 什么是导体的电阻？

导体的电阻取决于导体的尺寸、比电阻和温度。导体越长，电阻值越大；导体横截面越大，电阻值越小。相同尺寸的不同材料其电阻值不同。

13. 什么是作为元件使用的电阻？

由于在大多数情况下导线的电阻会带来不利影响，因此电子系统通常需要将电路电流限制在一个特定限值内。在此根据具体用途将相应类型和大小的电阻作为元件使用。

由于电阻尺寸通常很小且不印出或很难看清电阻值，因此通常用色环来表示电阻值。每种颜色都代表一个特定的阻值，因此可以通过计算色环数值总和得到电阻值。电阻上注明的电阻值仅适用于温度20℃的条件，之所以有这种限制是因为所有材料的电阻都会随温度变化而改变。

14. 机械可变电阻有哪几种？有何特性？

机械可变电阻分为电位器和微调电位器。

电位器的电阻值可随时改变，而微调电位器的电阻值只能在进行调节时偶尔改变。电位器装在防尘套内，有一个轴。

电位器可用于长度测量，电位器活动触头与待测长度有关。通过电阻内的变化可以测量长度变化，从而获得可变电阻器的电压降。电位器也可以作为角度传感器使用，在这种情况下，旋转角度与电位器电阻上的电压降之间具有一种固定的相互关系。用于测量电压的电位器电路见图12-2。

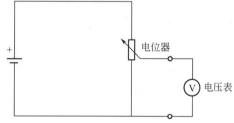

图12-2　用于测量电压的电位器电路

15. NTC热敏电阻器有何特性？在汽车上是怎样应用的？

（1）NTC热敏电阻器的特性　非金属物质具有热敏电阻特性，NTC表示"负温度系数"，其电阻值随温度升高而降低。电阻器可通过电流固有的加热特性直接加热，也可通过外源间接加热。

（2）NTC热敏电阻器在车辆上的应用　在车辆上，NTC热敏电阻器用于测量温度，例如冷却液、进气、车内和车外温度（图12-3）。

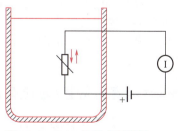

图12-3　NTC热敏电阻器用作温度传感器示意

16. PTC 热敏电阻器有何特性？在汽车上是怎样应用的？

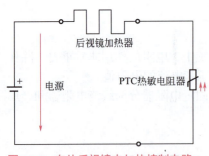

图 12-4 车外后视镜内加热控制电路

（1）PTC 热敏电阻器的特性　PTC 热敏电阻器的电阻值随温度升高而增加，因此，这种热敏电阻器的温度系数称为正温度系数。这表示，该电阻器在低温条件下比高温条件下能够更有效地导电。

（2）PTC 热敏电阻器在汽车上的应用　PTC 热敏电阻器用作空调系统内风扇电机的过载保护装置，也用来控制车外后视镜内的加热电流。例如，PTC 热敏电阻器用来监控燃油箱储备量。车外后视镜内加热控制电路见图 12-4。

17. 光敏电阻器有何特性？在汽车上是怎样应用的？

（1）光敏电阻器（LDR）　光敏电阻器是可以在光线影响下改变自身电阻的光敏半导体组件。

（2）光敏电阻器（LDR）在汽车中的应用　例如，在自动防眩车内后视镜中，有两个 LDR 分别测量指向行驶方向的入射光线和指向其他方向的入射光线并将它们进行比较。

18. 怎样测量电阻值？有哪些注意事项？

电阻值用欧姆表或万用表的测量电阻挡测量。在大多数情况下使用多量程测量仪（万用表），以免出现读数错误和不准确。测量电阻值时要注意以下几点。

❶ 测量期间不得将待测部件连接在电压电源上，因为欧姆表使用本身的电源并通过电压或电流确定电阻值。

❷ 待测部件必须至少有一侧与电路分离，否则并联的部件会影响测量结果。

❸ 极性无关紧要。

19. 电容器是怎样工作的？

电容器和电阻在汽车上大量使用，汽车上的控制模块都离不开电容器。

电容器是一个能够存储电荷或电能的元件。最简单的电容器由两个对置的金属板和金属板之间的一个绝缘体组成。

通过开关闭合将一个直流电压电源连到电容器上时，就会进行电荷转移，一个金属板上电子过剩（负电荷），另一个金属板上电子不足（正电荷）。

短时间内流过一股充电电流，直至电容器充满电，该电流可用电流表测量。

电容器充满电时不再有电流流过（电流表显示 0），即使之后电压电源仍保持连接状态。随后电容器阻断直流电流，即电容器电阻变为无限大。

电容器与直流电压电源断开后仍保持充电状态，即两个金属板之间存在电势差，电容器存储了电能。

20. 电容器充电/放电有什么特性？

通过改变开关位置使电容器短路时，放电电流朝反方向流动，直至两个金属板重新为电中性，或电阻内的电能转化为热能时，放电电流停止流动。

电容器充电过程开始时的电流较大，而开始时的电压较低或为 0。随着电容器充电过程的进行，电流越来越小，电压越来越高。

电容器充满电时不再有电流经过，电压达到电源电压值。

电容器开始放电时电流较大，但与充电时的流动方向相反。电压开始时为最大值，然后随电容器放电而不断降低。电容器完全放电后不再有电流经过，电容器金属板之间没有电势差。如果单位时间内充电和放电过程的数量增加，例如通过施加交流电压，则单位时间内的充电和放电电流数量就会增大，单位时间内的电流平均值也会增大。因此电容器内的电流变大，即电容器电阻明显减小（电容性电抗）。电容器在车辆上作为短时电荷存储器使用，用于电压滤波和减小过压峰值。

21. 什么是非极化电容器？

非极化电容器的两个接头相同，即可以相互调换。非极化电容器可用直流电压和交流电压驱动。

22. 什么是极化电容器？

极化电容器有一个正极接头和一个负极接头，这两个接头不能互换。极化电容器不能用交流电压驱动。

23. 什么是纸质或包层电容器？

将一层或多层石蜡或油纸放在两个金属膜之间（几微米厚），用复合密封剂或填充剂将包层密封起来，以防造成机械损伤。

24. 什么是陶瓷电容器？

电容器使用陶瓷作为电介质，陶瓷上烧结有金属银作为电极。钛电容是这类电容器的代表，并且通过与其他电容器和线圈组合使用，即使温度发生变化，这种电容器也可以达到一个恒定的谐振频率。

25. 什么是电解电容器？

电解电容器是指通过电解作用在铝片上形成一层极薄的氧化膜，浸有电解液的纸或纸网夹在这些薄膜之间，形成正电极，铝片形成负电极。由于电解电容器使用极薄的氧化膜作为电介质，因此具有较大的电容。

26. 什么是电容？

电容器的存储能力称为电容。电容的单位是法拉（F）。

计算充电和放电时间时，需要电容器充电电流经过的电阻值和电容器的电容值。施加的电压大小对充电时间没有影响。电容器电容 C 值越小、电阻 R 值越小，充电过程越快。

27. 电容器串联是怎样的？

电容器与电阻相似，也可并联和串联。

电容器串联：将电容器依次连接在一起且使相同电流经过所有电容器。

总电压分布在串联电容器上，局部电压之和等于总电压。最小电容器上的电压降最大，最大电容器上的电压降最小。

串联电路的总电容小于最小的单个电容。每增加一个串联电容器，总电容就会随之减小。

28. 电容器并联是怎样的？

电容器并联时，施加在所有电容器上的电压都相同。电容器通常采用并联方式，以增大电容。

因为通过电流为电容器充电，所以所有电容器的总电容大于所有单个电容器的电容，总电容等于单个电容之和。

29. 电容器在汽车上是怎样运用的？

如图12-5所示为汽车车内照明灯关闭延迟电路。电容器 C 与继电器的线圈并联在一起，因此，释放开关后仍有电流通过继电器，从而通过照明灯。通过继电器的励磁线圈使电容器放电后，继电器就会关闭照明灯电路，照明灯电流在开关释放后延迟一小段时间才中断。

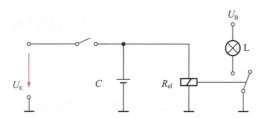

图 12-5　汽车车内照明灯关闭延迟电路

30. 汽车上有哪些线圈和电感元件？

在车辆电气系统上线圈有多种用途，例如用作点火线圈、用于继电器和电机内。在车辆电子系统上，线圈用于感应式传感器内，例如曲轴和凸轮轴传感器。但线圈也可以用于输送能量（如变压器）或进行过滤（如分频器），在继电器内利用线圈的磁力切换开关。

31. 什么是导体的磁场？

在每个载流导体周围都有一个磁场。磁力线的形状为闭合的圆圈。

载流导体周围磁力线的方向可通过螺旋定则确定。设想将一个右旋螺纹螺栓沿电流方向（技术方向）拧入一个导体内，则其旋转方向就是磁力线方向。

32. 什么是磁力线圈？

基本线圈是指缠绕在一个固体上的导线，但不一定要有这个固体，它主要用于固定较细的导线。线圈用在变压器、继电器和电机内。

有电流经过线圈时，就会产生磁场。线圈将电能储存在磁场中。切断电流时，磁能重新转化为电能，产生感应电压。线圈最重要的物理特性是其电感。

除了电感外，实际线圈还具有其他一些（通常是不希望出现的）特性，例如电阻或电容。通过在线圈中放入一个铁芯可使磁场强度增大很多倍。铁芯不是电路的一部分，带有铁芯的线圈称为"电磁铁"。

33. 什么是电磁感应？

导体或线圈在磁场中移动时，导体或线圈内就会产生一个电压。磁场强度改变时，导体或线圈内也会产生电压，该过程称为电磁感应，产生的电压称为感应电压。

感应电压的大小取决于磁场强度（绕组数量 N、电流强度 I 和线圈结构）。

当导体或线圈在磁场中的移动速度不断变化时，如果有电流经过线圈，线圈周围就会产生一个不断变化的磁场。电流每变化一次，线圈内都会产生一个自感应电压。产生该电压的目的在于抵消电流变化。

简单地说，电感对磁场变化（建立和消失）的反作用与物理学中的惯性原理相似。

34. 电磁感应在汽车上是怎样运用的？

汽车上的感应式脉冲传感器是根据电磁感应原理工作的。为此主要需要一个线圈（绕组）、一个磁场和"移动"。通过这种测量原理能够以非接触（因此也不产生磨损）方式测量角度、距离和速度。发动机转速是计算空燃混合气和进行点火调节的主要控制参数。现在用霍尔传感器取代感应式脉冲传感器作为曲轴传感器的情况越来越多。

（1）曲轴传感器控制　感应式脉冲传感器——曲轴传感器，用于测量发动机转速，它由一个永久磁体和一个带有软铁芯的感应线圈构成。飞轮上装有一个齿圈作为脉冲传感器。在感应式脉冲传感器与齿圈之间只有一个很小的间隙，经过线圈的磁流情况取决于传感器对面是间隙还是轮齿。轮齿将散乱的磁流集中起来，而间隙则会削弱磁流。飞轮及齿圈转动时，就会通过各个轮齿使磁场产生变化。

（2）曲轴传感器基准识别　磁场变化时在线圈内产生感应电压。每个单位时间内的脉冲数量是衡量飞轮转速的标准。控制单元也可以通过已知的齿圈齿隙确定发动机的当前位置。通常使用60齿距的脉冲信号轮，缺少一个或两个轮齿的部位定为基准标记。

35. 什么是半导体？有何特性？

半导体是指电导率处于强导电性金属与绝缘体之间的材料。为了有目的地影响或控制半导体的电导率，将杂质加入半导体内，专业术语称为掺杂。掺杂时加入具有特定晶格结构的不同化合价外部原子。

在室温条件下半导体的导电性很低。半导体受到热、光、电压形式的能量或磁能影响时，其电导率就会发生变化。由于半导体对压力、温度和光线很敏感，因此也是理想的传感器材料。

半导体元件主要由硅（Si）和砷化镓（GaAs）等材料制成。

36. 二极管有什么作用？

二极管是一种由两种不同半导体区域，即 P 层和 N 层，构成的电子元件。使用塑料或金属外壳对半导体晶体进行保护，以免受到机械损伤。两种半导体层与外部进行电气连接，P 层形成阳极，而 N 层形成阴极。

37. 怎样检测二极管？

检测二极管最好的方法是检测其单向导电特性。

用万用表检测二极管的电阻，如果二极管正极的电阻比较小，反向电阻比较大，说明二极管是良好的；如果二极管正反向电阻都比较大或比较小，那么可以判断二极管是损坏的。

38. 二极管有什么特性？怎么识别二极管？

（1）二极管的特性　二极管在电路中常用"D"加数字表示，如 D5 表示编号为 5 的二极管。二极管的主要特性是单向导电性，也就是在正向电压的作用下，导通电阻很小；而在反向电压的作用下导通电阻极大或无穷大。

（2）二极管的识别　根据二极管的特性，汽车电路中常把它用在整流、隔离、稳压、极性保护、编码控制、调频调制和降噪等电路中。汽车电路中使用的二极管按作用可分为整流二极管、隔离二极管、发光二极管、稳压二极管等。

小功率二极管的识别其实很简单，如下所示。

❶ 观察外壳上的符号标记，通常在二极管的外壳上标有二极管的符号，带有三角形箭头的一端为正极；另一端为负极。

❷ 观察外壳上的色点，在点接触二极管的外壳上，通常标有极性色点（白色或红色），一般标有色点的一端即为正极，还有的二极管上标有色环，带色环的一端则为负极。

❸ 有些二极管也用二极管专用符号来表示 P 极（正极）或 N 极（负极），也有采用符号标志为"P""N"来确定二极管极性的。

❹ 发光二极管的正负极可从引脚长短来识别，长脚为正极，短脚为负极。

❺ 以电阻较小的一次测量为准，黑表笔所接的一端为正极，红表笔所接的一端则为负极。

稳压二极管在电路中常用"ZD"加数字表示，如 ZD5 表示编号为 5 的稳压二极管。稳压二极管的特点就是击穿后，其两端的电压基本保持不变。这样，当把稳压二极管接入电路以后，如果由于电源电压发生波动，或其他原因造成电路中各点电压变动时，稳压二极管两端的电压将基本保持不变。稳压二极管的故障主要表现在开路、短路和稳压值不稳定。在这三种故障中，前一种故障表现出电源电压升高；后两种故障表现为电源电压变到 0 或输出不稳定。

39. 稳压二极管有什么作用？有哪些故障表现？

稳压二极管接入阻隔方向。如果在阻隔方向上施加超过一个特定的电压 U_Z，电流 I_Z 就会明显提高，二极管即可导电。通过提高掺杂物质可使阻隔层变得很薄，因此电压为 1～200V 时就会击穿。为了在出现击穿电压时电流迅速升高不会造成二极管损坏，必须通过一个相应的电阻限制电流。稳压二极管在车辆电子系统中用于稳压和限制电压峰值。

40. 什么是光敏二极管？有何特性？

光敏二极管是 P-N 结二极管，由半导体和透镜组成。如果在有光线照射的光敏二极管上加上反向电压，则反向电流就会通过，它的电流强度的变化与照在光敏二极管的光线多少成比例。当光敏二极管上加上反向电压时，通过测试逆向电流的多少就可确定光照量的多少。

41. 什么是整流二极管？有何特性？

整流二极管是利用 P-N 结的单向导电特性，把交流电变成脉动直流电。整流二极管通过的电流较大，多数采用面接触性材料封装。另外，整流二极管的参数除前面介绍的几个外，还有最大整流电流，是指整流二极管长时间工作所允许通过的最大电流值。它是整流二极管的主要参数，是选择整流二极管的主要依据。

42. 什么是发光二极管？有何特性？

发光二极管（LED）和普通二极管一样，都是 P-N 结二极管。当发光二极管正向导通时能够发光。

特性： 比普通的灯泡发热少，寿命长；以低功率消耗发出亮光；只需较低电压即可工作。LED 必须始终与一个串联电阻连接在一起，以便限制经过发光二极管的电流。

一个 LED 的 N 层掺杂较多时，P 层的掺杂只能较少，这样二极管接入流通方向时，电流几乎只通过电子运载。P 层内出现空穴与电子结合（复合）的情况时，释放出能量。根据具体半导体材料，这种能量以可见光或红外辐射形式释放出来。由于 P 层非常薄，因此可能有光线溢出。

43. 什么是晶体管？有何特性？

晶体管是由三个半导体层组成的电子元件，又称三极管。每个半导体层都各有一个电气接头，根据半导体层的分布方式分为 PNP 晶体管和 NPN 晶体管，这三个半导体层及其接头称为发射极（E）、基极（B）和集电极（C）。电荷载体从发射极移动到基极（发射出去）并由集电极吸收，因此晶体管有两个 P-N 结，一个位于发射极与基极之间；另一个位于集电极与基极之间。

44. 检测二极管时应该注意什么？

用数字式万用表检测二极管时，红表笔接二极管的正极，黑表笔接二极管的负极，此时测得的电阻才是二极管的正向导通电阻，这与指针式万用表的表笔接法刚好相反。

45. 怎么检测小功率晶体二极管的最高工作频率？

晶体二极管工作频率，除了可从有关特性表中查阅出外，实用中常常用眼睛观察二极管内部的触丝来加以区分，如点接触型二极管属于高频管，面接触型二极管多为低频管。另外，也可以用万用表 $R \times 1k$ 挡进行测试，一般正向电阻小于 1000Ω 的多为高频管。

46. 怎么检测小功率晶体二极管的最高反向击穿电压？

对于交流电来说，因为其电压不断变化，因此最高反向工作电压也就是二极管承受的交流峰值电压。需要指出的是，最高反向工作电压并不是二极管的击穿电压。一般情况下，二极管的击穿电压要比最高反向工作电压高得多（约高一倍）。

47. 怎么检测玻封硅高速开关二极管？

检测玻封硅高速开关二极管的方法与检测普通二极管的方法基本相同。不同的是，这种二极管的正向电阻较大，用 $R \times 1k$ 电阻挡测量，一般正向电阻值为 $5 \sim 10k\Omega$，反向电阻值为无穷大。

48. 怎么检测双向触发二极管？

将万用表置于 $R \times 1k$ 挡，检测双向触发二极管的正、反向电阻值，都应为无穷大。若交换表笔进行测量，万用表指针向右摆动，说明被测二极管有漏电性故障。

49. 怎么检测瞬态电压抑制二极管（TVS）？

用万用表 $R \times 1k$ 挡测量二极管的好坏，对于单极型的 TVS，按照测量普通二极管的方法，可测出其正、反向电阻，一般正向电阻为 $4k\Omega$ 左右，反向电阻为无穷大。对于双向极型的

TVS，任意调换红、黑表笔测量其两引脚间的电阻值，均应为无穷大，否则，说明 TVS 性能不良或已经损坏。

50. 怎么检测高频变阻二极管？

（1）识别正、负极　高频变阻二极管与普通二极管在外观上的区别是其色标颜色不同，普通二极管的色标颜色一般为黑色，而高频变阻二极管的色标颜色则为浅色，其极性规律与普通二极管相似，即带绿色环的一端为负极，不带绿色环的一端为正极。

（2）测量正、反向电阻来判断其好坏　具体方法与测量普通二极管正、反向电阻的方法相同，当使用万用表 $R\times 1k$ 挡测量时，正常的高频变阻二极管的正向电阻为 $5\sim 5.5k\Omega$，反向电阻为无穷大。

51. 怎么检测变容二极管？

❶ 正、负极的判别。有的变容二极管的一端涂有黑色标记，这一端即是负极，而另一端为正极。还有的变容二极管的管壳两端分别涂有黄色环和红色环，红色环的一端为正极，黄色环的一端为负极。

❷ 将万用表置于 $R\times 10k$ 挡，无论红、黑表笔怎么对调测量，变容二极管的两引脚间的电阻值均应为无穷大。如果在测量中，发现万用表指针向右有轻微摆动或电阻为零，说明被测变容二极管有漏电故障或已经击穿损坏。对于变容二极管容量消失或内部的开路性故障，用万用表是无法检测判别的。必要时，可用替换法进行检查判断。

52. 怎么检测单色发光二极管？

在万用表外部附接一节 1.5V 干电池，将万用表置于 $R\times 10$ 或 $R\times 100$ 挡。这种接法相当于给万用表串接上了 1.5V 电压，使检测电压增加至 3V（发光二极管的开启电压为 2V）。检测时，用万用表两表笔轮换接触发光二极管的两管脚。若二极管性能良好，必定有一次能正常发光，此时，黑表笔所接的为正极，红表笔所接的为负极。

53. 怎么检测红外发光二极管？

❶ 判别红外发光二极管的正、负极。红外发光二极管有两个引脚，通常长引脚为正极，短引脚为负极。因红外发光二极管呈透明状，所以管壳内的电极清晰可见，内部电极较宽较大的为负极，而较窄且小的为正极。

❷ 将万用表置于 $R\times 1k$ 挡，测量红外发光二极管的正、反向电阻。通常，正向电阻应在 $30k\Omega$ 左右，反向电阻要在 $500k\Omega$ 以上（反向电阻越大越好），这样的二极管才可正常使用。

54. 怎么识别红外接收二极管极性？

常见的红外接收二极管外观颜色呈黑色。识别引脚时，面对受光窗口，从左至右，分别为正极和负极。另外，在红外接收二极管的管体顶端有一个小斜切平面，通常带有此斜切平面一端的引脚为负极，另一端为正极。将万用表置于 $R\times 1k$ 挡，用判别普通二极管正、负极的方法进行检查，即交换红、黑表笔两次测量二极管两个引脚间的电阻值，正常时，所得阻值应为一大一小。以阻值较小的一次为准，红表笔所接的管脚为负极，黑表笔所接的管脚为正极。

55. 怎么检测激光二极管？

将万用表置于 $R\times 1k$ 挡，按照检测普通二极管正、反向电阻的方法，即可将激光二极管的管脚排列顺序确定。但检测时要注意，由于激光二极管的正向压降比普通二极管要大，所以检测正向电阻值时，万用表指针仅略微向右偏转而已，而反向电阻值则为无穷大。

56. 怎么判断双基极二极管电极？

将万用表置于 $R\times 1k$ 挡，用两表笔测量双基极二极管三个电极中任意两个电极间的正、反向电阻值，会测出有两个电极之间的正、反向电阻值均为 $2\sim 10k\Omega$，这两个电极即是基极 b_1 和基极 b_2，另一个电极即是发射极 e。再将黑表笔接发射极 e，用红表笔依次去接另外两个电极，一般会测出 2 个不同的电阻，电阻值较小的一次测量中，红表笔接的是基极 b_2，另一个电极即是基极 b_1。

57. 怎么判断双基极二极管性能？

双基极二极管性能的好坏可以通过测量其各极间的电阻值是否正常来判断。用万用表 $R\times 1k$ 挡，将黑表笔接发射极 e，红表笔依次接两个基极（b_1 和 b_2），正常时均应有几千欧姆至十几千欧姆的电阻值。再将红表笔接发射极 e，黑表笔依次接两个基极，正常时电阻为无穷大。若测得某两极之间的电阻值与上述正常值相差较大时，则说明该二极管已损坏。

58. 怎么识别三极管？

晶体三极管（简称三极管）在电路中常用"Q"加数字表示，如 Q17 表示编号为 17 的三极管。晶体三极管是内部含有两个 P-N 结，并且具有放大能力的特殊器件。它分 NPN 型和 PNP 型两种类型，这两种类型的三极管从工作特性上可互相弥补，电路中的对管就是由 PNP 型和 NPN 型配对使用。放大电路中的三极管主要起放大作用，在常见电路中有三种接法：共发射极电路、共集电极电路（射极输出器）和共基极电路。

59. 怎么判别三极管电极？

（1）判定基极　用万用表 $R\times 100$ 或 $R\times 1k$ 挡测量三极管三个电极中每两个极之间的正、反向电阻。当用第一根表笔接某一电极，而第二根表笔先后接另外两个电极均测得低阻值时，则第一根表笔所接的那个电极即为基极 b。这时，要注意万用表表笔的极性，如果红表笔接的是基极 b，黑表笔分别接其他两极时，测得的电阻值都较小，则可判定被测三极管为 PNP 型；如果黑表笔接的是基极 b，红表笔分别接其他两极时，测得的电阻值较小，则被测三极管为 NPN 型。

（2）判定集电极 c 和发射极 e　以 PNP 型管为例，将万用表置于 $R\times 100$ 或 $R\times 1k$ 挡，红表笔接基极 b，黑表笔分别接另外两个管脚时，所测得的两个电阻值会是一个大一些，一个小一些。在电阻值小的一次测量中，黑表笔所接管脚为集电极 c；在电阻值较大的一次测量中，黑表笔所接管脚为发射极 e。

上述通过测量三极管几个极之间的电阻值来判别三极管的集电极、发射极和基极，操作比较复杂，笔者通过观察得知，通过数字式万用表测量三极管 hFE 的方法可以轻易地判断三极管的 b 极、c 极、e 极。具体方法如下：将万用表开关转向 hFE 挡，然后将三极管插入 hFE 插座中，此时，万用表会显示出三极管的 hFE 值，当值为 $0\sim 1000$（一般的三极管的

hFE值都为50～300）时，此时三极管hFE测试插座上的管脚排列就是三极管的管脚排列，极性也是三极管的极性，如NPN型管。

（3）高频管与低频管的判别　高频管的截止频率大于3MHz，而低频管的截止频率小于3MHz，一般情况下，两者是不能互换的。

（4）在路电压检测判断法　在实际应用中，小功率三极管多直接焊接在印制电路板上，由于元件的安装密度大，拆卸比较麻烦，并且很容易损坏电路板，所以在检测时常常通过用万用表直流电压挡测量被测三极管各引脚的电压值，来推断其工作是否正常，进而判断其好坏。

60. 怎么检测大功率三极管？

利用万用表检测中、小功率三极管的极性、管型及性能的各种方法，对检测大功率三极管来说基本上适用。但是，由于大功率三极管的工作电流比较大，因而其P-N结的面积也较大。P-N结较大，其反向饱和电流也必然增大。所以，若像测量中、小功率三极管极间电阻那样，使用万用表的$R×1k$挡测量，必然较难读出测得的电阻值（很小），所以通常使用$R×10$或$R×1$挡检测大功率三极管。

61. 怎么检测普通达林顿管？

用万用表对普通达林顿管进行检测包括识别电极、区分PNP和NPN类型、估测放大系数等内容。因为达林顿管的e-b极之间包含多个发射结，所以应该使用万用表能提供较高电压的$R×10k$挡进行测量。

62. 怎么检测大功率达林顿管？

检测大功率达林顿管的方法与检测普通达林顿管基本相同，但由于大功率达林顿管内部设置了V_3、R_1、R_2等保护和泄放漏电流元件，所以在检测时应将这些元件对测量数据的影响加以区分，以免造成误判。具体可按下述两个步骤进行。

❶ 用万用表$R×10k$挡测量b、c之间P-N结电阻值，应有明显的单向导电性能，即正、反向电阻值应有较大差异。

❷ 在大功率达林顿管b-e之间有两个P-N结，并且接有电阻R_1和R_2。当用万用表电阻挡正向测量时，测到的电阻值是b-e结正向电阻与R_1、R_2电阻值并联的结果；当反向测量时，发射结截止，测出的则是（R_1+R_2）电阻值之和，大约为几百欧姆，且电阻值固定，不随电阻挡位的变换而改变。但需要注意的是，有些大功率达林顿管在R_1、R_2上还并有二极管，此时所测得的则不是（R_1+R_2）之和，而是（R_1+R_2）与两个二极管正向电阻之和的并联电阻值。

63. 怎么判别结型场效应管的电极？

根据场效应管的P-N结正、反向电阻不一样的现象，可以判别出结型场效应管的三个电极。

❶ 将万用表拨在$R×1k$挡上，任选两个电极，分别测出其正、反向电阻。当某两个电极的正、反向电阻相等，且为几千欧姆时，则该两个电极分别是漏极D和源极S。因为对结型场效应管而言，漏极和源极可互换，剩下的电极肯定是栅极G。

❷ 将万用表的黑表笔（红表笔也行）任意接一个电极，另一个表笔依次去接其余的两个

电极，测其电阻值。当出现两次测得的电阻值近似相等时，则黑表笔所接的电极为栅极，其余两个电极分别为漏极和源极。如果两次测出的电阻值均很大，说明是 P-N 结的反向，即都是反向电阻，可以判定是 N 沟道场效应管，且黑表笔接的是栅极；如果两次测出的电阻均很小，说明是正向 P-N 结，即是正向电阻，判定为 P 沟道场效应管，黑表笔接的也是栅极。如果不出现上述情况，可以调换黑、红表笔按上述方法进行测试，直到判别出栅极为止。

64. 怎么判别场效应管的好坏？

测电阻法是用万用表测量场效应管的源极与漏极、栅极与源极、栅极与漏极、栅极 G_1 与栅极 G_2 之间的电阻值与场效应管手册标明的电阻值是否相符，以判别场效应管的好坏。具体方法是，首先将万用表置于 $R×10$ 或 $R×100$ 挡，测量源极 S 与漏极 D 之间的电阻值，通常在几十欧姆到几千欧姆范围（各种不同型号的场效应管，其电阻值是各不相同的）。如果测得的电阻值大于正常值，可能是由于内部接触不良所致；如果测得的电阻值是∞，可能是内部断极。然后把万用表置于 $R×10k$ 挡，再测栅极 G_1 与 G_2、栅极与源极、栅极与漏极之间的电阻值，当测得其各项电阻值均为无穷大时，则说明场效应管是正常的；若测得上述各电阻值太小或为通路，则说明场效应管是坏的。要注意，若两个栅极在管内断极，可用元件代换法进行检测。

65. 怎么用测电阻法判别无标志的场效应管？

首先用测量电阻的方法找出两个有电阻的管脚，也就是源极 S 和漏极 D，余下两个管脚为第一栅极 G_1 和第二栅极 G_2。把先用两表笔测得的源极 S 与漏极 D 间的电阻值记下来，接着对调表笔后再测量一次，把测得的电阻值也记下来，两次测得电阻值较大的一次，黑表笔所接的为漏极 D，红表笔所接的为源极 S。用这种方法判别出来的 S、D 极，还可以用估测其管的放大能力的方法进行验证，即放大能力大的黑表笔所接的是 D 极，红表笔所接的是 S 极，两种方法检测结果均应一样。当确定了漏极 D、源极 S 的位置后，按 D、S 的对应位置装入电路，一般 G_1、G_2 也会依次对准位置，这就确定了两个栅极 G_1、G_2 的位置，从而就确定了 D、S、G_1、G_2 管脚的顺序。

66. 怎么用测反向电阻的变化判断跨导性能？

对 VMOS N 沟道增强型场效应管测量跨导性能时，可用红表笔接源极 S、黑表笔接漏极 D，这就相当于在源极和漏极间加了一个反向电压。此时栅极是开路的，管的反向电阻值是很不稳定的。将万用表选在 $R×10k$ 挡，此时表内电压较高。当用手接触栅极 G 时，会发现场效应管的反向电阻值有明显的变化。其变化越大，说明场效应管的跨导越高；如果被测场效应管的跨导很小，用此法测时，反向电阻值变化不大。

67. 场效应管的使用要注意什么？

❶ 为了安全使用场效应管，不能超过场效应管的耗散功率、最大漏源电压、最大栅源电压和最大电流等参数的极限值。

❷ 各类型场效应管在使用时，都要严格按要求的偏置接入电路中，要遵守场效应管偏置的极性。

❸ MOS 场效应管由于输入阻抗极高，所以在运输、储存中必须将引出管脚短路，要用金属屏蔽包装，以防止外来感应电动势将栅极击穿，也要注意场效应管的防潮。

❹ 为了防止场效应管栅极感应击穿，要求一切测试仪器、工作台、电烙铁、线路本身都必须有良好的搭铁；管脚在焊接时，先焊源极；在连入电路前，管的全部引线端保持互相短接状态，焊接完后再把短接材料去掉；从元器件架上取下场效应管时，应以适当的方式确保人体搭铁（如采用搭铁环等）；在未关断电源时，绝对不可以把场效应管插入电路或从电路中拔出。

❺ 在安装场效应管时，注意安装的位置要尽量避免靠近发热元件；为了防止管件振动，有必要将管壳体紧固起来；管脚引线在弯曲时，应当在大于根部尺寸5mm处进行，以防止弯断管脚和引起漏气等。对于功率场效应管，要有良好的散热条件。因为功率型场效应管在高负荷条件下运用，必须设计足够的散热器，确保壳体温度不超过额定值，使器件长期、稳定、可靠地工作。

68. 怎么检测光电开关？

普通的光电开关无论是对射式还是反射式都有四个管脚。其中两个管脚是红外发射二极管的管脚，另外两个是光电三极管的管脚。以对射式光电开关为例，说明判别四个管脚的方法：把万用表拨在 $R\times 1k$ 挡，用一只手堵住光电开关的发射管和接收管，用黑、红表笔分别测量每个二极管的两根管脚的电阻值，然后把红、黑表笔对调一下，再测量每个二极管的两根管脚。当找到正向电阻在 $20k\Omega$ 左右的那两根管脚时，黑表笔接的就是红外发射二极管的正极，红表笔接的就是红外发射二极管的负极。

69. 怎么检测光敏三极管？

区分光敏三极管的 e 极和 c 极。

❶ 把接收管对着自然光或灯光，用红、黑表笔分别接光敏三极管的两根引出线，然后把红、黑表笔对调，再去接触接收管的两个电极，两次测量电阻值小的那次，黑表笔接的就是光敏三极管的 c 极，红表笔接的就是光敏三极管的 e 极。

❷ 检查光电开关的好坏可以采用双表法，在光线较暗的地方，将万用表拨在 $R\times 1k$ 挡，黑表笔接光敏三极管 c 极，红表笔接光敏三极管 e 极，可以看到万用表指示的电阻很大；再将另一个万用表拨在 $R\times 10k$ 挡，黑表笔接红外发射管的正极，红表笔接红外发射管的负极，此时如看到接光敏三极管的万用表显示的电阻值大大减小，则说明这个光电开关是好的。

70. 什么是通路？

电路中，通路也叫回路，是指从电源的一端沿着导线经过负载最终回到电源另一端的闭合电路。

71. 什么是断路？

电路中，断路也叫开路，断开开关，电源构不成回路，此时电路中的电流为零。

72. 什么是短路？

电路中，负载被导线直接短接或负载内部击穿损坏，电荷没有经过负载，直接从正极到达负极，此时流过电路的电流很大。

73. 什么是串联电路？

两个或多个元件首尾相接在电路中，使电流只有一条通路，则这种连接方式叫串联，如

图 12-6 所示,即为电阻 R_1、R_2 的串联电路。

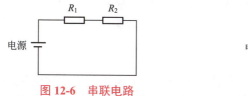

图 12-6　串联电路

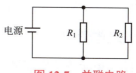

图 12-7　并联电路

74. 什么是并联电路?

若干个元件首与首连接,尾与尾连接,接到一个电源上,这种连接方法叫并联,如图 12-7 所示,即为电阻 R_1、R_2 的并联电路。

75. 什么是供电电源串联?

正确串联连接各供电电源的电极时,就会将各部分电压相加起来。将各电源彼此同极相对连接时就会削减电压。最大电流由最弱供电电源决定。

如图 12-8 所示,串联连接供电电源时,各部分电压相加形成总电压。同理,将各内阻抗相加即得到总内阻抗。

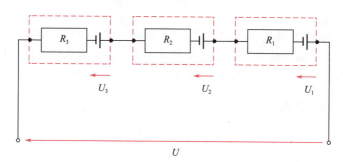

图 12-8　供电电源串联

76. 什么是供电电源并联?

可将供电电源并联起来,但必须确保所有供电电源都具有相同的标称电压值和内阻抗。必须将各电源的同极彼此相连,否则可能会对供电电源造成无法修复的损坏或破坏。

如图 12-9 所示,各部分电流相加形成总电流,各内阻抗并联连接在一起。并联连接供电电源可输出相对于单个供电电源来说更强的电流。

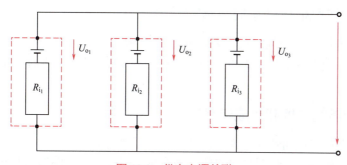

图 12-9　供电电源并联

必须确保只将具有相同非负荷电压值和相同内阻抗的供电电源并联在一起。如果将不同容量和充电状态的蓄电池并联在一起（辅助启动），只能在短时间内保持这种连接状态，以免蓄电池过热。

77. 什么是逻辑电路？

在汽车电气/电子系统中需触发和执行大量的开关操作。带有大电流开关触点的继电器用于切换大功率负载。但是，如果机械触点仅流过很小的电流，那么很快灰尘颗粒就会造成接触问题，导致开关故障。

因此，如今控制信号的逻辑操作使用电子电路，它们在保证高工作可靠性的同时降低了功耗、减小了体积和重量。由于与这些电路相关的输出信号不仅取决于输入信号的数值，而且也取决于逻辑功能，因此它们被称作逻辑电路（图12-10）。

图12-10　逻辑电路

78. 什么是集成电路？

集成电路（Integrated Circuit，IC），是通过特殊的半导体工艺方法，把晶体管、电阻及电容等电路元器件和它们之间的连线，全部集成在同一块半导体基片上，最后再进行封装，做成一个完整的电路。

集成电路按其功能的不同，可以分为数字集成电路和模拟集成电路；按模拟集成电路的类型来分，则又有集成运算放大器、集成功率放大器、集成高频放大器、集成中频放大器、集成比较器、集成乘法器、集成稳压器、集成数/模和模/数转换器以及集成锁相环等。

79. 怎么检测集成电路？

集成电路出现故障一般是局部损坏，如击穿、开路、短路等。电源集成电路和功放芯片易损坏，存储器易出现软件故障，其他芯片有时会出现虚焊等。

对于集成电路是否损坏，可通过从各个方面测试集成电路的工作状态，并与正常工作状态做比较的方法来判断。即测量集成电路各引脚的对地电压值和电阻值，其中测量电压值必须在电路处于工作状态下进行，测量电阻值则应在断电、静态状态下进行，具体判断方法如下。

❶ 检查集成电路各管脚对地的直流电压。
❷ 检查集成电路各脚对地的电阻值。
❸ 用示波器检查集成电路的输入/输出波形。

80. 怎么用热风枪拆卸集成电路？

对于脚位数目较多且脚位间距较大的IC，用烙铁拆卸不方便，一般使用热风枪进行拆卸。将热风枪的风力调到3挡，温度也调到3挡，风嘴沿IC两边焊脚上下移动加热，当焊锡熔化时，可用镊子取下。

81. 怎么用电烙铁拆卸集成电路？

用电烙铁把焊锡熔化加到IC两边的焊脚并短路（即左边短接在一起，右边短接在一起，电烙铁温度可调到最高），焊锡尽量多些，盖住每个焊脚，然后两边同时轮流加热，即加热一下左边，再加热一下右边，等焊锡全部熔化时，用镊子移开 IC。用电烙铁把主板上多余的焊锡除掉并清理焊盘，把 IC 焊脚上多余的焊锡也清除掉，保证 IC 焊脚平整。

82. 怎么维修四方扁平芯片？

（1）拆卸方法

❶ 开启热风枪并调节热风枪的气流与温度，一般温度调节在 300～400℃ 之间。而气流方面根据喷嘴来定，如果是单喷嘴，气流挡位设置在 1～3 挡，对于其他喷嘴，气流挡位可设置在 4～6 挡，使用单喷嘴，温度挡不可设置太高。

❷ 记下待拆卸 IC 的位置和方向，并在 IC 引脚上涂上适当的助焊剂。

❸ 手持热风枪手柄，使喷嘴对准 IC 各脚焊点来回移动加热，喷嘴不可触及集成电路块引脚，一般距离 IC 引脚上方 6mm 左右。

❹ 等 IC 引脚焊锡点熔化时，用镊子移开 IC。

❺ 清除取下集成电路后余锡及焊剂杂质。可以可用无水乙醇或天那水清除焊剂杂质，用电烙铁把电路板上的焊盘整理平整。

（2）焊接操作

❶ 将拆卸下来的 IC 用无水乙醇或香蕉水进行清洗，用电烙铁将脚位焊平整，并放在带灯放大镜下检查脚位有无离位，有无焊锡短路，如有则重新进行处理，如是新买回的 IC 则不需此步处理。

❷ 将整理好的 IC 按原标志放回到电路板上，检查所有引脚是否与相应的焊点对准，如有偏差，可适当移动芯片或整理有关的引脚。

❸ 把助焊剂涂在 IC 各引脚上，用烙铁把 IC 芯片四个角位焊接定位。

❹ 用热风枪在集成模块各边引脚处来回移动，逐一吹焊牢固，吹焊时要控制好风速，防止把模块吹移位，如发现模块位置稍有偏差，可待四周焊锡完全熔化后，用镊子将其轻推一下，即可复位，然后用镊子在 IC 上面轻轻向下压一下，使其与电路板接触良好。

❺ 清洗助焊剂，检查电路板上有无锡珠、锡丝引起的短路现象，待 IC 冷却后方可通电试机。

当然焊接的时候，也可以不用热风枪而用电烙铁，具体方法是，先用电烙铁把 IC 芯片四个角位焊接定位，然后加足焊锡和焊剂，将电烙铁温度调到 450℃，电烙铁头接触 IC 脚并顺着往同一个方向快速拖动，用拖焊的方法，把 IC 焊牢。

83. 什么是集成运算放大器？

把电子系统的输出量（电压或电流）的一部分或全部，经过一定的电路送回到它的输入端，称为反馈。如果引入的反馈使放大电路的放大倍数减小，就称为负反馈；如果引入的反馈使放大电路的放大倍数增大，就称为正反馈。集成运算放大器的符号如图 12-11 所示。

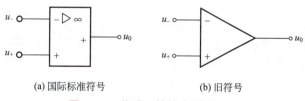

图 12-11 集成运算放大器的符号

84. 什么是反相放大器?

反相放大器电路如图 12-12 所示。输入信号 U_i 经电阻 R_1 加到反相输入端,同相输入端经 R_2 接地,电阻 R_f 跨接在反相输入端和输出端之间,形成一个负反馈放大器。

反相放大器的放大倍数为

$$A_f = -\frac{R_f}{R_1}$$

式中,A_f 为负值,表明集成运放输出电压与输入电压反相,所以叫反相放大器。而且,A_f 仅取决于 R_f/R_1 的比值,而与集成运放本身无关。电阻 R_2 称为平衡电阻,其作用是保证放大器稳定工作。

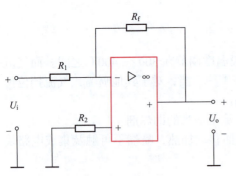

图 12-12　反向放大器电路

85. 什么是同相放大器?

同相放大器电路如图 12-13 所示。输入信号 U_i 经电阻 R_2 加到同相输入端,反相输入端经 R_1 接地,负反馈由电阻 R 接到反相输入端而形成。

放大倍数为

$$A_f = 1 + \frac{R_f}{R_1}$$

A_f 大于零,表明输出电压 U_0 与输入电压 u_i 同相。如果 $R_1 = \infty$(开路)或 $R_f = 0$,则 $A_f = 1$。构成的电路称为电压跟随器,其电路如图 12-14 所示。电压跟随器一般作为信号与其负载之间的缓冲隔离。

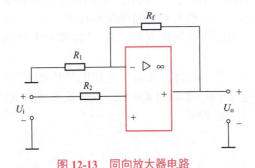

图 12-13　同向放大器电路

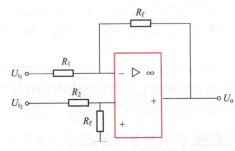

图 12-14　电压跟随器电路

86. 电桥信号放大电路在汽车上是怎么应用的?

如果需要对温度、压力或形变等进行检测,可采用如图 12-15 所示的电桥信号放大电路。图中电桥的一个臂是由传感器构成的。

当传感器的阻值没有变化时,即 $\Delta R = 0$ 时,电桥平衡,电路输出电压 $U_o = 0$;当传感器因温度、压力或其他变化而使传感元件的电阻值

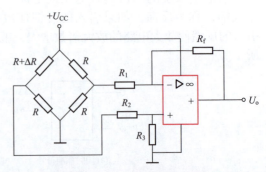

图 12-15　电桥信号放大电路

发生变化时（用 ΔR 表示），电桥就失去平衡，变化量变成了电信号而产生输出电压 U_o，输出电压 U_o 一般很小，需要经过放大器进行放大。

汽车电喷发动机中，用来测量进气量的进气压力传感器就是由压敏电阻和集成运放制成的。这种传感器被广泛使用，例如，捷达轿车采用了该传感器。压敏电阻式进气压力传感器工作原理示意见图 12-16。

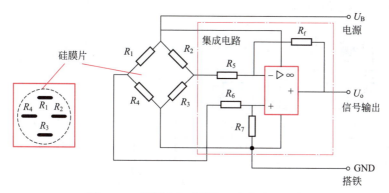

图 12-16　压敏电阻式进气压力传感器示意

进气压力传感器有一个通气口与进气管相通，进气压力通过该口加到压力转换元件上。压力转换元件是由四个压敏电阻构成的硅膜片。硅膜片受压力变形后，电桥输出信号，压力越大，输出信号越强。该信号经集成运放放大后传送给 ECU，该进气压力传感器与进气温度传感器制成一体。

87. 简单电压比较器在汽车上是怎么应用的？

如图 12-17 所示为氧传感器与 ECU 连线原理，即为简单电压比较器在汽车上的典型应用。

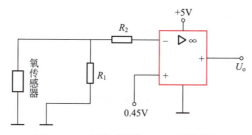

图 12-17　氧传感器与 ECU 连线原理

88. 滞回比较器在汽车上是怎么应用的？

在汽车电控防抱死系统中，车轮的速度是靠轮速传感器传递给 ECU 的。霍尔轮速传感器就是轮速传感器的一种，其主要由与车轮或传动系统连接在一起的触发齿圈、霍尔元件、永久磁铁和电子电路等组成。

当触发齿圈随着车轮旋转时，霍尔元件上的磁场会发生周期性变化，霍尔元件就会产生毫伏级的正弦波电压，将霍尔元件产生的微弱的正弦波信号放大整形为 11.5～12V 的标准脉冲信号，就是通过由集成运放构成的电子电路来实现的，其电路原理如图 12-18 所示。

电路分四个部分：由霍尔元件构成的信号产生部分；由 A_1、R_1、R_{f_1} 组成的放大部分；

由 A_2、R_2、R_3、R_{f_2} 组成的滞回比较器；由三极管 VT 构成的输出级。稳压电路保证霍尔元件和比较器基准电压的稳定不变。霍尔元件感受触发齿轮转动带来的磁场变化而产生微弱的正弦波信号（图 12-19），该信号经 A_1 放大器放大后，送到比较器 A_2，电阻 R_2、R_3 向比较器 A_2 提供了基准电压，A_2 输出经过滞回整形的脉冲信号。U_{A_2} 控制输出开关三极管，向外传输幅值达 11.5～12V 的脉冲信号。二极管 VD 的作用是电源反接时，起保护作用。电容 C_1、C_2 是稳压电路的滤波电容。

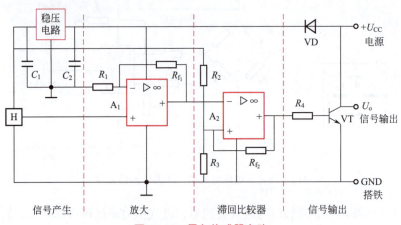

图 12-18　霍尔传感器电路

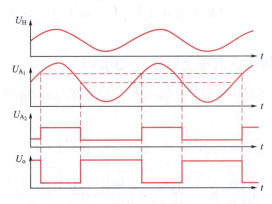

图 12-19　霍尔传感器电路各级波形示意

89. 窗口比较器在汽车上是怎么应用的？

在汽车充电系统电路中，当电压过低或过高时，报警器发出警报，这就是汽车充电系统电压监视器电路，如图 12-20 所示。

当充电系统电压大于 14.5V 时，A_1 反相端检测到的电压和同相端检测到的电压都大于基准电压，比较器 A_1 输出电压为零，三极管 VT_1 不能导通，LED_1（黄色）不亮；比较器 A_2 输出电压为电源电压，驱动三极管 VT_2 导通，发光二极管 LED_2（红色）发光，指示电压过高。

当充电系统电压小于 12V 时，A_1 反相端检测到的电压和 A_2 同相端检测到的电压都小于基准电压，比较器 A_2 输出电压为零，三极管 VT_2 不能导通，LED_2（红色）不亮；比较器 A_1 输出电压为电源电压，驱动三极管 VT_1 导通，发光二极管 LED_1（黄色）发光，指示电压过低。

当电压介于 12～14.5V 之间时，A_1 反相端检测到的电压大于基准电压，比较器 A_1 输出电压为零，三极管 VT_1 不能导通。A_2 同相端检测到的电压小于基准电压，比较器 A_2 输出电压为零，三极管 VT_2 不能导通。LED_1（黄色）和 LED_2（红色）都不亮，指示电压正常。

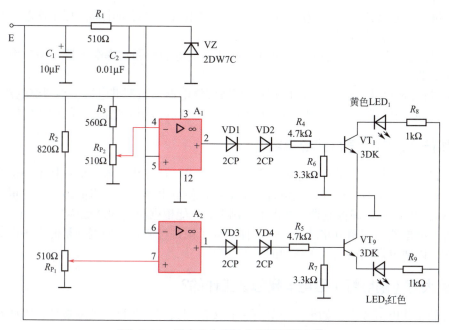

图 12-20　汽车充电系统电压监视器电路

90. 继电器的基本原理是什么？

继电器具有控制系统（输入回路）和被控制系统（输出回路），通常应用于自动控制电路中。

继电器是一种当输入量（电、磁、声、光、热）达到一定值时，输出量将发生跳跃式变化的电子自动控制器件。

继电器实际上是用较小的电流去控制较大电流的一种"自动开关"，所以在电路中起着自动调节、安全保护、转换电路等作用。

91. 继电器的作用是什么？

扩大控制范围；放大；综合信号控制；自动、遥控、监测。

（1）扩大控制范围　例如，多触点继电器控制信号达到某一定值时，可以按触点组的不同形式，同时换接、断开、接通多路电路。

（2）放大　例如，灵敏型继电器、中间继电器等，用一个很微小的控制量，可以控制很大功率的电路。

（3）综合信号控制　例如，当多个控制信号按规定的形式输入多绕组继电器时，经过比较综合，达到预定的控制效果。

（4）自动、遥控、监测　例如，自动装置上的继电器与其他电器一起，可以组成程序控制线路，从而实现自动化运行。

92. 汽车继电器的类型有哪些？

继电器有很多种，汽车上最常用的是电磁继电器。

（1）按工作原理　按工作原理分类有电磁继电器、热继电器、固态继电器、电子混合式继电器等。

电磁继电器是使用最早、应用最广泛的一种继电器。电磁继电器一般由铁芯、线圈、衔铁、触点、簧片、引线等组成。

（2）按负载大小　按负载大小可分为微功率继电器、弱功率继电器、中功率继电器、大功率继电器等。

（3）按外形尺寸　按外形尺寸可分为超微型继电器、微型继电器、小型继电器等。

（4）按防护形式　按防护形式可分为密封继电器、封闭继电器、开放继电器等。

93. 什么是电子混合式继电器？

混合式继电器将传统的开关继电器与微电子技术、计算机技术、信息技术相结合，在继电器内嵌入放大、延时、遥控以及组合逻辑电路，使继电器产品具有故障诊断、报警和模糊控制等不同功能。如风扇控制器，加入了控制电路，能根据温度的高低调节风扇的工作模式。再如将普通继电器与控制电路结合在一起便组成了雨刮控制器，根据雨量的大小控制雨刮的工作模式，以便更好地控制汽车雨刮的工作。

94. 大灯（前照灯）继电器是怎么工作的？

大灯的工作电流较大，如果用车灯开关直接控制大灯，车灯开关易烧坏，因此在大灯电路中设有灯光继电器。

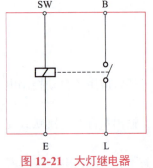

图 12-21　大灯继电器的工作原理

（1）工作原理　大灯继电器的工作原理如图 12-21 所示。SW 端子与前照灯开关相连，E 端子搭铁，B 端子与电源相连，L 端子与变光开关相连。当接通前照灯开关时，继电器线圈通电，电磁铁产生磁力，使衔铁带动动触点与静触点接通；当切断线圈电流时，由于电磁力消失，衔铁就在弹簧的作用下迅速回位，使动触点与静触点断开。利用触点的开、闭，从而实现对灯光电路的控制。

如图 12-22 所示，大灯继电器按照控制方式分为两种：一种是继电器控制正极方式；一种是继电器控制搭铁方式。

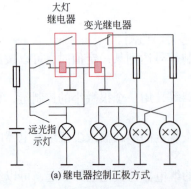

(a) 继电器控制正极方式

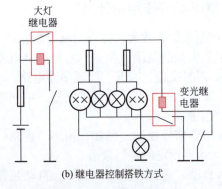

(b) 继电器控制搭铁方式

图 12-22　大灯继电器电路

（2）举例　如图 12-23 所示，本田飞度轿车的照明电路是控制搭铁线的。

❶ 转动照明开关到小灯位置时，小灯、尾灯、仪表照明灯及后牌照灯亮，大灯不亮。

❷ 转到大灯位置时，大灯继电器线圈通电，大灯亮，同时尾灯、仪表照明灯及后牌照灯仍亮，这时，拨动变光开关，可以变换远光或近光。

❸ 当照明开关处于"OFF"挡时，所有照明灯都不亮，这时，如果向上推照明开关柄，会车开关闭合，大灯继电器线圈和远光灯丝的电流都通过会车开关搭铁，远光灯亮，以提醒其他车辆注意安全。

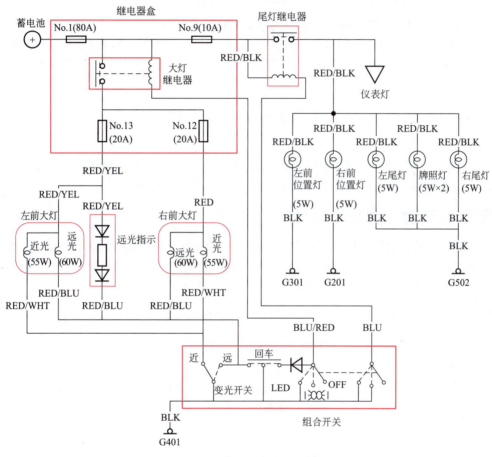

图 12-23　本田汽车的照明电路

95. 万用表的作用是什么？

万用表可以用来测量电路中的电流、电压和电阻，以及测试电路的通断和测试二极管等。选择测量量程，可通过功能选择开关完成测量。

96. 用万用表测量交流电压的目的是什么？怎样测量？

（1）目的　用于测量家庭用或工厂供电线路的电压，交流电压电路以及电力变压器端头的电压。

（2）测量方法　将功能选择开关设置到交流电压挡，并连接测试探头。测试探头的极性是可以互相交换的。

97. 用万用表测量直流电压的目的是什么？怎样测量？

（1）目的　测量各种类型的电池、电气设备及晶体管电路、电路的电压及电压降。

（2）测量方法　将功能选择开关设置到直流电压测量挡位置。将黑色负极测量探头连接地电位，红色正极测量探头放到待测试的部位，并读数。

98. 用万用表测量电阻的目的是什么？怎样测量？

（1）目的　测量电阻器电阻，电路的通断、短路、开路。

（2）测量方法　设定电阻或连续性的功能选择开关。然后，将测试笔放到待测电阻或线圈两端测量其电阻。此时应保证电阻不带电。二极管不能在此挡测量，因为所使用的内部电压太低。

99. 用万用表检测通断的目的是什么？怎样检测？

（1）目的　为了检查电路的通断。

（2）测量方法　将功能选择开关旋到通断测试挡。将测试笔接到测试电路，如果电路接通，蜂鸣器会响。通断检查在实际汽车维修中也是应用频率很高的。

100. 用万用表怎样测试二极管？

将功能选择开关旋到二极管测试方式挡位。检测两个方向的通路状态，若在一个方向二极管是通的，在交换测试笔之后断开，则说明二极管良好；若二极管在两个方向都通路，则说明二极管被击穿；若二极管在两个方向均不通导，则说明它已开路。

101. 用万用表测试直流电流的目的是什么？怎样测试？

（1）目的　测量使用直流电设备或器件的电流量。

（2）测量方法　将功能选择开关旋到电流测量挡位。选择量程的正确插孔，插入正极测试引线。为测量电路中的电流，电流表应串联接进电路中。因此，要断开电路中的某点以接入测试笔引线。将正极测试笔连接高电位一侧，负极测试笔连接低电位一侧，并读数。

102. 怎么衡量蓄电池的工作能力？

蓄电池的工作能力用"容量"来衡量，它是在规定的端电压范围内，蓄电池对负载供给一定电流所能持续的时间（t），即衡量蓄电池电能做功的能力，$P=UIt$。在实际运用中，蓄电池的容量指标 Q 常用"A·h"来表示。

$$Q=It$$

式中　I——放电电流，A；

　　　t——放电时间，h。

由于电流单位安培（A）=库仑/秒（C/s），所以容量的单位安培小时（A·h）=库仑/秒 ×3600 秒 =3600 库仑（3.6kC）。

库仑是电荷量单位，$1C=6.24×10^{18}$ 个电子所带的电量，所以容量与电池的物质量（正负板数、总面积、电解液密度）有关。对于标准正负极板组而言，每片正极板的额定容量为 15A·h，每个单格电池中负极板数总比正极板多 1 片，因此可以算出一定容量的单格电池中正负极板的准确片数，如 3-QA-60A·h 蓄电池，其额定容量为 60A·h，正极板数 =60（A·h）/15（A·h）=4；负极板数 =4+1=5。如果蓄电池的额定容量不是 15A·h 的整数倍数，则极板的尺寸、厚度及材料就会有所区别。

103. 什么是蓄电池的额定容量？检测时应注意什么？

额定容量是检定蓄电池质量的重要指标，新蓄电池必须达到该指标，否则被视为不合格产品。

根据 GB/T 5008—2013 规定，额定容量是指将充足电的新蓄电池在电解液温度为（25±5）℃条件下以 20h 率的放电电流（即 $0.05Q_{20}$）连续放电至单格电池平均电压降到 1.75V 时输出的电量。

检测时，要注意随时调整镍铬合金电阻的阻值大小。因为放电时间长了，蓄电池的端电压就会缓慢下降，需随时调整负荷阻值才能维持放电电流不变；放电过程中镍铬合金线的滑动变阻器温度会有所上升，但在 4.5A 电流作用下，阻值上升不明显。

104. 什么是总线端？

宝马车系中，车辆中所有用电器必须有一侧接地，另一侧则连接正电压。在电工学中总线端用于连接电线、电缆和导线（可松开）。在车辆中总线端是指连接控制单元和电气组件并为其供电的接线柱。不同总线端拥有各自标准化的名称。

105. 什么是总线端 30？

车辆中的所有用电器始终通过接地点（导电车身部件）与车辆蓄电池负极接线柱连接，车辆中的部分用电器也始终与车辆蓄电池的正极接线柱连接，这种电路只能通过开关或继电器断开。

在车辆电气车载网络中，永久带有蓄电池电压的总线端称为总线端 30（也称 B+ 或永久正极）。安装并连接蓄电池后，导线束的这个分支在关闭点火开关并拔下点火钥匙后仍然保持供电状态。总线端 30 负责为停车后仍需正常运行或只为保存数据而需要用电的控制单元和总成供电。例如，闪烁警告装置开关就是通过总线端 30 供电的。

106. 什么是总线端 R？

只有将点火钥匙插入点火开关并转到第一个卡止位置后，一部分用电器才能通过点火开关与蓄电池正极连接并得到供电。在这种情况下点火开关相当于一个开关，这个总线端称为总线端 R。

例如，如果车载收音机通过总线端 30（永久正极）连接时，则拔下点火钥匙后仍可以正常工作。如果收音机通过总线端 R 连接，则只有总线端 R 接通后收音机才能运行。除收音机外，安全系统（MRS、ACSM）也通过这个总线端供电。

107. 什么是总线端 15？

点火钥匙转到第二个卡止位置时，则启用总线端 15（也称为接通的正极，点火正极）。其他控制单元和电气组件也通过总线端 15 供电，例如空调系统和驻车辅助系统（PDC）通过总线端 15 接通。总线端 R 和总线端 15 由 CAS 控制单元控制。

108. 什么是总线端 31？

由于所有用电器都连入一个电路内，因此除电源 B+ 外该电路还需要必要的接地连接。通过一根单独的接地导线和车身钢板连接蓄电池的负极接线柱，这种连接也称作总线端 31（接地）。

109. 起动机是怎样执行启动工作的？

从蓄电池正极接线柱出发的一根导线经过点火线圈，接在磁力开关的 S 端，这根导线是用来操作磁力开关的。点火开关接通和切断电路，并控制磁力开关的动作。

另一根导线直接连接在磁力开关的 B 端。导线具有优良的导电性能，因为将有强电流流过，以便使电机转起来。还有一根导电性良好的导线连接在电机磁力开关的 M 端，电机内部换向器的触点接通 B 端和 M 端以后，电流就从蓄电池流向电机，电机开始转动。

110. 为什么要在某些启动电路中配置继电器？

由于起动机启动时流过的电流比较大，因此经常会使点火开关损坏。为了避免点火开关触点被烧蚀，延长其使用寿命，使电流不流过电磁开关的电磁线圈，以减少电磁开关的电压降，许多汽车对装有电磁开关的起动机，采用有启动继电器的启动系统控制电路。采用启动继电器可以用比点火开关启动挡小得多的电流控制电磁开关的起动机开关电路。

111. 怎样测试起动机消耗电流？

测试起动机消耗电流的步骤如下。
❶ 将电压表正极引线连接至蓄电池正极接线柱。
❷ 将电压表负极引线连接至蓄电池负极接线柱。
❸ 将电流表正极引线连接至蓄电池正极接线柱。
❹ 将电流表负极引线连接至蓄电池加载装置，如层叠碳板上。
❺ 将蓄电池加载装置的另一条引线连接至蓄电池负极端子。
❻ 将蓄电池加载装置设在最大电阻挡（开路）。
❼ 启动发动机。
❽ 记录启动期间显示的电压。
❾ 将点火开关拧到关闭位置，调整蓄电池加载装置，使电压表读数与上步记录的读数相符。
❿ 记录蓄电池加载装置的消耗电流。
⓫ 将蓄电池加载装置设回到"开路"位置。
⓬ 检查消耗电流是否符合标准值。
⓭ 如果电流超出规格，拆卸并维修起动机。

112. 起动机电枢和磁场线圈间实际线路是怎样布置的？

电枢线圈和激励线圈之所以采用不同的连接方式，所考虑的是电机所需的性能。在汽车起动机电机里，通常采用一种被称为串绕型的布线方式。在这种特殊的布线电路中，激励线圈和电枢线圈是串接在一起的。

113. 怎样测试启动电压？

❶ 将电压表的负极引线连接至搭铁端。

❷ 将正极引线连接至电磁开关端子 30。
❸ 启动发动机。
❹ 记录启动期间显示的电压。
❺ 如果电压低于规格且启动性能差,则拆卸并修理起动机。

114. 怎样测试起动机接触不良?

❶ 将电压表正极引线连接至蓄电池正极接线柱。
❷ 将电压表负极引线连接电磁开关 M 端子。
❸ 记录启动期间显示的电压。
❹ 对电磁开关端子 50、电缆的蓄电池正极压接端子和蓄电池正极端子连接器,重复本程序。
❺ 修复所有电阻(电压读数)过大的接头。

115. 怎样测试起动机接地?

❶ 将电压表正极引线连接至蓄电池负极接线柱上。
❷ 将电压表负极引线连接至起动机壳体上。
❸ 记录启动期间显示的电压。
❹ 对电缆的蓄电池负极压接端子和蓄电池负极端子连接器,重复本程序。
❺ 修复所有电阻过大的接头。

116. 怎样测试开关电路?

❶ 将电压表负极引线连接至电磁开关端子 50。
❷ 将电压表正极引线连接至蓄电池正极接线柱上。
❸ 启动发动机。
❹ 记录启动期间显示的电压。
❺ 如果电压高于规定值,则测试电磁开关电路(开关电路最大电压差 2.5V),找出电阻过大的根源并修复接头。

117. 起动机运转无力怎么排除?

(1)故障表现　起动机转动缓慢无力,带动发动机困难,或接通启动开关后,起动机只有"咔嗒"一声并不转动。
(2)可能发生的故障部件　蓄电池、起动机和连接导线。
(3)原因
❶ 蓄电池电量不足、导线连接虚。
❷ 电磁开关损坏。

118. 起动机空转怎么排除?

接通启动开关,起动机空转,重点检查驱动齿轮。
❶ 检查起动机主开关接触盘行程,若过短,则造成电磁开关提前接触,会听到轻微的摩擦声。
❷ 驱动齿轮或飞轮齿圈是否严重磨损,打滑。

❸ 单向离合器是否有打滑现象。

119. 不了解电子控制单元怎么办？

（1）电子控制单元（ECU/ECM）的功能

❶ 电子控制单元接收来自各种传感器和开关的信号并进行计算，将计算结果与存储器中存储的数据进行比较，为执行器输出最佳信号，该控制模块是电子控制单元的核心。

❷ 电子控制单元以单片微型计算机（即单片机）为核心所组成的电子控制装置，具有强大的数学运算、逻辑判断、数据处理与数据管理等功能。

❸ 电子控制单元是汽车电子控制系统的控制中心，其功用是分析处理传感器采集到的各种信息，并向受控装置（即执行器或执行元件）发出控制指令。

（2）电子控制单元的组成　电子控制单元主要由输入回路、A/D（模拟/数字）转换器、微处理器、输出回路等组成（图12-24）。

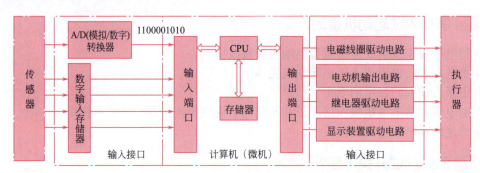

图 12-24　电子控制单元的组成

❶ 输入回路。输入回路作用示意见图 12-25。

a. 针对模拟信号。输入回路需要先滤除杂波，再通过 A/D（模拟/数字）转换器将连续变化的模拟量转换成数字量之后才能输入微处理器。

b. 针对数字信号。输入回路需要通过输入回路的数字缓冲器进行限幅、整形和分频（如将曲轴位置传感器信号分频为 1° 信号等）处理后，才能传输到微处理器进行运算处理。

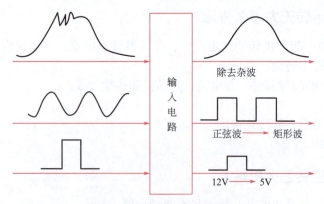

图 12-25　输入回路作用示意

❷ 微处理器。微处理器在各种存储器的支持下，统一控制各组成部分，对输入信号进行运算处理并输出控制信号。微处理器主要由中央处理器（CPU）、数据存储器（RAM/

ROM）和输入／输出（I/O）接口等组成。

❸ 输出回路。输出回路是微处理器与执行器之间的中继站，其功用是根据微处理器发出的指令，控制执行器动作。

120. 启动及充电装置是怎么控制的？

汽车的启动系统包含一个 12V 起动机，这个起动机会驱动发动机开始燃烧过程，把电能转化成机械能。车辆的电力系统必须可以提供充足的能量以确保起动机可以转动曲轴。

充电系统由一个蓄电池组和一个交流发电机构成，蓄电池必须有足够的能量去运行汽车的起动机和其他的电力系统。交流发电机会在发动机运行时并且蓄电池需要加大输出时给蓄电池充电。组合仪表上安装有充电警示灯，它会在交流发电机没有输出电能或者电能输出低的情况下被点亮。

121. 交流发电机是怎么控制的？

交流发电机在结构上都相似，且都包括一个定子、一个转子、一个整流器和一个调节器。单向输出端用一根粗电缆连接到蓄电池的正极。交流发电机通过其支架接地。三针脚连接器与发动机控制模块的交流发电机充电信号端连接，为充电警示灯和点火系统蓄电池供电。

122. 起动机是怎么控制的？

每个起动机都属于电磁啮合型且都包括一系列线束、一个单向离合器和一个整体线圈。当点火开关移到启动位置时，网关防盗模块发出信号来给起动机线圈提供电压。当发动机要求启动时，网关防盗模块在同意启动要求之前先检查正确的特征编码是否被接收。

起动机上的连接器为网关防盗模块提供连接。直接与蓄电池正极端子连接的坚固的专用电缆为起动机的运行提供能量。电缆通过铜制的双头螺柱与线圈连接且用螺母固定。

123. 汽车中哪些装置产生直流（DC）信号？

在汽车中产生直流（DC）信号的装置有蓄电池、PCM（提供传感器参考电压）以及各种模拟传感器，如发动机冷却液温度传感器、燃油温度传感器、进气温度传感器、节气门位置传感器、热线式空气流量计、节气门开关以及进气压力传感器等。

124. 汽车中哪些装置产生交流（AC）信号？

在汽车中产生交流（AC）信号的装置有车速传感器（VSS）、防滑制动轮速传感器、磁电式曲轴位置（CKP）传感器和凸轮轴位置（CMP）传感器、爆震传感器（KS）。

125. 汽车中哪些装置产生频率调制信号？

在汽车中产生频率调制信号的装置有数字式空气流量计、进气压力传感器、光电式车速传感器（VSS）、霍尔式车速传感器（VSS）、光电式凸轮轴和曲轴位置（CKP）传感器、霍尔式凸轮轴位置（CAM）传感器和曲轴位置（CKP）传感器。

126. 汽车中哪些装置产生脉宽调制信号？

在汽车中产生脉宽调制信号的电路或装置有初级点火线圈、电子点火正时电路、废气再循环控制（EGR）、净化控制、涡轮增压和其他控制电磁阀、喷油嘴、怠速控制机及电磁阀的电路。

127. 汽车中哪些装置产生串行数据（多路）信号？

如果汽车中具备自诊断能力和其他串行数据传输能力的控制模块，则串行数据是由动力控制模块（PCM）、车身控制模块（BCM）和防滑制动系统（ABS）或其控制模块产生的。

128. 什么是电压降？

❶ 闭合电路中的部件或负荷工作时需消耗一定的电压。电压降就是负荷两端消耗的电压，只在有电流时才有电压降。

❷ 电压降转换为热或运动。在简单的灯电路中，灯两端的电压降将灯点亮（电压转变为热）。如果还串有其他负荷或灯，各装置上的电压降是成比例的。

❸ 电阻最大的负荷电压降最大，串联电路的总电压降等于电源电压。

❹ 有时电压降表示电路中出了故障。例如，导线或接插件腐蚀造成的电阻可能消耗原本给负荷用的电压。

❺ 最后一个负荷的接地侧的电压应该总是接近零（小于0.1V）。

129. 什么是对地短路？

对地短路是在电路的电源侧和接地侧之间出现了一条不需要的路径。发生这种情况时，由于电流总是要走阻力最小的路径，电流会绕过本应经过的负荷。

因为负荷电阻有限制电流的作用，跨过负荷的短路会造成很大的电流。

130. 什么是对电源短路？

对电源短路也是电流有了不希望有的通路。有一条通路绕过开关直接加到负荷上，这样即使没有接通开关，灯泡也点亮（图12-26）。

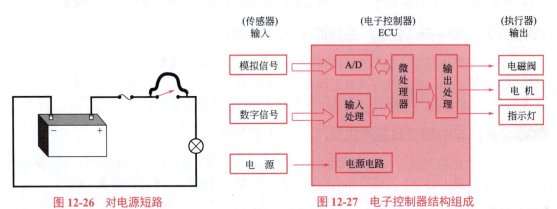

图12-26 对电源短路

图12-27 电子控制器结构组成

131. 汽车电子控制器的作用和组成是什么？

电子控制器是电子控制系统的核心部件，用于对各传感器及开关等输入信号的预处理、分析、判断，并根据信号处理的结果输出控制信号，控制执行器工作。电子控制器由微处理器、输入处理、输出处理等组成，见图12-27。

132. 什么是微控制器？

简单地说，微控制器是把各种传感器、开关和其他输入装置送来的信号进行运算处理，并把处理结果送至输出电路。

微控制器首先完成传感器信号的 A/D 转换、周期脉冲信号测量和其他有关汽车行驶状态信号的输入处理，然后计算并控制所需的输出值，按要求适时地向执行机构发送控制信号。

133. 什么是输入电路？

输入电路是指对从传感器、开关和其他输入装置的信号进行预处理，简单地说就是除杂波和把正弦波变为矩形波，并转换成输入电平（符合计算机要求幅值的矩形波），见图 12-28。

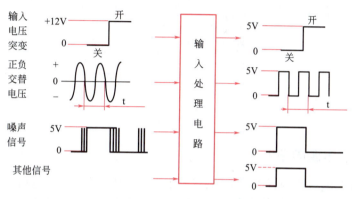

图 12-28　输入电路

A/D 转换器将模拟信号转变为数字信号。从传感器和其他输入装置输入 ECU 的信号有模拟信号及数字信号。空气流量传感器、进气温度传感器、节气门位置传感器（线性输出式）等，向 ECU 输出的是模拟信号，这是变化缓慢的连续信号。它们经输入电路处理后，都已变成具有一定幅值的模拟电压信号，但微处理器不能直接处理，还必须用 A/D 转换器把这种信号转换成数字信号。

数字信号需要通过电平转换，得到计算机接收的信号。对超过电源电压、电压在正负之间变化、带有较高的振荡或噪声、带有波动电压等输入信号，输入电路也对其进行转换处理。电子控制器还需要通过输入电路向传感器提供稳定的 5V 电源，为传感器提供能正确识别被监测参量的电信号。

134. 什么是输出电路？

微处理器输出的信号往往用作控制电磁阀、指示灯、步进电机等。微处理器输出信号功率小，使用 +5V 的电压，汽车上执行机构的电源大多数是蓄电池，需要将微处理器的控制信号通过输出处理电路处理后再驱动执行机构。

电子控制器中输出电路的作用是将 CPU 经 I/O 输出的控制指令转换为驱动执行器工作的控制信号，使执行器按微处理器的指令动作。电子控制器输出电路通常由信号转换电路和驱动电路组成。

微处理器经 I/O 输出的控制信号是二进制代码，不能直接控制执行器，需由信号转换电路将微处理器的控制指令转换为相应的控制脉冲，再经驱动电路控制执行器工作。

执行器驱动电路根据执行器电源电压的不同，可分为车载电源供电方式和 ECU 供电方式两种。喷油器、点火线圈、继电器及各种电磁阀等执行器等，这些都是车载电源直接供电的高电压驱动电路，控制电路端子连接电子控制器。

在输出电路中，一般采用大功率三极管控制执行器电路的搭铁回路，微型计算机输出的信号控制该晶体管导通和截止。如在控制喷油器的输出电路中，大功率三极管的导通和截止为喷油器提供具有一定宽度的脉冲驱动信号（图 12-29）。

电子控制系统中的指示灯和警告灯等执行器，由控制器内部电源向执行器提供电流，这些都是电子控制单元提供的 5V 电压供电的低电压驱动电路。

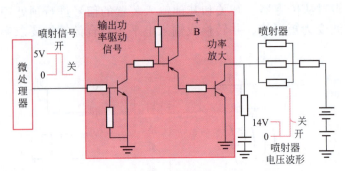

图 12-29　喷油器驱动电路

135. 什么是电源电路？

ECU 一般带有电池和内置电源电路，以保证微处理器及其接口电路工作在 +5V 的电压下。即使在发动机启动工况等使汽车蓄电池电压有较大波动时，也能提供 +5V 的稳定电压，从而保证系统的正常工作。

如果需 +5V 供电的传感器有 +5V 电压，则说明控制器内部电源模块正常工作，关键问题出在外部线路。如果没有 +5V 电压，则说明供电线路不正常。

二、电工技能

136. 查阅电路图有什么要点？

阅读电路图要注意三个要点。

❶ 掌握各种车型的电路图中图形意义、标注规则、符号含义和使用方法等，记不住不要紧，但要看着电路图能找到对应元件。

❷ 掌握一定的电气系统的工作原理，尤其是电器元件的电路输出和输入。

❸ 掌握承修车辆的电器布置情况。

137. 查阅电路图有什么技巧？

（1）一种车型　精心分析一种车型的典型电路，掌握各个系统之间的接线特点和规则，进而了解一个车系电路特点。

（2）两路理顺

❶ 顺向。从用电设备找到蓄电池正极和搭铁，顺着电流流向找从蓄电池正极出发到用电设备再到搭铁。

❷ 逆向。逆着电流方向从负极搭铁到用电器再到蓄电池正极。

选择一种路径或者两种路径结合的方法去理顺，善于将一个复杂的系统回路简化，这样有利于快速理清电路结构。

138. 电路图有什么基本特点？

电路图通常可以看做三个部分来阅读处理，即最上部、最下部和中部。

最上部为中央配电盒电路，其中标明了熔丝的位置及容量、继电器位置编号及接线端子号等。中部是车上的电气元件及连线。最下部的横线是搭铁线，上面标有电路编号和搭铁点位置；最下部搭铁线的标号是为了方便标明在一页画不完的连线的另一端在何处而标注。

（1）最上部　以大众车系电路图为例，控制单元（J519）符号置于最上部（图12-30）。

图 12-30　电路图最上部

（2）最下部　负极搭铁电位在最下部，用图中最下面一条线表示（图12-31）。

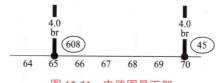

图 12-31　电路图最下部

⑥⑧—接地点（在排水槽中部）；㊺—接地点（在仪表板中部空调器右侧支架上）

（3）中部　在大众车系电路图中，中部是车上的电器元件及连线（图12-32）。

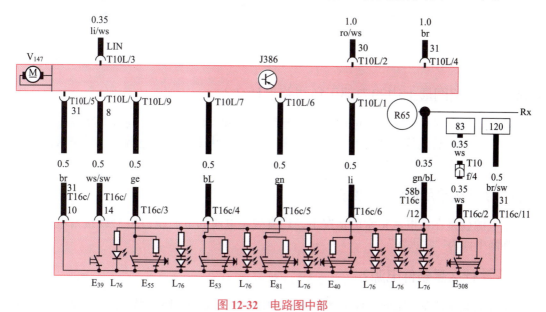

图 12-32　电路图中部

V_{147}—驾驶员侧车窗升降器电机；E_{39}—后部车窗升降器锁止开关；E_{308}—驾驶员侧车内联锁按钮

139. 电流路径走向是怎样的？

电流方向基本上是从上到下，电流流向从电源正极→保护装置→开关→用电器→搭铁→电负极，形成简明的完整回路（图12-33）。

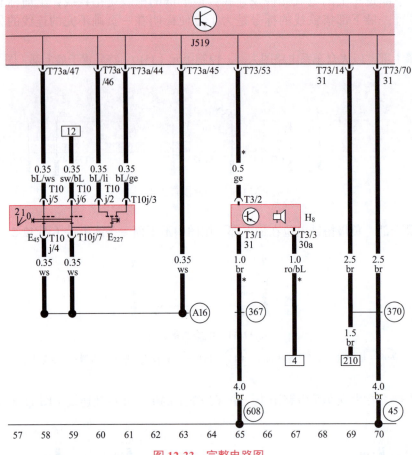

图12-33 完整电路图

140. 电路图最上边的内部正负线路是什么？

最上边的内部水平线为接电源正极的导线，有30、15、X等。电路中经常通电的线路使用代号是30，接地线的代号是31，受控制的大容量用电设备的电源线代号是X，受控制的小容量用电设备的电源线代号是15。

141. 什么是所谓的常火线？

常电源就是在蓄电池正常的情况下，均有规定电压的电源线，30号线接蓄电池正极，汽车维修中称为"常火线"。

142. 什么是条件电源？

条件电源就是在一定的条件下才有规定电压的电源线，即15号线。点火开关置于"ON"（接通）和"ST"（启动）挡时，30号线经点火开关连接中央继电器盒内的15号线，也就是说打开车门钥匙时会有电。

143. 什么是卸荷线?

电路中,卸荷线也就是 X 线,是大容量火线。雾灯、刮水器和挡风玻璃加热等用电取自 X 线,只有在点火开关位于"ON"挡时 X 触点继电器 J59 才工作。30 号线经 X 触点继电器触点接通 X 线,而在点火开关位于"ST"(启动)挡启动发动机时 X 线自动断电,从而保证发动机能顺利启动。

144. 汽车电路接线有什么特点?

汽车电路一般采用单线制、用电设备并联、负极搭铁,线路用颜色不同的线和编号加以区分,并以点火开关为中心分成几条主干线。

(1)蓄电池正极线　从蓄电池引出直通熔断器盒,也有的从蓄电池正极线直接引到起动机正极接线柱上,再从熔断器盒引出较细的正极线到其他电路。

(2)点火、仪表和信息指示线　这些设备的线路必须经过汽车钥匙才能接通电路。

(3)专用线　无论发动机是否工作都需要接入的电器,如收放机点烟器等。

(4)启动控制线　起动机主电路的控制开关(触盘)常用磁力开关来通断。其接线方式有两种形式:小功率起动机磁力开关的吸引线圈和保持线圈由点火开关的启动挡控制;大功率起动机的吸引线圈和保持线圈则由起动机继电器控制。

(5)搭铁线　搭铁点分布在汽车全身,与不同金属相接。

145. 电源系统的接线有什么特点?

发电机与蓄电池并联,蓄电池负极必须搭铁。发电机上有标记,分别连接相应接线。

(1)发电机与蓄电池连接特点　发电机与蓄电池并联,蓄电池负极必须搭铁。蓄电池正极经电流表(或直接)接发电机正极,蓄电池静止电动势常在 11.5~13.5V 之间,发电机输出电压常限定在 13.8~15V 之间。发电机工作时电压比蓄电池电压高 0.3~3.5V,这主要是为了克服线路压降,使蓄电池充电时既能充足,又不至于过度充电。

(2)发电机接线特点　国产硅整流发电机的接线柱旁均有标记或名称,"+"或"B+"为电枢接线柱,此接线柱应与蓄电池"+"极相连;"F"为磁场接线柱,它与调节器磁场接线柱相连;"E"为搭铁接线柱,应与调节器的搭铁接线柱相接。

(3)发电机调节器　外置调节器的交流发电机的磁场线圈搭铁方式由两种:一种是磁场线圈直接在发电机内部搭铁;另一种是磁场线圈不在发电机内部搭铁,而是通过调节器搭铁。

146. 启动系统的接线有什么特点?

(1)点火开关直接控制起动机的电路　点火开关在启动挡直接控制起动机的吸拉保持线圈,用启动继电器触点作为开关。

(2)带启动保护的起动机控制电路

❶ 当点火开关在 0 挡时,电路均断开。

❷ 点火开关在 1 挡时(未启动)的供电线路由发电机励磁点火线圈点亮仪表指示灯。

❸ 点火开关在 2 挡时,除了接通上述电路外,还要接通起动机继电器电路:蓄电池正极→点火开关→起动机继电器线圈→继电器常闭触点→搭铁→蓄电池负极→起动机驱动

发动机。

❹发动机点火工作后，启动保护继电器常闭触点断开，切断充电指示灯搭铁点路，充电指示灯熄灭，表示发电机工作正常。

发动机点火工作后，同时也切断了启动继电器线圈的搭铁电路，当发电机正常工作时，即使误将点火开关到启动挡，起动机也不会与飞轮啮合，避免打坏飞轮齿圈与起动机，起到保护起动机的作用。

147. 照明系统的接线有什么特点？

❶灯光系统的电流一般来自蓄电池正极，不受点火开关控制，前照灯远光功率较大，常用灯光继电器来控制通断。超车灯信号常用短时接通按钮来控制远光灯亮灭来表示。现代汽车的照明系统常用组合开关集中控制。

❷前照灯又分为远光灯与近光灯，用变光开关控制。

❸照明灯由灯光开关控制，包括驻车灯、尾灯、仪表灯、牌照灯。

148. 仪表报警系统的接线有什么特点？

所有电气仪表都受点火开关控制。

❶仪表的表头与其传感器串联，燃油表、水温表一般还接有仪表稳压器。

❷指示灯、报警灯常与仪表装配在一个总成内或在附近布置，它们与仪表一同受点火开关的工作挡（ON）和启动挡（ST）控制。在"ON"挡应能检验大多数仪表、指示灯、报警灯是否良好。

❸指示灯和报警灯按照电路接法如下所示。

a.灯泡接点火开关火线，外接传感开关，开关接通则与搭铁构成通路，灯亮，如充电指示灯、手制动指示灯、制动液面报警灯、门未关报警灯、机油压力报警灯、水位过低报警灯等。

b.指示灯泡接地，控制信号来自其他开关的火线端，如远光指示灯、转向指示灯、座椅安全带未系指示灯、防抱死制动指示灯（ABS）、巡航控制指示灯等。

149. 迈腾轿车点火开关是怎样控制的？

对于迈腾轿车，将ID发生器（点火钥匙）插入到预锁位置，发动机运转，点火钥匙退回到15号线位置。关闭发动机→压下点火钥匙后将手放开，点火钥匙将被弹回到取出位置。

150. 迈腾轿车启动系统是怎么控制的？

对于新迈腾轿车，将ID发生器（点火钥匙）插到启动位置，车载电网控制单元接收到启动信号的同时确认离合器位置（手动变速器）、变速杆位置（自动变速器）、蓄电池电压等信号是否在相应位置，若在相应位置，车载电网控制单元控制J682（接线端50供电器）、J329（总线端15供电器）给起动机供电使起动机工作，从而启动发动机。

151. 迈腾轿车启动系统电路路径是怎样的？

如图12-34迈腾轿车启动系统电路分析：蓄电池→20→7→SB30→4→27→J329（总线端15供电继电器），在J519（车载电网控制单元）的控制下，使T2cq/2和T2cq/1（T2cq2芯黑色插头连接器）接通→J682（接线端50供电继电器），在J519（车载电网控制单元）的控制下，使2/30和8/87接通→起动机50号线（Tlv1芯黑色插头连接器）→起动机吸合线圈→蓄电池的电压通过起动机 30 号线端子给起动机电枢供电→壳体搭铁→起动机工作→发动机启动。

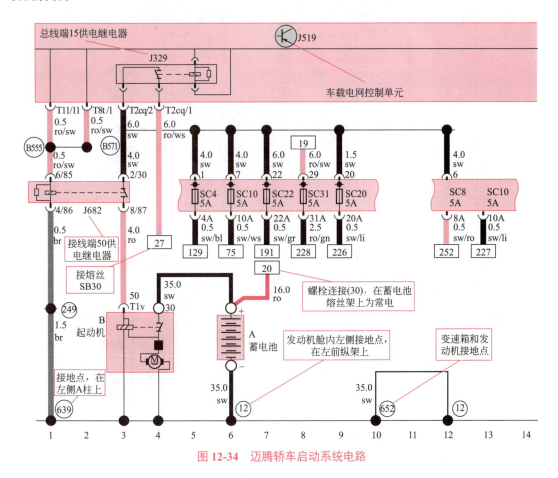

图 12-34 迈腾轿车启动系统电路

152. 北京现代悦动轿车启动系统电路路径是怎样的?

如图 12-35 所示,北京现代悦动轿车充电系统电路分析如下。

(1)励磁线圈电路　蓄电池 B+→点火开关→励磁电阻→发动机室接线盒 JM09 端子→发动机室接线盒连接器 JC02 的 C12 端子→发电机连接器 C91 上 2 号端子→励磁线圈→电压调节器 Trl→发电机接地。

(2)蓄电池充电电路　发电机蓄电池 B+→熔断器 1120A→蓄电池→蓄电池接地→发电机接地。

(3)发电机电压调节器电路

❶ 电压调节器电源电路。蓄电池正极→ECM 熔断器(10A)→发动机室接线盒接器 JC02 的 C11 端子→发电机连接器 C91 上 1 号端子→电压调节器。

❷ 充电指示灯电路。蓄电池 B+→点火开关→助手席接线盒熔断器 18(10A)→连接器 122 端子 10→连接器 122 端子 9→连接器 I/P-M 的端子 6→仪表灯充电指示灯→发动机室接线盒 JM09 端子→发动机室接线盒 C12 号端子→发电机连接器 C91 上 2 号端子→电压调节器→发电机接地。

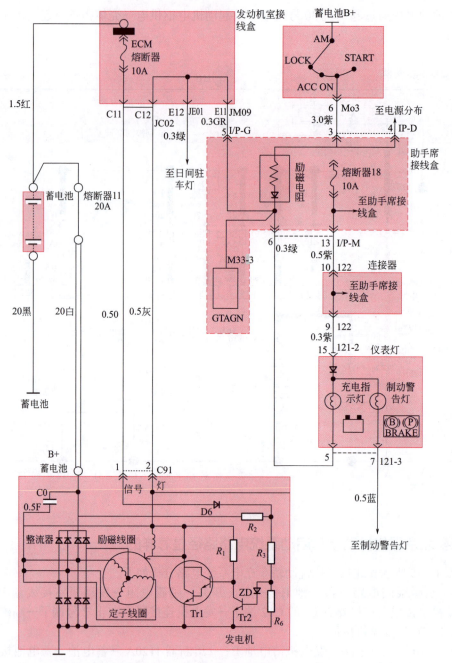

图 12-35 北京现代悦动轿车充电系统电路

153. 君威轿车风扇低速和高速电路路径分别是怎样的?

如图 12-36 所示,举例君威轿车冷却系统电路分析如下。

(1) 风扇低速电路分析

❶ 控制电路。动力系统控制模块(PCM)控制散热风扇低速运转时,其 C1-6 脚为低电平,为继电器 12 线圈提供接地回路,控制电路如下: 常电源→机罩下附件导线接线盒内 40A 熔

丝6→机罩下附件导线接线盒内继电器12线圈→发动机控制模块的C1-6脚。当C1-6脚输出低电平信号时，继电器12线圈得电，其触点闭合。

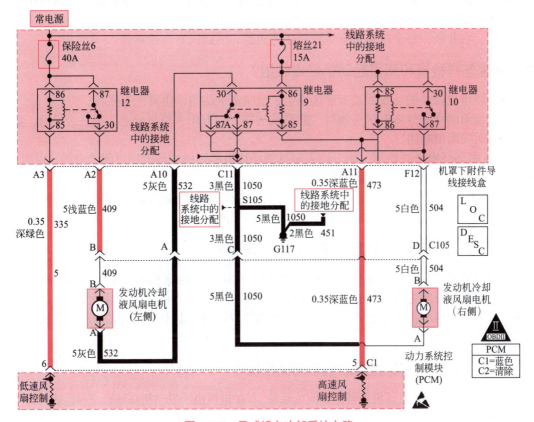

图12-36 君威轿车冷却系统电路

❷ 主电路。常电源→机罩下附件导线接线盒内继电器12触点→发动机冷却液风扇电机（左侧）→机罩下附件导线接线盒A10脚→继电器9常闭触点（30-87A）→机罩下附件导线接线盒F12脚→发动机冷却液风扇电机（右侧）→结点S105→G117搭铁。此时，左、右两个风扇串联，每个风扇的工作电压为供电电压的一半，两个风扇同时低速运转。

（2）风扇高速电路分析 动力系统控制模块（PCM）控制散热风扇高速运转时，其C1-6脚、C1-5脚均为低电平，为继电器9、继电器10、继电器12线圈提供接地回路。

❶ 左侧风扇电路

a. 第一级控制电路。常电源→机罩下附件导线接线盒内40A熔丝6→机罩下附件导线接线盒内继电器12线圈→发动机控制模块的C1-6脚。此时继电器12线圈得电，其触点闭合。

b. 第二级控制电路。常电源→机罩下附件导线接线盒内15A熔丝21→机罩下附件导线接线盒内继电器9线圈→发动机控制模块的C1-5脚。此时继电器9线圈得电，其常开触点闭合，常闭触点断开（即30-87接通，30-87A断开）。

主电路为常电源→机罩下附件导线接线盒内继电器12触点→发动机冷却液风扇电机（左侧）3机罩下附件导线接线盒A10脚→继电器9常开触点（30-87）→机罩下附件导线接线盒C11脚→结点S105→G117搭铁。此时左侧风扇运转。

❷ 右侧风扇电路。

a. 控制电路。常电源→机罩下附件导线接线盒内 15A 熔丝 21→机罩下附件导线接线盒内继电器 10 线圈→发动机控制模块的 C1-5 脚。此时继电器 10 线圈得电，其触点闭合。

b. 主电路。常电源→机罩下附件导线接线盒内继电器 10 触点→发动机冷却液风扇电机（右侧）→结点 S105 → G117 搭铁。此时，右侧风扇运转。

因左、右并联，每个风扇都有单独的接地通路，所以风扇高速运转。

154. 怎样检查和测量起动机励磁绕组？

励磁绕组也就是磁场线圈或者磁场绕组，也叫定子绕组，由其产生磁场。

励磁绕组的常见故障有接头脱焊、断路或搭铁。用万用表测量励磁绕组是否导通，如果导通则说明线圈没断路。

（1）磁场绕组断路检测　用万用表测量磁场绕组的正极端与电刷之间的电阻，应为 0。否则，说明磁场绕组断路，只能更换。

（2）磁场绕组对壳体短路的检测　用万用表检查磁场绕组的正极端与定子壳体之间的电阻，应为∞。否则，表示磁场绕组与壳体短路，只能更换。

155. 怎样检查和测量起动机电刷与电刷架？

检查电刷的高度，一般不应低于标准的 2/3，电刷的接触面积不应小于 75%。例如，轩逸轿车电刷磨损长度为 10.5mm，并且电刷在电刷架内无卡滞现象。用万用表测量同名电刷，应导通，正电刷与电刷架无导通，负电刷与电刷架应导通，电刷弹簧应无拆断、变软现象，否则应更换。

156. 怎样检查和测量起动机单向离合器？

单向离合器切断与发动机旋转运动间的联系，保护电机由于发动机高速运动而造成的毁坏。

检查其单向性，一个方向可以转动，另一个方向用 25N 力检查其是否可以转动，如果无法转动，则单向离合器良好。如果在两个方向上都可锁止或转动，或者有明显的异常阻力，应更换。检查齿轮是否掉齿或磨损，否则应更换。检查小齿轮齿形，如果轮齿磨损或损坏，应更换小齿轮。

157. 怎样识别起动机接线柱？

（1）3 个接线柱　电磁开关绝缘盖上有 3 个接线柱，分别是 B（或 30）接线柱、M（或 C）接线柱和 S（或 50）启动接线柱。

（2）4 个接线柱　有的电磁开关绝缘盖上有 4 个接线柱，分别是 B 接线柱、M 接线柱、S 启动接线柱和 R 点火接线柱。

接线柱 B 和接线柱 M 通常是 8mm 或 10mm 粗铜质螺栓，有接线片的为接线柱 M，是串励电机励磁绕组供电端接线柱；剩下的一根是接线柱 B，为蓄电池的火线接线柱。启动接线柱 S 和点火接线柱 R 通常是 4mm 或 5mm 粗的铁质螺栓，有接线片的是启动接线柱 S，上面的电线通往启动继电器；剩下的一个接线柱是点火接线柱 R，上面接的电线通往点火线圈的附加电阻。电磁开关的外壳也是一个无形的接线柱 31，即搭铁。

158. 怎样检查和排除起动机不转动故障？

（1）故障信息　某捷达轿车，在启动发动机时，起动机不转。

（2）故障检查　检查发现，起动机不转且听不到启动锁止和倒车灯锁止继电器（J226）吸合的声音。启动前，检测 J226 的端子 7，搭铁正常；端子 2 有 12V 电压，正常。启动时，检测 J226 的端子 6，有 12V 电压，正常；端子 8 电压为 0，不正常。这说明启动锁止继电器确实没有吸合。

（3）故障点确定　J226 不吸合的原因有两个：一是 J226 的端子 1、端子 3 或端子 9 没有接收到正确的挡位识别信号，但在本案例中，挡位识别相符，说明这点可以排除；那么只有 J226 已损坏导致的起动机不转动。

159. 怎样检查和排除迈腾轿车启动电路故障？

（1）故障信息　某 2009 年款迈腾 1.8T 自动挡轿车，起动机有时无法工作。

（2）检查分析　根据电路图（图 12-37），直接短接 J682 的端子 30 和端子 87，此时起动机能正常运转；在起动机正常工作时，测量 J682 的端子 85 与搭铁间的电压为 0，而正常应为 12V。检查了 J682 的端子 85 与 J519 的端子 T11/11 之间的线路，正常；检查 J682 的端子 86 的搭铁情况，也正常。

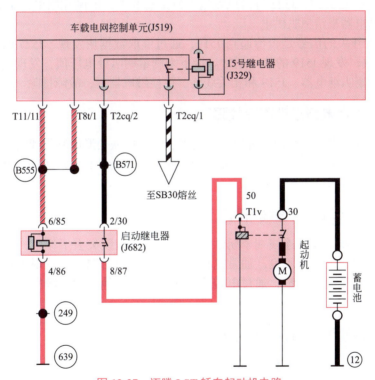

图 12-37　迈腾 LST 轿车起动机电路

由上述检查分析，利用排除法，可排除起动机及启动继电器之间线路存在故障的可能性。

连接 VAS 5052，读取故障码，故障信息显示为"发动机转速传感器不可靠信号"，同时发现发动机转速表不规则摆动。断开点火开关，断开发动机转速传感器的导线连接器，再接通点火开关，故障现象依旧。由此可见，故障并不是由发动机转速传感器造成的，排除控制单元故障，那么问题应该还是出在线路上。

发动机转速传感器信号线与其他传感器的线路存在短路。经分析，判断是发动机转速传感器信号线与 G188 的信号线短路，拆检线束后发现 2 根线束的绝缘已经被磨破。

（3）故障排除　按要求对线束进行处理后试车，故障没有再出现，至此故障彻底排除。

160. 怎么检修奥迪 C6 轿车右前座椅不能调节？

（1）故障信息　一辆奥迪 C6 轿车报修右前座椅不能调节。

（2）检查分析　电脑检测有右后门控制单元无法通信的故障。测量右后门控制单元供电搭铁，均正常，于是怀疑电脑有问题，更换右后门控制单元后，故障依旧。

该车右后门控制单元并不是通过 CAN 线与网关进行通信的，而是通过 LIN 线连接到左前门控制单元，于是测量右后门控制单元与左前门控制单元的 LIN 线连接。左前门控制单元与右后门控制单元的 LIN 线不通，逐段检查线路，发现左前门处 LIN 线断路。接通电路后，故障排除。

161. 怎么检修奥迪 A5 轿车喇叭不响？

❶ 首先用电脑检测，无故障。分析喇叭的工作过程：首先喇叭的触点开关将信号发送到转向柱电子控制单元 J527，J527 将信息发送到舒适总线上，电网控制单元 J519 收到信号，通过控制喇叭继电器来给喇叭供电。

❷ 检查喇叭开关的信号是否传递到 J519，通过读取数据块发现，J527 的信号正常，读取 J519 的数据块，发现 J519 的信号正常。接下来测量喇叭处电压值，发现喇叭处无供电，于是问题集中在喇叭继电器、J519 和相关线路。更换继电器后，故障排除。

162. 如何防止电路搭铁不良故障？

❶ 防止搭铁处有潮湿、锈蚀的现象，否则很容易在搭铁处形成氧化和腐蚀。

❷ 对于搭铁不良的部位，先用细砂布打磨，将油漆或锈蚀物清理干净，然后拧紧固定螺栓或者将插接器插牢固。

163. 怎么检修汽车搭铁线断路？

搭铁线有导线断开或者连线端子锈蚀现象，导致搭铁线失去了作用，严重时可能导致电器不工作或较明显的工作不良。通常这种情况都能通过目测检查发现故障。如目测不能发现故障，可以进行电阻测量，通过电控检测仪检测或其他辅助手段准确确定故障点所在的位置。

164. 怎么检修汽车搭铁接触不良？

汽车搭铁接触不良一般是导线断路、导线端子锈蚀、连线端子松动等。

一般汽车电路大多是数字信号及高精度的模拟信号电路，如果搭铁线有接触不良故障，就相当于在电路中串联了电阻，有可能会使高精度信号失准。通常这种情况都能通过目视或测试电阻检查发现故障点。

165. 怎么检修汽车线路馈电端短路？

线路馈电端是指在电机、灯、电磁线圈等用电器前面的电源线路。线路馈电端短路通常是由于导线绝缘层损坏导致的。

通常这种情况有些损坏能直接看到，但有些无法直接观察到。视故障部位和情况，根据电路图和线路走向分步检修。

166. 怎么排除导线的故障?

（1）检查导线断路　当线路出现断路时，主要表现为线头脱落、开关失效、导线折断、插头松动或搭铁不良。

检查时，对于明显的导线断裂部位比较容易查找，但是对于比较隐蔽的内芯线断路，需使用万用表、试灯才能确定故障部位。

（2）检查导线短路　导线因绝缘层损坏或导线线头裸露部分相互接触，使导线间发生短路。可用万用表或试灯检测线路的短路故障。

（3）检查导线搭铁

❶ 外观检查。直接用眼睛观察导线是否有破裂、破损处。

❷ 试灯检查。以蓄电池作为电源，将蓄电池的负极搭铁，正极接试灯的一个引线端子，而试灯的另一个引线端子接导线，如果试灯发亮，表明导线已搭铁。

❸ 万用表检查。用万用表的两表笔分别与导线和车架接触，如果电阻接近于 0，表明导线已搭铁。

167. 车载网络系统有什么特点?

车载网络系统是指借助双绞线、同轴电缆或光纤等通信介质，将车内众多的控制模块（或节点）联结起来，使若干的传感器、执行机构和电子控制单元（ECU）共用一个公共的数据通道，通过某种通信协议，在网络控制器的管理下共享传输通道和数据。

车载网络系统减少了线束的使用，改善了系统的灵活性，通过系统的软件可以实现系统功能的变化和数据共享，也提高了对系统故障的诊断能力。例如车载网络可以将汽车的行驶状态参数传送到显示屏上，提高驾驶安全性。

168. 什么是 LAN 系统?

局域网（Local Area Network，LAN）是将分布在汽车上的电器与电子控制单元相互连接，并按照网络协议相互进行通信，以共享硬件、软件和信息等资源的网络系统。LAN 主要分为车内网络和车外网络。

169. 车载 CAN 总线系统有哪些特点?

CAN 即控制器局域网，是国际上应用最广泛的现场总线之一。在车载各电子控制装置 ECU 之间交换信息，形成汽车电子控制网络。总线是模块间运行数据的通道，即所谓的信息高速公路。数据总线可以实现在一条数据线上传递的信号能被多个控制单元（系统）共享。

❶ CAN 为多主方式工作，即网络上任一节点均可在任意时刻主动地向网络上其他节点发送信息，而不分主从，通信方式灵活。

❷ CAN 网络上的节点信息分成不同的优先级，可满足不同的实时要求。

❸ CAN 的每帧信息都有 CRC 校验及其他检错措施，保证数据出错率极低。

❹ CAN 的通信介质可为双绞线、同轴电缆或光纤，选择灵活。

❺ CAN 节点在错误严重的情况下具有自动关闭输出功能，以使总线上其他节点的操作不受影响。

170. 怎么检测 CAN 系统节点故障?

节点故障是电控模块的故障，它包括软件故障和硬件故障。其中硬件故障一般是指芯片和集成电路的故障，造成汽车信息传输系统不能正常运行。软件故障主要是指汽车信息传输系统通信出现故障，造成控制系统失灵。

对于节点的故障，一般只有采用替换控制单元的方法进行检测，然后读取故障码来排除。

171. 怎么判断 CAN 系统通信线路故障?

当汽车信号传输系统出现通信线路故障时，会导致通信线路短路，通信信号失真，还可能会引起电控系统错误动作。判断链路是否出现故障，一般采用汽车专用光纤诊断仪来检查通信数据信号是否与标准数据相符，如果出现异常说明链路出现故障。

172. 怎么检测 CAN 系统电源系统故障?

汽车信息传输系统的核心部分是电控模块，电控模块的正常工作电压在 10.5～15.0V 的范围内。当汽车电源系统提供的正常工作电压低于此值时，就会造成一些对工作电压要求高的电控模块出现停止工作的状态，从而出现使整个汽车信息传输系统出现无法通信的故障。

检查时应首先检查蓄电池的电压、各接头连接情况、相关的熔丝、发动机与车身的搭铁是否良好以及相应控制单元的电源供给等情况，还应检查发电机的输出电压是否正常等。

173. 机油压力报警系统电路、机油压力低压和高压开关、机油压力分别是怎样控制的？

举例： 桑塔纳 2000 型轿车的机油压力报警系统是用来监视和指示发动机润滑系统工作状况的。它由油压检查控制器 J114，油压指示灯 K3 和高低压开关 F1、F22 等元件组成，如图 12-38 为其机油压力报警系统的控制线路。

（1）电路组成及控制　油压指示灯安置在仪表板上，两端并联了一个稳压二极管。油压指示灯采用红色发光二极管，其正端串接的附加电阻为 330～500Ω，当正向电压大于 2V 时便能导通点亮，它会根据油压检查控制器的指令信号闪亮而发出报警指示。

油压检查控制器固装在里程表框架上，内置集成电路和报警蜂鸣器。J114 为系统的控制中枢。它根据低压油压开关和高压油压开关监测到的信号，发出油压指示灯是否闪亮和油压报警蜂鸣器是否鸣叫的指令信号。图 12-38 显示了 J114 的实物接脚。J114 是 6 脚集成电路，其中 4 脚接电源正极，2 脚搭铁接电源负极，1 脚接转速信号，5 脚接高压开关 F1，6 脚接低压开关 F22，3 脚接油压指示灯 K3 负端。

（2）低压开关　低压开关 F22 安装在气缸盖上主油道的后端，绝缘体为褐色，上标有"（0.30±0.15）bar"字样（1bar=100kPa），用以感知缸盖油道的油压。F22 为常闭型开关，当感知的机油压力高于（30±15）kPa 时，开关断开。低压开关利用外壳直接搭铁，向 J114 输送低油压信号。在发动机工作中，如果低压油压开关的触点接通，油压指示灯就

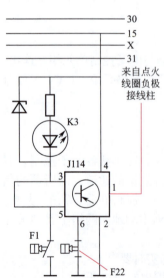

图 12-38　桑塔纳机油压力报警系统的控制线路

F22—低压油压开关；F1—高压油压开关；K3—油压指示灯；J114—油压检查控制器

会闪亮，所以这种报警为闭路报警和灯光报警。

（3）高压开关　高压开关 F1 安装在机油滤清器支座上，其绝缘体为白色，上标有"（1.8±0.2）bar"字样，接线颜色为蓝/黑色，用以感受缸体主油道的油压。F1 为常开型开关，当感受的油压高于（180±20）kPa 时，开关闭合，高压开关也是外壳搭铁，向 J114 输送高油压信号。在发动机工作中，如果高压油压开关中的触点断开，油压指示灯报警闪亮，油压蜂鸣器也同时发出声响。所以，这种高压报警为开路报警和声光报警。

从点火线圈初级负端引出导线到控制器 1 脚，向 J114 输送发动机转速信号。

（4）机油压力控制过程　如图 12-38 所示，开关和触点所处的状态是发动机静止时各开关与触点的状态。在汽车启动时，油压指示灯先闪亮一会儿，发动机启动后马上熄灭（发动机启动过程中点火开关接通的瞬间，发动机是静态，直至机油压力建立之前，低压油压开关都是导通的，所以油压指示灯闪亮）。在发动机启动后，当机油压力达到 30kPa 时，低压油压开关断开，油压指示灯不再闪亮。当发动机转速高于 2150r/min 时，只要机油压力小于 180kPa，高压油压开关成为开路，油压检查控制器中的电子线路被触发，油压指示灯闪亮并伴有蜂鸣声。在机油压力正常的工况下，高压油压开关则是闭合的。

174. 怎么检查机油压力系统线路？

❶ 将发动机熄火，接通点火开关，油压指示灯应闪亮，此时蜂鸣器不可鸣响。

❷ 发动机转速低于 2150r/min，拔下低压油压开关的电线接头，并在车体或发动机上搭铁（相当于低压油压开关触点闭合），此时，油压指示灯应闪亮，蜂鸣器应不鸣响。

❸ 发动机转速高于 2150r/min，拔下高压油压开关的电线接头，但不要接到车体上（相当于让高压油压开关开路），此时油压指示灯应闪亮，蜂鸣器应鸣响。如果达到以上要求，说明油压检查控制器与相关线路是正常的。

175. 凯越轿车燃油油位传感器是怎么控制的？怎么检修凯越轿车燃油表常见故障？凯越轿车燃油表有什么特殊故障？

（1）燃油油位传感器电路控制　如图 12-39 所示，当转动点火钥匙时，发动机控制模块的 K51 号脚发送一个 5V 的电压信号给燃油液位传感器的 1 号脚，燃油液位传感器通过液位浮子可变电阻的阻值将反馈电压回送给发动机控制模块的 K34 号脚，经过控制模块内部程序处理后，通过发动机控制模块的 K30 号脚传送一个脉宽调制信号给组合仪表的 B3 号脚，组合仪表接收到此信号后，通过内部程序处理后，将燃油液位显示出来。

（2）油表常见故障　油位传感器故障。

某别克凯越轿车，燃油箱里有足够的燃油，但组合仪表的燃油表有时不显示。行车一段时间，燃油表指针缓慢上升，直到显示实际油位。

❶ 用万用表测量燃油液位传感器到发动机控制模块（ECM）的传输线，无断路和短路现象，线路连接良好。

❷ 测量发动机控制模块仪表的传输线，导通。

这样可以判断液位传感器受外界气温的影响而无法传输反馈信号给发动机控制模块，更换液位传感器，故障排除。

❸ 燃油表插接器接触不良故障。还有出过这样的故障情况：由于 C202 插头内有水汽，造成插脚接触不良，燃油表故障现象。当启动发动机或车辆行驶一段时间后，车内温度上升，加上车辆的颠簸，使线路又碰巧连接上了，所以故障呈间歇性。

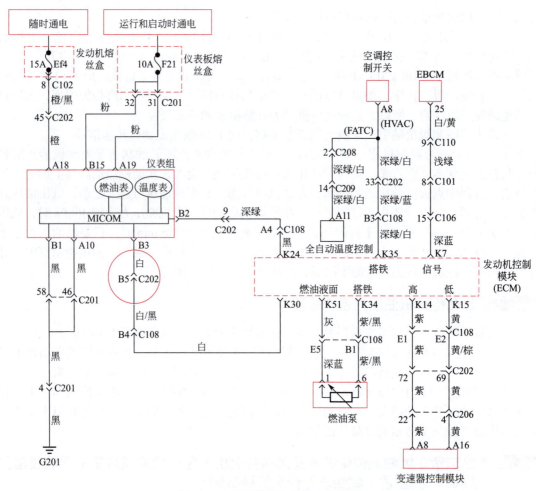

图 12-39 凯越轿车组合仪表电路图

176. 怎么排除帕萨特轿车电子驻车指示灯报警？

（1）故障信息　某 2012 年款帕萨特轿车，电子驻车指示灯（黄灯）有时报警。接通点火开关，检查组合仪表上没有出现电子驻车指示灯（黄灯）报警。出现故障时关闭点火开关再重新打开，故障灯熄灭。

（2）检查和排除　故障诊断仪进入网关安装列表检查故障，发现驻车制动器存在故障，进入驻车制动器检查故障码，发现存在一个故障码 C100D12——左侧停车制动器电机供电电压对正极短路（偶发性故障）。

由于车辆现在没有出现故障，在驻车控制单元内只有一个偶发性的故障码，先清除故障码行驶观察。初步分析造成该故障的原因可能有两个：一是左侧制动器电机供电线对正极短路或控制单元有故障；二是驻车制动器控制单元出现故障。

该车左侧制动器电机 V282 的正极端子 T2dy/1 通过红/黄色导线连接驻车制动器控制单元的 T30/14 针脚。驻车制动器控制单元安装位置在变速杆后部中央通道下方。检查左侧制动器电机的线束，没有发现对正极短路。拆下中央通道，拔下驻车控制单元的插头，检查没有出现进水的现象。再将车内后部地毯拆开检查连接驻车制动器电机的红/黄色导线是否存在与其他正极线短路，经检查不存在对正极短路。

经过以上检查已排除线束对正极短路造成的故障。造成该故障的原因可能是驻车制动器控制单元有故障。更换驻车控制单元，故障排除。

177. 怎么检修帕萨特轿车发动机部件供电继电器故障？

（1）故障信息　某 2012 年款新帕萨特轿车，装配 CEA1.8TSI 发动机，搭载 0AM7 挡双离合变速器，该车电子节气门控制系统指示灯 EPC 及尾气排放系统 OBD 灯报警，启动时间长及加速无力。

（2）检查和排除　执行故障诊断仪检测，发现发动机电控系统存在 2 个故障。故障码 00135——燃油油轨 / 系统压力过低（静态）、故障码 12423——发动机部件供电继电器电路电气故障（静态）。选择读取测量值功能，查看高压燃油压力为 7.00bar（$1bar=10^5Pa$）。

初步分析造成该故障的原因与高压燃油压力低有关，发动机部件供电继电器 J757 给燃油压力调节阀 N276 供电。如果 J757 没有给 N276 供电，对于 N276 就是断电状态，而该发动机的 N276 在断电状态下，就会对高压燃油系统的压力泄压。考虑到 J757 是给 N276 供电，控制单元存储了 J757 的故障，这表明故障原因可能是 J757 的相关线束存在断路或 J757 自身存在故障。经检查发现该继电器没有插紧，重新安装继电器，启动发动机，检查高压燃油压力为 40.00bar。故障排除。

178. 电热式闪光器是怎样工作的？

电热式闪光器是利用镍铬丝的热胀冷缩特性接通或断开转向灯电路，从而实现转向信号灯及转向指示灯闪烁的。

179. 电容式闪光继电器是怎样工作的？

电容式闪光器由一个大容量电解电容器和双线圈继电器组成。电容式闪光器是利用电容器充、放电延时特性，使继电器的两个线圈产生的电磁吸力时而相同叠加，时而相反削减，从而使继电器产生周期性开关动作，使得转向信号灯及指示灯实现闪烁的。

180. 直热翼片式闪光器是怎样工作的？

直热翼片式闪光器主要由翼片、热胀条、触点等组成。工作时，弹性翼片在热胀条（热膨胀系数较大的金属板条）的拉力下呈弓形，触点处于闭合状态。接通转向灯开关（左或右）后，转向灯与转向指示灯电路接通，灯亮。电路如下：蓄电池正极→翼片→热胀条→触点→转向灯开关→转向灯及转向指示灯→搭铁→蓄电池负极。由于电流流经热胀条，热胀条伸长。翼片在自身弹力作用下伸直，活动触点随热胀条向上移动与固定触点分离。电路被切断，转向指示灯熄灭。热胀条中电流消失后，冷却收缩，牵动翼片再次呈弓形，活动触点下移与固定触点再次闭合，电路接通，转向灯与转向指示灯又亮。如此反复变化，产生了闪烁的转向信号，同时发出"啪嗒""啪嗒"响声。

181. 旁热翼片式闪光器是怎样工作的？

旁热翼片式闪光器与直热翼片式闪光器主要不同点在于热胀条上绕有电热丝。电热丝下端与热胀条相接，上端与静触点相连，匝间与热胀条绝缘。工作时，翼片受热胀条拉力作用呈弓形，触点张开。转向灯开关闭合后，电热丝通电加热热胀条，使其膨胀伸长，翼片在自身弹力作用下伸直，使触点闭合。触点闭合后，转向灯与转向指示灯亮。电热丝被触点短路，热胀条冷却收缩，翼片被拉呈弓形。触点再次张开，转向灯与转向指示灯变暗。电热丝再次通电。如此周期性动作，转向灯产生闪烁灯光信号。当电阻丝通电时，电流虽经转向信号灯构成回路，但电流很小，转向灯不会亮。

182. 什么是独立点火？

独立点火就是在每个气缸上分配了一个点火线圈，点火线圈直接安装在火花塞顶部。由于其取消了高压分缸线，因此能量传导损失小，具有较强的点火能力，而且大幅减少了电磁干扰，是现代轿车点火系统最常见的模式。

183. 点火线圈的使用有哪些注意事项？

❶ 防止点火线圈受热或受潮。
❷ 避免其短路或搭铁。
❸ 控制发动机性能，防止电压过高。
❹ 电控发动机，火花塞不得长期采用"吊火"实验。

184. 汽车点火线圈有什么作用？

点火线圈实际上就是一个变压器（里面有初级绕组、次级绕组、铁芯和绝缘物质等），它将汽车 12V 的电压转变为 20000～30000V 的高电压来点燃气缸中的可燃混合气体。

185. 汽车点火线圈上的三根引线分别有什么作用？

汽车点火线圈的三根引线分别为电源线、搭铁线、控制信号线。电源线由点火开关、主继电器提供电压；搭铁线由发动机 ECU 控制；控制信号线中的信号是 ECU 电脑电路板中输出的控制点火的开关信号。

186. 冷却液温度传感器电路是怎样的？

冷却液温度传感器的端子与 ECU 的连接及电路特点如图 12-40（a）所示，其中 THW 为信号端子，E2 为车体搭铁线。

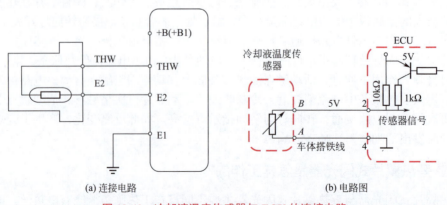

图 12-40　冷却液温度传感器与 ECU 的连接电路

在图 12-40（b）中，ECU 使 5V 的电压通过 1kΩ 电阻和晶体管串联后再与 10kΩ 电阻并联的电路，然后经过传感器接搭铁。在温度比较低时，传感器的热敏电阻值较大，此时 ECU 使晶体管截止，5V 的电压仅仅通过 10kΩ 电阻及传感器后搭铁。由于传感器的热敏电阻的阻值与 10kΩ 电阻的阻值相差不大，这样传感器所测得的数值比较准确。而当温度达到一个特定值时，热敏电阻的阻值发生了很大变化，此时其阻值相对 10kΩ 已经较小，测得的数值就不再准确，此时 ECU 使晶体管导通，这样 5V 电压就通过 1kΩ 电阻和晶体管串联后再与 10kΩ 电阻并联的电路，然后经过传感器接搭铁。由于并联后的阻值与 1kΩ 相差不大，即与温度升高后的传感器阻值相差不大，这样即使温度升高后也能使测量数据准确。

第十三章
乘员保护系统

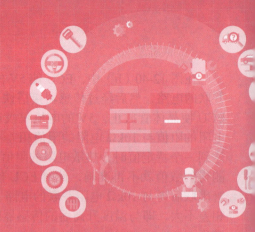

1. 安全气囊的构造和原理是怎样的？

典型的气囊系统包括两个组成部分：探测碰撞点火装置（或称传感器）、气体发生器的气囊（或称气袋）。当传感器开关启动后，控制线路即开始处于工作状态，并借着检测回路来判断是否真有碰撞发生。如果信号是同时来自两个传感器的话才会使安全气囊开始作用。由于汽车的发电机及蓄电池通常都处于车头易受损的部位，因此，安全气囊的控制系统皆具有自备的电源以确保作用的发挥。在判定施放安全气囊的条件正确之后，控制回路便会将电流送至点火器，接着瞬时快速加热，将内含的叠氮化钠推进剂点燃。在近乎爆炸的化学反应快速发生的同时，会产生大量无害的以氮气为主的气体，将气囊充气至饱满的状态，并借着强大的冲击力，气囊能够冲开方向盘上的盖而完全展开，以保护驾驶人头部不受伤害。同时在推进剂点燃的过程之中，点火器总成中的金属网罩可冷却快速膨胀的气体，随即气囊可由设计好的小排气口排气，以发挥逐渐缓冲功能，并避免在车身仍继续移动时阻碍碰撞后的视线。

2. 碰撞和安全模块的功能是怎样的？

宝马 F30 被动安全系统中，碰撞和安全模块的任务是持续评估所有传感器信号，以便从中识别出碰撞情况。碰撞和安全模块根据传感器信号及其评估结果识别出碰撞方向和碰撞强度。ACSM 分析传感器信息，随后采取相应措施，以便有选择性地触发所需的乘员保护系统。碰撞和安全模块对系统自身进行监控，并以安全气囊指示灯熄灭的方式表示系统处于准备状态。如果运行期间出现故障，该故障将被存储在一个故障码存储器内，诊断时可以读取该故障码。如果识别到碰撞情况，碰撞和安全模块就会将具体情况以碰撞信号的形式提供给总线网络内其他总线设备。随后，各控制单元根据碰撞的严重程度执行各自的工作，具体步骤为：开启中控锁；接通危险报警灯；接通车内照明灯；停用电动燃油泵；关闭辅助加热器；进行紧急呼叫。

碰撞和安全模块还具有安全带声音警告功能，即通过视觉和声音信号提醒驾驶员和前排乘客系好安全带。通过安全带锁扣开关确定驾驶员和前排乘客是否系上安全带。

3. 怎么分析传感器信号？

宝马 F30 被动安全系统中，传感器用于辨别和确认正面、侧面和尾部碰撞，以及进行翻车监测。碰撞和安全模块与传感器直接连接，并分析和处理传感器信号。

4. 触发时刻和触发顺序是怎样的？

宝马 F30 被动安全系统中，碰撞和安全模块通过传感器发送的数据确定碰撞方向及碰撞严重程度。例如发生正面碰撞时，B 柱内的纵向加速度传感器和 ICM 内的纵向加速度传感器必须识别出较高的加速度值，系统根据加速度值按照运算法则得出碰撞严重程度和碰撞方向。这些信息可以计算出待启用的乘员保护系统的触发时刻和顺序。此外，碰撞和安全模块还能识别即将翻车的情况并启用相应的保护系统，触发引爆电路输出级。

5. 怎样触发引爆电路输出级？

宝马 F30 被动安全系统中，FEM 通过总线端 30B 提供正面碰撞相关信息时，由 B 柱内的纵向加速度传感器传送给碰撞和安全模块。碰撞和安全模块在总线端 30B 中处于离线模式，这意味着它在数据总线上开启时即可执行各类诊断功能。引爆电路处于禁止触发状态，只有系统从总线端 15 开始自检，待自检结束后才能触发。即使在发动机关闭时使用逻辑总线端 R，碰撞和安全模块也可准备点火。引爆电容器由开关调节器充电。车辆发生碰撞事故时，引爆电容器提供引爆能量。如果发生碰撞期间供电中断，引爆电容器暂时用作能量储备装置。引爆电路输出级由一个高压断路器和一个低压断路器组成。高压断路器接通引爆电压，低压断路器接通接地点，引爆电路输出级由微处理器控制。高压和低压电源开关还用于在系统自检时检查点火线路。

6. 怎么发送碰撞信号？

宝马 F30 被动安全系统中，碰撞事故使乘员保护系统被触发时，碰撞和安全模块将一个碰撞信号发送给总线网络内的相关总线设备，同时通过一个直接单线导线要求 TCU 触发紧急呼叫。随后，各控制单元根据碰撞严重程度执行其功能。

7. 怎样执行碰撞记录？

宝马 F30 被动安全系统中，碰撞事故使一个或多个执行机构被触发时，碰撞记录会在一个不可消除的存储器内存储。存入三条碰撞记录后，系统就会在存储器里存储一个不可消除的故障码，同时提示存储了三条碰撞信息。此外，安全气囊指示灯持续亮起。发生事故期间也可能存储三条碰撞记录，每条碰撞记录都会分配一个系统时间，存储三条碰撞记录后，控制单元仍处于可引爆状态。碰撞记录是不可消除的，以便用于以后进行设备诊断。一个控制单元最多可存储三条碰撞记录，超过三条后必须更换该控制单元。

8. 系统自检功能是怎样的？

宝马 F30 被动安全系统中，碰撞和安全模块从总线端 15 起进行系统自检。系统自检期间安全气囊指示灯启用约 5s，如果系统自检结束时没有发现故障，安全气囊指示灯就会熄灭且系统进入准备状态。

9. 显示系统准备状态功能是怎样的？

宝马 F30 被动安全系统中，组合仪表内的安全气囊指示灯熄灭表示碰撞和安全模块处于系统准备状态。

10. 循环监控功能是怎样的？

宝马 F30 被动安全系统中，如果顺利完成系统自检且进入准备状态，系统就会进行循环监控以监测是否出现故障。循环监控功能用于对控制单元和整个安全气囊系统进行内部诊断。从总线端 15 起持续进行循环监控，即使发动机关闭到达逻辑总线端 R 时也会继续监控。

11. 声音和视觉安全带警告功能是怎样的？

宝马 F30 被动安全系统中，具有碰撞和安全模块的车辆都标配声音和视觉安全带警告功能。碰撞和安全模块探测驾驶员或前排乘客是否系上安全带。如果未系安全带，就会通过声音和视觉提示信息提醒乘员系上安全带。

12. 停用安全气囊功能是怎样的？

宝马 F30 被动安全系统中，对于欧规车辆，在前排乘客侧使用儿童座椅时，为儿童安全起见必须停用前排乘客安全气囊和前排乘客侧面安全气囊，驾驶员负责停用或启用前排乘客安全气囊和前排乘客侧面安全气囊。采用选项 5DA 的车型配备前排乘客安全气囊关闭开关和指示灯，通过使用机械车钥匙操作前排乘客安全气囊关闭开关，停用前排乘客安全气囊和前排乘客侧面安全气囊。前排乘客安全气囊关闭指示灯的黄色符号亮起时表示前排乘客安全气囊处于停用状态。在宝马 F30 被动安全系统中，前排乘客安全气囊关闭开关位于副驾驶侧。只有当前排乘客侧的车门开启时，方可接触该开关；只有在车辆静止时，该开关方可关闭。

13. 碰撞和安全模块安装在什么位置？

碰撞和安全模块位于壳体内，包含两个插口：一个插口用于连接车辆导线束；另一个插口用于连接驾驶室导线束。在宝马 F30 被动安全系统上，碰撞和安全模块安装在驾驶员侧驾驶室模块支撑结构上。碰撞和安全模块内不再安装任何传感器，传感器位于变速器通道上的 ICM 内。

14. B 柱横向和纵向加速传感器安装在什么位置？

宝马 F30 被动安全系统中，B 柱横向和纵向加速度传感器（图 13-1）在识别正面碰撞、侧面碰撞和尾部碰撞时提供支持。B 柱安全气囊传感器由一个纵向和一个横向加速度传感器组成。这些加速度传感器分别用于测量 X 方向和 Y 方向上的加速度及减速度，X 信号和 Y 信号得出的结果是识别碰撞方向的重要因素。左右 B 柱安全气囊传感器的结构相同，安装时通过机械设码的方式确定左右方向。

15. 车门安全气囊压力传感器是怎样的？

宝马 F30 被动安全系统中，美规车型在驾驶员和前排乘客车门上安装压力传感器（图 13-2）。通过安全气囊传感器协助确定侧面碰撞。如果发生侧面碰撞，除了存在的横向加速值外，车门空腔中的压力也会增加。车门中的安全气囊传感器用于监测侧面碰撞时，验证来自 B 柱安全气囊传感器和 ICM 加速信号的真实性。安全气囊传感器位于车门侧板上，如果车门发生侧面碰撞，外板将内压，因而减少了车门内部的体积，增加了压力，安全气囊传感器将衡量这项压力的变化。安全气囊传感器还包括电子系统，其将压力读数数字化，并将以周期的方式传输到碰撞和安全模块。数据的传输与 B 柱安全气囊传感器相同，压力读数在碰撞和安全模块中进行评估。

图 13-1　宝马 F30 B 柱横向和纵向加速传感器

图 13-2　F30 车门安全气囊压力传感器

16. 前方传感器是怎样的？

宝马 F30 被动安全系统中，对于美规车型，两个前方传感器（图 13-3）安装在发动机支架的前方区域，其所测量到的数值被转发至碰撞和安全模块进行评估。左右两侧前方区域中的传感器协助辨别正面碰撞，它们将相关的碰撞特点和严重性信息传输给碰撞和安全模块。每个传感器都包含加速传感器、信号处理技术以及用于数据传输的 ASIC。所测量到的数值将以数据电报的形式发送至碰撞和安全模块。

图 13-3　F30 发动机支架前方传感器

17. ICM 中的传感器是怎样的？

宝马 F30 被动安全系统中，ICM 控制单元位于变速器通道上。除行驶动态协调控制系统传感器外，F30 的 ICM 还包含用于识别碰撞的纵向和横向加速度传感器。ICM 通过两根导线直接与 ACSM4 连接，以便传输传感器数据。所传输的数据在 ACSM4 内进行分析。在带有 2VF 自适应 M 底盘的车辆或美规车型中，ICM 通过两根附加导线与 ACSM 连接。滚动速率传感器数据和垂直加速度传感器数据通过这两根附加导线传输给 ACSM。ICM 的传感器数据协助 ACSM4 辨别侧面、尾部或正面碰撞，并协助进行翻车监测。

18. 座椅占用识别垫是怎样的？

宝马 F30 被动安全系统中，欧规车型配备座椅占用识别垫，即在前排乘客座椅表面安装测量负荷情况的传感器垫。通过座椅占用识别垫可识别是否占用了前排乘客座椅。如果未系安全带或在行驶期间松开安全带，就会发出声音和视觉警告。座椅占用识别垫没有乘员分级功能，因此无法自动关闭前排乘客安全气囊。车辆配备 ACSM4 时，不再通过座椅占用识别垫而是通过 ACSM 分析座椅占用数据。

19. CIS 垫是怎样的？

宝马 F30 被动安全系统中，对于美规车型，在前排乘客座椅中安装电容性车内感应垫（CIS 垫），而不是座椅占用识别垫。CIS 垫可监测出占用前排乘客座椅的是成人还是儿童。前排乘客安全气囊、侧面安全气囊和膝部安全气囊的关闭通过前排乘客安全气囊关闭指示灯显示。

20. 安全带锁扣开关是怎样的？

宝马 F30 被动安全系统中，安全带锁扣开关位于驾驶员和前排乘客的安全带锁扣中。如需根据 EURP NCAP 要求获得 5 星，车辆必须具备后座椅安全带监测功能。在带有 230 欧规专用选装配置的车辆上也装有后座椅安全带锁扣开关。安全带锁扣开关用于识别安全带锁舌是否位于安全带锁扣内，在此由碰撞和安全模块为传感器供电并分析传感器数据。从总线端 15 起，系统持续监控安全带锁扣开关，同时将开关信号用于视觉和听觉安全带警告，以及确定触发哪些乘员保护系统。

21. 前排乘客安全气囊关闭开关是怎样的？

宝马 F30 被动安全系统中，在带有 5DA 的车辆上，使用前排乘客安全气囊关闭开关来手动停用前排乘客侧的前部和侧面安全气囊。通过备用钥匙以手动方式操作前排乘客安全气囊关闭开关，开关位置由一个霍尔传感器探测。碰撞和安全模块分析传感器数据并为传感器供电。

22. 座椅位置传感器是怎样的？

宝马 F30 被动安全系统中，根据美规要求，必须对乘坐在驾驶员和前排乘客座椅上的乘员执行高度识别。这项高度识别通过座椅前后调节的行程来执行。在美规车型中，使用座椅位置传感器来辨别乘员的具体位置。对于配备座椅电动调节和记忆功能的车型，驾驶员侧的座椅位置将从驾驶员模块传输至 ACSM。

驾驶员座椅位置传感器的任务是在座椅的纵向调节范围内，辨别个子相对较小的乘员和正常高度的乘员。这个功能是另一项以提高乘员安全性为目的的技术特点。之后，根据驾驶员和前排乘客的座椅位置，调节两个安全气囊以及自适应通风阀的位置。座椅位置探测器采用 2 线霍尔传感器的形式，通过 ACSM 控制单元供电。座椅位置传感器的级别根据座椅位置或座椅位置传感器到永久磁铁的距离加以改变。

23. 驾驶员安全气囊是怎样的？

宝马 F30 被动安全系统中，驾驶员安全气囊的任务是与安全带配合使用，以降低正面碰撞时驾驶员受伤的危险。驾驶员安全气囊配有一个气体发生器，位于方向盘缓冲垫内。美规车型中安装两级气体发生器，可根据监测到的碰撞严重性以及座椅位置，启动短时间或长时间膨胀。此外，美规车型中的驾驶员安全气囊配备主动通风阀。

24. 前排乘客安全气囊是怎样的？

宝马 F30 被动安全系统中，前排乘客安全气囊的任务是降低正面碰撞时前排乘客受伤的危险。前排乘客安全气囊位于仪表板内，其展开时在规定位置处撕开仪表板。前排乘客安全气囊配有一个气体发生器，向挡风玻璃方向打开，向上膨胀并支撑在挡风玻璃和仪表板上。

25. 膝部安全气囊是怎样的?

宝马 F30 被动安全系统中，美规要求对乘员进行被动固定（不含安全带），因此，在美规的车型中，还需要在驾驶员和前排乘客侧设立膝部安全气囊，以便在正面碰撞情况下控制乘员的向前位移。

26. 头部安全气囊是怎样的?

宝马 F30 被动安全系统中安装有头部安全气囊，以便在侧面碰撞情况下保护乘员的头部。头部安全气囊从 A 柱延伸至 C 柱，覆盖整个侧窗玻璃区域。该安全气囊在乘员与侧面结构之间展开，其特点是：范围扩展到覆盖前后所有侧窗玻璃；防止碎玻璃危害乘员；针对不同身材的乘员优化了覆盖范围。

27. 前排侧安全气囊是怎样的?

与所有当前车型一样，宝马 F30 被动安全系统中前部侧面安全气囊也从前座椅靠背中引爆。侧面安全气囊和气体发生器位于一个塑料壳体，即安全气囊模块内。该模块安装在前座椅靠背内座套下，触发时侧面安全气囊从靠背框架中向外弹出并在侧面结构与乘员之间展开。应该注意的是，切勿安装附加座套，因为这些座套对侧面安全气囊的功能影响很大，甚至会导致安全气囊失效。

28. 安全带锁扣拉紧器是怎样的?

爆燃式安全带锁扣拉紧器的任务是在发生碰撞事故时，尽可能防止骨盆和肩部区域的安全带松弛，这样可以增强安全带的约束作用。安全带锁扣拉紧器位于驾驶员或前排乘客座椅上。在某些碰撞情况下引爆安全带锁扣拉紧器，安全带锁扣通过一个钢拉线与拉紧管内的活塞相连。引爆器触发时产生气体压力，该压力使拉紧管内的活塞移动。此时通过拉线将安全带锁扣向下拉，从而使安全带绷紧。

29. 带有线性带力限制器的安全带收卷机构是怎样的?

驾驶员和前排乘客的带有线性带力限制器的安全带收卷机构安装于欧规车型中。如果发生正面或尾部碰撞以及翻车，安全带收卷机构将阻止安全带的延长，以便保护乘员。在事故情况下，安全带限力器对乘员的安全带载荷加以限制，根据具体碰撞类型，安全气囊承担其余的约束作用。因此，就作用而言，安全气囊和安全带彼此准确配合。由于安全带作用力降低且安全气囊以较大面积支撑乘员，因此减小了乘员所承受的压力。在线性系统中，通过安全带自动收卷器内的扭力杆扭转来限制安全带力。应该注意的是，带力限制器做出响应时，除安全带外，安全气囊也会承受相应的作用力。

30. 带有自适应限力器的自动拉紧器是怎样的?

驾驶员和前排乘客的带有自适应限力器的自动拉紧器安装于带有主动保护装置（5AL）的美规车型中，如图 13-4 所示。由气体发生器加以辅助的自动拉紧器确保在乘员发生向前位移时安全带卷起，以减少安全带松弛部分。由于

图 13-4 宝马 F30 带有自适应限力器的自动拉紧器

宝马F30被动安全系统中配备自适应限力器的安全带拉紧器仅配合可选配置主动保护装置（SA5AL）安装，因此也具备可逆电机驱动收卷机构。

通过气体发生器的辅助，自适应限力器根据座椅位置从较高的压力切换至较低的压力，以便在碰撞期间根据乘员的体型降低安全带的剩余压力。座椅位置越靠前，切换越是提前发生，当座椅与安全气囊保持最佳状态时，安全气囊在正面碰撞期间可确保作用于乘员的动力能量更加均匀分布，因此实现较小的乘员压力值。

31. 带有线性机械带力限制器的自动拉紧器是怎样的？

驾驶员和前排乘客的带有线性机械带力限制器的自动拉紧器安装于不带主动保护装置（5AL）的美规车型内。除了扭力杆所施加的压力限制外，安全带在气体发生器的辅助下缩回，以便在乘员向前位移之前减少安全带的松弛部分。通过对具体的被动安全性部件、安全带拉紧器、自动拉紧器、限力器和安全气囊进行配合，作用于乘员的动力能量在碰撞期间更加均匀分布，以实现较低的乘员压力值。

32. 安全型蓄电池接线柱是怎样的？

如果碰撞和安全模块识别到较严重的正面碰撞、侧面碰撞和尾部碰撞，就会根据不同限值使安全型蓄电池接线柱触发，安全型蓄电池接线柱如图13-5所示。之后，以爆震的方式断开蓄电池以及蓄电池正极接线柱之间的连接导线并启动发电机。安全型蓄电池接线柱紧靠在蓄电池正极旁边，完全以塑料包围，如果发生脱离，也不会从壳体中泄漏电火花。尽管安全蓄电池总线端已经断开，但仍能确保为危险报警灯、车内照明灯、安全气囊和电话（包括紧急呼叫）等各类与安全性相关的用电设备供电。

图13-5 安全型蓄电池接线柱

图13-6 安全气囊指示灯

33. 安全气囊指示灯是怎样的？

安全气囊指示灯位于组合仪表内，如图13-6所示。行驶前检查期间，碰撞和安全模块以及被动安全系统的系统准备状态通过安全气囊指示灯亮起且随后熄灭显示出来。碰撞和安全模块通过PT-CAN发送给组合仪表一条信息，通过这条信息可控制安全气囊指示灯。组合仪表以周期的方式接收信息。如果该信息缺失，就会启用安全气囊指示灯。

34. 安全带指示灯是怎样的？

如果驾乘人员未系安全带或在车辆行驶期间松开安全带，安全带指示灯就会发出声音和视觉警告，如图 13-7 所示。车辆启动或触点变化时，可在组合仪表的 TFT 显示屏内短时间看到后座椅安全带触点状态。

图 13-7　安全带指示灯

图 13-8　宝马 F30 被动安全气囊中带有前排乘客安全气囊关闭指示灯的车顶功能中心

35. 前排乘客安全气囊关闭指示灯是怎样的？

宝马 F30 被动安全气囊中的前排乘客安全气囊关闭指示灯位于车顶功能中心内，如图 13-8 所示。前排乘客安全气囊关闭指示灯在欧规和美规车型中是相同的。在欧规车型中，如果通过前排乘客安全气囊开关关闭前排乘客和侧面头部安全气囊，前排乘客安全气囊关闭指示灯将开启，并呈现黄色。在美规车型中，如果 CIS 垫监测到坐在儿童座椅中的儿童，或前排乘客座椅未被占用，将开启前排乘客安全气囊关闭指示灯。前排乘客安全气囊关闭指示灯的亮度通过显示屏照明自动亮度调节功能来调节。

第十四章
车内其他电气装置

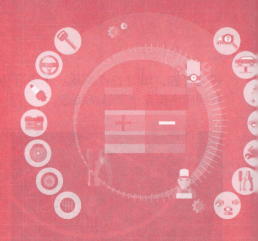

1. 驾驶室内顶灯是怎样控制的?

(1) 车门开关控制　当顶灯挡位开关拨到门灯开关控制位置(DOOR)时,打开任何一个车门,门灯开关闭合,点亮顶灯。

(2) 顶灯开关单独控制　顶灯挡位开关拨到打开位置(ON)时,顶灯会点亮,拨到关闭位置(OFF)时,顶灯熄灭。这时,顶灯的工作状态与门灯开关是无关的。

(3) 延时控制　当顶灯挡位开关拨到门开关控制位置(DOOR)时,打开车门后顶灯会点亮,关闭车门后顶灯会延时10s熄灭。延迟熄灭时间是由计时电路控制的。

2. 喇叭有哪些类型?

喇叭按其发声动力分为电喇叭和气喇叭;按外形分有螺旋形、筒形和盆形三类;按声频可分为高音和低音喇叭;按接线方式可分为单线制和双线制喇叭;按有无触点可分为有触点式(普通式)电喇叭和无触点式(电子式)电喇叭。其中,气喇叭主要用于具有空气制动装置的重型载货车上,电喇叭具有结构简单、体积小、重量轻、声音悦耳且维修方便的特点。

3. 电喇叭声音沙哑是什么原因?

❶ 首先检查蓄电池电量是否充足:打开前照灯开关,如果灯光暗淡或者在发动机未启动前电喇叭声音沙哑,但当发动机启动加速到中速以上运转时,电喇叭声音恢复正常,则为蓄电池亏电所致。

❷ 如果蓄电池电量充足,供电电压正常,电喇叭声音仍沙哑,那么进而检查电喇叭固定支架螺栓和扬声筒固定螺钉是否松动。若这些疑点都排除,则故障原因在喇叭本身,更换喇叭即可。

❸ 检查、调整衔铁(接触盘)与铁芯的气隙及触点间隙。调整时先检查衔铁沿圆周是否均匀。

4. 电喇叭电流过大会导致什么故障?

通过汽车电喇叭的电流过大,不但容易烧毁喇叭熔丝,还会引起喇叭继电器触点烧蚀或黏结。一旦黏结，将引起喇叭长鸣，使继电器电源线过热，导致熔丝自动断开。一般来说，喇叭耗电量过大主要由于喇叭内部本身故障引起的。

5. 倒车雷达是怎么工作的？

倒车雷达是借鉴蝙蝠在黑夜里高速飞行而不会与任何障碍物相撞的原理设计开发的。探头装在前后保险杠上，根据不同价格和品牌，探头有两个、三个、四个、六个、八个不等，分别负责前后左右方向。探头以 45°角辐射，上下左右探测障碍物。它最大的好处是能探测到那些低于保险杠而驾驶人从后窗难以看见的障碍物并报警，如花坛、蹲在车后玩耍的小孩等。变速杆挂入倒挡时，倒车雷达自动开始工作，测距范围为 0.3～2.0m。

6. 倒车雷达的探测盲区有哪些？

雷达也有盲区，如在下列情况下，倒车雷达可能探测不到。
❶ 过于低矮的障碍物。
❷ 过细的障碍物。
❸ 雷达是用来探测障碍物的，若车后有沟坎，那么雷达很可能不会做出反应。

7. 怎么检修喇叭不响故障？

（1）故障信息　某途安汽车，按喇叭按钮喇叭不响；按多功能方向盘右侧"+、-"音量按钮及三角形调台键时，音响音量不变化，无法切换电台。
（2）诊断和排除　经检查，喇叭本身没有问题。
连接故障诊断仪，进入地址16——转向柱电子装置，进入02进行故障查询，存在故障码01426，含义是"方向盘中心控制装置 E221 无信号/通信"。按压方向盘上其他触摸按键，也没反应，说明方向盘中心控制装置 E221 无电信号输出，与转向柱电子装置控制单元 J527 失去了通信。
拆下方向盘气囊，在方向盘中心下部直接看到了 E221 芯片。更换 E221 芯片后试车，按喇叭按钮，喇叭鸣响，方向盘上其他的功能按钮工作均已恢复正常。

8. 怎么检修喇叭时而响时而不响故障？

（1）故障信息　某天籁轿车，方向盘在正中间位置附近时喇叭不响，间歇性故障。
（2）诊断和排除　由于喇叭是在方向盘处于正中间位置附近时不响，根据故障现象，初步确定此故障可能是螺旋线圈故障导致的。检查发现，当喇叭不响的时候，用万用表检测喇叭开关处，有 12.5V 的蓄电池电压，在按下喇叭开关后，方向盘上也有 12.5V 的蓄电池电压，这样可以初步确定故障为转向柱搭铁不良。
根据喇叭控制电路，导致经过螺旋线圈→喇叭开关→方向盘→转向柱芯→转向柱轴承→转向柱外壳→车身→蓄电池负极的喇叭继电器控制回路断路，故障是转向柱轴承在空载位置时导通不良所导致。
更换转向柱总成，喇叭工作正常。

9. 怎么检修仪表时钟显示异常？

（1）故障信息　某斯柯达明锐轿车，仪表时钟与行程表上里程数经常为零或者时间显示异常。

（2）诊断和排除　执行故障诊断仪检测，读取网关安装列表—17 仪表板—011 读取测量值，未发现异常现象，无故障码。检测 SB6、SC6 熔丝，都正常。经检测发现 T36a/l 线上无电压。决定更换发动机左侧熔丝 / 继电器底座，故障彻底解决。

10. 怎么检修别克凯越轿车后视镜镜片左右移动失效故障？

（1）故障信息　某别克凯越轿车，副驾驶侧后视镜镜片左右移动失效。把副驾驶侧后视镜电路接通，电动镜片上下移动正常，左右移动失效。

（2）诊断与排除　查阅相关电路图（图 14-1），最终确定故障元器件。副驾驶侧后视镜中有两个正反转电机，拆下副驾驶侧后视镜插头进行测量，按动上下键，测量 4 号脚和 7 号脚的电压为 ±12V；按动左右键，测量 4 号脚和 6 号脚的电压为 ±12V。线路检查正常，分别测量后视镜侧 4 号脚和 7 号脚的电阻为 62Ω，测量 4 号脚和 6 号脚的电阻为 ∞，这样就确定是后视镜本身上下移动的电机线圈断路。

更换右侧后视镜总成，功能恢复正常。

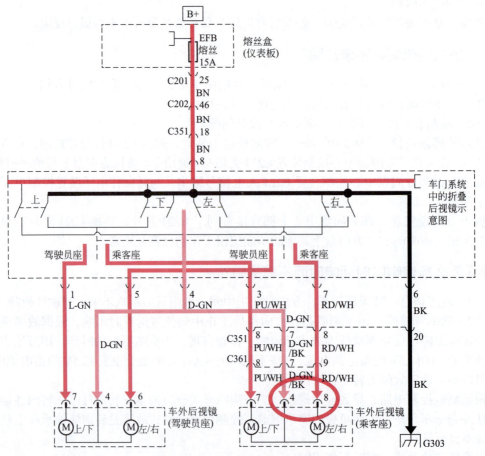

图 14-1　别克凯越车身系统电路图

11. 怎么检修仪表所有故障警告灯点亮故障？

（1）故障信息　某别克君威 2.5L 轿车，在行驶途中所有故障警告灯点亮，所有表针归零。

(2)检查分析 连接故障诊断仪对车辆进行检测,故障诊断仪无法与BCM、IPC及ABS进行通信。进入动力控制系统,未发现故障码;进入安全气囊控制系统,发现了故障码U1096,设备提示检查发动机线束、蓄电池搭铁线及二级串行数据总线是否存在干扰信号,必要时更换发动机/组合仪表线束。

该车装备有多个电子控制单元,如动力系统控制单元(PCM)、车身控制单元(BCM)、电子制动控制单元(EBCM)、安全气囊控制单元(SDM)及组合仪表组件(IPC)。这些控制单元之间需要进行数据通信,如果任意2个控制单元间都用导线连接起来,电路将变得复杂且不可靠。为此通用汽车公司开发了二级串行数据总线,将这些不同的控制单元连接在1条串行数据总线上,称为二级串行数据总线(CLASS 2)。这些控制单元之间的通信和故障诊断仪间的通信都是通过这条数据总线进行的。采用CLASS 2控制的车辆,无论是总线网络故障还是挂在总线上的任一控制单元出现故障,都可能对其他控制单元(或部件)产生影响,使其不能正常工作。

(3)故障排除 因为组合仪表同时与几个系统相关,所以对组合仪表进行检查。断开组合仪表的线束插接器,发现插接件没有插牢固,这样可以判断是线束插接器没有插到位,从而导致线路接触不良,导致系统与组合仪表通信异常,并影响了BCM、ABS系统的通信。

重新连接好组合仪表的线束插接器后,故障排除。

12. 怎么检修帕萨特轿车仪表故障?

(1)故障信息 某帕萨特B5轿车,其组合仪表、收音机的照明灯工作不稳定,有时有熄灭的迹象。这种故障只有在发动机运转时打开照明灯时才会出现,在车辆行驶时较为明显。

(2)检查分析 上述故障在发动机运转时出现,所以初步判断很可能是发动机出现故障。

使用万用表检测发电机电压,电压在14V保持不变。打开大灯等用电器,电压没有变化,在蓄电池两端检测发电机的充电电压,发现电压偏低,只有12.7V左右。进一步检测蓄电池正极对发电机D+、蓄电池负极对发电机外壳的电压降,发现蓄电池负极的电压降在1.4V左右,由此确定蓄电池的负极线接触不良。

再次用万用表检查蓄电池负极线到车身的固定螺栓之间的电压降,同样是1.4V,由此可以确定负极线接触不良。

(3)故障排除 在拆负极线时,发现负极线两端固定都很紧,拆下负极线后发现和车身固定的一端表面存在氧化现象。用砂纸打磨处理后安装,试车,故障消失。

13. 怎么检修电动座椅故障?

(1)故障信息 某2003年款宝来1.8L轿车,驾驶员电动座椅无记忆功能,手动也无法进行调整。

(2)诊断分析与排除 该车带座椅和后视镜记的8自由度调节记忆功能。座椅和后视镜的调节位置被存储在座椅调节控制单元存储器内,每个存储器按钮1、2和3都可以记忆某一个人的不同位置。换驾驶员时,按下相应的按钮,座椅和后视镜将自动移动到所设定位置。存在存储器中不同按钮的调整也可以通过遥控钥匙实现,记忆系统任何时候都可以用红色开关关闭,此时座椅可以通过开关手动调整。

接车后按动开关,座椅无反应。连接故障诊断仪,选择地址码36,进入座椅调节控制单元,读取故障码为 01008——紧急切断开关无操作/偶然。根据故障现象，该故障码不会造成座椅调节功能的完全丧失。在车主的一再要求下，更换了客户购买的座椅调节控制单元并匹配，但是故障依旧。按动开关，能听到座椅调节控制单元内部继电器闭合的声音，造成这种故障现象的主要原因为座椅调节控制单元搭铁或供电不良。

查看电路图（图 14-2），T2b/2 是搭铁线。取下 T2b 插头，用万用表一端接蓄电池的正极，另一端接插头 T2b/2，测量电压为 12.56V，说明搭铁正常。T2b/1 是常火线，量取 T2b/1 的电压为 8.9V，电压不正常，利用灯泡检查，发现灯泡不亮。直接给 T2b/1 提供常火，座椅调节功能正常，由此说明 T2b/1 电源电压不良。根据电路查找 T6g 红色插头，发现在座椅下方。量取 T2b/1 与 T6g/3 之间的红蓝线，正常。根据电路图，发现 T6g/3 红白线与 S44 熔丝片相连，S44 是座椅调节熔丝，装在附加熔丝支架上。

取下 S44，更换相同规格的熔丝片，试车发现座椅调节功能恢复正常。量取损坏熔丝片的电阻为 34.6Ω，新熔丝片的电阻为 0.6Ω。取下有故障的熔丝片的外壳，发现熔丝片内部触点烧蚀，造成接触电阻变大，导致供给座椅调节控制单元的电压不足，无法驱动电机运转，从而使得座椅调节功能失调。

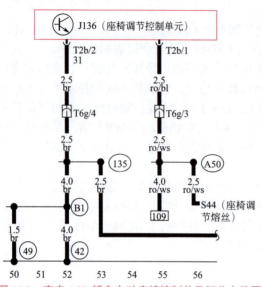

图 14-2 宝来 1.8L 轿车电动座椅控制单元部分电路图

14. 什么是座椅模块？

座椅模块，也称座椅控制单元。

驾驶员座椅模块（SMFA）或前乘客侧座椅模块（SMBF）调节和监控所有座椅功能以及座椅加热装置。在座椅模块中分析全部按钮信号并提供相应的控制功能。

15. 什么是座椅调整装置？

在座椅调节过程中，调整位移通过驱动装置中的霍尔传感器记录并在座椅模块中进行处理。机械挡块的位置值在第一次识别时被识别成极限位置并进行存储。在下列调整时座椅在到达该位置前停住（软停止）。

为了控制所选的驱动装置，在座椅模块中进行调节电流的集成测量。此测量用于故障识别（例如过电流、短路或锁止）。如果高于或低于规定的阈值，则断开驱动装置的供电。

为了防止驱动装置过热，在座椅模块中有一项专用过热保护功能。在座椅模块中根据运转时数（运行时间和间歇阶段），通过一个热模型不间断地计算驱动装置的升温。从一个规定的温度界限起，座椅模块关闭驱动装置。

16. 什么是座椅加热装置？

根据所选的加热挡，座椅模块产生一个按脉冲宽度调制的信号（PWM 信号），用来控制座椅加热装置。座椅加热装置由一个或两个温度传感器（NTC 电阻）监控。温度传感器集成在座椅加热垫中,并与座椅模块连接。

17. 什么是主动式座椅通风装置?

座椅模块根据按钮信号规定风扇挡位。在座椅模块中通过一个晶体管转换风扇挡位。每个风扇都有一条控制及诊断导线用于供电和接地。通过这条控制及诊断导线转换风扇挡位以及监控风扇。

在风扇不旋转(报警状态)时,晶体管把一个电阻转接到总线端 KL.31。在风扇接口已转换到风扇挡位 3 时,才能够分析此诊断反馈信息。

18. 什么是座椅腰部支撑驱动装置?

座椅模块控制腰部支撑驱动装置。腰部支撑驱动装置为腰部支撑垫供应压缩空气。

19. 什么是座椅腰部支撑阀体?

座椅模块控制阀体中的阀门,根据所选的设置对各个腰部支撑垫充气或排气,因此可改变腰部支撑的高度和深度(腰部支撑高度调整和腰部支撑深度调整)。

20. 什么是腰部支撑/主动式座椅驱动装置?

座椅模块控制腰部支撑/主动式座椅驱动装置。腰部支撑/主动式座椅驱动装置为腰部支撑垫以及主动式座椅中的气垫供应压缩空气。腰部支撑调整优先于主动式座椅。通过腰部支撑/主动式座椅驱动装置中的一个电磁阀转接空气输送(到腰部支撑阀体或到主动式座椅压力分配器),因此始终只执行一项功能(腰部支撑调整或主动式座椅)。

21. 什么是主动式座椅压力分配器?

座椅模块控制主动式座椅压力分配器,此压力分配器自动调节气垫的充气和排气。压力分配器中的一个微开关通过一个带 4 个凸块的信号轮进行探测(4 个凸块用于各个气垫的充气和排气)。微开关向座椅模块传送接通或关闭调节泵电机的信号。

22. 座椅控制单元内部电路是怎样的?

驾驶员座椅模块(图 14-3)和前乘客侧座椅模块是相同部件,驾驶员座椅或前乘客座椅的识别通过针脚设码实现。

座椅模块通过多个插头与车载网络相连接。座椅模块是 K-CAN 上的总线用户。

LIN 总线连接驾驶员座椅模块与驾驶员侧座椅调节装置开关组,以及连接前乘客侧座椅模块与前乘客侧座椅调节装置开关组。

接线盒中的配电器通过总线端 KL.30B 为驾驶员座椅模块和前乘客侧座椅模块供电。

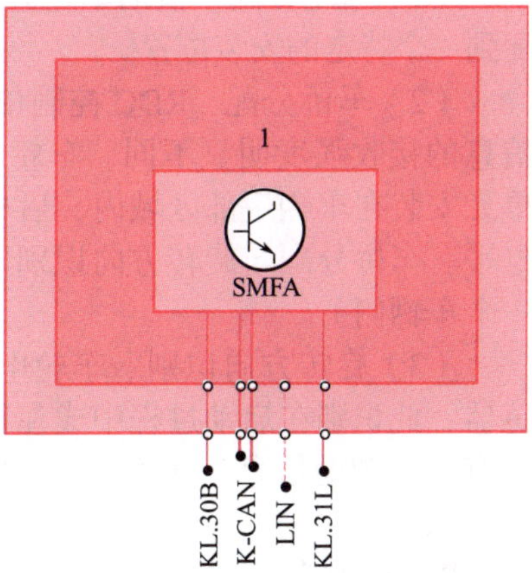

图 14-3 驾驶员座椅模块

23. 座椅控制单元出现故障时系统怎么处理?

与驾驶员座椅模块或前乘客侧座椅模块的通信失灵时,进行标准检测(整体测试模块)。

存在某个控制单元内部故障时,驾驶员座椅模块(SMFA)或前乘客侧座椅模块(SMBF)内将出现故障码存储记录。

在更换座椅模块后必须进行一次座椅标准化,为座椅标准化提供一项服务功能。

路径:服务功能→车身→安全功能→座椅纵向调整标准化。

24. 轮胎压力监控系统是怎么工作的?

轮胎压力监控(RDC)是一个在行驶模式下监控轮胎充气压力的系统(图14-4)。

RDC系统只由5个组件构成:RDC控制单元(带集成接收天线的控制单元)和4个车轮电子系统。

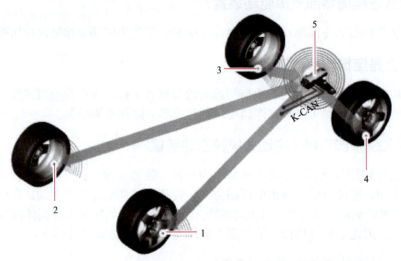

图14-4 轮胎压力监控系统

1—左前车轮电子系统;2—右前车轮电子系统;3—右后车轮电子系统;
4—左后车轮电子系统;5—RDC控制单元

(1)车轮分配 借助车轮分配和旋转方向识别可将车轮电子系统的身份识别(ID)分配到一个特定的安装位置。

(2)车桥分配 RDC控制单元安装在靠近后桥处,于是前桥和后桥车轮电子系统的信息的接收强度明显不同,车轮电子系统的平均接收强度表明车桥分配。因为RDC控制单元安装在车辆后部区域内,后桥车轮电子系统的接收电平高于前桥车轮电子系统的接收电平。车桥分配与旋转方向识别同时进行,在计算接收强度时只考虑同向旋转的车辆(各一个车辆侧)。

(3)旋转方向识别 车轮电子系统具有一个用于识别旋转和旋转方向的组合加速传感器,此识别在启动过程中或在行车过程中进行。识别到旋转时,将发送信息。在此信息中有一个辅助信息,通过它向RDC控制单元传送旋转方向。旋转方向的识别结果可为如下状态。

❶ 静止状态。
❷ 顺时针方向。
❸ 逆时针方向。
❹ 未知。

25. 轮胎压力监控控制单元的功能是什么？

（1）功能原理　RDC 控制单元负责处理车轮电子系统发送的信息。车速达到 20～30km/h 时，每个车轮电子系统都会发出以下信息。

❶ 轮胎充气压力。
❷ 轮胎充气温度。
❸ 蓄电池剩余的使用寿命。
❹ 加速传感器数据和车轮电子系统的身份识别（ID）。

这些信息将通过高频传输距离（433MHz）直接传输给 RDC 控制单元并在其中进行分析。车轮电子系统的测试周期为 3s，向 RDC 控制单元的发射过程每 30s 进行一次。这些信息的当前状态将被发送至控制器区域网络总线（K-CAN），并在那里转换成可以从显示仪表中看出的形式。RDC 控制单元的安装位置在后桥后面车辆底板的外部区域内。

（2）RDC 控制单元内部电路（图 14-5）
❶ RDC 控制单元连接在 K-CAN 上。
❷ 后部配电器通过总线端 KL.30B 为 RDC 控制单元供电。RDC 控制单元紧贴功率管接地。

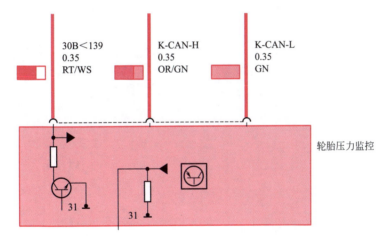

图 14-5　RDC 控制单元电路

参考文献

[1] 顾惠烽等.汽车常见故障识别·检测·诊断·分析·排除[M].北京：化学工业出版社，2019.
[2] 谭本忠.汽车维修电工1000个怎么办[M].北京：机械工业出版社，2013.
[3] 周晓飞.教你成为一流汽车电工[M].第2版.北京：化学工业出版社，2017.
[4] 顾惠烽等.新能源汽车维修入门全程图解[M].北京：化学工业出版社，2019.
[5] 张能武.汽车电子元器件识别与检测[M].北京：化学工业出版社，2018.
[6] 黄志坚.电动汽车结构原理应用[M].第2版.北京：化学工业出版社，2018.